"十三五"职业教育国家规划教材

经济学基础

(第2版)

主　编　张永良
副主编　张建国　王　华　唐忍雪

北京理工大学出版社
BEIJING INSTITUTE OF TECHNOLOGY PRESS

内 容 简 介

本书以市场经济中的基本经济现象和问题为线索，主要介绍经济学的基础知识、基本理论和基本分析方法，内容主要包括：认识经济学，需求、供给与均衡实现，消费者行为与选择，生产者行为与选择，竞争与垄断，收入与分配，市场失灵与治理，国民收入核算与决定，通货膨胀与失业，经济增长与发展，宏观经济政策，国际经济等。

本书紧扣高职教育教学的特点和当前教学改革的要求，从实用角度出发，力求创新。在内容上，本书简明扼要、注重实用，以"必需、够用"为度，体现"精、新、适"的原则；在结构上，本书打破学科体系的结构，以适应任务驱动和活动导向的教学模式改革的要求；在体例上，本书力求打破传统模式，使形式更加灵活多样。各章前提出知识目标和能力要求，同时，设有情境导入，每章中间设置相关链接，内容包括经济学小故事、相关新闻、著名观点、经济热点、经济学小知识、拓展阅读、小案例等，重点突出其典型性、趣味性、新颖性，以提高学生的学习兴趣和拓展视野。章后安排有复习与练习题、技能训练项目，充分体现了教、学、练一体化。

本书可供各类高职高专院校、成人高校等财经商贸大类相关专业教学使用，也可作为中职学生及社会相关人士参考使用。

版权专有　侵权必究

图书在版编目（CIP）数据

经济学基础 / 张永良主编. —2 版. —北京：北京理工大学出版社，2018.2（2021.9重印）
ISBN 978-7-5682-5228-7

Ⅰ. ①经… Ⅱ. ①张… Ⅲ. ①经济学-高等职业教育-教材 Ⅳ. ①F0

中国版本图书馆 CIP 数据核字（2018）第 011852 号

出版发行 /	北京理工大学出版社有限责任公司
社　　址 /	北京市海淀区中关村南大街 5 号
邮　　编 /	100081
电　　话 /	（010）68914775（总编室）
	（010）82562903（教材售后服务热线）
	（010）68944723（其他图书服务热线）
网　　址 /	http://www.bitpress.com.cn
经　　销 /	全国各地新华书店
印　　刷 /	三河市华骏印务包装有限公司
开　　本 /	787 毫米×1092 毫米　1/16
印　　张 /	19.25
字　　数 /	451 千字
版　　次 /	2018 年 2 月第 2 版　2021 年 9 月第 6 次印刷
定　　价 /	49.00 元

责任编辑 / 周　磊
文案编辑 / 周　磊
责任校对 / 周瑞红
责任印制 / 李　洋

图书出现印装质量问题，请拨打售后服务热线，本社负责调换

再版前言

"经济学基础"是高职财经商贸大类专业十分重要的专业基础课程。为了适应当前高职教育教学改革和教材建设的需要，我们在总结多年来该课程教学改革实践经验的基础上，从"实用、应用、发展"出发，并考虑到财经商贸大类专业课程体系改革的实际，编写了这本教材，旨在介绍经济学的基本知识、基本原理和基本方法，满足社会对应用型人才的需要。

本教材具有以下三个特点：

1. 在内容上，本教材力求简明扼要，注重实用。全书以"必需、够用"为度，体现"精、新、适"的原则。"精"即内容精练，重点体现课程标准所要求的基本内容，去除过多的理论阐述和传统教材中复杂的公式推导过程，精选图表、曲线和结论性公式，表达简约。"新"即内容的先进性，反映经济学的新问题、新理论和新方法，表达方式新颖多样，同时体现教学改革和课程建设的新成果。"适"即适宜教和学，各章前提出知识目标，能力要求，后配有复习与练习题、技能训练项目，从而做到教、学、练一体化。

2. 在结构上，本教材力求打破学科体系，构建与能力培养一一对应的结构体系。全书以市场经济中的基本现象和基本问题为线索安排各章节内容和结构顺序，使之适应任务驱动和活动导向的教学模式改革的要求。

3. 在体例上，本教材力求打破传统模式，使形式更加灵活多样。各章的开头提出知识目标和能力要求，简明扼要地列出该章涉及的知识点和学生在概念、知识、技能等方面应达到的基本要求。每章正式内容之前设有情境导入，以引导本章主要内容并启发思考。每章中间根据教学内容设置相关链接专栏，对必要的知识点进行扩充和解释，内容包括经济学小故事、相关新闻、著名观点、经济热点、经济学小知识、拓展阅读、小案例等，重点突出其典型性、趣味性和新颖性，以提高学生的学习兴趣和拓展视野。每章后设有复习与练习题、技能训练项目，以满足学生巩固知识、提升用所学知识与技能分析和解决实际问题的能力。为了进一步适应信息化学习的需求，本书在修订版中添加了二维码，更多地将微课、案例、新闻、财经热点等内容加入教材之中，有利于学生利用新媒体学习，增强趣味性和感性认识，增强了教材的立体化呈现方式。

本教材由杨凌职业技术学院的张永良担任主编，张建国、王华、唐忍雪担任副主编。参加编写的教师分工如下：第一、五、七章由张永良编写及修订，第二章由西安航空职业技术学院的唐忍雪编写及修订，第三、六、十章由陕西交通职业技术学院的王华编写及修订，第四章由陕西职业技术学院的李顾、赵彦编写及修订，第八章由杨凌职业技术学院的吴灵辉、张永良编写及修订，第九章由黄河水利职业技术学院的张之峰、聂帅编写及修订，第十一章由杨凌职业技术学院的张永良、卫玉成编写及修订，第十二章由陕西能源职业技术学院的张建国、耿歆雨编写及修订。最后由张永良对全稿进行总撰、修改和定稿。

  本教材在编写过程中，吸收、借鉴和引用了大量同类教材的内容与改革成果，力求形成更加符合高职特色的内容体系。主要参考文献列于书后，相关链接大多注明了来源，个别案例或实例由于在教学中反复使用与修改已难标明出处，在此一并致谢。

编　者

目 录

第一章　认识经济学 …………………………………………………………（1）
  第一节　经济学是什么 ………………………………………………（2）
  第二节　经济学的研究内容 …………………………………………（10）
  第三节　经济学的研究方法 …………………………………………（17）

第二章　需求、供给与均衡实现 ……………………………………………（26）
  第一节　需求理论 ……………………………………………………（27）
  第二节　供给理论 ……………………………………………………（32）
  第三节　市场均衡与实现 ……………………………………………（36）
  第四节　弹性理论 ……………………………………………………（42）

第三章　消费者行为与选择 …………………………………………………（49）
  第一节　基数效用论和边际效用分析 ………………………………（49）
  第二节　序数效用论和无差异曲线分析 ……………………………（59）
  第三节　收入和价格变动与消费者选择 ……………………………（65）

第四章　生产者行为与选择 …………………………………………………（74）
  第一节　生产技术 ……………………………………………………（75）
  第二节　生产成本与收益分析 ………………………………………（85）

第五章　竞争与垄断 …………………………………………………………（100）
  第一节　完全竞争市场 ………………………………………………（101）
  第二节　完全垄断市场 ………………………………………………（105）
  第三节　垄断竞争市场 ………………………………………………（113）
  第四节　寡头垄断市场 ………………………………………………（118）

第六章　收入与分配 …………………………………………………………（129）
  第一节　生产要素的需求与供给 ……………………………………（130）
  第二节　工资及其决定 ………………………………………………（133）
  第三节　利息及其决定 ………………………………………………（138）

第四节　地租及其决定 …………………………………………………（141）
　　第五节　利润及其决定 …………………………………………………（145）
　　第六节　社会收入分配与分配政策 ……………………………………（148）

第七章　市场失灵与治理 …………………………………………………（155）
　　第一节　垄断及其管制 …………………………………………………（156）
　　第二节　外部性及其治理 ………………………………………………（162）
　　第三节　公共物品与公共选择 …………………………………………（167）
　　第四节　不对称信息与激励 ……………………………………………（171）
　　第五节　政府失灵与改进 ………………………………………………（177）

第八章　国民收入核算与决定 ……………………………………………（182）
　　第一节　国民收入核算 …………………………………………………（183）
　　第二节　国民收入决定 …………………………………………………（194）
　　第三节　乘数原理 ………………………………………………………（200）

第九章　通货膨胀与失业 …………………………………………………（208）
　　第一节　通货膨胀及其治理 ……………………………………………（209）
　　第二节　失业理论及其治理 ……………………………………………（216）

第十章　经济增长与发展 …………………………………………………（228）
　　第一节　经济增长理论 …………………………………………………（228）
　　第二节　经济周期理论 …………………………………………………（234）
　　第三节　经济发展 ………………………………………………………（240）

第十一章　宏观经济政策 …………………………………………………（249）
　　第一节　宏观经济政策的目标及工具 …………………………………（250）
　　第二节　宏观财政政策 …………………………………………………（255）
　　第三节　宏观货币政策 …………………………………………………（260）

第十二章　国际经济 ………………………………………………………（271）
　　第一节　国际贸易与政策 ………………………………………………（272）
　　第二节　国际金融与政策 ………………………………………………（282）
　　第三节　国际收支均衡 …………………………………………………（293）

参考文献 ……………………………………………………………………（301）

第一章

认识经济学

知识目标

通过本章学习，理解经济学的基本概念；明确经济学的主要研究内容和研究方法；了解经济学的现实意义。

能力要求

通过本章学习，初步具备运用经济学思维解释经济现象和分析经济问题的意识。

情境导入

学习经济学，从关注经济现象开始

作为一名普通的消费者，你会经常听到哪些商品又涨价了，哪家店铺的商品正在促销。有时，你会被迅速变化的市场搞得晕头转向，昨天还2元一斤①的蔬菜今天怎么就涨了一倍？为什么几乎没一点用的钻石会那么贵？假如你是一位生产者或经营者，你需要经常考虑许多因素，比如市场需求、自身优势、竞争对手、原材料的价格等。这些常会给人们带来许多思考：价格大战背后隐藏着怎样的秘密？怎样才能理性消费，不做冤大头？如何利用信息指导经济行为？做事要考虑哪些成本？

如果收入在分配之后还有一些剩余，人们就该考虑它们的处置问题。一些人愿意将这部分收入存入银行以备不时之需，而另一些人则更愿意将它们用作投资，以便获得更多的可随意支配的收入。无论是储蓄还是投资，人们都应该关注宏观经济的整体运行情况，如GDP和CPI、经济周期、景气指数等。那么，什么是宏观经济指标？

对于宏观经济方面，并不是所有人都密切关注，但宏观经济领域发生的现象却与人人相关。前几年针对大蒜、绿豆、生姜、苹果、汽油等价格的暴涨而出现的"蒜你狠""豆你玩""姜你军""苹什么""油你涨"，无不让人感到了价格的疯狂。其实，彰显价格疯狂的远不止这些，近年来利率的涨跌、股票的升降、房产价格的走势无不牵动着每一个消费者的心。

诸如此类的现象不胜枚举，几乎天天都在发生。有人说，无论你相信或是不相信，不管你承认或是不承认，我们所生活的这个世界，已经彻底被"经济"所"挟持"了。我们日常生活中的所见所闻与所做，几乎全都与经济活动有关。

---

① 1斤=500克。

人们不禁要问：在经济社会，个人和企业是如何决策的，市场是如何运行的，政府是如何调控的？这些经济现象出现的真正原因何在？如何才能妥善地应对和处理这些情况，以达到最优状态？要清楚这些问题，只有系统地学习经济学，才能明白这是怎么回事。为此，我们要学习一门新的课程——"经济学基础"。

第一节 经济学是什么

> ◆相关链接
>
> **了解经济学**
>
> 有一个故事说，从前，有一个幸运的人被上帝带去参观天堂和地狱。
>
> 他们首先来到地狱，只见一群人，围着一大锅肉汤，但这些人看来都营养不良、绝望又饥饿。仔细一看，每个人都拿着一只可以够到锅里的汤匙，但汤匙的柄比他们的手臂长，所以没法把东西送进嘴里，他们看来非常悲苦。
>
> 紧接着，上帝带他进入另一个地方。这个地方和先前的地方完全一样：一锅汤、一群人、一样的长柄汤匙。但每个人都很快乐，吃得也很愉快。上帝告诉他，这就是天堂。
>
> 这位参观者很迷惑：为什么情况相同的两个地方，结果却大不相同？最后，经过仔细观察，他终于看到了答案：原来，在地狱里的每个人都想着自己舀肉汤；而在天堂里的每一个人都在用汤匙喂对面的人。
>
> 这个寓言有助于说明什么是经济学。人类要生存就离不开物质财富的生产。但是不同的社会组织方式，不同的人际关系安排，生产财富的效率是非常不同的。经济学就是研究人类社会如何组织，实现高效地生产财富的一门学问。
>
> （资料来源：茅于轼，《大家的经济学》，南方日报出版社，2005.）

经济学是分析经济现象，研究经济活动规律的科学。经济学产生的基本前提是资源的稀缺性，经济学的基本问题是如何合理地配置和充分地利用资源。这些，共同构成了经济学的研究对象。

一、什么是经济学

关于什么是经济学，不同的经济学家有很多不同的答案。美国著名经济学家萨缪尔森（1971年诺贝尔经济学奖获得者）给出了一个大多数经济学家都同意的一般定义："经济学研究的是一个社会如何利用稀缺资源生产有价值的商品和劳务，并将它们在不同的人中间进行分配。"可见，经济学是研究如何使稀缺资源处于最佳用途以满足人类最大需要的科学。简单地讲，经济学是一门关于如何选择的科学。

> ◆相关链接
>
> **选择：经济学的核心**
>
> 综观经济学的定义，有两个很重要的组成部分：有限的资源和无限的需求。两者一起形成了众所周知的短缺这一问题，此问题又是所有经济问题中最基本的问题。地球上没有足够的资源以满足人们想得到的一切，由此便产生了选择。

是的，选择无处不在，选择无时不有。早餐吃什么？是面包牛奶，还是豆浆油条？晚上几点睡？是早睡早起，还是晚睡晚起？这些看似平常的琐事实际上都蕴含了经济学上的选择问题。

选择是痛苦的，因为它会让你进退维谷，左右为难。

但是选择又是幸福的，因为它告诉你至少你还有其他的机会。

回归到经济学上，因为资源是稀缺的，所以我们必须做出选择。经济学是关于选择的科学。人们在经济活动中要做出各种各样的选择，选择就是用有限的资源去追求尽最大可能的满足。在经济学上的选择问题包括：对于消费者而言，选择如何配置现有的资金以达到最佳的消费效果或投资效果；选择如何利用有限的时间；选择如何满足自己的欲望；在必要时如何牺牲某种欲望来满足另外一种欲望。对于生产者而言，选择生产什么物品和劳务以及各生产多少；选择如何生产；选择为谁生产这些物品和劳务；何时生产这些物品和劳务。这是每个消费者和生产者面临的问题，也是经济学需要解决的问题。可见，选择使人类产生了许多经济问题。

（资料来源：王瑞泽，魏秀丽，《经济学是个什么玩意》第一章，机械工业出版社，2011.）

二、资源的稀缺性：经济学产生的前提

人们的活动之所以面临各种选择，其根源在于资源的稀缺性。经济学对人类经济活动的研究是从资源的稀缺性开始的。人类社会要生存和发展，就需要生产各种物品和服务，而且这种需要是无限的。需求的无限性表现在，人的需求是不断发展的，当某种欲望或需求得到满足时，另一种欲望就会出现。如人们在基本的物质生活需要得到满足之后，就会产生精神生活的需要；同时，多多益善的偏好也是支配人们日常消费行为的一个重要因素。正是这种需求的无限性构成了人类经济活动不断进步的持久动力。

资源的稀缺性

◆ **相关链接**

欲望的无限性与需求的层次性

（1）欲望的无限性——一个古老的传说。天上的一位神仙下凡想超度一个凡人成仙，但世人个个贪婪成性，颇令神仙失望。一天，神仙碰到一位凡人，神仙想试试他，就将一块石头点成了金子，凡人居然不要，神仙又点了一块更大的金子给他，但这个凡人还是不要。这人难道不贪？神仙想超度他了，最后问他："那你想要什么？"这人说："我就想要你那个点石成金的手指！"神仙大失所望。

（2）美国社会心理学家马斯洛曾提出了著名人类需求层次理论。该理论认为，人的需求由低到高可分为生理需求、安全需求、社交需求、尊重需求和自我实现需求，这五个层次的需求同时存在并且依次上升，当最低层次的需求得到满足后，人就会追求更高层次的需求，这是一个永无止境的过程。

然而，满足生产需求的资源却是稀缺的。所谓资源的稀缺性，是指相对于人类的无限需求而言，资源总是不足的，即相对的稀缺性。资源稀缺性的存在，主要与以下方面有关。一是资源本身的有限性。由于受开发能力的限制，能够利用的资源是有限的。二是人类欲望或需求的无限性。当一种欲望得到满足后，

马斯洛需求层次理论

新的欲望就会产生。三是资源用途的广泛性。在一定的资源条件下，多生产一种产品，就必然要减少其他产品和服务的生产。这里所讲的稀缺性是一种相对的稀缺性，但从另一种意义上讲，这种稀缺性又是绝对的。因为稀缺性存在于人类社会的任何时期和一切社会，只要有人类，就会有资源的稀缺性，所以稀缺性又是绝对的。这就是资源的稀缺性既相对又绝对的理论。从实际来看，无论是贫穷的国家，还是富裕的国家，资源都是不足的。

◆小知识

资源与经济资源

资源是指用来生产人类所需的物品或条件。资源可分为经济资源和自由取用资源。前者是稀缺的，以至于要使用它就必须付出一定的代价；后者如空气，其数量如此丰富以至于人们不付分文就可以得到它。判断一种资源是经济资源还是自由取用资源的标准是价格，经济资源有价格，而自由取用资源则无价格。

可见，人类社会始终面临着资源的稀缺性和需求无限性之间的矛盾，因此，如何配置和利用有限资源以满足人们的需要，就成了任何社会都面临的基本经济问题，而经济学正是为了研究如何解决这一基本经济问题的需要而产生的。经济学的研究对象也是由这种稀缺性所决定的。

◆相关链接

大炮与黄油的矛盾

经济学家们常谈论"大炮与黄油的矛盾"，这是指一个社会为了保卫本国的安全，所需要的大炮是无限的；为了提高本国人民的生活水平，所需要的黄油也是无限的。但任何一个社会都只拥有一定量的资源，并用于生产各种物品。由于资源的有限性，用于生产某一种物品的资源多了，用于生产其他物品的资源就会减少。多生产大炮就要少生产黄油，多生产黄油也就要少生产大炮。这种大炮与黄油不可兼得的情况就是"大炮与黄油的矛盾"。

三、资源配置：经济学的基本问题

要大炮还是要黄油

资源的稀缺性决定了人们必须在资源的多种用途上进行选择。因为同一种资源可以用于不同产品的生产，但在资源稀缺的前提下，用于生产某种产品的资源多了，则用于其他产品生产的资源必然就会减少，因此，面对稀缺的资源和人们的需求，选择变得十分重要。这种选择在现实生活中处处存在，如对一个人或一个家庭而言，收入是有限的，他们将如何使用这有限的收入，是用于消费还是用于储蓄，或者多少用于消费，多少用于储蓄；一个企业对于一笔有限的投资，是开发一个新产品还是开发一个新市场，或者用于其他方面。这些都是选择问题，人们对有限资源在使用方面的选择在经济学上称为资源配置。从社会层面上讲，资源配置问题可以归结为三个基本的方面：生产什么和生产多少，如何生产，为谁生产，这就是经济学的基本问题。

1. 生产什么和生产多少

这是指在有限的资源条件下，人们根据需求的大小和轻重缓急，决定生产哪些产品和劳务以及生产多少的问题。例如，土地资源是有限的，是用来生产粮食还是用来修建运动场？在资源稀缺性的前提下，生产什么和生产多少是人们首先需要考虑和选择的问题，选择的标准是需求的迫切程度。

2. 如何生产

这主要是指选择何种生产方式进行生产的问题，包括用什么资源、什么技术、工艺和手段来生产。如在生产技术方面，是选择劳动密集型、技术密集型，还是选择资金密集型生产方式？因为不同的生产方式，对资源利用的效果不同。如何生产是在生产什么和生产多少决定之后第二个必须考虑和选择的问题，选择的标准是生产效率。

资源配置

3. 为谁生产

这主要是指生产出的产品和劳务在不同的成员或利益集团之间如何分配。即整个社会按什么样的原则分配，如何解决收入分配中的公平与效率问题等，其实质是收入和财富如何分配的问题。为谁生产是资源配置过程中的最后一个环节，选择的标准是公平与效率的兼顾。

稀缺性提出了资源配置的必要性，也决定了经济学的产生；三个基本经济问题决定了资源配置的内容；机会成本与生产可能性边界则提供了资源优化配置的分析手段。

四、机会成本与生产可能性边界：资源优化配置的分析手段

面对稀缺性，资源配置的一个重要原则就是能够最好地利用有限资源，实现资源配置的最优化。那么，如何才能判断资源在配置过程中实现了最优化呢？对资源优化配置问题的分析涉及经济学的两个基本概念：机会成本与生产可能性边界，它反映了稀缺资源在配置中的相互关系。

1. 机会成本

机会成本是指人们在选择一种资源利用方式时所放弃的该资源被用于其他方面时所能创造的最大价值。例如，一块面积确定的土地，既可以种粮食，也可以建厂房；既可以修公路，也可以放牛羊。如果选择用这块土地种粮食，那么，用于建厂房、修公路、放牛羊所可能获得的最大收入就是种粮食的机会成本。

机会成本

理解机会成本，必须把握以下三点。一是机会成本是指所放弃的资源可能利用方式中的最大收入。在上例中，建厂房、修公路、放牛羊都会有一个收入，但只有最大的收入才是机会成本。它既不是每一种可能用途的收益，也不是各种可能用途收益的加总。二是机会成本与稀缺资源的多种用途密切相关。只有具有多种用途的稀缺资源才有机会成本。当一种稀缺资源只有一种用途时，则不存在机会成本，或者说机会成本为零。三是机会成本不同于实际成本。它是人们在做出选择时一种观念上的支付或损失，而不是实际的费用或损失，即用所失去的最佳选择的价值来度量的成本。

上学的机会成本

机会成本的概念为人们选择稀缺资源的最佳用途提供了一个有力的分析工具和手段。

◆ 相关链接

机会成本与会计成本

机会成本与会计成本虽然都叫成本,但含义却大相径庭。机会成本是指做出一种选择所放弃的另一种选择的代价,而会计成本是指完成一项经济活动所支付的费用。相比较而言,前者是一种虚拟的价值,实际并没有支付,也不存在损失,只是观念上东西;而后者则是一种实实在在发生和支付的价值。

◆ 相关链接

乔丹该不该剪草坪?

在曼昆的经济学著作中,有一个关于美国篮球巨星乔丹该不该剪草坪的讨论。乔丹剪草坪要比邻居家的小姑娘又好又快,乔丹如果利用剪草坪的时间去做其他事情,比如拍商业广告片,可赚1万美元;同样长的时间,如果邻居家的小姑娘去麦当劳打工,可以赚20美元。那么乔丹应该自己剪草坪呢,还是请邻居家的小姑娘帮他剪草坪?

显然,单就从机会成本的角度来讲,乔丹当然应该请邻居家的小姑娘帮他剪草坪。因为乔丹剪草坪的机会成本是1万美元,而邻居家的小姑娘的机会成本只有20美元。

现在请你想想,假如乔丹在剪草坪的时间并没有商业广告可拍,他还该不该请邻居家的小姑娘帮他剪草坪?假如乔丹剪草坪的目的纯粹是为了调节紧张的生活或是为了满足自己的兴趣,他还会不会请邻居家的小姑娘帮他剪草坪?

2. 生产可能性边界

生产可能性边界

由于资源的多用途性和需求的多样性,现实中常常出现用一种稀缺资源生产两种或两种以上产品的情况。生产可能性边界反映了既定资源所生产的不同产品之间的组合关系。

生产可能性边界又称为生产可能性曲线,它是指在一定技术条件下,既定资源所能生产的最大产量组合。

为了分析方便,现假定整个社会将全部资源只用于消费品和资本品这两种物品的生产。由于资源的稀缺性,用于生产消费品的资源多了,则用于生产资本品的资源就会减少。既定资源所生产的消费品和资本品的产量是一种此消彼长的关系,这种关系可以用图 1-1 表示出来。在图 1-1 中,横坐标表示消费品的数量,纵坐标表示资本品的数量,A、B、C、D、E、F 分别表示了在一定技术条件下,既定资源所能生产的消费品和资本品最大数量的各种组合,AF 所代表的曲线就是生产可能性曲线,也叫生产可能性边界。AF 曲线表明了多生产一单位消费品要放弃多少资本品,或

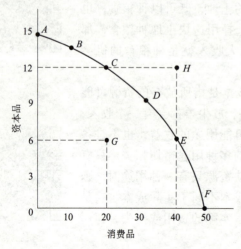

图 1-1 生产可能性曲线

者相反，多生产一单位资本品要放弃多少消费品。因此，AF 曲线又被称为生产转换线。在生产可能性曲线 AF 以内的任何一点上的各种生产组合，都是既定资源在同一技术条件下所能生产的消费品和资本品的产量组合，如 G 点，但都不是最大产量的组合，即资源没有得到充分利用，表明这种资源配置缺乏效率。而在生产可能性曲线 AF 之外，虽然是消费品和资本品产量的更大组合，如 H 点，但在既定资源和技术条件下，它是无法实现的。只有在 AF 曲线上的各种产量组合才是最大产量组合。所以，AF 曲线上的任意一点均代表着有效率的产量组合，在 AF 曲线上的某一点进行生产就意味着资源实现了优化配置。

值得注意的是，图中的 AF 曲线是在既定的资源和技术条件下的生产可能性边界。当资源和技术条件发生变化时，就会产生生产可能性边界的向内或向外移动。当更多的资源和更好的技术被利用时，生产能力就会扩大，生产可能性边界就会向外移动，这种情况称经济增长。相反，当可供利用的资源减少时，生产能力就会萎缩，生产可能性边界就会向内移动，这种情况称经济衰退。

生产可能性边界反映了资源配置中的各种关系，为资源在优化配置过程中的各种选择提供了重要的分析工具。

(1) 生产可能性边界反映了资源的稀缺性特征。因为资源是稀缺的，所以，使用这些资源所能生产的产品数量组合才有一个最大限量。

(2) 生产可能性边界充分表达了资源配置上的效率观念和选择的含义。生产可能性边界上的任何一点，都表明资源得到了充分利用，这说明资源在生产可能性边界上的配置是最有效率的。但是最终确定在哪一点生产，则需要按照需求的大小以及轻重缓急和偏好等多种因素来选择。

(3) 生产可能性边界反映了资源配置的具体内容或三个基本经济问题。首先，选择了生产可能性边界上的哪一点，就解决了"生产什么和生产多少"的问题。其次，从资源利用的效率出发决定选择生产可能性边界上的哪一点时，也就选择了"如何进行生产"。例如选择 A 和 F 点时，资源利用的效率就不如选择其他点高，因为过多地生产某种产品，会将并不适宜生产该产品的资源用于该产品的生产。最后，生产可能性边界也反映了"为谁生产"的问题。如果选择了生产更多的资本品，就表明资源配置在分配方面偏重于资本投资者，如果选择了生产更多的消费品，就表明资源配置在分配方面偏重于广大消费者。

(4) 生产可能性边界同样反映了机会成本的概念。在生产可能性边界上，当选择了一种物品的生产时所放弃的另一种物品就是被选择产品的机会成本。从图 1-1 中可以看出，当把全部资源用于生产 15 单位的资本品时，其机会成本为所放弃的 50 单位消费品。相反，当把全部资源用于生产 50 单位的消费品时，其机会成本为所放弃的 15 单位资本品。当资本品和消费品组合生产时，在生产可能性边界上体现为此消彼长的关系，增加一单位资本品（消费品）的机会成本就是减少的消费品（资本品）的数量。

机会成本

◆ 相关链接

生产可能性边界与经济增长

在资源和技术条件（包括外部环境）变化的情况下，生产可能性边界是可变的。有时，它向内移动，表示生产可能性缩小。例如，自然灾害、经济危机、战争、政治动荡等。通常，它向外移动，表示生产可能性扩大。例如，资源数量的增加、资源生产效率的提高、技术进步、生态环境或社会环境的改善等。生产可能性边界不断向外扩展就是经济增长，经济增长的结果是社会可以生产比以前更多的东西。

引起经济增长的两个基本因素是资本积累和技术进步。资本积累是资本资源的增加，技术进步是指采用了比以前更好的方法。资本积累和技术进步使生产可能性边界扩大也是有代价的。由于资源的有限性，要实现资本积累或创新技术，就必须将现有资源的一部分转移到增加资本品（如设备、基础设施等）和用于技术的研究、开发和推广上。这就意味着当前所能生产的产品和劳务的减少。所以，为了增加将来物品的数量就不得不减少现在消费品的数量，即现在消费品的减少是将来产品增加量的机会成本，这就是经济增长的代价。当然，将来产品的增加量一定会大于现在消费品的减少量，否则，资本积累和技术进步就毫无意义。

五、资源的充分利用：宏观经济问题

在稀缺性的前提下，人们不仅要考虑资源的"配置"问题，还要考虑资源的"利用"问题。前者解决的是有限资源能否被配置到最佳用途或合理使用，以便生产更多的产品和劳务。而后者解决的是有限资源能否得到充分利用或不让其闲置，以便使全部资源都发挥作用。因此，如何充分利用资源以满足人们的需要，同样是稀缺性的要求。从整个社会层面讲，要实现资源的充分利用，必须解决以下三个方面的基本问题：如何达到充分就业？如何保持物价稳定？如何实现经济增长？这也是经济学研究的另外三个基本问题，即宏观经济问题。

1. 如何达到充分就业

从资源利用的角度讲，充分就业是指整个社会所有有限资源都没有闲置，而是全部得到了充分利用的状态。劳动力作为一种重要的资源——人力资源，具有广泛的社会性，一个社会的劳动力能否充分就业，影响深远，因此，劳动力的充分就业问题成为社会所关注的焦点之一。

2. 如何保持物价稳定

资源利用不足，比如存在失业的情况下，会伴有通货紧缩现象，但利用过度也可能造成通货膨胀。这两种情况都会破坏市场经济的价格机制，影响经济运行的稳定性。所以，资源的利用最好做到既无通货紧缩，也无通货膨胀，也就是物价稳定。经济学要研究如何使资源充分利用，就要同时研究如何保持物价稳定。

3. 如何实现经济增长

经济增长意味着在相同的资源限制条件下能够生产更多的物品和劳务来满足人们的需要，这本身也是资源充分利用的目的。因此，研究资源充分利用和如何实现经济增长具有特别重要的意义。

充分就业

经济增长

由此可以看出，稀缺性不仅引起了资源配置问题，而且还引起了资源利用问题。前者构成微观经济学的研究主题，后者则成为宏观经济学的研究主题。正因为此，许多经济学家也把经济学定义为：研究稀缺资源配置和利用的科学。

◆ 相关链接

政府宏观经济的调控目标

充分就业、物价稳定、经济增长和国际收支平衡并列成为各国政府管理经济的四大目标。对于地方政府而言，主要是前三项。

经济增长是增加就业、保证财政收入和提高人民生活水平的物质基础。西方发达国家多把经济增长率达到4%左右作为经济增长的理想目标。我国是发展中国家，生产潜力大，人口多且增长率高，为尽快缩短与发达国家的差距，理想的经济增长率应更高一些。

稳定物价是政府的宏观调控目标之一。但稳定物价不是冻结物价，物价短期的局部变动是不可避免的，是价值规律在市场经济中的表现形式。因此，稳定物价是指不使物价出现连续、普遍的大幅度上涨。西方发达国家一般认为物价上涨在3%以下，即可视为物价稳定。发展中国家由于经济增长速度相对较快，这一指标可能还会高些。当然，物价稳定，也不是说物价总水平越低越好，如果物价持续走低，甚至出现通货紧缩，同样会给经济发展带来负面影响。

充分就业是指劳动力的充分利用。在市场经济条件下，受市场需求不足，经济结构调整，以及技术构成不断提高等因素的影响，有些失业是不可避免的，政府有责任提供财政上的帮助，通过建立健全社会保障制度救济和帮助失业人口。但充分就业并非意味着失业率为零。西方各国一般认为失业率在4%以下就算是充分就业。

国际收支是在一定时期内一个国家或地区与其他国家或地区之间进行的全部经济交易的系统记录。国际收支不仅包括对外贸易状况，而且包括了对外投资状况，是贸易和投资以及其他国际经济往来的总和。国际收支既包括了用外汇收付的经济交易，也包括了以实物、技术形式进行的经济交易。保持国际收支平衡是稳定经济的重要方面。

以上四项目标的调控方向并不总是一致的。一般地说，当经济增长速度较快时，可以提供更多的就业机会，但也可能导致通货膨胀；而经济增长放慢或停滞时，物价水平也会随之走低，但就业问题则会比较突出。对于发展中国家来说，经济增长是政府优先考虑的目标，同时兼顾其他。政府的职责就是通过各种调控手段，包括施行不同的货币政策和财政政策，使这几项目标处于协调状态，都控制在可承受的范围内。

（资料来源：http://www.stats-zh.gov.cn/o_tjzs/cyjtjsy/shuy02.htm）

六、资源配置的方式：经济体制

在一定的物质技术水平下，资源配置和利用的原则、方式与一个社会的经济体制有关。

经济体制是指一个社会组织和管理经济的一整套具体制度和形式。经济体制不同，资源配置和利用的方式不同，从而使经济效率产生较大的差别。从历史上看，经济体制大体可分为四种类型，即自然经济、计划经济、市场经济和混合经济。但从当今世界来看，主要是后三种类型。

经济体系与宏观经济

1. 自然经济

自然经济是自给自足的经济。其生产的目的仅是为了自己消费，很少交换，生产什么、如何生产以及为谁生产的问题可能是由代代相传的传统所决定的。因此，资源利用效率较差，经济发展滞缓，水平低下。

2. 计划经济

计划经济是以计划调节作为资源配置主要工具的一种经济体制。其基本特征是：资源基本归政府所有，经济的组织和管理由政府实施，经济发展的决策权高度集中在政府手中，政府依靠对资源的所有权、强制力及其自身掌握的信息做出决策。总之，所有与资源配置有关的经济活动，都由政府或通过政府的指令来进行。其优点是能集中力量办大事，但缺点是不能实现资源的有效配置，还可能造成资源的巨大浪费。

3. 市场经济

市场经济是借助市场交换关系，依靠供求、竞争和价格等机制，组织社会经济运行，以调节社会资源配置和分配收入的经济体制。其基本特征是：生产什么、生产多少、如何生产以及为谁生产的问题完全由多元化的市场主体决策、高度分散。因此，能够优化资源和充分利用资源，提高经济效益。但不足是过度竞争也会造成资源浪费，容易出现经济波动甚至周期性经济危机以及外部不经济性等问题。

4. 混合经济

混合经济是指由市场经济和政府调控相结合的一种经济体制。在这种经济体制下，一方面是市场机制协调着人们的经济行为，另一方面政府也对一些经济活动进行有意识的干预。生产什么与生产多少、如何生产以及为谁生产的问题是在市场机制和政府有意识的干预相结合下解决的。当今世界各国，既没有完全实行市场经济的，也没有完全实行计划经济的，都是某种程度上的混合经济，只是在程度上有所差异或在所有制上有根本区别而已。

混合经济

第二节 经济学的研究内容

经济学的研究对象是资源配置和利用，前者构成微观经济学的研究内容，后者主要是宏观经济学的研究内容。

一、微观经济学

微观经济学在讲什么

1. 微观经济学的概念

微观经济学是以单个经济单位为研究对象，通过研究单个经济单位的经济行为和相应经济变量的单项数值的决定，来说明价格机制如何解决社会资源配置的理论。

2. 微观经济学的基本特点

理解微观经济学的概念必须把握以下四个基本特点。

（1）微观经济学的研究对象是单个经济单位的经济行为。单个经济单位是指经济活动中最基本的单位,如居民户和厂商。居民户又称家庭,是经济活动中的消费者。厂商又称企业,是经济活动中的生产者或经营者。微观经济学研究居民户和厂商的经济行为就是研究单个居民户作为消费者如何把有限的收入分配于各种商品的消费,以实现满足程度(即效用)最大化,以及单个厂商作为生产者或经营者如何把稀缺的资源用于各种商品的生产或经营,以实现利润最大化。

(2) 微观经济学解决的问题是资源配置。微观经济学从研究单个经济单位的利益最大化行为入手,来解决稀缺资源的最优配置问题。如果每个经济单位都实现了利益最大化,那么,整个社会的资源配置也就实现了最优化。

(3) 微观经济学的中心理论是价格理论。在市场经济中,商品的生产者和消费者的行为要受价格的支配,生产什么与生产多少,如何生产以及为谁生产都是由价格决定的。价格像一只看不见的手,调节着整个社会的经济活动,实现社会资源配置最优化。因此,价格理论是微观经济学的中心理论,其他内容都是围绕这一中心问题展开的。正因为这样,微观经济学也被称为价格理论。

(4) 微观经济学的研究方法是个量分析。个量分析是对单个经济单位和单个经济变量的单项数值及其相互关系所做的分析。微观经济学以单个经济单位为研究对象,与此相适应,它必须使用个量分析方法,研究单位商品的效用、供给、需求、价格等如何决定,研究单个厂商的投入、产出、成本、收益、利润等如何决定,以及各种个量之间的相互关系。例如,某种商品的价格、某种产品的产量就属于经济变量的单项数值,微观经济学分析这类个量的决定、变动及其相互间的关系。

3. 微观经济学的基本假设

经济学的研究是以一定的假设条件为前提的。就微观经济学而言,其基本假设条件有以下三个。

(1) 市场出清,即在价格可以自由而迅速地调节市场的情况下,市场上一定会实现充分就业的供求均衡状态。具体地说,物品价格的调节使商品市场均衡,利率(资本价格)的调节使金融市场均衡,工资(劳动价格)的调节使劳动市场均衡,等等。在这种均衡的状态下,资源可以得到充分利用,不存在资源闲置或浪费问题。因此,微观经济学就是在假设资源被充分利用的情况下,研究资源配置问题。

市场出清

看不见的手

◆ **相关链接**

市场机制与"看不见的手"原理

关于对市场机制能自动调节经济并使之趋于均衡的论述,最有影响的形象说法莫过于亚当·斯密在其著名的《国富论》中提出的"看不见的手"原理。正如斯密所言:"每个人都不断地努力为他自己所能支配的资本找到最有利的用途,固然,他所考虑的不是社会的利益,而是他自身的利益,但他对自身利益的研究自然会或毋宁说必然会引导他选定最有利于社会的用途"(《国富论》下卷,25页)。他把市场机制比作"看不见的手",在这只无形之手的作用下,整个社会会达到一种最优状态。

理性选择理论

(2) **完全理性**，即消费者和厂商都是理性人，其行为目标和准则是利益最大化。他们自觉地按利益最大化的原则行事，既能把利益最大化作为目标，又知道如何实现最大化。这就是说，他们具有完全理性。只有在这一假设之下，价格调节实现资源配置最优化才是可能的。

◆ 小知识

"理性人"假设

"理性人"假设是指作为经济决策的主体都是充满理智的，既不会感情用事，也不会盲从，而是精于判断和计算，其行为是理性的。在经济活动中，主体所追求的唯一目标是自身经济利益的最优化。比如消费者追求的满足程度最大化，而生产者追求的是利润最大化。该假设的基本特征可以表述为：每一个从事经济活动的人都是利己的。"理性人"的特征被概括为两点：一是在经济活动中，无论人们做什么事，其动机都是趋利避害，是利己的；二是理性人所做的事情都是完全理性的，也就是每个人都能通过趋利避害原则来对其所面临的一切机会和目标及实现目标的手段进行优化选择。

经济人假设

(3) **完全信息**，指消费者和厂商可以全面而迅速地获得各种市场信息。消费者和厂商只有具备完备而迅速的市场信息才能及时对价格信号做出反应，以实现其利益最大化的目标。

只有在以上三个假设条件之下，微观经济学关于价格调节实现资源配置最优化，以及由此引出自由放任的经济政策才是正确的。但是事实上，这三个假设条件并不一定完全具备或同时具备，做这样的假设，只是为了方便分析问题。但在分析具体经济问题时，必须注意非假设条件下的情况。

◆ 相关链接

有限理性与信息不对称

1. 有限理性

经济学把人们处处按照利益最大化原则行事的假设称为完全理性，按照完全理性行事的人是理性人，因为追求的是经济利益，所以，理性人也叫"经济人"，完全理性的假设也叫"经济人"假设。但在现实生活中，完全理性的假设只是一种绝对的情况或理想的状态，表现在实际中更多的是一种有限理性，即人们只是在一定程度上按完全理性行事。有限理性产生的原因在于两个方面：一是在经济活动中，绝对利益最大化的目标通常难以真正达到，人们往往只能按照相对利益最大化的目标和原则行事，这也是诺贝尔经济学奖获得者西蒙的决策理论的基本观点。二是在非经济活动中，完全理性不宜作为行事的目标和标准，最好的办法是按照有限理性的原则行事。如在日常生活中，亲友之间过于斤斤计较，会使人们在情感、道德方面觉得有失和谐，得不偿失。

2. 信息不对称

与完全信息相对应的一个概念是不完全信息，即人们不能完全掌握同一事件所有信息。在不完全信息下，如果不同市场主体对同一经济事件所掌握的信息不完全相同，就产生信息不对称。由于信息不对称，在市场交易过程中，掌握信息较少的一方就会处于不利地位。

有限理性

中国有一句俗话叫作"从南京到北京，买者没有卖者精"，讲的就是这个意思。在现实生活中，信息不对称是普遍存在的，美国经济学家乔治·阿克洛夫、迈克尔·斯彭斯和约瑟夫·斯蒂格里茨就是因为对"充满不对称信息的市场"进行了卓有成效的分析而获得2001年的诺贝尔经济学奖。

当市场上买卖双方信息不对称时，卖者比买者精，卖者就要利用自己的信息优势来欺诈买者。这种以自己拥有的信息优势来欺诈另一方的做法称为道德风险。当拥有信息少的一方由于一次上当而把拥有信息优势的另一方都作为诈骗者时，市场上就会充斥这类骗子，这种现象称为逆向选择。信息不对称时，道德危险与逆向选择的存在使市场机制无法正常运行，市场机制就会失灵。

信息不对称

4. 微观经济学的基本内容

微观经济学的内容很多，主要包括以下六个方面。

（1）均衡价格理论。微观经济学的研究最终是为了解决资源配置问题，在市场经济中，这一问题是通过价格机制解决的，因此，价格问题就是微观经济学的核心问题。西方经济学中所流行的价格理论就是用需求与供给来说明价格的形成机制，以及由此而形成均衡价格理论，对这个理论的分析就构成微观经济学的起点和中心。其他内容都是围绕这一中心而展开的。

微观经济

（2）消费者行为理论。消费是引致人类一切经济活动的源泉，又是一切经济活动的归宿。消费者对有用物品的消费欲望、消费偏好和选择表现为消费行为，正是这种行为构成了不同的社会消费趋势，从而决定着生产者生产什么、生产多少、为谁生产的问题。因此，消费者行为就成为经济学研究的一个重要方面。消费者行为理论研究消费者如何把有限的收入分配于各种物品的消费，以实现效用最大化。该理论是对决定价格的因素之一——需求的进一步解释。

（3）生产者行为理论，研究生产者如何把有限的资源用于各种物品的生产而实现利润最大化。这一部分内容包括研究生产要素与产量之间关系的生产理论，研究成本与收益的成本与收益理论，以及研究不同市场条件下厂商行为的厂商理论。生产者行为理论是对决定价格的另一个因素——供给的进一步解释，以及对如何生产的论述。

（4）分配理论，研究产品按什么原则分配给社会各个集团与个人，即工资、利息、地租和利润如何决定。这部分是运用价格理论来说明为谁生产的问题。

（5）一般均衡理论与福利经济学，研究全社会的所有市场如何实现均衡，经济资源怎样实现最优配置，社会经济福利怎样实现最大化。由于一般均衡理论与福利经济学是以单个消费者、单个资源拥有者和单个厂商的行为为出发点来考察整个社会的经济运行的，并且在研究方法上主要使用个量分析法，所以，通常把这部分内容归入微观经济学之中。

（6）微观经济政策，研究政府有关价格管理、消费与生产调节，以及实现收入分配平等化政策。这些政策属于国家对价格调节经济作用的干预，是以微观经济理论为基础的。

二、宏观经济学

（一）宏观经济学的概念

宏观经济学是研究宏观经济总量的一门经济学科。它以整个国民经济为研究对象，通过研究一个国家整体经济运作中各有关总量的决定及其变化，来说明资源如何才能得到充分利用。

（二）宏观经济学的基本特点

理解宏观经济学的概念必须把握以下四个方面的基本特点。

1. 宏观经济学的研究对象是整个经济

宏观经济学通过对总体经济问题及其经济总量的研究，来分析国民经济的总收入、总就业、物价水平、经济周期和经济增长等问题。它研究整个经济的运行方式与规律，从总体上分析经济问题。

2. 宏观经济学解决的问题是资源利用

宏观经济学是在假定资源已实现最优配置的前提下，研究现有资源未能得到充分利用的原因，达到充分利用的途径，以及如何增长等问题。

3. 宏观经济学的中心理论是国民收入决定理论

宏观经济学把国民收入作为最基本的总量，以国民收入的决定为中心来分析研究国家整体经济的运作情况以及政府如何运用经济政策来影响国家整体经济的运作，实现资源总量的充分利用。国民收入决定理论是宏观经济学的中心理论，其他理论都围绕着这一理论展开，宏观经济政策则是这种理论的运用。

4. 宏观经济学的研究方法是总量分析

总量是指能反映整个经济运行情况的经济变量。这种总量有两类：一类是个量的总和。例如，国民收入是组成整个经济的各个单位的收入总和，总投资是各个厂商的投资之和，总消费是各个居民户消费的总和，等等。另一类是平均变量。例如，价格水平是各种商品与劳务的平均价格。宏观经济学所涉及的总量很多，其中主要有：国民生产总值、总投资、总消费、价格水平、失业率、通货膨胀率、劳动生产率、增长率、利率、国际收支、汇率、货币供给量、货币需求量，等等。总量分析就是分析这些总量的决定、变动及其相互关系，从而说明整体经济的运行状况，决定经济政策。因此，宏观经济学也被称为总量经济学。

（三）宏观经济学的基本假设

宏观经济学的基本假设有两个。

（1）**市场机制是不完善的**。自从市场经济产生以来，市场经济各国的经济一直在繁荣与萧条的交替中发展，若干年一次的经济危机成为市场经济的必然产物。经济学家们认识到，如果只靠市场机制的自发调节，就必然会出现经济周期与通货膨胀，经济就无法克服危机与失业等一系列问题，从而就会在资源稀缺的同时，又产生资源的浪费。稀缺性不仅要求使资源得到合理配置，而且还要使资源得到充分利用，要做到这一点，仅仅靠市场机制是不行的。这是宏观经济学产生的必要性。

（2）**政府有能力调节经济，纠正市场机制的缺陷**。人类不是只能顺从市场

宏观经济

机制的作用，而是能够在遵从基本经济规律的前提下，对经济进行调节和干预。实现这种调节的是政府，政府可以通过研究，认识和掌握经济运行的规律，并采取适当的手段和措施进行调节，这既包括通过行政、经济、法律等手段的宏观调控，也包括通过财政、货币、产业等政策进行的经济干预。这是宏观经济学产生的可能性。

政府应该调节经济，政府可以调节经济，这是宏观经济学的假设前提。

◆ **相关链接**

市场失灵与政府失灵

1. 市场失灵及其表现

市场是高效的资源配置机制和经济调节机制，但这只"看不见的手"也并不是万能的。在一定条件下，主要是在不完全竞争和非竞争环境下，市场不能有效地配置资源，导致供求失衡，这就是市场失灵，也叫市场缺陷。市场失灵主要发生在社会公共领域。

市场失灵

市场失灵主要表现在以下六个方面：① 公共品困境——市场不能提供或不能有效提供满足社会公共需要的产品（即公共品）。② 外部效应——一个单位的生产经营活动对其他单位造成的影响，被称为外部效应。外部效应被分为正效应和负效应，两者都造成了效率与利润的损失，是市场分散决策的结果偏离社会期望的最优数量。完全竞争的环境下要求外部效应内部化。在交易成本很低或可以忽略不计时可由科斯定理确定。在不完全竞争和非竞争环境下，市场不能有效地配置资源，很难内部化，这时就应该由政府解决。③ 分配不公。④ 信息不对称或信息不充分，即交易双方获取信息的地位不平等，掌握的信息不平衡。⑤ 经济运行不稳定。市场经济中的自发竞争是导致经济运行波动的基础性原因；失业和货币投放失误引起的通货膨胀，更加剧了经济不稳定；社会经济制度是另一个重要因素；在经济联系日益国际化的背景下，国际因素是诱发本国经济不稳定的外部条件，当然也有认识论等因素。⑥ 垄断。

市场失灵是市场经济固有的现象，其负面效应不能由市场机制本身自动地解决，只能由政府机制来解决。但政府机制也并不是万能的，在一定的条件下也会产生"政府失灵"。

2. 政府失灵及其原因

所谓"政府失灵"，是指政府干预经济不当，未能有效克服市场失灵，却阻碍和限制了市场功能的正常发挥，从而导致经济关系扭曲，市场缺陷和混乱加重，以致社会资源最优配置难以实现。具体地说，"政府失灵"表现为以下三种情形：其一，政府干预经济活动达不到预期目标；其二，政府干预虽达到了预期目标但成本高昂；其三，政府干预活动达到预期目标且效率较高但引发了负效应。

政府失灵

"政府失灵"的成因很多，但主要有以下两方面：① 政府对经济的认识难以完全符合经济规律，即使一定时期抓住了规律，然而规律本身是发展变化的，因而不可能穷尽。进而，政府的决策不可能完全正确。② 政府角色错位。即政府未能恪守其"增进市场论"的基本角色，干预的范围和力度过大，超出了矫正市场失灵、维护市场机制顺畅运行的合理界限。

(四) 宏观经济学的基本内容

宏观经济学包括以下基本内容。

1. 国民收入决定理论

国民收入是衡量一国经济资源利用情况和整个国民经济状况的基本指标。国民收入决定理论就是要从总需求和总供给的角度出发，分析国民收入决定及其变动的规律。这是宏观经济学的核心理论。

2. 通货膨胀与失业理论

通货膨胀与失业是各国经济中最主要的问题。宏观经济学把通货膨胀与失业和国民收入联系起来，分析其原因和相互关系，以便找出解决这两个问题的途径。

3. 经济周期与经济增长理论

经济周期指国民收入的短期波动，经济增长指国民收入的长期增长趋势。这一理论要分析国民收入短期波动的原因，长期增长的源泉等问题，以实现经济长期稳定发展。

4. 国际经济理论

当今世界是一个开放的世界，一国经济的变动会迅速影响到别国，同时，也会受别国的影响。国际经济理论主要分析国际贸易、国际收支、汇率等基本问题以及开放条件下一国宏观经济的运行与调节。

5. 宏观经济政策

宏观经济学是为国家干预经济服务的，宏观经济理论要为这种干预提供理论依据，而宏观经济政策则是要为这种干预提供具体的措施。在宏观经济学中政策问题占有重要的地位。影响一个国家宏观经济运行状况的一个重要因素就是政府所实施的一系列经济政策，其中最主要的是财政政策和货币政策。财政政策由政府的税收政策和支出政策所组成，货币政策主要是指在中央银行的控制下如何决定和调整一个国家的货币供给的增长速度。财政政策和货币政策配置是否得当，直接影响到一个国家宏观经济运行的状况，因此也是宏观经济学探讨的主要内容。

◆ **相关链接**

次贷危机的影响及其启示

2007年，一场发生在美国，因次级抵押贷款机构破产、投资基金被迫关闭、股市剧烈震荡引起的风暴，这就是人们所讲的次贷危机。引起美国次级抵押贷款市场风暴的直接原因是美国的利率上升和住房市场持续降温。次级抵押贷款是指一些贷款机构向信用程度较差和收入不高的借款人提供的贷款。由于受利率上升和住房市场价格的下跌，导致大批次级抵押贷款的借款人不能按期偿还贷款，进而引发"次贷危机"。它致使全球主要金融市场隐约出现流动性不足危机，2007年8月席卷美国、欧盟和日本等世界主要金融市场，许多金融机构由于难以抵御风险而破产，给世界经济带来了很大的影响。2007年12月，美、欧、英、加、瑞士央行宣布，将联手向短期拆借市场注资，实施相关宏观调控，以缓解全球性信贷紧缩问题。

本次美国次贷危机也给中国宏观调控提出了启示，主要有三方面：第一，有必要把资产价格纳入中央银行实施货币政策时的监测对象。因为一旦资产价格通过财富效应或者其他渠道最终影响到总需求或总供给，就会对通货膨胀率产生影响。即使是实施通货膨胀目标制的中央银行，也很有必要把资产价格的涨落作为制定货币政策的重要参考。第二，进行宏观调控时必须综合考虑调控政策可能产生的负面影响。例如，美联储连续加息时，可能对房地产市场因此而承担的压力重视不够。第三，政府不要轻易对危机提供救援。危机是对盲目投资和盲目多元化行为的惩罚，如果政府对这种行为提供救援，将会导致道德风险的滋生。本次发达国家中央银行在市场上联手注资，可能会催生下一个泡沫。

（资料来源：http://zhidao.baidu.com）

三、微观经济学与宏观经济学的联系

微观经济学与宏观经济学作为经济学的两大组成部分，二者虽然在研究对象，解决的问题、中心理论和分析方法上都有所不同，但它们之间又有着密切的联系，其表现在以下三个方面。

美国次贷危机

1. 微观经济学与宏观经济学互为前提，相互补充

经济学的目的是实现社会经济福利的最大化。为了达到这一目的，就既要实现资源的最优配置，又要实现资源的充分利用，二者缺一不可。微观经济学在假定资源已实现充分利用的前提下分析如何达到最优配置的问题；宏观经济学在假定资源已实现最优配置的前提下分析如何达到充分利用的问题，它们从不同的角度分析社会经济问题。因此，二者是互为前提，相互补充，它们共同组成经济学的基本内容。

2. 微观经济学是宏观经济学的基础

整体经济是单个经济的总和，宏观经济学分析的经济总量是由经济个量加总而成的，对宏观经济行为和经济总量的分析是以一定的微观经济分析为基础的。例如，就业理论和通货膨胀理论作为宏观经济学的重要组成部分，总是要涉及劳动的供求和工资的决定理论，以及商品价格如何决定的理论，而充分就业的宏观经济模型，正是建立在以完全竞争为假设前提的价格理论和工资理论的基础之上的。

3. 微观经济学与宏观经济学都是实证分析

微观经济学与宏观经济学都把社会经济体制作为既定的，不分析社会经济制度变化对经济的影响。也就是说，它们都是把市场经济体制作为一个既定的存在，分析这一体制下的资源配置与利用问题。这种不涉及体制变化问题，只分析具体经济问题的方法就是实证分析。正是从这种意义上来说，微观经济学与宏观经济学都是实证分析。

第三节 经济学的研究方法

任何一门科学都有自己的研究方法，经济学也不例外。经济学家在研究社

会经济问题和形成经济理论时，使用了很多种分析方法。其中主要有：个量分析法和总量分析法，实证分析法和规范分析法，均衡分析法和非均衡分析法，静态分析法，比较静态分析法和动态分析法，定性分析法和定量分析法，边际分析法和增量分析法等，在理论表述方面，主要采取建立经济模型的方法。这些方法，除了前面已介绍过的个量分析法和总量分析法，分别为微观经济学和宏观经济学的特有方法外，其他方法则是微观经济学和宏观经济学所共有的分析方法，下面分别予以介绍。

一、实证分析法和规范分析法

实证分析

实证分析法重点考察是什么，即经济状况如何，为什么是这样，有些什么特点和规律，经济问题如何得到解决等，至于这种经济现象好不好，该不该如此，则不作评价。这种分析方法叫作实证分析法。运用实证分析方法研究经济问题的目的，是最终建立起能够用于解释经济现象的理论，并以此为根据预测人们经济活动的后果。

规范分析

规范分析法则是根据一定的价值判断，对经济现象做出好与不好的评价，或该不该如此的判断，它指出经济现象应该是什么，经济问题应该如何解决等，这种分析方法叫作规范分析法。运用规范分析方法研究经济问题的目的，是给人们的经济活动提出行为规范。

二、均衡分析法和非均衡分析法

均衡分析

均衡是从物理学中引进的概念。在物理学中，当某一物体同时受到方向相反而力量恰好相等的两个外力作用时，该物体处于静止状态，这种状态就是均衡。在经济学中，均衡是指经济体系中各种对立的、变动着的经济变量由于力量相当而使体系处于一种相对静止、不再变动的状态。在这种状态下，经济决策者意识到重新调整资源配置方式已不可能获得更多的利益，从而不再改变其经济行为。均衡分析法就是在假定经济体系中的经济变量既定的条件下，考察体系达到均衡时所出现的情况以及实现均衡所需要的条件。均衡分析法偏重于数量分析，而对于影响经济变化的历史的、制度的、社会的因素基本不考虑，因为它们很难量化，很难进行量上的均衡分析。

非均衡分析

非均衡分析则认为经济现象及其变化的原因是多方面的、复杂的，不能单纯用有关变量之间的均衡与不均衡来加以解释，而主张以历史的、制度的、社会的因素作为分析经济现象的基本方法，即使是量的分析，非均衡分析也不是强调各种力量相等时的均衡状态，而是强调各种力量不相等时的非均衡状态。

西方经济学中运用的分析方法主要是均衡分析法。均衡分析可分为局部均衡分析和一般均衡分析。局部均衡分析是仅就经济体系的某一部分加以考察和研究，以分析经济事物均衡的出现和均衡与不均衡的交替过程，而假定其他部分对所观察的部分没有影响。一般均衡分析则是就整个经济体系加以观察和分析，以探讨整个经济总体达到均衡的过程。

三、静态分析法、比较静态分析法和动态分析法

所谓静态分析法，就是分析经济现象的均衡状态以及有关的经济变量达到均衡状态所必须具备的条件。这种分析方法完全忽略了时间因素和变量变化达到均衡状态的过程，注重经济变量对经济体系影响的最终结果。犹如观察一张不动的照片，仅就这个不动的画面进行分析。这是一种静止地、孤立地分析经济问题的方法。

比较静态分析法则是就经济现象一次变动的前后，以及两个或两个以上的均衡位置进行分析研究，并把新旧均衡状态加以比较，而完全抛开了对转变期间和变动过程本身的分析，也就是只对一个个变动过程的起点和落点进行对比分析。犹如观察几张不同时点的幻灯片，对其进行起点和落点的对比研究。

动态分析法则是分析经济现象在时间推移中变动过程的状态和关系，说明某一时点上经济变量的变动如何影响下一时点上该经济变量的变动，以及这种变动对整个均衡状态变动的影响。这种分析方法把经济现象的变化当作一个连续不断的过程看待，探讨经济事物从均衡到非均衡，又达到均衡的交替发生过程。犹如观察一系列连续移动的照片，来分析各个照片的变动、衔接，像电影图像的出现过程一样。

在西方经济学中，无论是分析个别市场的供求均衡，还是分析个别厂商的价格和产量如何达到均衡，目前一般采用静态或比较静态的分析方法。至于动态分析法，则仅在个别场合被采用，如在蛛网理论中就采用了这种分析方法。

静态分析

比较静态分析

动态分析

四、定性分析法和定量分析法

定性分析法是说明经济现象的性质及其内在的规定性与规律性。定量分析法则是分析经济现象之间的量的关系。各种经济现象之间的量的关系可以更为精确地反映经济运行的内在规律。因此，微观经济学和宏观经济学中特别注意定量分析。这也是经济学中广泛运用了数学工具的重要原因。经济学中数学的运用主要在两个方面：一是运用数学公式、定理来表示或推导、论证经济理论，这就是一般所说的数理经济学。二是根据一定的经济理论，编制数学模型，并将有关经济数值代入这种模型中进行计算，以验证理论或进行经济预测，这就是一般所说的经济计量学。定量分析使经济学更能运用于实际。数学是经济学的重要分析工具，这一点应该十分注意。

五、边际分析法和增量分析法

边际分析法是现代经济学又一常用的分析方法。它属于数量分析的一种。所谓边际分析法，是指当一个或几个自变量发生微小变动时，来看因变量如何随之变动的方法，这个分析方法是从微积分学中引进的。自从数理经济学产生后，边际分析法被广泛地运用于经济分析之中，特别是用这个方法来分析经济的变化趋势，分析各种经济变量的增加量之间的关系。例如，假定某种产品的价格增加或减少了一个单位，然后来测定该产品需求量的变动情况，即边际需

边际分析

求分析，这就是边际分析法的运用。至于在效用分析、收入分析、成本分析以及其他理论分析中，都可使用边际分析法，由此也产生了一系列极为重要的边际概念和边际法则，例如边际效用、边际收入、边际成本、边际利润、边际产量、边际生产力、边际效用递减规律、边际收益递减规律，等等。

在经济学中，边际分析法可以说与增量分析法是一回事，因为它们都分析某自变量的变动所引起的因变量的变动情况。但边际分析主要是分析单位变量的改变而导致因变量的变动率，而增量分析既可分析某一变量的大量（不仅是单位量）变动所导致的结果，又可分析非数量的某一因素变动所引起的变化，所以增量分析的含义比边际分析广泛。

六、建立经济模型

经济模型

经济学家在研究社会经济问题时，除了采用上述经济分析方法以外，在经济分析的基础上，为了阐述经济理论，主要采用建立经济模型的方法。经济理论是客观经济现象和经济活动的高度概括，经济模型则是经济理论的简明表述。

经济模型的表达形式有三种，即文字叙述、几何图形和数学表达式。这三种表达形式各有特点：文字叙述表达比较浅显、细腻；几何图形表达比较直观、简明；数学表达式表达比较严谨、精练。

例如，研究某城市人们对乘坐出租汽车的需求，这种需求量 Q_d 的大小，主要取决于该城市出租汽车的收费价格 P，这个经济模型可分别用上述三种形式来表达。

（1）用文字叙述表达为："人们乘坐出租汽车的需求量 Q_d 取决于出租汽车单位里程的收费价格 P 并且与价格成反比，即价格越高，需求量越小，价格降低，则需求量增加"。

（2）用数学表达式表达则为这样一个方程（也可以说成是函数）：

$$Q_d = a - bP \quad (a, b \text{ 为参数})$$

（3）用几何图形表达，如图1-2所示。

作为经济分析的工具来说，这三种表达形式没有本质区别，他们都是用不同的方式反映经济变量之间的相互关系。

与文字经济模型相比而言，数学经济模型具有以下优点：使用数学表达式比文字叙述简练，可以运用许多数学公式及定理，实现经济分析数量化，可以与几何经济模型紧密结合，从而更实证科学地分析经济现象，揭示经济规律。由于这些优点，数学经济模型越来越被广泛应用于经济理论的表述中。当然数学经济模型也有其弱点，主要是：表达比较生硬，理论叙述不细腻，许多地方理论衔接不上，并且往往容易使人们为了数学上的方便任意采用不适当的假设，以致追求数学技巧而抛弃经济原则，致使数学在当代经济学的研究中有时显得喧宾夺主。这些弱点，应在建立数学经济模型时注意和纠正。

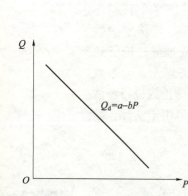

图1-2　几何图形表达

◆ **相关链接**

如何学习经济学这门课程?

经济学是有趣的,但它也可能是难学的,本书的编写目的是使你学习经济学既有趣,又尽可能容易,但作为学生,你的学习态度和方法起着决定作用。如果你在学这本书时积极参与,你就会在考试和以后的年月中享有更好的结果。以下是如何最好地学习这本书的秘诀。

怎样学习经济学

(1) 要总结,而不要画重点线。在教科书上画重点标记是一种消极的活动,它不能让你动脑。相反,当你读完一节时,要花几分钟用你自己的话总结一下刚刚读过的内容,并写下来,比较一下你的总结与学习目标,你抓住要点了吗?

(2) 考考自己。在学习过程中,经常进行即问即答式的思考,以确认你是否掌握了你要学习的内容。利用这个机会,在书的边缘写下你的答案。即问即答的目的是检验你的基本理解。如果你不能确信你的答案是正确的,也许你就要复习这一节内容。

(3) 实践、实践、再实践。在每章的结尾,复习题测验你的理解,案例分析和实训项目有助于你训练技能。而教材中间的相关链接则扩充所学内容。也许教师会布置一些课后作业,如果这样的话,就认真做这些练习。总之,你运用所学的新知识越多,这些知识就越牢固。

(4) 小组学习。在你读了书并独立做了练习题之后,就与同学一起讨论这些内容。你们相互学习,这又是从"交易"中获益的一个例子。

(5) 不要忘记现实世界。在所有的数字、图形和陌生的新名词中,很容易忽略经济学含义。不要跳过书中的案例分析和相关链接专栏,这些内容不仅有助于扩大你的知识面,也有助于将理论与现实生活中的事件联系起来。如果你的学习是成功的,你就不会在看报、听新闻以及谈论身边许多社会现象时不去考虑供给、需求和这个经济学世界。

(6) 要善于通过亲身调查研究来分析和解释身边的经济现象,而不是满足于现成的理论或人云亦云地重复别人对经济现象的分析和解释。香港大学著名的经济学教授张五常先生曾提出经济学的主要作用之一是对经济现象进行解释,并力推用亲身调查的方式来分析经济问题,从而对其做出切合实际的解释,他曾两次在除夕之夜的香港街头亲自卖盆橘,正是这种执着的精神使其成为世界著名经济学家。如果能经常对身边的经济现象进行深入分析,并做出合理解释,你就会觉得经济学更加有意思。

(7) 要善于运用网络搜集各种经济学案例,同时,关注广播、电视、报纸、杂志等媒体对日常生活中的热门经济学话题的报道。网络的发展普及为我们学习经济学提供了很大的便利,如果能合理地利用这些工具,一定会起到事半功倍的效果。

(8) 要善于培养自己的经济学思维方式。经济学是社会科学,不是自然科学,有自己特殊的思维方式。学习经济学,重要的不是识记知识,而是培养自己的经济学思维方式这种心智技能。要像经济学家一样思考问题,经济学家分析问题时头脑中往往形成了自己的参照系,这就是经济学特定的方法、工具和概念,比如理性人假设,效率优先目标,资源稀缺性前提,均衡分析,边际分析等基本工具,机会成本、交易费用等基本概念来得出结论。

(资料来源:曼昆,《经济学原理》原书第三版,梁小民译,机械工业出版社,2003.)

课后测试

复习与练习

一、分析题

一个学生在毕业时面临三种选择：一是读研究生继续深造，每年需要花费3万元；二是到政府部门做公务员，每年可以获得6万元年薪；三是到一个公司去上班，每年可获得10万元年薪。请问，该学生选择读研究生的机会成本是多少？

假如该同学工作（无论是做政府部门公务员还是公司职员）之余还可以做兼职，每年的兼职收入为2万元。请问，该学生选择读研究生的机会成本又是多少？

请分析二者的差异，并体会机会成本的实质。

二、简答题

1. 什么是资源的稀缺性？如何理解资源的稀缺性既绝对又相对的理论？
2. 什么是资源配置问题？什么是资源利用问题？
3. 什么是经济学？它的研究对象是什么？
4. 经济体制分为哪几种不同的形式？
5. 什么是微观经济学？其基本内容是什么？
6. 什么是宏观经济学？其基本内容是什么？
7. 微观经济学与宏观经济学的区别与联系是什么？
8. 经济学的研究方法主要有哪几种？

三、思考与讨论

通过本章的学习，你也许对经济学有了新的认识，请结合下面的论述展开讨论，谈谈你对经济学的理解。

经济学是一种智慧，你可以不学经济学，但你不可能不用经济学。因为我们的身边无一处不用到经济学的智慧。

经济学是方法，而不是教条；经济学是心灵的仪器，是思维的工具，能帮助人们推导出正确的结论。（凯恩斯）

经济学家未必是好的理财能手、成功的企业家或者政府首领，但是，好的理财能手、成功的企业家或政府首领，一定要懂点经济学。（梁小民）

要赢得全球新的经济竞赛，就要抢先窥视并领悟新游戏。（索洛）

技能训练项目

项目1-1　解释经济学术语

【技能目标】

培养学生从日常生活中思考和认识经济现象的能力，提高其对经济学的兴趣。

【内容与要求】

下面是用通俗的语言对经济学术语的解释。请按照自愿结合的原则，5~6个人组成一个研究小组，针对下面的要求，结合自己的学习和思考，谈谈对这些术语的理解和体会。

1. 通过查阅资料，学习、了解和认识这些术语，理解其所反映的经济学内涵。

2. 各组选择大家感兴趣的 2~3 个术语进行分析阐述，内容不限，可以是对该术语的理解、体会，也可以以此为话题，结合所熟悉的现象进行引申和发挥。

3. 每组形成一篇分析报告，作为课堂交流讨论的发言稿。

4. 组织一次全班交流讨论，以组为单位，相互谈谈各自的认识和体会。在交流过程中，大家可以辩论、争论。最后，各组根据讨论情况进一步修改自己的分析文章。

机会成本：鱼和熊掌不可兼得

消费者偏好：萝卜白菜，各有所爱

棘轮效应：由俭入奢易，由奢入俭难

信息不对称：知人知面不知心

规模经济：三个臭皮匠，胜过一个诸葛亮

风险投资：舍不得孩子，套不住狼

长期投资：十年树木，百年树人

投资与回报：宝剑锋从磨砺出，梅花香自苦寒来

需求富有弹性：薄利多销

需求缺乏弹性：谷贱伤农

边际效用递减：入芝兰之室，久而不闻其香

定向增发：肥水不流外人田

多元化投资：鸡蛋不放在一个篮子里

道德风险：身在曹营心在汉

囚徒困境：三个和尚没水吃

相对比较优势：三人行必有我师

封闭经济：鸡犬之声相闻，老死不相往来

沉没成本：嫁出去的女儿，泼出去的水

【成果与考核】

1. 每个小组提交一份修改完善后的分析报告。

2. 由全班同学和教师共同根据各组的报告、班级交流发言以及提问答辩情况对每组进行评估打分，综合评定每组本次活动的成绩。

项目 1-2 分析经济学案例

【技能目标】

培养学生对经济现象的初步解释和分析能力。

【内容与要求】

学生自愿组成研究小组，每组 5~6 人，围绕以下问题，以组为单位对下面的现象进行分析研讨。为了分析深入，可以通过图书馆、

网络来搜集参考资料。

1. 对于消费者而言，租婚纱和购买婚纱哪一种情况更有利？为什么？
2. 对于婚庆公司而言，租赁婚纱的定价依据是什么？为什么？
3. 同样是婚礼服装，为什么新郎礼服和新娘婚纱的租赁情形大不一样？原因是什么？
4. 结合以上分析，请思考婚纱租赁价格的最终形成机制是什么？大家对婚纱租赁市场的均衡（包括供需均衡和价格均衡）有什么样的认识和理解？
5. 通过该现象的分析，你对经济学中"选择""机会成本""理性人"等概念有了什么样的认识和体会？
6. 根据小组研讨，总结归纳。以组为单位，形成一个关于以上问题的分析报告。然后，组织一次班级交流研讨，每组推荐一名同学代表本组发言，其他小组成员可以对其提问，同一小组成员可以作补充回答。

买婚纱还是租婚纱？

市场上租一套婚纱需要 300~500 元/天，而定做或购买同质量的婚纱只要 300~400 元/件，为什么买反而比租还便宜？从经济学角度来看，婚庆公司竞争激烈，每家都要不断地更新婚纱的款式，这就需要婚庆公司每个尺码的婚纱都要储备大量与众不同的婚纱，以供新娘挑选，但是每套婚纱被租用的次数很少。为了弥补开支，婚庆公司开出的租金都会很高，很可能高出做一套婚纱的价格。而新郎所穿礼服情况则正好与婚纱相反，即正常的租赁则比买便宜。

【成果与考核】

1. 每个小组提交一份修改完善后的分析报告。
2. 由全班同学和教师共同根据各组报告、班级交流发言以及提问答辩情况对每组进行评估打分，综合评定每组本次活动的成绩。

项目 1-3　研讨经济现象与经济问题

【技能目标】

培养学生的经济学思维意识和对经济问题的初步分析能力。

【内容与要求】

学生自愿组成学习小组，每组 5~6 人，以组为单位确定一个大家感兴趣的经济问题（经济现象）进行分析研讨。问题的选择和分析可以通过报纸、网络来搜集参考资料。在小组讨论会上，完成以下活动。

1. 由一名同学介绍所要讨论的经济问题（经济现象）。
2. 组织研讨，自由发言。研讨内容围绕以下方面："该经济问题（经济现象）的实质是什么？""产生的原因有哪些？""解决该问题的对策有哪些？""不同的对策会产生什么效果？""如何选择最佳方案？""大家的分析涉及什么经济理论或哪一方面的经济学主题？"在小组研讨的过程中，应由一人负责记录。
3. 根据研讨情况，总结归纳，形成一个"关于对×××经济问题（经济现象）的分析报告"。
4. 班级组织一次交流，每组推荐一名代表集中作演讲发言，其他小组成员可以对其提问，同一小组成员可以作补充回答。

【成果与考核】

1. 每个小组提交一份修改完善后的"关于对×××经济问题（经济现象）的分析报告"。

2. 由全班同学和教师共同根据各组报告、班级交流发言以及提问答辩情况对每组进行评估打分，综合评定每组本次活动的成绩。

拓展阅读

第二章

需求、供给与均衡实现

知识目标

通过本章学习,理解需求与供给的概念,熟悉价格机制的运作过程及均衡价格与均衡数量的决定,掌握供求变化的分析方法,明确需求价格弹性的含义及影响因素,领会需求价格弹性与总收益的内在联系。

能力要求

通过本章学习,能够根据供求关系理论与弹性理论分析和解释相关经济现象。

情境导入

供给与需求的市场力量

当寒流袭击佛罗里达时,全美超市的橘子汁价格都上升了。每年夏天当新英格兰地区天气变暖时,加勒比地区饭店房间的价格呈直线下降。当中东爆发战争时,美国的汽油价格上升,而二手凯迪拉克轿车价格下降。这些事件的共同之处是什么呢?它们都表现出供给与需求的作用。

供给与需求是使市场经济运行的力量,它们决定了各种物品的产量以及出售的价格。如果你想知道,任何一个事件或政策将如何影响经济,你就应该先考虑它将如何影响供给和需求。

供给与需求是经济学家最常用的两个词,被称作经济学家的两大利器。著名经济学家萨缪尔森在其史上最畅销的教科书《经济学》上这样写道:"你甚至可以把一只鹦鹉培养成一位训练有素的经济学家,只需教会它两个单词,'供给'和'需求'。"萨缪尔森用夸张的语言说明了供给和需求这两个概念在经济学上多么重要,说明供求分析方法就是经济学上的根本方法。

供给与需求

本章介绍供给与需求理论。它考虑买者与卖者的行为及他们相互之间的影响。要说明市场中供给与需求如何决定价格,以及价格又如何配置经济的稀缺资源。

[资料来源:曼昆,《经济学基础(第五版)》,梁小民、梁砾译,北京大学出版社,2010.]

第一节　需求理论

价格理论是微观经济学的中心理论。在市场经济中，价格是由供求关系决定的，所以，供给与需求就是最重要的概念。

一、需求、需求表和需求曲线

需求是指在某一特定的时期内，消费者在每一价格水平下愿意并且能够购买的商品数量。这种需求也叫有效需求，是指具有购买意愿和支付能力的需求。它是消费者购买欲望和购买能力的统一，缺少任何一个条件都不能成为需求。例如，想拥有一辆汽车无疑是大多数人的愿望，对汽车的欲望是普遍而强烈的，但是汽车昂贵的价格和使用条件使一部分人还不具备拥有汽车的支付能力。何时能够拥有汽车，归根结底还取决于包括收入和其他条件（泊位、交通、汽油等）所决定的支付能力。所以，需求是消费者根据其欲望和支付能力所决定的计划购买量。需求预测需要同时考虑到这两个条件，否则会做出错误的预期。

需求曲线

消费欲望与需求

◆ **相关链接**

谁能够创造需求，谁就是商界国王

3 名应聘者应征某公司销售经理的职位，总经理给他们出了一道实践性的试题：用 3 天时间想方设法把木梳卖给和尚。3 个人领了一批梳子离开了公司，3 天后先后回到了公司。总经理问甲："卖出了多少？"甲答："一把也没卖出去。""为什么？""因为和尚不梳头。"接着总经理就问乙："你卖出了多少把？"乙答："10 把。""怎么卖的？""我找到寺院的主持，对他说，'这里山高风大，进香者的头发都被吹乱了，蓬头垢面上香是对我佛的不敬，因此寺院应该在每座殿的香案前放一把梳子，供善男信女进香前梳理鬓发之用。'主持一听很有道理，便买下了 10 把梳子，因为寺院一共有 10 座殿宇。"最后总经理问丙："你卖出了多少把？"丙答："1 000 把。"总经理非常惊讶："你是怎么卖的？""我找到寺院的主持对他说，'贵地远近闻名，香火鼎盛，前来进香者络绎不绝。宝刹对前来进香者应有所馈赠，以留作纪念，同时也可以通过馈赠品进一步向外宣传宝刹。我这里有一批木梳，您在上面刻上积善梳和宝刹的名字，就可以当作赠品了。'主持听后连连点头称是，于是他买下了 1 000 把梳子。"最后的录取结果不言而喻。

在这个故事中，3 个人面对同一件事情，看问题的角度不同，尝试解决问题的方法不同，当然结果就不一样。甲没有看到需求，结果一把也没卖出去；乙看到了需求，卖出去 10 把；而丙则创造出了需求，卖出了 1 000 把。一句话，谁在占有供给的前提下能够创造需求，谁就是商界国王。

（资料来源：王瑞泽、魏秀丽，《经济学是个什么玩意》，机械工业出版社，2011.）

每个消费者在不同的价格水平条件下，对商品的需求量会有所不同，这里可以把商品价格和需求量的关系通过具体的例子来表述。例如，在 2018 年的某地市场上，当猪肉的价格为每千克 20 元时，需求量是 1 000 千克；当猪肉的价格为每千克 24 元时，需求量是 800 千克；当猪肉的价格为每千克 28 元时，需求量是 500 千克;当猪肉的价格为每千克 32 元时,需求量是 300 千克;当猪肉的价格为每千克 36 元时,需求量是 200 千克,等等(见表 2-1)。

表 2-1　某地猪肉市场价格与需求量关系表

序　号	价格/(元/千克)	需求量/千克
a	20	1 000
b	24	800
c	28	500
d	32	300
e	36	200

商品的需求表是用数字表格的形式来表达的需求概念,它反映了在一定时期内,某种商品的价格与需求量之间的关系。

根据需求表 2-1,可以做出需求曲线,如图 2-1 所示。

在图 2-1 中,横轴代表需求量,纵轴代表价格,D 为需求曲线。需求曲线是根据需求表画出的,是表示某种商品价格与需求量之间关系的曲线,向右下方倾斜。

图 2-1　需求曲线

二、影响需求的因素

如前所述,需求是购买欲望与购买能力的统一,所以,影响需求的因素包括影响购买欲望与购买能力的各种经济与社会因素。这些因素主要是:价格、收入、消费者偏好与预期。价格既影响购买能力,又影响购买欲望。收入主要影响着购买能力,消费者偏好与预期更多地影响着购买欲望。

(1) 商品本身价格。一般而言,商品的价格与需求量呈反方向变动,即价格越高,需求量越少;价格越低,需求量越多。

(2) 相关商品的价格。当一种商品本身价格不变,而其他相关商品价格发生变化时,这种商品的需求也会发生变化。商品之间的关系有两种:一种是互补关系,另一种是替代关系。互补关系是指两种商品互相补充,共同满足人们的同一种欲望。例如,汽油与汽车就是互补关系。这种有互补关系的商品,当一种商品(汽车)价格上升时,对另一种商品(汽油)的需求就减少,因为汽车的价格上升时,汽车的需求就减少,对汽油的需求也会减少。反之,当一种商品(汽车)价格下降时,对另一种商品(汽油)的需求就增加。两种互补商品之间的价格与需求呈反方向变动。替代关系是指两种商品可以相互替代来满足同一欲望,它们的功能相同或相近。例如,大米和面粉就是替代关系,当一种商品(大米)价格上升时,对另一种商品(面粉)的需求就增加,因为大米的价格上升时,人们就会少吃大米而多吃面粉。反之,当一种商品(大米)价格下降时,对另一种商品(面粉)的需求就减少。两种替代商品之间的价格与

相关产品价格和需求

需求呈同方向变动。

（3）消费者的收入水平和社会收入分配的平等程度。在一般情况下，当消费者的收入提高，收入分配趋向平等时，会增加商品的需求，反之亦然。

（4）消费者的偏好。随着社会生活水平的提高，消费不仅满足人们的基本生理需求，还要满足种种心理和社会需求，这样消费偏好就成了影响需求的明显因素。例如某人喜欢素食，即使猪肉的价格再低，他也不会多买一些。消费者偏好不是单纯的经济因素，还包括历史和心理因素。随着社会风尚的变化，在价格没有变动的情况下，将会影响消费者增加或者减少对某种商品的需求。消费者偏好的变化受到许多因素的影响，其中广告在一定程度上影响偏好的形成，这就是为什么许多厂家不惜重金大做广告的原因。

（5）消费者对未来的预期。消费者对未来的预期包括对自己收入水平和商品价格变动水平的预期，如果消费者预期未来收入或某种商品的价格即将上升时，就会增加现在的需求，因为理性人会在价格上升以前购买产品。反之，就会减少现在的需求。

（6）人口数量与结构的变动。人口数量的增减会使需求发生同方向变动，人口结构的变动主要影响需求的构成，从而影响某些商品的需求。

（7）政府的消费政策。例如，政府提高利息率的政策会减少消费，而实行消费信贷制度则会鼓励消费。

此外，需求还受一些特殊因素，如气候、自然灾害、流行病及战争的影响。

三、需求定理

根据上述分析，可以把商品价格与需求量的关系概括如下：在其他条件不变的情况下，某种商品的需求量与价格成反方向变化，即商品的价格越低，需求量越大；商品的价格越高，需求量越小，这就是需求定理。在理解需求定理时要注意以下三点。

一是其他条件不变这一假设前提。其他条件不变主要是指收入、相关商品的性质等其他影响需求的因素不变，也就是说，需求定理是在这一假设前提下，研究商品本身价格与需求量之间的关系。离开这一假设前提，需求定理无法存在。例如，如果收入增加，商品本身的价格与需求量就不一定呈反方向变动。

二是需求定理反映了商品价格与其需求量之间的反方向变动关系，这种变动关系是由收入效应和替代效应共同作用形成的。

收入、人口或偏好变化

需求定理

◆小知识

替代效应与收入效应

（1）替代效应是指在实际收入不变的情况下，某种商品的价格变化对其需求量的影响。即 X 商品价格上升而引起对其他具有同类用途商品的需求量增加，从而减少对 X 商品需求量所产生的替代现象，它强调的是一种商品价格变动对其他替代商品相对价格水平的影响。

（2）收入效应是指在货币收入不变的情况下，某种商品价格变化对需求量的影响。即由于 X 商品价格上升，消费者的名义货币收入不变，而实际货币收入减少，从而导致消费者对 X 商品的需求量减少。这种由于商品价格上升而引起的实际收入减少与需求量减少的现象就是收入效应，它强调的是一种商品价格变动对实际收入水平的影响。

正常商品和劣等商品

劣等商品解释

三是需求定理指的是一般商品的规律，但这一定理也有例外。需求定理的例外有三种情况：第一，炫耀性的商品，其价格与需求量呈同方向变动。如首饰、豪华轿车等，只有在高价时才能显示人们的社会身份和地位，价格下降时，高档消费品的需求量反而下降。第二，低档生活必需品（通常称为吉芬商品），其价格与需求量呈反方向变动。在某些特定条件下，这种商品具有价格上升时需求量反而增加的特点。第三，投机性商品，如股票、债券、黄金、邮票等，其价格发生变动时需求呈不规则变化，受心理预期影响大，有时会出现价格上涨反而抢购，价格下跌反而抛出的现象，这与人们对未来价格的预期和投机的需要相关。

◆ **相关链接**

吉芬商品与凡勃伦商品

（1）爱尔兰经济学家罗伯特·吉芬发现 1845 年爱尔兰大灾荒时，尽管土豆价格上涨，但人们的需求量反而增加。这一特殊效应可用土豆价格变化时所发生的收入效应的程度来解释。土豆不仅仅是劣等品，而且其消费占了爱尔兰人收入的很大比例。因而土豆价格的上升大大减少了他们的实际收入。爱尔兰人被迫压缩其他奢侈食品的消费，以购买更多的土豆。即便这个历史事件难以置信，商品价格上升导致其需求量增加的可能性仍被称为吉芬之谜（Giffen's Paradox）。经过几代经济学家的研究，得出这样的结论：穷人收入低，可供满足生活必需的替代品的购买能力低，只能买得起土豆这一类最低生活必需品。越吃不起肉，买土豆的数量就越多。而土豆的资源有限，于是靠价格上升来调剂供需。富人有钱，可以多吃肉而少吃土豆。因此，年景好，收入多时，连穷人都可以买点肉吃，因此，土豆的需求少了，价格也下降了。这一点就像我国三年自然灾害时期的山芋粉、胡萝卜，价格越贵，需求量越大。这说明，收入越高，可替代品越多。经济学家们对吉芬之谜的最后解释是吉芬商品就是低劣品。19 世纪的吉芬商品，在现代社会也会出现，似乎不能再称之为低劣品了。比如，20 世纪 50、60 年代，我国居民大多穿棉布服装。70 年代，出现了"的确良"布料，它做成的衬衫洁白、挺括，尽管价格很高，大家还是争相购买。随着现代纺织业的发展，"的确良"越来越普及，人们发现了它存在不透气、刺激皮肤等缺点。80 年代开始，又恢复流行全棉服装。全棉衬衫、全棉面料价格上扬，消费量却也大幅上升。

（2）社会心理因素也会导致某些商品的需求量与价格的变化方向出现"反常"。例如一些家庭为了显示其地位尊贵，愿意购买价格昂贵的名画、古董等；而当这些商品价格下跌到不足以显示其身份时，就会减少购买。款式、皮质差不多的一双皮鞋，在普通的鞋店卖 80 元，进入大商场的柜台，就要卖到几百元，却总有人愿意购买。1.66 万元的眼镜架、6.88 万元的纪念表、168 万元的顶级钢琴，这些近乎"天价"的商品，往往也能在市场上走俏。实际上，消费者购买这类商品的目的并不仅仅是为了获得直接的物质满足和享受，更大程度上是为了获得心理上的满足。具有这种"炫耀性消费"特征的商品被称为"炫耀性商品"。这就出现了一种奇特的经济现象，即一些商品价格定得越高，就越能受到消费者的青睐。由于这一现象最早由美国经济学家凡勃伦注意到，因此被命名为凡勃伦效应。

（资料来源：http://wiki.mbalib.com/wiki/Veblen_good）

四、需求量的变动与需求的变动

在经济分析中特别要注意区分需求量的变动与需求的变动。

需求量与需求的区别。需求量是指在某一特定的价格水平下，消费者计划购买的商品数量。例如，当猪肉的价格为每千克20元时，消费者购买1 000千克，这1 000千克就是单价为20元时的需求量。在需求曲线上，需求量就是需求曲线上的一个点。需求是指在不同价格水平时的不同需求量的总称。例如，当猪肉的价格为每千克20元时，消费者购买量是1 000千克；当猪肉的价格为每千克24元时，消费者的购买量是800千克；当猪肉的价格为每千克28元时，消费者的购买量是500千克；当猪肉的价格为每千克32元时，消费者的购买量是300千克；当猪肉的价格为每千克36元时，消费者的购买量是200千克，等等。这种不同价格所对应的不同需求量统称为需求，反映在图形上，需求是指整个需求曲线。

需求曲线

1. 需求量的变动

需求量的变动是指在其他条件不变的情况下，商品本身价格变动所引起的需求量的变动。它表现为同一条需求曲线上各个点的移动，如图2-2所示。

在图2-2中，当价格由P_0上升为P_1时，需求量从Q_0减少到Q_1，在需求曲线上则是从点b向上方移动到点a。当价格由P_0下降到P_2时，需求量从Q_0增加到Q_2，在需求曲线上则是从点b向下方移动到点c。在同一条曲线上，向上方移动是需求量减少，向下方移动是需求量增加。

2. 需求的变动

需求的变动是指在商品本身的价格不变的情况下，其他因素变动所引起的需求的变动。它表现为需求曲线的整体平行移动，如图2-3所示。

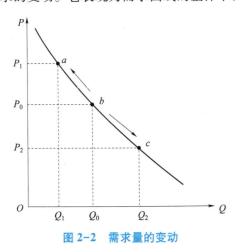

图2-2 需求量的变动

图2-3 需求的变动

在图 2-3 中，价格 P_0 不变，由于其他因素变动而引起的需求曲线的移动是需求的变动。例如，收入减少了，在同样的价格水平时，需求从 Q_0 减少到 Q_1，则需求曲线由 D_0 移动到 D_1。收入增加了，在同样的价格水平时，需求从 Q_0 增加到 Q_2，则需求曲线由 D_0 移动到 D_2。当需求曲线向右上方平行移动时，则表明需求增加。当需求曲线向左下方平行移动时，则表明需求下降。

需求的变化都会引起需求量的变化。例如，当需求增加的时候，在各个价格下的需求量都增加了。但是，需求量的变化不一定引起需求的变化，例如，当需求量随着价格的上升而减少时，需求可以不变。

第二节 供给理论

一、供给、供给表和供给曲线

供给与需求是相对应的概念，需求的实现与满足来源于供给。供给是指厂商在某一特定时期内，在每一价格水平时愿意并且能够供应的商品数量。供给是供给欲望和供给能力的统一，也可以说供给是厂商根据自身的供给欲望和供给能力计划提供的商品量。

这里仍用前面猪肉的例子来说明供给的概念。

例如，在 2018 年的某地市场上，当猪肉的价格为每千克 20 元时，供给量是 200 千克；当猪肉的价格为每千克 24 元时，供给量是 300 千克；当猪肉的价格为每千克 28 元时，供给量是 500 千克；当猪肉的价格为每千克 32 元时，供给量是 800 千克；当猪肉的价格为每千克 36 元时，供给量是 1 000 千克，等等（见表 2-2）。

表 2-2 某地猪肉市场价格与供给量关系表

序 号	价格/（元/千克）	供给量/千克
a	20	200
b	24	300
c	28	500
d	32	800
e	36	1 000

供给表就是用数字表格的形式来表达供给这个概念，它反映了在一定时期内，猪肉的价格与供给量之间的关系。根据供给表 2-2，可以做出供给曲线，如图 2-4 所示。

在图 2-4 中，横轴代表供给量，纵轴代表价格，S 即为供给曲线。供给曲线是根据供给表画出的，是表示某种商品价格与供给量之间关系的曲线，向右上方倾斜。

二、影响供给的因素

如前所述，供给是供给欲望与供给能力的统一，所以，影响供给的因素包括影响企业供给欲望与供给能力的各种经济与社会因素。这些因素包括：价格、生产要素的数量与价格、技术以及预期。价格既影响供给欲望，又影响供给能力。生产要素的数量与价格主要影响供给能力，预期更多地影响供给欲望。

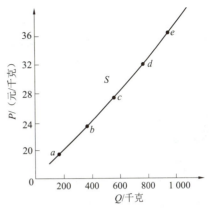

图 2-4　供给曲线

1. 商品本身的价格

一般而言，一种商品的价格越高，生产者提供的数量就越大，相反，商品的价格越低，生产者提供的数量就越小。

2. 相关商品的价格

两种互补商品，例如汽车和汽油，当一种商品（汽车）价格上升时，对另一种商品（汽油）的需求就减少，从而汽油的价格就下降，供给就减少。反之，当一种商品价格下降时，对另一种商品的需求就增加，从而这种商品的价格上升，供给增加。两种互补商品之间价格与供给呈反方向变动。两种替代商品之间，例如大米和面粉，当一种商品（大米）价格上升时，对另一种商品（面粉）的需求就增加，从而面粉的价格就上升，供给就增加。反之，当一种商品价格下降时，对另一种商品的需求就减少，从而这种商品的价格下降，供给减少。两种替代商品之间价格与供给呈同方向变动。此外，两种没有关系的商品，一种商品价格的变动也会影响另一种商品的供给。例如，同一个厂商既生产军用品，又生产民用品，如果军用品的价格上升，厂商会把资源用于生产更多的军用品，从而减少民用品的生产。当一种商品的价格不变，而其生产者能生产的其他商品的价格发生变化时，该商品的供给量也会发生变化，又如在玉米价格不变小麦价格上升时，农户就可能多生产小麦而减少玉米的供给量。

影响供给的各种因素

3. 生产要素的数量与价格

商品是用劳动力、资本等各种生产要素生产出来的，生产某种商品的生产要素越多，价格就越低。同时，生产要素的费用直接构成生产成本，在商品价格不变的条件下，生产要素价格下降，生产成本降低，生产成本的降低会增加利润，从而使得商品生产者愿意扩大生产，进而增加商品的供给量。相反，生产要素价格上升，生产成本增加，利润就会减少，供给数量也会减少。

4. 技术

技术可以提高生产效率，使企业在同样的资源条件下生产出更多的产品，从而增加供给。新材料、新能源的发明与利用，都可以使供给增加。

5. 预期

预期主要是指生产者对未来商品的价格预计。如果生产者对未来的预期看好，如价格上升，则制订生产计划时就会增加产品供给；反之，如果生产者对未来的预期是悲观的，在制订生产计划时，就会减少产品供给。

6. 政府的政策

政府采用鼓励投资与生产的政策，可以刺激生产，增加供给，反之，政府采用限制投资与生产的政策，则会抑制生产，减少供给。

三、供给定理

供给定理

通过上述分析，可以把商品价格与供给量的关系概括如下：在其他条件不变的情况下，某商品的供给量与价格之间呈同方向变动，即供给量随着商品本身价格的上升而增加，随着商品本身价格的下降而减少，这就是供给定理。在理解供给定理时要注意以下两点。

一是其他条件不变这一假设条件。供给定理是在假定影响供给的其他因素不变的前提下，说明商品本身价格与供给量之间的关系。离开了这个前提供给定理就无法成立。例如，如果厂商生产某种产品的目的不是为了利润最大化，而是为了人道而生产残疾人用品，那么，商品本身的价格与供给量就不呈同方向变动。

二是供给定理指的是一般商品的供给规律，这一规律也有例外。第一，有些商品的供给量是固定的，价格上升，供给也无法增加，如土地、文物、艺术品就属于这种情况。第二，劳动力的供给也是个例外，在开始阶段，提高工资，工人愿意增加工作时数，但当工资水平上升到一定程度后，劳动者的一般生活需要得到了满足，他就希望多一点休息和娱乐的时间。这时，工资越高，他用于劳动的时间反而逐渐减少，因此，劳动力供给曲线先是随着工资的上升而向右上方延伸，然后向左弯曲成为向左上方倾斜的供给曲线。第三，某些商品小幅度升降价时，供给按供给定理正常变动，而大幅度升降价时，供给则会出现不规则的变化。证券、黄金市场通常就是如此。以股票为例，当市场上某种股票价格大幅度下降时，股票持有者害怕其进一步贬值，会抛售这种股票，使股票的供给不仅不会随着其价格的下跌而减少，反而会增加，其他有价证券的供给也是如此。第四，有些商品在正常时期，供给量按供给定理正常变化；在非正常时期，则会出现不规则的变化。比如粮食歉收年份，粮价上涨，并不能立即引起粮食供给量的增加，甚至会因生产者囤积居奇而减少；粮食丰收年份，粮价下降也不能立即引起供给量的减少。

◆ 相关链接

"是先有蛋还是先有鸡"

有一个问题常常不能说清：究竟是先产生需求再产生供给呢，还是先产生供给再产生需求？这有点像问"是先有蛋还是先有鸡"。我想，可能有时候是需求带动供给，很多的新产品就是在人们强烈的需求下产生的；也有时候是供给诱导需求，比如新潮的时装，常常是提供出来之后，才左右了人们的视线，引发了人们的需求。但在某一种商品的价格决定中，供给与需求就像一把剪刀的两个刀片，作用是不分彼此共同决定一种商品的价格；

同时价格又像一只无形的手在市场经济中自发地调节需求、调节供给，调节的最后结果是使市场达到了均衡——社会资源配置合理。

总之，许多东西在经济学家眼里都成了商品，都可以从供给和需求的角度来进行分析。需求是提供商品的动力，供给是满足需求的前提。比如要兴办教育，是因为存在大量的对"教育"有需求的人，而有了"教育"的供给，才能满足"教育"的需求。如果想上学的都能上学，教育资源得到充分利用，也就达到了教育市场的供求平衡。

四、供给量的变动与供给的变动

在分析供给问题时，同样要特别注意区分供给量的变动与供给的变动。

供给量与供给的区别。供给量是指在某一特定的价格水平下，厂商愿意或计划供给的商品量。例如，当猪肉的价格为每千克20元时，企业愿意或计划供给200千克，这200千克就是单价为20元时的供给量。在供给曲线上，供给量就是供给曲线上的一个点。供给是指在不同价格水平时的不同供给量的总称。例如，当猪肉价格为每千克20元时，供给量是200千克；当猪肉价格为每千克24元时，供给量是300千克；当猪肉价格为每千克28元时，供给量是500千克；当猪肉价格为每千克32元时，供给量是800千克；当猪肉价格为每千克36元时，供给量是1 000千克，等等。这种不同价格时所对应的不同供给量共同称为供给。反映在图形上，供给是指整个供给曲线。

1. 供给量的变动

供给量的变动是指在其他条件不变的情况下，商品本身价格变动所引起的供给量的变动。它表现为同一条供给曲线上点的移动，如图2-5所示。

在图2-5中，当价格由 P_0 上升为 P_1 时，供给量从 Q_0 增加到 Q_1，在供给曲线上则是从 a 点向上方移动到 b 点。当价格由 P_0 下降到 P_2 时，供给量从 Q_0 减少到 Q_2，在供给曲线上则是从 a 点向下方移动到 c 点。在同一条曲线上，向上方移动是供给量增加，向下方移动是供给量减少。

2. 供给的变动

供给的变动是指商品本身价格不变的情况下，其他因素变动所引起的供给的变动。它表现为供给曲线的整体平行移动，如图2-6所示。

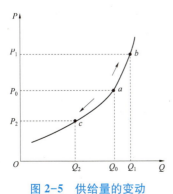

图 2-5 供给量的变动

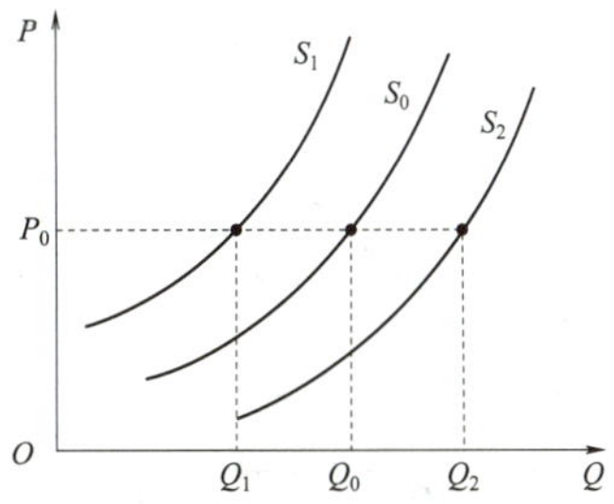

图 2-6 供给的变动

在图 2-6 中，价格 P_0 不变，由于其他因素变动而引起的供给曲线的移动是供给的变动。例如，生产要素价格下降了，在同样的价格水平时，企业所得到的利润增加，从而产量增加，供给从 Q_0 增加到 Q_2，则供给曲线由 S_0 移动到 S_2。生产要素价格上升了，在同样的价格水平时，企业所得到的利润减少，从而产量减少，供给从 Q_0 减少到 Q_1，则供给曲线由 S_0 移动到 S_1。当供给曲线向左上方平行移动时，则表明供给减少。当供给曲线向右下方平行移动时，则表明供给增加。

第三节 市场均衡与实现

一、市场均衡与均衡价格

1. 市场均衡

市场均衡

均衡是指经济中各种对立的、变动着的力量处于一种力量相当、相对静止、不再变动的状态。均衡一旦形成之后，如果有另外的力量使它离开原来均衡的位置，就会有其他力量使之恢复到均衡。所以，市场均衡是指市场供求达到平衡时的状态。

2. 均衡价格

均衡价格

前面分析表明，需求与供给是市场中两种相反的力量，市场上的需求方和供给方对市场价格变化做出的反应是相反的。所以，大多数情况下，需求量与供给量是不相等的，或者供过于求，或者供不应求，如图 2-7 和图 2-8 所示。

当供过于求时，市场价格会下降，从而导致供给量减少而需求量增加。当供不应求时，市场价格会上升，从而导致供给量增加而需求量减少；供给与需求相互作用最终会使商品的需求量和供给量在某一价格上正好相等。这时既没有过剩（供过于求）也没有短缺（供不应求），市场刚好出清，这种需求量与供给量在某一价格水平上正好相等的情况，即为市场均衡状态，此时的价格为均衡价格，此时的供给量和需求量正好一致，称为均衡产量。可以用图 2-9 来说明均衡价格。

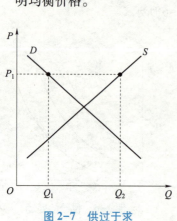

图 2-7 供过于求

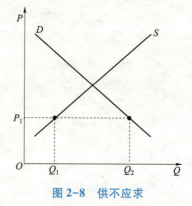

图 2-8 供不应求

在图 2-9 中，横轴代表数量（需求量与供给量），纵轴代表价格（需求价格和供给价格）。D 为需求曲线，S 为供给曲线。D 与 S 相交于 E，这就决定了均衡价格为每千克 14 元，均衡数量为 500 千克。

3. 均衡价格的形成

均衡价格是在市场上供求双方相互竞争的自发作用过程中形成的，是需求和供给两种力量的作用使价格处在一种相对静止和稳定的状态。当需求和供给其中的任何一种力量发生变化时，价格就会发生变动，在新的条件下，会形成新的均衡价格。可以用表 2-3 来说明均衡价格的形成过程。

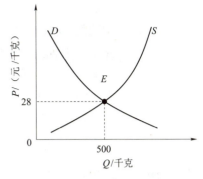

图 2-9 均衡价格的决定

表 2-3 均衡价格的形成

供给量/千克	价格/（元/千克）	需求量/千克
200	20	1 000
300	24	800
500	28	500
800	32	300
1 000	36	200

可以假设，在猪肉市场上卖者先报价每千克猪肉的价格为 32 元，这时需求量为 300 千克，而供给量为 800 千克，供给量远远大于需求量，大量猪肉卖不出去，必然降价。卖者再报价每千克猪肉的价格为 24 元，这时需求量为 800 千克，而供给量为 300 千克，需求量远远大于供给量，必然提价。多次报价之后，最终卖者报出每千克猪肉的价格为 28 元，这时，需求量和供给量均为 500 千克，市场上供求相等，于是，就得出了猪肉的均衡价格为 28 元，均衡数量为 500 千克。均衡价格的形成可以用图 2-10 来说明。

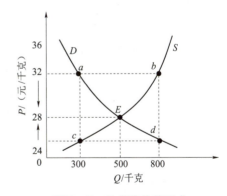

图 2-10 均衡价格的形成

在图 2-10 中，如果价格为每千克 32 元，需求量为 300 千克，而供给量为 800 千克，供大于求（图上的 a 和 b），价格必然按箭头所示方向向下移动。如果价格为每千克 24 元，需求量为 800 千克，而供给量为 300 千克，供小于求（图上的 c 和 d），价格必然按箭头所示方向向上移动。这种一涨一跌的现象会一直继续下去，直至最终达到价格为每千克 28 元时为止。因为这时供求相当，均衡就实现了。这时，每千克 28 元就是均衡价格。

4. 均衡价格的形成与竞争

均衡价格的形成是与竞争分不开的。当某种商品供不应求时，会出现买者的竞争，买者会竞相抬价，使卖者处于有利的地位，结果商品价格上升；当某种商品供过于求时，会出现卖者的竞争，卖者会竞相降价，使买者处于有利的地位，结果商品价格下降；当某种商品供求均衡时，买卖双方势均力敌，价格趋于不变，从而决定了均衡价格和均衡产量。

二、均衡的变动与供求定理

市场均衡的变化

均衡价格是由需求与供给决定的，所以，需求和供给任何一方的变动都会引起均衡价格的变动。

1. 需求变动对均衡价格的影响

需求变动是指在商品本身的价格不变的情况下，其他因素变动所引起的需求变动。它表现为需求曲线的整体平行移动。可以用图2-11来说明需求变动对均衡价格（均衡数量）的影响。

在图2-11中，D_0、D_1、D_2 分别是需求曲线，S 是供给曲线。D_0 与供给曲线 S 相交于 E_0，决定了均衡价格为每千克28元，均衡数量为500千克。

假如居民收入增加，需求增加，需求曲线向右上方移动，即由 D_0 移动到 D_1，与 S 相交于 E_1，决定了均衡价格为32元，均衡数量为800千克。这表明由于需求增加，均衡价格上升了，均衡数量增加了。

相反，由于收入降低，需求减少，需求曲线向左下方移动，即由 D_0 移动到 D_2，与 S 相交于 E_2，决定了均衡价格为24元，均衡数量为300千克。这表明

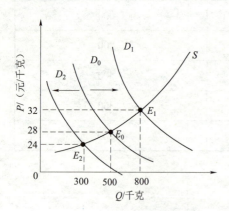

图2-11 需求变动对均衡价格的影响

由于需求减少，均衡价格下降了，均衡数量减少了。即需求的变动引起均衡价格与均衡数量同方向变动。

2. 供给变动对市场均衡的影响

供给变动是指在商品本身价格不变的情况下，其他因素变动所引起的供给变动。它表现为供给曲线的整体平行移动。可以用图2-12来说明供给变动对均衡价格（均衡数量）的影响。

在图2-12中，S_0、S_1、S_2 分别是供给曲线，D 是需求曲线。S_0 与需求曲线 D 相交于 E_0，决定了均衡价格为每千克28元，均衡数量为500千克。

假如原料价格下降，供给增加，供给曲线向右下方移动，即由 S_0 移动到 S_1，与 D 相交于 E_1，决定了均衡价格为24元，均衡数量为800千克。这表明由于供给增加，均衡价格下降了，均衡数量增

图2-12 供给变动对均衡价格的影响

加了。

相反，由于原料价格上涨，供给减少，供给曲线向左上方移动，即由 S_0 移动到 S_2，与 D 相交于 E_2，决定了均衡价格为32元，均衡数量为300千克。这表明由于供给减少，均衡价格上升了，均衡数量减少了。即供给的变动引起均衡价格反方向变动和均衡数量同方向变动。

3. 供求定理

从以上关于需求和供给变动对均衡影响的分析中，可以得出这样的结论：需求的变动引起均衡价格与均衡数量同方向变动。即需求增加引起均衡价格上升和均衡数量增加，需求减少引起均衡价格下降和均衡数量减少。供给的变动引起均衡价格反方向变动和均衡数量同方向变动。供给增加引起均衡价格下降和均衡数量的增加，供给减少引起均衡价格上升和均衡数量的减少，这就是供求定理。

供给与需求的关系

◆ **相关链接**

供求定理的威力

现在就用供求定理来解释一些经济现象。

2009年4月，墨西哥、美国等多国接连爆发甲型H1N1型流感（又称H1N1型猪流感），疫情伴有多人感染死亡，而且很快传入了中国，引起一阵恐慌。突然不知谁在互联网上发布了一则消息，说大蒜可以预防H1N1型流感。于是一时间人们对大蒜的需求呈爆炸性增长（注意：不是因为大蒜的价格下降导致需求量的上升，而是价格之外的因素导致需求量的上升），在供给量短时间不会大幅增加（实际上大蒜有自己的生长周期，同时从国外进口大蒜也需要一定的时间而且数量有限）的情况下，大蒜的价格自然节节攀升，以至于网友戏称为"蒜你狠"。

绿豆的情况也不例外。2010年年初，由某所谓的民间养生专家宣扬的"绿豆治百病"在市民中开始流传，带来的直接后果就是人们对绿豆的需求大幅度上升（注意：同样不是因为绿豆的价格下降导致对其需求量的上升，而是价格之外的因素导致需求量的上升），在供给量短时间不会大幅度增加（实际上绿豆的生长周期一般为1年，同时从国外进口绿豆也需要一定的时间而且数量有限）的情况下，绿豆的价格自然节节攀升，以至于网友戏称为"豆你玩"。

无论是"蒜你狠"还是"豆你玩"，都是符合供求定理的经济现象：即当供给一定的情况下，商品的价格取决于消费者的需求状况，需求萎靡则价格低迷，需求旺盛则价格坚挺。

世间的一切都逃不过供求定理的范围。从古代的洛阳纸贵到今天的金融危机，从世博会到世界杯，哪里有商品哪里就有供求定理的影子。因此，了解供求定理，掌握供求定理，乃至自觉运用供求定理，那么你对生活的理解必将更进一步。如果你是普通消费者，你就会准确判断什么时候该买什么（比如什么时候该买房子）；如果你是老板，你就会准确判断什么时候该卖什么（比如什么时候该卖房子），也许从此你的生活就如同芝麻开花，一天比一天红火。

（资料来源：王瑞泽、魏秀丽，《经济学是个什么玩意》第三章，机械工业出版社，2011.）

三、市场机制与价格机制

供求与价格大战现象

市场机制是价格机制、供求机制、竞争机制、风险机制调节社会经济运行方式和规律的体系总和。在市场经济中，经济运行是由价格这只"看不见的手"来进行调节的，也就是说，价格调节机制是整个社会经济运行的中心机制，是市场经济配置资源的决定手段。价格机制包括价格调节经济的条件、作用过程以及价格调节方式。

1. 价格机制调节经济必须具备的条件

（1）存在着市场。市场是进行商品交易的场所和交换关系的总和，是各个经济单位发生关系进行交易的制度框架。只有在存在供求关系的市场中，才能发挥价格机制的调节作用。

（2）各个经济单位都是独立的经济实体。

（3）市场竞争的公平性与完全性。即市场竞争不受任何限制和干扰，价格可以自发地发挥调节经济运行的作用。

2. 价格机制的调节作用

（1）作为指示器反映市场的价格变化、供求变化以及竞争状况变化。

（2）可以自发调节市场供求关系的变化。当一种商品供不应求时，价格就会上涨；反之，当一种商品供过于求时，价格就会下降。当一种商品的价格上涨时，需求量就会减少，而供给量就会增加；反之，当一种商品的价格下降时需求量就会上升，供给量就会减少。

（3）价格调节作用可以使资源配置达到最优状态。即通过价格的变动，调节市场供求关系的变化，最终会使供给等于需求。这时，消费者的欲望得到了满足，生产者的资源得到了充分利用，其结果是消费者的效用最大化和生产者的利润最大化都得到了实现，从而使资源达到了最优配置。

当供不应求时，价格上涨，就会抑制需求和消费，刺激生产和供给；反之，当供过于求时，价格下降，就会抑制生产和供给，刺激消费和需求，并最终使供求达到均衡。

四、均衡价格理论的简单运用

运用均衡价格理论来调节经济活动，政府通常采用支持价格和限制价格等形式。

1. 支持价格

支持价格又称最低价格，是指政府为了支持某一行业和某种商品的生产，专门制订的一种高于均衡价格的最低市场价格。

支持价格会对经济产生很大的影响。在支持价格的条件下，市场将出现超额供给现象。长期以来一些国家对农产品实行这种价格，使这些国家的农业非常发达。我国对农业实行的"保护价敞开收购"政策，实际上就是一种支持价格。

支持价格的政策会产生不同的作用。以农业为例，从长期看支持了农业的发展，调动了农民种田的积极性，但支持价格的政策有时也会使农产品的供给大于需求。对过剩的农产品，如果政府坚持大量收购，会使政府背上沉重的债务负担。通常情况下，靠保护而成长起来的事物是缺乏生命力的，但如果用这种支持价格，就不能从根本上改变农业的落后状况。另外，政府解决收购过剩的农产品方法之一是扩大出口，这也可能引起国与国之间为争夺世界农产品市场而进行贸易战。

2. 限制价格

限制价格又称最高限价，是指政府为了限制某一行业和某种商品的生产，而专门制订的一种低于均衡价格的最高市场价格。

我国在计划经济时期，很多生活必需品都实行限制价格，小到柴米油盐，大到住房都有补贴。限制价格有利于社会平等，但从长期看，价格低不利于抑制需求，也不利于刺激供给，使本来就短缺的商品更加短缺。为了弥补供给不足部分，政府往往会采取配给制。例如，改革开放以前，我国住房长期以来实行配给制和低房租，这种政策固然使低收入者可以有房住，但却使房屋更加短缺，几十年住房问题解决不了。改革开放以来，随着我国公产房房租的逐步放开和住房分配政策的不断改革，商品房的价格变为由市场调节，调动了开发商的建房积极性，解决了多少年来住房需求的短缺局面。

限制价格常常是一项不符合经济规律的制度安排，经济学家不主张利用限制价格，因此，最终要被设计者放弃也就是必不可免的。事实证明，改革开放以来，我国取消大量的限制价格政策，从而使经济更加繁荣。

> ◆ **相关链接**
>
> #### 票贩子屡禁不止的原因
>
> 看过病的人都知道，在一些名牌医院挂专家门诊号有多难。价钱倒不贵，北京协和医院治疗门诊的最高价格为14元。这是政府规定的专家门诊的最高价格。这种政策的目的是保证穷人也能找专家看病，但它引起了什么后果呢？由于价格低，无论大病、小病，人人都想看专家门诊，但专家看病的积极性并不高。这样，供给量小于需求量，存在短缺。在存在短缺但价格又不能上升的情况下，解决供给小于需求的方法有三种：配给（由医院决定给谁）、排队和黑市。黑市交易是票贩子和病人之间的交易。票贩子是一批以倒号为业的人，他们或拉帮结伙装作病人挂号，或者与医院有关人员串通把号弄到手，然后以黑市的均衡价格（比如100元）卖给病人。尽管公安部门屡次打击票贩子，但由于丰厚的利润，票贩子屡禁不止。医院为了对付票贩子，实行了持身份证挂号的实名制看病，但仍没有解决问题，变化只是票贩子由卖号变为卖排队的位置，可见只要存在限制价格，短缺就无法消除，票贩子也难以消失。
>
> 从经济学的角度看，消除票贩子的办法不是"加大打击力度"等，而是取消对专家挂号费的限制价格政策。一旦价格放开，挂号费上升，想看专家门诊的人减少（小病不找专家，大病、疑难病症才找专家），愿意看病的专家增加，最终实现供求相等。这时，票贩子无利可图，自然也就消失了。
>
> 当然，放开专家门诊涉及医疗制度的改革问题，比如医院分级收费、医药分开、完善社会保障体系等。但要解决专家门诊的供求矛盾，从根本上铲除票贩子，还是要放开价格。这是医疗市场化改革的重要内容。
>
> （资料来源：改编自梁小民《微观经济学纵横谈》，三联书店，2000。）

第四节 弹 性 理 论

需求弹性

一、需求弹性

"弹性"是一个物理学名词,指物体对外部力量的反应程度。在经济学中,弹性指经济变量之间存在着函数关系时,因变量对自变量变化的反应敏感程度。弹性的大小可用弹性系数来衡量。

（一）需求价格弹性

1. 需求价格弹性的含义

需求价格弹性是指需求量变动对价格变动的反应敏感程度,即价格变动的百分比所引起的需求量变动的百分比。各种商品的需求弹性是不同的,一般用需求价格弹性的弹性系数来表示弹性的大小。

需求价格弹性

如果用 E_d 表示需求价格弹性系数, Q 表示商品的需求量, P 表示该商品的价格, $\Delta Q/Q$ 表示需求量变动的百分比；$\Delta P/P$ 表示价格变动的百分比。则需求价格弹性的弹性系数的计算公式是：

$$E_d = \frac{\text{需求量变动的百分比}}{\text{价格变动的百分比}} = \frac{\Delta Q/Q}{\Delta P/P} = \frac{\Delta Q}{\Delta P} \cdot \frac{P}{Q}$$

一般而言,由于需求量与价格呈反方向变动,所以, E_d 为负值。但在实际运用中,为了计算和分析方便,一般取其绝对值。

2. 需求价格弹性的分类

不同商品的需求弹性是有差异的。根据商品的需求对价格变动的反应程度,可将商品的需求弹性分为以下五种。

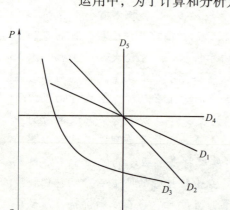

图 2-13 不同需求弹性的需求曲线

（1）需求富有弹性,即 $E_d>1$。它是指需求量变动的比率大于价格变动的比率,奢侈品,如名车、珠宝、境外旅游等商品和服务都属于这种情况。这时的需求曲线是一条平缓的线,如图 2-13 中的 D_1。

（2）需求缺乏弹性,即 $0<E_d<1$。它是指需求量变动的比率小于价格变动的比率,生活必需品,如粮食、蔬菜等商品都属于这种情况。这时的需求曲线是一条陡峭的线,如图 2-13 中的 D_2。

（3）需求单位弹性,即 $E_d=1$。它是指需求量变动的比率与价格变动的比率相等,这时的需求曲线是一条正曲线,如图 2-13 中的 D_3。

（4）需求无限弹性,即 $E_d \to \infty$。在这种情况下,当价格既定时,需求量是无限大。这时的需求曲线是一条与横轴平行的线,如图 2-13 中的 D_4。

（5）需求完全无弹性,即 $E_d=0$。它是指无论价格如何变化,需求量都不会变化。这时的需求曲线是一条与横轴垂直的线,如图 2-13 中的 D_5。

单位弹性

后三种情况都是需求弹性的特例，在现实生活中很少见。

3. 影响需求价格弹性的因素

（1）商品本身的性质和用途。一般而言，生活必需品的需求弹性较小，奢侈品需求弹性较大。

（2）商品可替代程度。一种商品越容易被替代，其需求弹性就越大，反之，则越小。

（3）商品用途的广泛性。如果一种商品的用途很广泛，当商品的价格提高之后消费者在各种用途上可以适当地减少需求量，从而需求价格弹性就大，反之，需求价格弹性就小。

（4）商品消费支出在消费者预算支出中所占的比重。当一种商品在消费者预算支出中占很小的部分时，消费者并不太注意其价格的变化，如买一包口香糖，你可能不太会注意价格的变动。所以，支出比重越小的商品，其需求价格弹性就越小，反之，需求价格弹性就越大。

（5）商品的耐用程度。一般而言，耐用品的需求价格弹性大，而非耐用品的需求价格弹性就小。例如，家用汽车和家用空调的弹性往往大于报刊这类印刷品的需求价格弹性。

（6）消费者调整需求量的时间也与需求弹性有关。一般而言，消费者调整需求的时间越短，需求的价格弹性越小；相反，调整时间越长，需求的价格弹性越大。如汽油价格上升，短期内不会影响其需求量，但长期人们可能寻找替代品，从而对需求量产生重大影响。

完全无弹性和完全弹性

> ◆ 小知识
>
> ### 点弹性与弧弹性
>
> （1）点弹性是衡量在需求曲线上某一点对应于价格的无穷小的变动，所引起的需求量变动的反应程度，它可以精确地反映出需求曲线上每一点的弹性值，其计算公式为：
>
> $$E_d = -\frac{dQ}{dP} \times \frac{P}{Q}$$
>
> （2）弧弹性是以某种商品需求曲线上两点之间的价格和需求量为基础计算出来的价格弹性。其计算公式为：
>
> $$E_d = \frac{Q_2 - Q_1}{P_2 - P_1} \cdot \frac{(P_1 + P_2)/2}{(Q_1 + Q_2)/2} = \frac{\Delta Q}{\Delta P} \cdot \frac{P}{Q}$$
>
> 在实际生活中，弧弹性运用得较为广泛，一般所指的弹性系数是指弧弹性的弹性系数。在这里，需要注意的是，需求曲线的斜率不等于弹性系数，即便是同一条需求曲线上的不同两点之间，其弹性系数也是不一样的。

（二）需求收入弹性

1. 需求收入弹性的含义

需求收入弹性是指需求量变动对收入变动的反应敏感程度，即收入变动的百分比所引起的需求量变动的百分比。如果 E_I 表示需求收入弹性系数；Q 表示商品的需求量；I 表示该商品的价格；$\Delta Q/Q$ 表示需求量变动的百分比；$\Delta I/I$ 表示收入变动的百分比。需求收入弹性系数可以表示为：

$$E_I = \frac{需求量变动的百分比}{收入变动的百分比} = \frac{\Delta Q/Q}{\Delta I/I} = \frac{\Delta Q}{\Delta I} \cdot \frac{I}{Q}$$

一般而言，由于需求量与收入呈同方向变动，所以，E_I 为正值。

2. 需求收入弹性的分类

需求收入弹性与需求价格弹性一样，同样也有五种类型。在这里主要介绍 E_I 在实际经济生活中运用的分类。

（1）如果一种商品的 $E_I>0$，则该商品为正常商品。

（2）如果一种商品的 $E_I<0$，表明需求量随收入增加而减少，则该商品为低档品或劣质品。

（3）如果一种商品的 $E_I>1$，表明需求量随收入的增加而大幅度地增加，则该商品为奢侈品。

（4）如果一种商品的 $0<E_I<1$，表明需求量增加的幅度小于收入增加的幅度，则该商品为生活必需品。恩格尔定律所反映的商品就是这类商品。

（三）需求交叉弹性

需求的交叉弹性表示在一定时期内，两种相关商品中一种商品价格变动的比率对另一种商品需求量变动比率的反应敏感程度。

E_{YX} 表示需求交叉弹性系数，$\Delta Q_X/Q_X$ 表示 X 商品需求量变动的百分比，$\Delta P_Y/P_Y$ 表示 Y 商品价格变动的百分比。其需求交叉弹性的计算公式为：

$$E_{YX} = \frac{\Delta Q_X/Q_X}{\Delta P_Y/P_Y} = \frac{\Delta Q_X}{\Delta P_Y} \cdot \frac{P_Y}{Q_X}$$

需求交叉弹性

如果 $E_{YX}>0$，则两种商品 X、Y 为替代品，如果 $E_{YX}<0$，则两种商品 X、Y 为互补品。如果 $E_{YX}=0$，则两种商品 X、Y 互不相干。

二、供给弹性

1. 供给价格弹性的含义

供给价格弹性是指供给量变动对价格变动的反应敏感程度，即价格变动的百分比所引起的供给量变动的百分比。

如果 E_s 表示供给价格弹性系数；Q 表示商品的供给量；P 表示该商品的价格；$\Delta Q/Q$ 表示供给量变动的百分比；$\Delta P/P$ 表示价格变动的百分比，则供给价格弹性系数的计算公式为：

供给弹性

$$E_s = \frac{供给量变动的百分比}{价格变动的百分比} = \frac{\dfrac{\Delta Q}{Q}}{\dfrac{\Delta P}{P}}$$

一般而言，由于供给量与价格呈同方向变动，所以，E_s 为正值。

2. 供给价格弹性的分类

（1）供给完全无弹性 $E_s=0$，即价格无论怎样变动，供给量都不会变动，所以，其供给曲线为一条垂直直线。例如，土地和一些文物古董就具有这种属性。

(2) 供给无限弹性 $E_s \to \infty$，即价格既定时，供给量无限增长。所以，其供给曲线为一条与横轴平行的直线。

(3) 供给单位弹性 $E_s = 1$，在这种情况下，供给量变动的百分比与价格变动的百分比是相等的，所以，其供给曲线是一条向右上方倾斜的45°线。

(4) 供给缺乏弹性 $0 < E_s < 1$，在这种情况下，供给量变动的百分比小于价格变动的百分比，所以，其供给曲线是一条向右上方倾斜且比较陡峭的曲线。

(5) 供给富有弹性 $1 < E_s \to \infty$，在这种情况下，供给量变动的百分比大于价格变动的百分比，所以，其供给曲线是一条比较平缓的曲线。

3. 影响供给价格弹性的因素

(1) 生产技术类型。一般而言，生产技术越复杂、越先进，固定资本所占据份额越大，生产周期就相对越长，供给弹性越小。因为在价格下降时，这类生产要素不能迅速、方便地转移。

(2) 生产能力的利用程度，对拥有相同技术的生产者而言，拥有多余生产能力的生产者的供给会更具有弹性，因为它在价格变动时，特别是价格升高时，更容易调整产量。

(3) 生产成本的因素，当产量增加时，成本迅速增大，供给弹性就小，反之，生产扩大时成本增长慢，供给弹性就大。

(4) 生产者调整供给量的时间（生产时间），当商品的价格发生变化，生产者对供给量进行调整需要一定时间，时间越短，生产者越来不及调整供给量。如在一个月内，考察西瓜的供给，它可能缺乏弹性，但如果考察跨年度西瓜供给量的变化，则其供给弹性可能很大。

三、弹性理论的运用

1. 需求弹性和销售收入

某种商品的价格变动时，其需求弹性的大小与价格变动所引起的出售该商品所得到的总收益的变动情况密切相关，这是因为总收益等于销售量乘以价格，即 $TR = P \times Q$。

如果某商品是需求富有弹性的，该商品的价格下降导致需求量（销售量）增加的幅度大于价格下降的幅度，销售总收益会增加。该商品的价格上升时，需求量（销售量）减少的幅度大于价格上升的幅度，从而销售总收益减少。

例：设电视机的 $|E_d| = 2$，原来的价格为 5 000 元每台，此时，销售量 $Q_1 = 100$ 台。$TR_1 = P_1 \times Q_1 = 5\,000 \times 100 = 500\,000$（元），现价格下降 10%，即 $P_2 = 4\,500$ 元，因 $|E_d| = 2$，所以销售量增加 20%，即 $Q_2 = 120$ 台。此时：

$$TR_2 = P_2 \times Q_2 = 4\,500 \times 120 = 540\,000（元）$$
$$TR_2 - TR_1 = 540\,000 - 500\,000 = 40\,000（元）$$

结论：如果某商品是需求富有弹性的，则价格与销售总收益呈反方向变动，即价格上升总收益减少，价格下降，总收益增加。如果某商品是需求缺乏弹性的，当该商品的价格下降时需求量（销售量）增加幅度小于价格下降的幅度，从而销售总收益会减少。该商品价格上升时，需求量（销售量）减少幅度小于价格上升的幅度，从而销售总收益会增加。

例：假定面粉的需求是缺乏弹性的，$|E_d|=0.5$，原来的价格 $P_1=2.0$ 元每千克，此时，销售量 $Q_1=100$ 千克，$TR_1=P_1\times Q_1=2.0\times 100=200$ 元。现价格上升 10%，即 $P_2=2.2$ 元每千克，因为 $|E_d|=0.5$，故销售量减少 5%，$Q_2=95$ 千克，此时：

$$TR_2=P_2\times Q_2=209.0（元）$$
$$TR_2-TR_1=209.0-200.0=9.0（元）$$

此时，面粉销售总收益增加。

结论：如果某商品的需求是缺乏弹性的，则价格与销售总收益成同方向变化，即价格上升，销售总收益增加，价格下降，销售总收益减少。

可见，"薄利多销"这一营销策略并不是在所有的情况下都适用，只有在价格弹性是富有弹性时，薄利才能多销。相反，"谷贱伤农"则是在粮食价格缺乏弹性的最明确的表现。

2. 利用弹性进行市场销售预测

在已知某些商品弹性的情况下，利用商品弹性的属性就可以进行市场预测。

例：如果家用轿车的需求价格弹性 $|E_d|=2$，轿车的需求收入弹性 $E_I=2.5$，预计今年某地区轿车价格上涨 4%，居民的收入增长 8%。试求该地区今年轿车的增长速度。

解：设轿车需求量变动的百分比为 X，因价格变动影响轿车需求量的变动为 X_1，因收入变动影响轿车需求量的变动为 X_2。

依据需求价格弹性计算公式：$E_d=\dfrac{需求量变动的百分比}{价格变动的百分比}=\dfrac{\Delta Q/Q}{\Delta P/P}=\dfrac{\Delta Q}{\Delta P}\cdot\dfrac{P}{Q}$

则有：$-2=X_1/4\%$，解得 $X_1=-8$，即因为价格上涨轿车的需求量将减少 8%。

依据需求收入弹性计算公式：$E_I=\dfrac{需求量变动的百分比}{收入变动的百分比}=\dfrac{\Delta Q/Q}{\Delta I/I}=\dfrac{\Delta Q}{\Delta I}\cdot\dfrac{I}{Q}$

则有：$2.5=X_2/8\%$，解得 $X_2=20\%$，即因为收入增加轿车的需求量将增加 20%。

扣除价格因素的影响，该地区今年轿车需求量将增加 12%（$X=X_1+X_2=-8\%+20\%=12\%$）。

复习与练习

一、简答题

1. 需求量的变动与需求的变动有何不同？
2. 影响供给的因素有哪些？
3. 什么是均衡价格？它是如何形成的？
4. 什么是市场机制？它有哪些特征？
5. 价格机制调节经济的条件是什么？
6. 价格在经济中的作用是什么？
7. 在我国目前的情况下是否应该采取对农业的支持价格政策？为什么？

课后测试

8. 在通货膨胀严重时采用限制价格政策有什么好处？会带来什么不利的后果？

9. 根据需求弹性理论解释"薄利多销"和"谷贱伤农"这两句话的含义。

二、计算题

1. 某种商品的需求弹性系数为 1.5，当它降价 8% 时，需求量会增加多少？

2. 某种商品原先的价格为 10 元每件，后降至 8 元每件，原先的需求量为 150 件，降价后的需求量为 180 件，该商品的需求弹性系数为多少？属于哪一类需求弹性？

3. 某种化妆品的需求弹性系数为 3，当其价格由 2 元每瓶降为 1.5 元每瓶。需求量会增加多少？假设当价格为 2 元每瓶时，需求量为 2 000 瓶，降价后需求量应该为多少？

4. 设汽油的需求价格弹性系数为 0.15，现价格为每升 7.50 元。试问汽油价格上涨为多少元一升才能使其消费量减少 10%？

5. 某种商品原先的价格为 1 元每千克，销售量为 1 000 千克，该商品的需求弹性系数为 2.4，如果降价至 0.8 元每千克，此时的销售量是多少？降价后总收益是增加了还是减少了？增加或减量是多少？

技能训练项目

项目 2-1　分析产品市场上需求和供给的变动及其影响

【技能目标】

培养学生运用供求理论分析经济现象的能力。

【内容与要求】

1. 教师设置情景，提出以下问题，学生两两互相进行分析讨论，自由发言。

（1）分析当石油市场价格上涨、钢材价格上升、技术水平提高、客货两用车价格上升、通货膨胀等事件发生时对私家车市场均衡价格和均衡数量的影响。

（2）分析当年某一产品滞销或热销的现象及其产生的原因。

2. 以学习小组为单位，搜集网络中的相关报道和文章，摘录一段相关内容，运用供求均衡理论进行小组讨论分析，并在课堂的讨论时间选代表发言。其他同学可以进行提问。

【成果与考核】

教师根据学生讨论、发言情况及提问答辩情况评估打分。

项目 2-2　市场调研——家电新产品上市后价格的变动特点

【技能目标】

培养学生运用均衡价格理论解释价格变动的原因和判断价格的

变动方向的能力。

【内容与要求】

1. 把学生分成4~5个小组到不同的家电专业市场调研。

2. 访谈产品营销人员，搜集出三个不同新产品上市后价格变动的实际数据。

3. 总结归纳新产品上市后价格变动的规律并运用所学的微观经济学原理进行分析。

【成果与考核】

学生应完成调查并撰写分析报告，报告要求独立完成，中心突出，条理分明，语言通顺，字迹清楚，要求字数800字左右。教师根据调查报告进行评估打分。

拓展阅读

第三章

消费者行为与选择

知识目标

通过本章学习，掌握效用、边际效用的概念，理解边际效用递减规律、消费者均衡的条件，熟悉总效用和边际效用的关系，了解不同商品的替代效应和收入效应。

能力要求

通过本章学习，能够根据相关效用理论分析和解释消费者在既定的条件下，如何实现效用最大化，具备分析不同商品的收入效应和替代效应的能力。

情境导入

罗斯福的三块面包

美国总统罗斯福连任三届后，曾有记者问他有何感想，总统一言不发，只是拿出一块三明治面包让记者吃，这位记者不明白总统的用意，又不便问，只好吃了。接着总统拿出第二块，记者还是勉强吃了。紧接着总统拿出第三块，记者为了不撑破肚皮，赶紧婉言谢绝。这时罗斯福总统微微一笑："现在你知道我连任三届总统的滋味了吧。"这个故事生动地反映了消费行为与效用的关系，也有趣地揭示了经济学中的一个重要的原理：边际效用递减规律。

那么，什么是边际效用递减规律？消费者行为有何特点？消费者在商品价格和收入既定的前提下，如何实现效用最大化？通过本章的学习，你会对消费者行为理论有一个系统的了解。

（资料来源：王瑞泽、魏秀丽，《经济学是个什么玩意》，机械工业出版社，2011.）

第一节 基数效用论和边际效用分析

一、效用

效用是消费者对商品满足自己欲望的能力的主观心理评价。一种物品，必须有满足人们的欲望的性能，人们又有对它的欲望，才能产生效用。效用和欲望一样是一种主观心理感受。

> ◆ **相关链接**
>
> ### 最好吃的东西
>
> 兔子和猫争论，世界上什么东西最好吃。兔子说："世界上萝卜最好吃。萝卜又甜又脆又解渴，我一想起萝卜就要流口水。"猫不同意，说："世界上最好吃的东西是老鼠。老鼠的肉非常嫩，嚼起来又酥又香，味道美极了！"兔子和猫争论不休、相持不下，跑去请猴子评理。猴子听了，不由得大笑起来："瞧你们这两个傻瓜蛋，连这点儿常识都不懂！世界上最好吃的东西是什么？是桃子！桃子不但美味可口，而且长得漂亮。我每天做梦都梦见吃桃子。"兔子和猫听了，全都直摇头。那么，世界上到底什么东西最好吃？
>
> 这个故事说明效用完全是个人的心理感觉。不同的偏好决定了对同一种商品效用大小的不同评价。

理解效用概念需要注意以下四点。

第一，效用的主观性。效用是一种主观心理感受，某种物品效用的大小没有客观标准，完全取决于消费者在消费某种物品时的主观判断。例如，一支香烟对吸烟者来说有很大的效用，而对不吸烟者来说，则可能毫无效用，甚至有负效用。对不同的人而言，同样的物品所带来的效用是不同的。甚至对同一个人而言，同一物品在不同的时间和地点的效用也是不同的。例如，同一件棉衣，在冬天或寒冷地区给人们带来的效用很大，但是在夏天或热带地区也许只能带来负效用。

第二，效用与物品本身的使用价值不同。使用价值是物品本身所具有的属性，它由物品本身的物理或化学性质所决定。使用价值是客观存在的，不以人的感受为转移。如馒头，无论对饥饿者还是不饥饿者，它都具有使用价值。而效用是基于使用价值的心理满足感，是主观的、多元的。当然，效用取决于使用价值。

第三，效用不含伦理学的观点。效用是对欲望的一种满足，只要物品能够满足人的某种欲望它就具有效用，而与这种欲望本身是否符合社会道德规范没有关系。如毒品能够满足吸毒者吸毒的欲望，它就具有效用，而不能因为毒品对吸毒者身体的伤害以及对社会的危害就否定其效用的客观存在。

第四，效用可正可负。如果物品能够给消费者带来舒服的感觉，就是正效用，如果带给消费者痛苦或难受的感觉，就是负效用。

面子经济学

> ◆ **相关链接**
>
> ### 幸福方程式
>
> 消费者消费的目的是为了获得某种幸福感。对于什么是幸福，不同的人有不同的回答。在众多关于幸福的论述中，美国经济学家萨缪尔森的概括最为精彩。萨缪尔森提出了一个"幸福方程式"。这个幸福方程式就是：幸福=效用/欲望
>
> 幸福是欲望的满足程度。欲望拿什么来满足呢？这里涉及欲望和效用两个问题。

人有七情六欲。欲望是一种缺乏的感觉和求得满足的愿望。俗话说得好,"饱汉不知饿汉饥"。就是因为吃饱不饿了,饱汉的欲望就满足了;而饿汉还没有吃饱,总是感到饥饿难耐,欲望还没有得到满足。欲望是不足的感觉与追求满足的愿望之间的统一。人经常在欲望的满足和不满足之间运动、徘徊。知足者常乐,而知不足才有进一步的追求。前者是一种乐观的人生态度,后者是指人的一种欲望满足之后又会产生新的欲望,永远也没有完全满足的时候。俗话说"人心不足蛇吞象",可见人的欲望有时候是无穷大和无止境的。这种欲望的无限性正好又成了推动社会前进的动力。人类正是为了满足自己不断产生、永无止境的欲望才不断奋斗前进的。

欲望尽管是无限的,但是又有轻重缓急之分,欲望有不同的层次。美国著名的心理学家马斯洛在《动机与人格》一书中把人的欲望分成五个层次。即第一层次是基本生理需要,第二层次是安全需要;第三层次是归属和爱的需要,第四层次是尊重的需要,第五层次是自我发展的需要。

个人的进步和发展就在于当基本的需求层次满足以后,能不能尽快上升到较高的需求层次上再继续追求。饱食终日,无所用心是最低层次的追求,其实,所有的物质需求都是低层次的需求,穷富之间无非是量的差别,比别人吃好一点,穿好一点,玩好一点,挥霍多一点,开宝马坐奔驰,声色犬马都是低层次的追求。如何赢得社会的尊重,实现自己的人生价值才是高层次的追求。

在幸福的方程式中,欲望是分母。但是欲望似乎又是无穷大的,永远满足不了的。如果真是这样,这个方程式就没有任何意义了,因为相对于无限的欲望,再大的效用也只能得出接近于零的幸福值。我们只能假定这里的欲望是具体的和既定的,这样,幸福就取决于效用的大小了。可见,研究消费者行为也就是研究效用问题,所以,效用的概念是十分重要的。

(资料来源:张世贤,《经济学演义》,华夏出版社,2004.)

二、基数效用论

在度量效用的问题上,西方经济学家先后提出了基数效用和序数效用的概念。在此基础上,形成了分析消费者行为的两种方法:基数效用论的边际效用分析法和序数效用论的无差异曲线分析法。

基数效用论是19世纪和20世纪初西方经济学中普遍使用的概念。作为研究消费者行为的一种理论,基数效用论的基本观点是,效用的大小可以用基数(1、2、3、…)来表示和衡量,可以加总求和和进行效用量之间的比较。表示效用大小的计量单位被称作效用单位,正如长度单位可以用米来表示一样。例如:对某消费者而言,看一场精彩电影的效用为10个效用单位,吃一顿麦当劳的效用为8个效用单位,则这两种消费的效用之和为18个效用单位。基数效用论采用边际效用分析法,商品的效用呈现边际效用递减规律。

三、边际效用分析

1. 总效用和边际效用

总效用指消费者在一定时间内从一定数量的商品的消费中所得到总的满足

边际效用与总效用

程度。假定消费者对一种商品的消费数量为 Q,则总效用 TU 的函数表达式为:

$$TU = f(Q)$$

边际效用指消费者在一定时间内增加一单位的商品或劳务的消费量所得到的效用的增量。边际效用 MU 的函数表达式为:

$$MU = \frac{\Delta TU(Q)}{\Delta Q}$$

当商品的增加量趋于无穷小,则有:

$$MU = \lim_{\Delta Q \to 0} \frac{\Delta TU(Q)}{\Delta Q} = \frac{\mathrm{d}TU(Q)}{\mathrm{d}Q}$$

总效用和边际效用如表 3-1 所示。

表 3-1 总效用和边际效用

商品的数量	总效用	边际效用
0	0	0
1	10	10
2	18	8
3	24	6
4	28	4
5	30	2
6	30	0
7	28	-2

2. 总效用曲线和边际效用曲线

根据表 3-1 的数值,可以绘制出总效用曲线和边际效用曲线,如图 3-1 所示,由此可以进一步讨论两种曲线之间的关系。

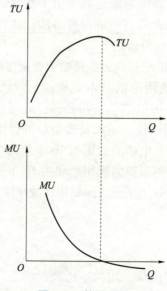

图 3-1 效用曲线

图 3-1 中，TU 曲线是以递减的速率先上升后下降，MU 曲线向右下方倾斜。当边际效用为正值时，总效用曲线呈上升趋势；当边际效用递减为零时，总效用曲线达最高点；当边际效用继续递减为负值时，总效用曲线呈下降趋势。从数学意义上讲，如果效用曲线是连续的，则每一消费量上的边际效用值是总效用曲线上相应的点的斜率。

◆ 相关链接

最后一名乘客的票价：边际效用分析法

从杭州开往南京的长途车即将出发。无论哪辆车，票价均为 50 元。一个匆匆赶来的乘客见一辆国营公司的车上尚有空位，要求以 30 元上车，被拒绝了。他又找到一辆也有空位的私营车，售票员二话没说，收了 30 元，允许他上车了。哪个售票员的行为更理性呢？乍一看，私营车辆的售票员允许这名乘客用 30 元享受到 50 元的运输服务，显然亏了。但如果用边际分析法分析，结果则不然。

"边际"这个词可以理解为"增加"的意思，"边际量"也就是"增量"的意思。说的确切一些，自变量增加一单位，因变量所增加的量就是边际量。比如说，生产要素（自变量）增加一单位，产量（因变量）增加了 2 个单位，这因变量增加的两个单位就是边际产量。或者更具体一些，运输公司增加了一辆汽车，每天可以多运 200 名乘客，这 200 名乘客就是边际量。边际分析法就是分析自变量变动一单位，因变量会变动多少。

我们可以用最后一名乘客的票价这个例子来说明边际分析法的用处。当我们考虑是否让这名乘客以 30 元的票价上车时，实际上应该考虑的是边际成本和边际收益这两个概念。边际成本是增加一名乘客（自变量）所增加的成本（因变量）。在这个例子中，增加这一名乘客，所需磨损的汽车、汽油费、工作人员工资和过路费等都无须增加，对汽车来说多拉一个人少拉一个人都一样，所增加的成本仅仅是发给这个乘客的食物与饮料。假设这些东西值 10 元，边际成本也就是 10 元。边际收益是增加一名乘客（自变量）所增加的收入（因变量）。在这个例子中，增加这一名乘客增加收入 30 元，边际收益就是 30 元。

在根据边际分析法做出决策时就是要对比边际成本与边际收益。如果边际收益大于边际成本，即增加这一名乘客所增加的收入大于所增加的成本，让这名乘客上车就是合适的，这是理性决策。如果边际收益小于边际成本，让这名乘客上车就要亏损，是非理性决策。从理论上说，乘客可以增加到边际收益与边际成本相等时为止。在这个例子中，私营车辆的售票员让这名乘客上车是理性的，无论这个售票员是否懂得边际的概念与边际分析法，他实际上是按边际收益大于边际成本这一原则做出决策的。国营公司的售票员不让这名乘客上车是受严格制度的制约（例如，售票员无权降价），而不是不懂"边际"分析法。人们常说国营企业经营机制不够灵活，这大概可以算一个例子。

其实，在日常生活中的边际分析法非常普遍。例如，算算多上一年学（或多参加一个电脑学习班）要多花多少钱，以后又会增加多少收入。这不就是用边际分析方法思考问题了吗？

（资料来源：梁小民，《微观经济学纵横谈》，三联书店，2005.）

3. 边际效用递减规律

边际效用递减规律是指，一定时间内，在其他商品的消费数量保持不变的条件下，随着消费者对某种商品消费量的增加，消费者从该商品连续增加的每一消费单位中所得到的效用增量减少，即边际效用是递减的。

在分析表 3-1 的过程中，可以观察到边际效用递减规律。这种情况普遍存在，它是揭示人们在消费过程中的一条基本规律。边际效用递减规律可以从两个方面来解释。

（1）生理或心理的原因。消费者消费一种物品的数量越多，即某种刺激的反复，使人在生理上的满足或心理上的反应就会减弱，从而满足程度就会减少。消费者在消费同一种物品，如连续吃巧克力时，都会有这种感觉。

（2）物品本身用途的多样性。每一种物品都有多种用途，这些用途的重要性不同。消费者总是先把物品用于最重要的用途，而后用于次要的用途。当他有若干个这种物品时，把第一单位用于最重要的用途，其边际效用就大，把第二单位用于次重要的用途，边际效用就递减了。例如，在仅有少量水的情况下（如在沙漠或航海中），人们十分珍惜地饮用，以维持生命，水的边际效用很大。随着水量增加，除满足饮用外，还可以用来洗脸、洗澡和洗衣，水的重要性就相对降低，边际效用也就相应减小。

◆ **相关链接**

宋小宝小品《吃面》第三碗面条的边际效用是多少

看过宋小宝小品《吃面》的人一定不会忘记他连吃三碗面的情景，当第一碗面条吞下去的时候，他解除了饥饿，假设这一碗面条的效用是 10；接下来吃第二碗面的时候，虽然还能吃下去，但他已经不饿了，所以这碗面的效用可能递减为 0；当第二碗面也不行，需要从头再来的时候，他已经吃得很撑了，所以第三碗面的边际效用对他来说也许会递减为 -5 或者更多，总效用也从 10 减少为 5。

从上面的分析可以看到边际效用递减规律具有以下特点。

（1）边际效用的大小，与欲望的强弱成正比。当一个人非常渴时，想喝水的欲望最强，因而第一杯水的边际效用最大，随着口渴的消解，想喝水的欲望将逐步减弱，因此后来几杯水的边际效用也将迅速减小。

（2）边际效用的大小，与消费量的多少成反比。由于欲望程度有限，并随着满足的增加而递减，因此，消费数量越多，边际效用越小。

（3）边际效用是特定时间的效用。由于欲望具有再生性、反复性，边际效用的递减也是具有时间性。当这一次口渴得到消解，体内所需要的水分得到补充，致使边际效用下降到零，但是经过一段消耗之后，就会因口渴重新产生想喝水的欲望，这时水的边际效用又会上升。

（4）边际效用实际上永远为正值。虽然从理论上分析，边际效用可能为负值。但实际上，作为一个正常和理性的消费者绝不会去消费给自己带来负效用的消费品。

◆ 相关栏目

从春晚看边际效用递减规律

大约从20世纪80年代初期开始，我国老百姓在过春节的年夜饭中增添了一个诱人的内容，那就是春节联欢晚会。记得1983年春节第一届联欢晚会的出台，在当时娱乐事业尚不发达的中国引起了极大的轰动。晚会的节目成为全国老百姓在街头巷尾和茶余饭后津津乐道的话题。

晚会年复一年地办下来了，投入的人力物力越来越大，技术效果越来越先进，场面设计越来越宏大，节目种类也越来越丰富。但不知从哪一年起，人们对春节联欢晚会的评价却越来越差了，原先的赞美之词变成了一片怨声，春节联欢晚会成了一道众口难调的大餐，晚会也陷入了"年年办，年年骂；年年骂，年年办"的怪圈。

春晚本不该代人受过，问题其实与边际效用递减规律有关。在其他条件不变的前提下，当一个人在消费某种物品时，随着消费量的增加，他（她）从中得到的效用是越来越少的，这种现象普遍存在，就被视为一种规律。边际效用递减规律虽然是一种主观感受，但在其背后也有生理学的基础：反复接受某种刺激，反应神经就会越来越迟钝。第一届春节联欢晚会让人们欢呼雀跃，但举办次数多了，由于刺激反应弱化，尽管节目本身的质量在整体提升，但人们对晚会节目的感觉却越来越差了。

边际效用递减规律时时在支配着人们的生活，尽管有时没有明确地意识到。在大多数情况下，边际效用递减规律决定了第一次最重要。

（资料来源：http://www.hainu.edu.cn/zy_home/asp_hainu_show.asp?id=45831&DW）

四、边际效用递减规律与消费者均衡

1. 消费者均衡的概念

消费者均衡是研究单个消费者如何把有限的货币收入分配在各种商品的购买中以获得最大的效用。 这里的均衡是指消费者实现最大效用时既不想再增加、也不想再减少任何商品购买数量的一种相对静止的状态。

消费者均衡的研究基于以下三个假设：第一，消费者的偏好是既定的。也就是说，消费者对各种商品的效用、边际效用的评价是既定的。第二，消费者的收入是既定的，货币的边际效用是不变的。第三，商品的价格是既定的。消费者均衡正是要说明在上述假设条件下，消费者如何把有限的货币收入分配在各种商品的购买中以获得最大的效用。

2. 消费者均衡的条件

在基数效用论中，消费者实现效用最大化的均衡条件是：消费者用全部的收入所购买的各种商品所带来的边际效用与该商品价格之比相等，或者说消费者应使花在每一种商品上的最后一单位货币所提供的边际效用都相等。

假定：消费者用既定收入 I 购买 n 种商品，P_1、P_2、$\cdots$、P_n 分别为 n 种商品的既定价格，λ 为不变的货币边际效用。X_1、X_2、$\cdots$、X_n 分别为 n 种商品的数量，MU_1、MU_2、$\cdots$、MU_n 分别为 n 种商品的边际效用，则消费者均衡的条件为：

消费者均衡的条件

$$P_1X_1 + P_2X_2 + \cdots + P_nX_n = I \quad \text{(限制条件)} \quad (3-1)$$

$$\frac{MU_1}{P_1} = \frac{MU_2}{P_2} = \cdots = \frac{MU_n}{P_n} = \lambda \quad \text{(均衡条件)} \quad (3-2)$$

其中式（3-1）是限制条件，说明收入是既定的，购买 X_1，X_2，…商品的支出不能超过收入，也不能小于收入。超过收入的购买是无法实现的，而小于收入的购买也达不到既定收入时的效用最大化。式（3-2）是消费者均衡的条件，就是说，每一单位的货币不论用于购买 X_1 商品，还是购买 X_2 商品，所得到的边际效用都相等。即消费者应该使自己所购买的各种商品的边际效用与价格之比相等，或者使自己花费在各种商品购买上的最后一单位货币所带来的边际效用相等。

五、边际效用递减规律与需求定理

需求定理表明，需求量和价格呈反向变动关系。这个规律的根源就在于边际效用递减规律。

消费者购买各种物品是为了从消费这些物品中获得效用，他所愿意支付的价格取决于他以这种价格所获得的物品能带来的效用。效用大，愿意付出的价格就高；效用小，愿意付出的价格就低。而边际效用递减规律说明，随着消费者购买的某物品数量的增加，该物品给消费者所带来的边际效用是递减的，这样，随着物品的增加，消费者所愿意支付的价格也在下降，即需求量和价格成反向变动。商品的需求价格指消费者在一定时期内对一定量的某种商品所愿意支付的价格，商品的需求价格取决于商品的边际效用。由于边际效用递减，相应需求价格递减。

考虑消费者购买一种商品的情况，则消费者均衡的条件为：

$$\frac{MU}{P} = \lambda$$

上式表示：一方面，消费者对任何一种商品的最优购买量应该是使最后一单位货币购买该商品所带来的边际效用和所付出的这一单位货币的边际效用相等。另一方面，由于对任何一种商品而言，随着需求量的不断增加，边际效用 MU 是递减的，则在货币的边际效用 λ 不变的前提下，商品的需求价格 P 必然应同比例于边际效用 MU 的递减而递减，才能实现消费者均衡。这就说明了商品的需求量与商品的价格呈反方向变动。

六、边际效用递减规律与消费者剩余

消费者剩余是消费者愿意对某物品所支付的价格与他实际支付的价格的差额。这一概念是英国经济学家马歇尔在 20 世纪初期提出的："他宁愿付出而不愿得不到此物的价格，超过他实际付出的价格的部分，是这种剩余满足的经济衡量。这个部分可称为消费者剩余。"

在分工和交换存在的社会中，每个人都可能享受消费者剩余，原因在于，对于人们所购买的某一商品的每一单位，从第一单位商品到最后一单位商

消费者剩余

品，支付了相同的价格。对于每一只鸡蛋或每一杯水，人们支付了相同的价格。同时，人们所支付的每一单位货币的代价是它最后一单位货币的价值。根据边际效用递减规律，对于人们来说，前面的单位货币要比最后的单位货币具有更高的价值。因此，人们就从前面的每一单位货币中享受了消费者剩余（效用剩余）。

比如说，水的价格为每单位1元，消费者考虑在什么价格水平购买多少水？第一单位的水是非常有用的，能够消除消费者极度的干渴，消费者愿意为它支付9元。但是第一单位的水的代价只是1元（水的市场价格），这样，就有了8元的消费者剩余。再考虑第二单位的水，这一单位的水对消费者来说值8元，但代价仍然为1元，因此，消费者剩余为7元。如此下去，直到第9单位的水，它对消费者来说，不值多少了，从而就不购买这一单位的水了。此时，消费者购买了8个单位的水。在这里人们有一个重要的发现：尽管消费者购买8个单位的水，只支付了8元，但消费者愿意支付（他得到的总效用为44个单位）的货币为44元。该消费者得到了超过其支付额的消费者剩余36元（44−8）。

◆ 相关链接

砍价也是一门学问

张一鸣，春节前准备请一尊佛像供在公司的大堂内，他在佛教用品市场转悠了半天，看上了一尊玉佛，卖主见他喜欢，张口就要6万，而又声明一分也不能少。张一鸣想，如果1万元，自己就愿意出手。

回到公司，张一鸣决定想办法以合理的价格请回这尊佛像，并且要教训一下卖主，让他知道赚钱要适可而止，不能太贪心。于是，他如此这般向公司的经理吩咐了一番。

很快，根据他的安排，公司派出了一个业务员，装作偶遇的样子和店主砍价，一口咬定只出5万元，店主当然不同意；公司又派出第二个业务员，装作远处来的游客和店铺的老板砍价，咬定4万元不松口，店主当然不会卖……一个个买主来了走了，一个比一个给的价低，到公司派出第六个业务员时，报出的价格已经是5 000元了。

店老板每天都后悔没有出手卖给前一天的客户，他暗暗告诉自己，今天只要有客户来，无论给多少钱，只要能够本，一定要把这尊佛像卖出去。也就是这天，张一鸣再次来到了这家店铺，告诉店铺老板，说要出6 000元请这尊佛像回家。店铺老板不但高兴地同意了他的报价，最后还赠送给他一具佛龛。

砍价是我们生活中几乎每天都会面对的问题，不管砍掉多少，总能带给我们一定的满足，砍价也是一门学问。上面案例中，张一鸣的心理价格是1万元，最后成交的价格是6 000元，剩余的4 000元就是消费者剩余。

（资料来源：张笑恒，《咖啡奶茶经济学》，北京工业大学出版社，2011.）

消费者剩余概念主要应用在以下方面。

（1）在有关公共物品、机场、道路、水坝、地铁和公园等许多公共建设的决策中，消费者剩余的概念是极其有用的。假设一条新的可免费使用的高速公路的修建正在考虑之中，由于高速公路免费使用，它不能给建设者带来任何收入。使用高速公路的人节省了时间或享受了旅行安全，他获得的效用增加得到更多的消费者剩余。为了避免个人之间效用比较的困难，我们假设有 10 000 个使用者，他们在一切方面都是完全相同的。同时假定，每个人可以从高速公路中得到 350 元的消费者剩余。如果总成本小于 350 万元（10 000×350 元），消费者都会赞成修建这条高速公路。从事"成本-收益"分析的经济学家们一般建议，如果这条高速公路的总消费者剩余大于它的成本，就应该修建这条高速公路。

（2）消费者剩余除了可以帮助社会判断在什么时候值得修建桥梁或公路以外，还可以解释人们对把价格和价值相等同的怀疑是有其道理的。我们已经知道，尽管水和空气的总经济价值远远超过了钻石或皮衣，但它们可能具有很低的货币价值。空气和水的消费者剩余是很大的，而钻石和皮衣的价值可能只略微大于其购买价格（较低的消费者剩余）。

（3）消费者剩余概念还指出，现代社会的公民享受着巨大的分工和交换带给人们的好处或福利，每个人都能以低价购买大量品种繁多的非常有用的商品。假设人们处在一个没有分工和交换的社会，没有一代代人积累下来的技术知识，没有资本、设备，什么都要自给自足，所有的商品都要从零开始生产，那么，人们的货币收入什么东西也买不到，或者说，要购买自己所需要的商品，其价格就会高得惊人，人们为此必须付出很高的代价。正是由于分工与交换带来的社会发展，才使得人们可以以较低的价格获取自己需要的商品，很显然，所有的人都从社会发展中获得了消费者剩余。

事实上，无论人们是否意识到，<u>在现实的买卖行为中都存在两种价格。一种是由收入和偏好决定的消费者价格，另一种则是由市场供求关系决定的市场价格</u>。前者遵循着边际效用递减规律，而后者则遵循着供求规律；前者之和体现了消费者获得的效用之和的总量（对同一物品的购买），后者则体现了消费者为获得一定的效用总量所实际支付的货币总量。消费者价格与市场价格之差，就是体现消费者满足感或福利感的"消费者剩余"。因此，当消费者以低于消费者价格购买到自己所需要的商品时，心里会很舒坦，有一种划算的感觉，甚至有一种占了便宜的窃喜。当这种便宜感很大、很强烈时，消费者的购买行为完全可能再继续下去，直至这种"便宜感"减弱、消失为止。这就是为什么人们会对价格变得便宜的商品自然多买的原因所在。反之，当一个消费者的购买行为的结果使其大呼上当或感到吃亏时，那一定是失去了"消费者剩余"，从而失去了一种满足感或福利感，甚至在某些情况下还会切切实实地失去了可以计算的有形的货币收入。当人们明白了消费者价格和市场价格之间的关系后，就可以解释虚假广告和不法商家雇佣"托"来害人的"原理"——通过夸大商品的效用或人为制造紧缺感，提高消费者价格，从而增加购买者的"消费剩余感"，诱发人们的购买行为。

◆ 相关链接

我为什么不买某种报：消费者剩余

有一份经济学方面的报纸，办得不错，内容还是颇有可读性的。但薄薄四开一张纸，居然索价1.5元，我从来不买。说真的，不是花不起这1.5元，而是觉得不值。对我这样的消费者来说，什么是值与不值呢？这就涉及消费者剩余这样一个概念。

我不买某种报就因为它给我带来的消费者剩余是负值。这种报可以看，但不是不看不行。与其他同类报纸相比，我觉得它只值0.5元，即我愿意出的最高价格是0.5元。如果它定价为0.4元（即市场价格为0.4元），两者相比，我有0.1元的消费者剩余（我愿意出的最高价格0.5元减去市场价格0.4元），我会购买。或者，它的定价为0.5元，没有消费者剩余，我也可以勉强购买。但现在它的价格为1.5元，与我愿意支付的最高价格0.5元相比，我的消费者剩余为负1元，当然我不会买了。除非它的内容好到让我不读就吃不香睡不着，或者其他同类报纸办得极糟或价格上升到与它相近的水平，我愿意支付的最高价格也上升到1.5元以上，否则打死我也不买。理由很简单，不值，买了有一种挨宰的感觉。这里要注意的是，消费者对一种物品的评价完全是主观的。所以，愿意支付的最高价格也是主观的。消费者剩余并不是实际货币收入的增加，仅仅是一种心理上满足的感觉。即使购买了消费者剩余为负的物品也不是金钱的实际损失，无非是心理上挨宰的感觉而已。我们购物时说得"值"与"不值"也是这种含义。

而且，对同样一种物品不同的消费者完全有不同的主观评价，所以愿意支付的最高价格也不同，但在购买时支付的市场价格是相同的，因此，不同的消费者从购买同一种物品中得到的消费者剩余也不同。尽管我不买这份报纸，但仍然是有人买的。这些人的评价高，愿意支付的最高价格高于1.5元，他们购买就得到了消费者剩余。正因为如此，这份价格如此之高的报纸也还是在顽强的生存着。据说这份报定价高的原因之一是销售量太少，其实用高定价来弥补销售量少的亏损是陷入了一种恶性循环。价格越高，卖得也少，卖得越少，越想卖高价，这岂不走上一条灭亡之路了吗？换一种思路，这类报纸替代品相当多，从而需求弹性高，如果降价，可以大幅度增加销售量，反而能走出困境，也扩大了自己的影响。

定价是企业的自由，也是这家报社的自由，我无意指责。但消费者剩余的概念不仅指导消费者理性消费，也告诉企业，定价要合理。那种"头戴三尺帽"（价格定得高高的人）"准备砍一刀"（让消费者讨价还价）的做法往往会吓倒许多像我这样胆小的消费者。我主编的一本书，内容还是有市场的，但16开精装，2册共1 000多页，纸张印刷都平常，居然被出版者定价为495元。这样的天价谁敢问津呢？果然销路极差，出版一年多了还堆在仓库里享受精品的荣耀呢！

（资料来源：梁小民，《微观经济学纵横谈》，三联书店，2005.）

第二节 序数效用论和无差异曲线分析

一、序数效用论

自20世纪30年代至今，西方经济学中多使用序数效用概念。序数效用论的基本观点是：效用作为一种心理现象无法计量，也不能加总求和，只能表示出满足程度的高低与顺序，因此，效用只能用序数（第一、第二、第三，……）来表示。序数只表示顺序或等级，是不能加总求和的。例如，成绩排第一和第二，仅表明第一优于第二，至于第一、第二各自的具体数量是没有意义的。消费者对于不同商品的偏好程度是有差别的，这种偏好程度的差别决定了不同商品效用的大小顺序。例如，消费者消费了巧克力与唱片，他从中得到的效用是无法衡量，也是无法加总求和的，更不能用基数来表示，但他可以比较消费这两种物品所得到的效用。如果他认为消费一块巧克力所带来的效用大于消费唱片所带来的效用，那么巧克力的效用是第一，唱片的效用是第二。就分析消费者行为来说，以序数来度量效用的假定比以基数来度量效用的假定所受到的限制要少，可以减少一些被认为是值得怀疑的心理假设。序数效用论采用无差异曲线分析法。

序数效用论对消费者偏好有以下三个基本假定。

1. 次序性

次序性，也叫完备性，即指对每一种商品都能说出偏好顺序。对于任何两个商品组合 A 和 B，消费者总是可以做出判断，而且也仅仅只能做出以下三种判断中的一种：对 A 的偏好大于对 B 的偏好，对 A 的偏好小于对 B 的偏好，对 A 和 B 的偏好相同（A 和 B 是无差异的）。

2. 传递性

对于任何三个商品组合 A、B 和 C，如果某消费者已经做出判断：对 A 的偏好大于（或小于，或等于）对 B 的偏好，对 B 的偏好大于（或小于，或等于）对 C 的偏好。那么，该消费者必须做出对 A 的偏好大于（或小于，或等于）对 C 的偏好的判断。

3. 非饱和性

非饱和性，也叫不充分满足性，即消费者认为商品数量总是多一些好。消费者对每一种商品的消费都处于饱和以前的状态。如果两个商品组合的区别仅仅在于其中一种商品的数量的不同，那么，消费者总是偏好于含有这种商品数量较多的那个组合。

二、无差异曲线

1. 无差异曲线的概念

无差异曲线

无差异曲线是用来表示消费者偏好相同的两种商品的不同数量的各种组合。或者说，它是表示能给消费者带来同等效用水平或满足程度的两种商品的不同数量的各种组合。与无差异曲线相对应的效用函数为：

$$U = f(X_1, X_2)$$

其中，X_1 和 X_2 分别为商品 1 和商品 2 的数量；U 是常数，表示某个效用水平。这里的 U 只表示某一个效用水平，而不在乎其具体数值的大小。

假如现在有苹果（X_1）和梨（X_2）两种商品，它们有 A、B、C、D 四种消费组合方式，这四种消费组合方式能给消费者带来相同的效用，见表 3-2。

表 3-2　无差异表

商品组合	苹果（X_1）	梨（X_2）
A	1	10
B	2	6
C	3	4
D	4	2.5

根据表 3-2 可以做出图 3-2。

在图 3-2 中，横轴和纵轴分别表示 X_1 商品和 X_2 商品的数量，U 是根据表 3-2 中的数据做出的无差异曲线，曲线上任何两点所代表的 X_1 和 X_2 商品的数量组合给消费者带来的效用是相同的。因此，无差异曲线 U 上的 A、B、C 和 D 点所代表的苹果和梨的不同数量的组合给该消费者带来的效用水平都是相等的。

图 3-2 是在消费者收入和价格水平既定的情况下得到的，如果消费者收入和商品的价格水平发生变化，则可以产生若干条不同的无差异曲线。如图 3-3 中，I_1、I_2、I_3 是三条不同的无差异曲线，代表不同的效用水平，其中 I_3 的效用水平大于 I_2，I_2 的效用水平大于 I_1。

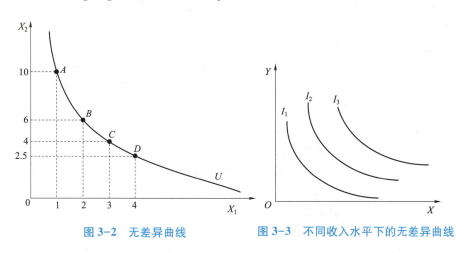

图 3-2　无差异曲线　　　图 3-3　不同收入水平下的无差异曲线

2. 无差异曲线的特征

（1）无差异曲线是一条向右下方倾斜的曲线，这说明，在收入既定的情况下，消费者为了得到相同的效用，在增加一种商品的消费时，必须减少另一种商品的消费。

（2）在同一平面图上可以有无数条无差异曲线。同一条无差异曲线代表相同的效用，不同的无差异曲线代表不同的效用。离原点越远的无差异曲线代表的效用越大，离原点越近的无差异曲线代表的效用越小。

（3）在同一平面图上，任意两条无差异曲线都不会相交。

（4）无差异曲线凸向原点。

三、边际替代率

1. 商品边际替代率的概念

商品的边际替代率即在维持效用水平或满足程度不变的前提下,消费者增加一单位的某种商品的消费时所需放弃的另一种商品的消费量。

以 RCS 代表商品的边际替代率,ΔX_1、ΔX_2 各为商品 1 和商品 2 的变化量,则商品 1 对商品 2 的边际替代率为:

$$RCS_{12} = - \frac{\Delta X_2}{\Delta X_1}$$

在通常情况下,由于商品 1 和商品 2 的变化量呈反方向变动,为使商品的边际替代率是正值以便于比较,在公式中加了一个负号。

假定商品 1 的变化量趋于无穷小,即当 $\Delta X_1 \to 0$ 时,则

$$RCS_{12} = \lim_{\Delta X_1 \to 0} - \frac{\Delta X_2}{\Delta X_1} = - \frac{\mathrm{d} X_2}{\mathrm{d} X_1}$$

上式说明无差异曲线上任一点的商品的边际替代率等于无差异曲线在该点的斜率的绝对值。

2. 商品的边际替代率递减规律

序数效用论在分析消费者行为时提出了商品的边际替代率递减规律的假定。

商品的边际替代率递减规律是指在维持效用水平不变的前提下,随着一种商品消费量的连续增加,消费者为得到每一单位的这种商品所需放弃的另一种商品的消费量是递减的。例如,在前面苹果和梨两种商品的组合消费例子中,随着消费者对苹果消费量的连续等量的增加,消费者为得到每一单位的苹果所需放弃的梨的消费量是递减的。

商品的边际替代率递减的原因可以解释为:当消费者处于商品 1 的数量较少和商品 2 的数量较多时,会由于拥有较少商品 1 而对每一单位的商品 1 更加偏好,由于拥有较多商品 2 而对每一单位的商品 2 偏好程度较低,即商品 1 对商品 2 的边际替代率较大。随着消费者拥有的商品 1 的数量越来越多,相应对每一单位商品 1 的偏爱程度会越来越低;同时,消费者拥有的商品 2 的数量会越来越少,相应对每一单位商品 2 的偏爱程度会越来越高。则每一单位的商品 1 所能替代的商品 2 的数量越来越少,即商品的边际替代率是递减的。

由于商品的边际替代率等于无差异曲线的斜率的绝对值,商品的边际替代率递减规律决定了无差异曲线凸向原点。

在一般情况下,商品的边际替代率递减,无差异曲线是凸向原点的。但也存在着以下特殊情况。

(1) 完全互补品。完全互补品的无差异曲线呈直角形,与横轴平行的无差异曲线部分的 $RCS_{12}=0$,与纵轴平行的无差异曲线部分的 $RCS_{12}=\infty$,如图 3-4 所示。

例如,总是要按一副眼镜架和两个眼镜片的比例配合在一起,眼镜才能够被使用。只有在直角形的顶点,眼镜架和眼镜片的比例固定不变,为 1∶2,对

消费者才能产生效用。

（2）完全替代品。完全替代品的无差异曲线为一条斜率不变的直线，RCS_{12} 为一常数，如图 3-5 所示。

例如，某消费者认为一瓶菠萝汁与一瓶芒果汁是无差异的，则菠萝汁与芒果汁的相互替代比例固定不变，为 1∶1。

四、消费可能线

1. 消费可能线的概念

消费可能线又称预算约束线，或等支出线，表示在消费者收入和商品价格既定的条件下，消费者所能购买到的两种商品数量的最大组合。

预算约束线

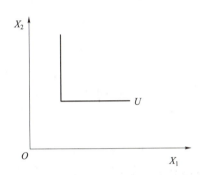

图 3-4　完全互补商品的无差异曲线

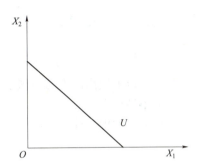

图 3-5　完全替代商品的无差异曲线

消费可能线的方程为：

$$I = P_1 X_1 + P_2 X_2 \quad \text{或} \quad X_2 = -\frac{P_1}{P_2} X_1 + \frac{I}{P_2}$$

其中 I 表示消费者的既定收入，P_1 和 P_2 分别为商品 1 和商品 2 的价格，X_1 和 X_2 分别为商品 1 和商品 2 的数量。消费者的全部收入购买商品 1 的数量为 $\frac{I}{P_1}$，是消费可能线在横轴的截距；消费者的全部收入购买商品 2 的数量为 $\frac{I}{P_2}$，是消费可能线在纵轴的截距；$-\frac{P_1}{P_2}$ 为预算线的斜率，即两种商品价格之比的负值，如图 3-6 所示。

假定消费者的收入为 80 元，全部收入购买 X、Y 两种商品，商品 X 的价格为 4 元，商品 Y 的价格为 2 元。如果全部都用来购买 X 商品，可以购买 20 个单位；如果全部收入都用来购买 Y 商品，可以购买 40 个单位。据此，可以做出图 3-7。

在图 3-7 中，如用全部收入购买 X 商品，可以购买 20 个单位，即图形上的 A 点。如用全部收入购买 Y 商品，可以购买 40 个单位，即图形上的 B 点。连接 A、B 两点则为消费可能线。该线上的任何一点都是在收入和价格既定的条件下，能够购买到的 X 商品和 Y 商品的最大数量的组合。在消费可能线 AB 以外的区域中，任何一点，如 C 点，是消费者利用全部收入不可能实现的商品购买的组合点。在消费可能线 AB 以内的区域中的任何一点，如 D 点，表示消费者的全部收入在购买该点的商品组合以后还有剩余。只有在消费可能线 AB 上的任何一点，才是消费者的全部收入刚好用完所能购买到的商品组合点。

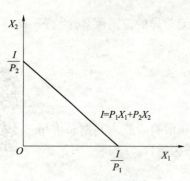

图 3-6 消费可能线

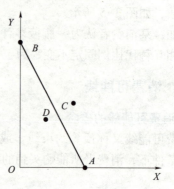

图 3-7 消费可能线

2. 消费可能线的移动

以上做出的消费可能线，是假定消费者的收入和商品的价格既定时的情况，如果消费者的收入 I 或商品价格变化时，会引起预算约束线的移动。消费可能线的变动有以下四种情况。

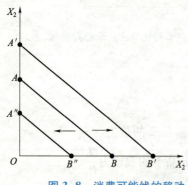

图 3-8 消费可能线的移动

（1）消费可能线与消费者收入的关系。两种商品价格不变，消费者的收入变化时，会引起消费可能线的截距变化，使消费可能线发生平移。如图 3-8 所示，消费者的收入增加，则使消费可能线 AB 向右平移至 $A'B'$；消费者的收入减少，则使消费可能线 AB 向左平移至 $A''B''$。两种商品价格和消费者的收入同比例同方向变化时，消费可能线不变。

（2）消费可能线与商品价格的关系。消费者的收入不变，两种商品价格同比例同方向变化时，会引起消费可能线的截距变化，使消费可能线发生平移。消费者的收入不变，一种商品价格不变而另一种商品价格变化时，会引起消费可能线的斜率及相应截距变化，如图 3-9 所示。

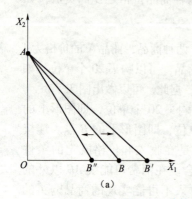

(a)

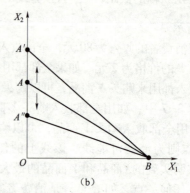

(b)

图 3-9 价格变动时消费可能线的移动

在图 3-9（a）中，商品 X_1 的价格下降，则使预算线 AB 移至 AB'；商品 X_1 的价格提高，则使预算线 AB 移至 AB''。在图 3-9（b）中，商品 X_2 的价格下降和提高，分别使预算线 AB 移至 $A'B$ 和 $A''B$。

五、无差异曲线分析与消费者均衡

序数效用论将无差异曲线和消费可能线相结合来说明消费者均衡。消费者的偏好决定了消费者的无差异曲线，一个消费者关于任何两种商品的无差异曲线有无数条；消费者的收入和商品价格决定了消费者的消费可能线，在收入和商品价格既定的条件下，一个消费者关于两种商品的消费可能线只有一条。只有既定的消费可能线与其中一条无差异曲线的相切点，才是消费者均衡点。可以用图 3-10 来说明。

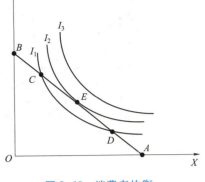

图 3-10　消费者均衡

在图 3-10 中，I_1，I_2，I_3 为三条无差异曲线，分别代表不同的效用，它们的效用大小的顺序为 $I_1<I_2<I_3$。AB 线为消费可能线。AB 线与 I_2 相切于 E 点，这时就实现了消费者均衡。这是因为，就无差异曲线来说，I_3 代表的效用水平高于 I_2 代表的效用水平，但是它与消费可能线既不相切又不相交，这说明消费者在既定的收入水平下无法实现对无差异曲线 I_3 上任何一点的商品组合的购买。就无差异曲线 I_1 来说，虽然它与消费可能线相交于 C、D 两点，这说明消费者利用现有的收入可以购买无差异曲线 I_1 上的 C、D 两点的商品组合。但是无差异曲线 I_1 的效用水平低于无差异曲线 I_2 的效用水平，C、D 两点的商品组合不会给消费者带来最大的满足，理性的消费者都不会在这两点组合上选择购买。由此看来，只有在 E 点上才能实现消费者均衡。

可见，虽然序数效用论和基数效用论各自运用不同的方法分析消费者行为，但二者所得出的消费者均衡条件在本质上是相同的。

第三节　收入和价格变动与消费者选择

一、收入变动与消费者选择

1. 收入—消费曲线

当商品价格不变，而消费者的货币收入发生变动时，消费可能线的斜率不会变动，但其位置将平移，导致消费者的均衡点也随之移动。

如图 3-11 所示，在 X 和 Y 两种商品、价格不变的条件下，由于消费者的货币收入增加，从而使预算线由 A_1B_1 平移至 A_2B_2、A_3B_3，并分别与无差异曲线相切于 E_1、E_2、E_3，由切点 E_1、E_2、E_3…所连成的曲线称之为收入—消费曲线（ICC）。收入—消费曲线是价格不变条件下消费者在各种收入水平下购买 X 和 Y 两种商品所形成的均衡点的轨迹。

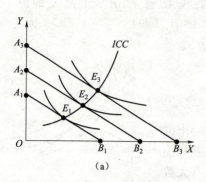
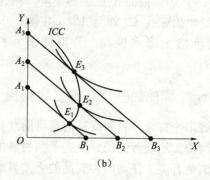

图 3-11 收入—消费曲线

收入—消费曲线不仅反映了收入变动后消费者对某种商品需求变动的情况，而且依据其走势可判断出商品类别。图 3-11（a）中的 ICC 曲线向右上方倾斜，表明 X 和 Y 两种商品均属于正常品；伴随消费者货币收入的增加，两种商品的购买数量也随之增加。而图 3-11（b）中的 ICC 曲线先是向右上方倾斜接着又向左上方弯曲，表明 X 商品在一定收入水平后成为低档品，消费者的货币收入进一步增加后，购买量不但没有增加反而减少。

2. 恩格尔曲线

恩格尔曲线反映的是所购买的一种商品的均衡数量与消费者收入水平之间的关系，它是以 19 世纪德国的统计学家恩格尔的名字命名的。恩格尔是德国 19 世纪后期著名统计学家，他一直致力于研究家庭收入和各项支出之间的关系。在 1857 年，他提出了著名的恩格尔定律：随着收入的上升，食品在总支出中的比重是下降的。从统计结果来看，世界各地小至家庭、大至国家基本上都遵循这一定律。

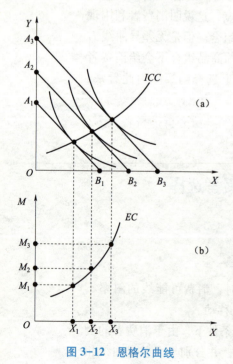

图 3-12 恩格尔曲线

正如从价格—消费曲线中可推导出需求曲线一样，利用收入—消费曲线可以很容易地推导出恩格尔曲线，即从图 3-12（a）中的 ICC 曲线，推导出图 3-12（b）的 EC 曲线，即恩格尔曲线。

在图 3-12（b）中，横轴代表消费者在不同收入水平下对 X 商品的需求数量，纵轴代表消费者的收入水平（M），$M = P_X X + P_Y Y$。

通常，收入—消费曲线（ICC）是用来反映消费者收入与其所购买的商品或劳务之间的变动关系。而恩格尔曲线（EC）是用来表示家庭收入与货币支出的关系，显然，用来显示这种关系的恩格尔曲线（EC）与用来反映消费者的收入和购买商品的数量关系的收入—消费曲线（ICC）的斜率往往并不一致。

随着收入的增加,用于食品的支出部分将下降;用于住宅和衣服方面的支出将基本保持不变;而用于其他商品的支出会增加。这种分析的结果被称为恩格尔定律。由于食品支出同收入的比率会随收入的提高而下降,因此,这一比率常被用来衡量国家和地区的富裕程度。这一比率称为恩格尔系数。通常认为,恩格尔系数超过50%的经济尚处于维持温饱的生计经济,而小于30%的则是富裕经济。当然,这一指标并不是绝对的,个别经济在一定时期内可能会出现经济发展与恩格尔系数相背离的情况。恩格尔还发现,随着收入的提高,衣着、住房在总开支中的比重基本维持不变,而奢侈品、教育、娱乐、储蓄等比重是上升的。

二、价格变动与消费者选择

1. 价格—消费曲线

如前所述,在 X 和 Y 两种商品价格既定的条件下,具有一定收入的消费者必定有 AB 消费可能线,它的斜率绝对值等于两种商品的价格之比。当商品价格发生变动时,消费可能线的斜率必然发生变化,消费可能线移动,消费者的均衡点也随之变动。

如图 3-13 所示,在消费者收入和 Y 商品价格不变的前提下,由于 X 商品价格下跌,AB 线将以 A 为中心沿逆时针方向移动,由 B_1 移至 B_2、B_3、…,并分别与无差异曲线 IC_1、IC_2、IC_3、…相切于 E_1、E_2、E_3、…,连接图中这一系列切点(均衡点)所连成的曲线被称为价格—消费曲线(PCC)。

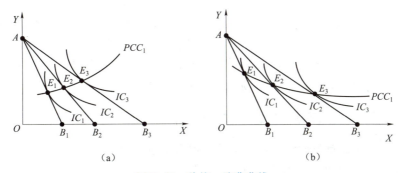

图 3-13 价格—消费曲线

价格—消费曲线是在收入、无差异曲线图中,一种商品价格维持不变的条件下,另一种商品的消费量与其价格之间关系的均衡点的轨迹。价格—消费曲线不仅反映了在消费者偏好和货币收入保持不变的情况下,由于 X 商品价格的变化所引起的均衡商品组合的变化,而且借助价格—消费曲线的走势还可以判断出两种商品的相互关系。如果 X 和 Y 两种商品是相关商品,如图 3-13(a)中向右上倾斜的 PCC_1 反映了两种商品具有互补关系,而图 3-13(b)中向右下倾斜的 PCC_2 则反映了两种商品具有替代关系。

2. 消费者的需求曲线

经济学家之所以对价格—消费曲线感兴趣,一个主要原因是它能够用来推导所论及的商品消费者个人需求曲线。因为价格—消费曲线反映商品价格变动、商品组合数量变动的情况,而个人需求曲线则表示在消费者偏好、货币收入及其他商品价格不变的情况下,消费者在某种商品的不同价格水平下将购买的该商品的具体数量,故二者存在着十分密切的关系。

如图 3-13 所示,价格—消费曲线上的各个均衡点 E_1、E_2、E_3,…与纵坐标水平距离实际上代表了 X 商品在各种价格下,消费者的最佳购买数量,也就是说,当 X 商品的价格为 P_1 时,消费者将购买 X_1 数量;当价格为 P_2 时,消费者将购买 X_2 数量;当价格为 P_3 时,消费者将购买 X_3 数量……这样,将 P_1、P_2 和 P_3 相对应的消费者均衡购买量 X_1、X_2 和 X_3 分别描绘在图 3-14 中,即可得出消费者对 X 商品的个人需求曲线 D。这条需求曲线是由各种价格和与之相对应的需求量的均衡点所构成的,它表示当消费者对各种商品的支出已达到均衡状态时,在 X 商品的各种价格水平上所购买的数量。同时,它还反映了价格与需求数量的反方向变动关系,即价格下降导致消费者多购买;反之,则少购买。

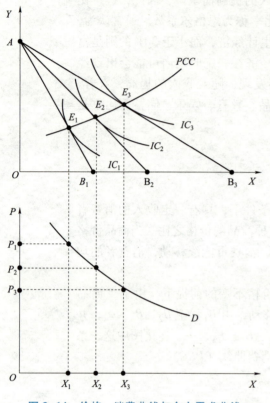

图 3-14 价格—消费曲线与个人需求曲线

此外,如果将市场上其他消费者对 X 商品的个人需求曲线水平相加,即可得到消费者对 X 商品的市场需求曲线。

三、收入效应和替代效应

在第二章我们结合需求定理,曾简要地介绍了收入效应和替代效应的概念。在此,我们针对消费者行为理论,作进一步的分析。

1. 收入效应和替代效应的概念

需求定理说明需求量和价格的反方向变动,其原因可以用收入效应和替代效应来解释。

收入效应是指在货币收入不变的情况下,由于商品价格变动而导致实际收入发生变动所造成的商品购买量的变动。这也就是说,如果某种商品价格上涨了,而消费者的货币收入并没有变,那么,消费者的实际收入就减少了,从而对这种商品的需求也就减少了。例如,猪肉价格上升而消费者的货币收入不变,则消费者实际收入减少,对猪肉的需求量必然减少。这种因某种商品价格上升而引起的实际收入减少,从而导致需求量减少就是收入效应。

替代效应是指在实际收入不变的条件下，由于商品价格的变化而导致购买量的变化。这就是说，如果某种商品价格上涨了，而其他商品的价格没有发生变化，那么，其他商品的相对价格就下降了，消费者就要用其他商品来代替这种商品，从而对这种商品的需求就减少了。例如，如果大米的价格上升而面粉的价格不变，面粉相对于大米就便宜了，人们就会更多的购买面粉而减少大米的购买。这种因某种商品价格上升而引起的其他商品对这种商品的取代就是替代效应。

替代效应

一种商品价格的变化会引起该商品的需求量的变化，这种变化可以被分解为替代效应和收入效应两个部分。当一种商品的价格发生变化时，会对消费者产生两种影响：一是使消费者的实际收入水平发生变化。在这里，实际收入水平的变化被定义为效用水平的变化。二是使商品的相对价格发生变化。这两种变化都会改变消费者对该商品的需求量。例如，在消费者购买商品 X 和商品 Y 两种商品的情况下，当商品 X 的价格下降时，一方面，对于消费者来说，虽然货币收入不变，但是现有的货币收入的购买力增强了，也就相当于实际收入水平提高了。实际收入水平的提高，会使消费者改变对这两种商品的购买量，从而达到更高的效用水平，这就是收入效应。另一方面，商品 X 价格的下降，使得商品 X 相对于价格不变的商品 Y 来说，较以前便宜了。商品相对价格的这种变化，会使消费者增加对商品 X 的购买而减少对商品 Y 的购买，这就是替代效应。显然，替代效应不考虑实际收入水平变动的影响，所以，替代效应不改变消费者的效用水平。当然，也可以同样地分析商品 X 的价格提高时的替代效应和收入效应，只是情况刚好相反罢了。

综上所述，一种商品价格变动所引起的该商品需求量变动的总效应可以被分解为替代效应和收入效应两个部分，即总效应=替代效应+收入效应。其中，由商品的价格变动所引起的实际收入水平变动，进而由实际收入水平变动所引起的商品需求量的变动为收入效应。由商品价格变动所引起的商品相对价格的变动，进而由商品的相对价格变动所引起的商品需求量的变动为替代效应。收入效应表示消费者的效用水平发生变化，替代效应则不改变消费者的效用水平。即替代效应强调了一种商品的价格变动对其他商品相对价格水平的影响，收入效应强调了一种商品价格变动对实际收入水平的影响。需求定理表明的商品价格与需求量呈反方向变动的关系正是这两种效应共同作用的结果。

2. 不同类别商品的替代效应和收入效应

商品可以分为正常物品和低档品两大类。正常物品和低档品的区别是：正常物品的需求量与消费者的收入水平呈同方向变动，而低档品的需求量与消费者的收入水平呈反方向变动。

下面以图 3-15 为例分析正常物品价格下降时的替代效应和收入效应。

图 3-15 中的横轴和纵轴分别表示商品 X 和商品 Y 的数量，其中，商品 X 是正常物品。在商品价格变化之前，消费者的消费可能线为 AB，该消费可能线与无差异曲线 I_1 相切于 E_1 点，E_1 点是消费者效用最大化的一个均衡点。在 E_1 均衡

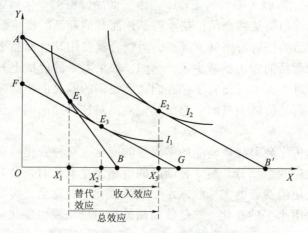

图 3-15 正常商品的替代效应和收入效应

点上，相应的商品 X 的需求量为 OX_1。现假定商品 X 的价格 P_X 下降，使消费可能线的位置由 AB 移至 AB'。新的消费可能线 AB' 与另一条代表更高效用水平的无差异曲线 I_2 相切于 E_2 点，E_2 点是商品 X 的价格下降以后的消费者的效用最大化的均衡点。在 E_2 均衡点上，相应的商品 X 的需求量为 OX_3。比较 E_1、E_2 两个均衡点，商品 X 的需求量的增加量为 X_1X_3，这便是商品 X 的价格 P_X 下降所引起的总效应。这个总效应可以被分解为替代效应 X_1X_2 和收入效应 X_2X_3 两个部分。在这里，P_X 下降所引起的需求量的增加量 X_1X_2，是一个正值，即替代效应的符号为正。也就是说，正常商品的替代效应与价格呈反方向的变动。收入效应 X_2X_3 是一个正值。这是因为，当 P_X 下降使得消费者的实际收入水平提高时，消费者必定会增加对正常商品 X 的购买。也就是说，正常商品的收入效应与价格成呈反方向的变动。

综上所述，对于正常商品来说，替代效应与价格呈反方向变动，收入效应也与价格呈反方向变动，在它们的共同作用下，总效应必定与价格呈反方向变动。正因为如此，正常物品的需求曲线是向右下方倾斜的。

对于低档品来说，当某低档品的价格下降导致消费者的实际收入水平提高时，消费者会减少对低档品的需求量。即低档品的收入效应与价格呈同方向变动。而替代效应与价格呈反方向变动，因为对于任何一个理性的消费者来说，他总会选择用价格较低的商品来代替价格较高的商品的消费。总之，低档品的替代效应与价格呈反方向变动，收入效应与价格呈同方向变动，而且，在大多数的场合，收入效应的作用小于替代效应的作用，所以，总效应与价格呈反方向变动，相应的需求曲线是向右下方倾斜的（但也会出现收入效应大于替代效应的情况，就是吉芬物品。）不同商品的价格变化与替代和收入效应如表 3-3 所示。

表 3-3　不同商品的价格变化与替代和收入效应

商品类别	替代效应与价格的关系	收入效应与价格的关系	总效应与价格的关系	需求曲线的形状
正常商品	反方向变动	反方向变动	反方向变动	向右下方倾斜
低档品	反方向变动	同方向变动	反方向变动	向右下方倾斜
吉芬商品	反方向变动	同方向变动	同方向变动	向右上方倾斜

◆ 相关链接

再解"吉芬之谜"

在经济学中，当一种商品的价格发生变化时，会对消费者产生两种影响，第一种是使消费者的实际收入水平发生变化，第二种则是使商品的相对价格发生变化，这两种变化都会改变消费者对某一种商品的需求量。

对于所有商品来说，替代效应都是与价格呈反方向变动的，而且在大多数情况下收入效应的作用小于替代效应的作用，需求定理一直有效。但是，在少数特定情况下，某些低档品的收入效应作用要大于替代效应的作用，正是如此，经济学中将商品分为正常商品和低档品两大类，正常商品的需求量与消费者的收入水平呈同方向变动；而低档品则反之。

前面，我们曾分析过吉芬商品现象。作为需求定理的一种例外，"吉芬之谜"的解开，使人们看到了需求定理后面掩盖着的消费者对商品需求的差异。试想一下，爱尔兰 1845 年饥荒使大量的家庭因此陷入贫困，土豆这样的仅能维持生活和生命的低档品，无疑会在大多数贫困家庭的消费支出中占一个较大比重，土豆价格的上升更会导致贫困家庭实际收入水平大幅度下降。在这种情况下，变得更穷的人们为了生存下来，就不得不大量地增加对低档品的购买而放弃正常商品，相比起土豆这种低档品来说，已经没有比这更便宜的替代品了，这样发生在土豆需求上的收入效应作用大于替代效应作用，从而造成土豆的需求量随着土豆价格的上升而增加的特殊现象。可见，一种商品只有同时具备"低档品"和"收入效应大于替代效应"这两个条件时，才可以被称之为吉芬商品。

复习与练习

课后测试

一、简答题

1. 何谓无差异曲线？它有什么特征？
2. 基数效用论和序数效用论有何不同？二者是否相互对立？
3. 简要说明基数效用论的消费者均衡条件和序数效用论的消费者均衡条件。
4. 何谓恩格尔系数？它有什么作用？

二、计算题

1. 假定商品 X 的价格是 $P_X=10$，Y 商品的价格 $P_Y=2$。消费者收入 $I=100$。求：

（1）消费可能线方程式；

（2）I 和 P_X 不变，P_Y 下降 50% 的消费可能线方程式；

（3）P_X 和 P_Y 不变，I 增加 1 倍时的消费可能线方程式。

2. 消费者的收入为 120 元，用于购买 X 和 Y 商品，X 商品的价格为 20 元，Y 商品的价格为 10 元，假定 X 商品购买了 3 个单位，那么 Y 商品可以购买多少？

3. 已知商品 X 的价格为 2 元，商品 Y 的价格为 1 元，假如消费者在获得最大满足时，商品 Y 的边际效用是 30，那么，商品 X 的边际效用是多少？

4. 某人以他的 1 000 元全部收入用来购买 X 和 Y 两种商品，X 和 Y 的价格分别为 100 元和 500 元，它们的边际效用如表 3-4 所示。

表 3-4　购买 X 和 Y 两种商品的边际效用表

商品单位	MUX	MUY
1	20	50
2	18	45
3	16	40
4	13	35
5	10	30
6	6	25
7	4	20
8	2	15

试问他将分别购买多少单位的 X 和多少单位的 Y 才能达到均衡？

技能训练项目

项目 3-1　研讨物价上涨与消费者行为

【技能目标】

培养学生应用调查资料分析居民消费行为的能力。

【内容与要求】

全班同学自愿组合，5~6 人一组，分组进行调研和讨论，分析当前物价上涨对居民消费的影响。

1. 根据调研内容和要求，设计一份调查表，通过实际调查收集数据资料。

2. 将搜集的数据和资料进行整理，在组内进行交流，发表自己的看法。在讨论基础上形成每组的调研报告。

3. 全班组织开展一次交流研讨，每组派一名代表发言，其他小组成员可以进行评价、提问，或针对发言内容发表自己的观点并阐述理由。发言人及本组成员可针对提问进行答辩。各组根据交流研讨情况，进一步修改调研报告。

【成果与考核】

1. 每组提交一份修改后的调研报告。

2. 由全班同学和教师根据各组成员的调研报告和讨论中的表现分别评估打分，最后综合评定每组成员的成绩。

项目 3-2　分析居民消费结构及其变化

【技能目标】

培养学生应用调查资料分析居民消费结构的能力，加深对恩格尔定律的理解和应用。

【内容与要求】

将全班同学进行分组，通过入户调查，用恩格尔系数来分析近几年我国居民家庭消费结构的变化，进而说明我国城乡居民生活水平的变化。

1. 根据调研内容和要求，设计一份调查表，调查不同家庭的恩格尔系数及其变化。

2. 将搜集的数据和资料进行整理，在组内进行交流，发表自己的看法。在讨论基础上形成每组的调研报告。

3. 全班组织开展一次交流研讨，每组派一名代表发言，其他小组成员可以进行评价、提问，或针对发言内容发表自己的观点并阐述理由。发言人及本组成员可针对提问进行答辩。各组根据交流研讨情况，进一步修改调研报告。

【成果与考核】

1. 每组提交一份修改后的调研报告。

2. 由全班同学和教师根据各组成员的调研报告和讨论中的表现分别评估打分，最后综合评定每组成员的成绩。

拓展阅读

第四章

生产者行为与选择

知识目标

通过本章学习，了解生产要素及其函数，掌握总产量、平均产量、边际产量及其关系，理解短期中一种要素的合理投入及边际收益递减规律；明确长期与短期的平均成本和边际成本的区别，长期中生产要素的最佳组合及规模收益、利润最大化的原则；了解会计成本与经济成本的区别；熟悉短期成本分类和各种短期成本变动的规律。

能力要求

通过本章学习，初步具备用经济学思维和方法分析生产者行为的能力。

情境导入

运营成本的降低，只因改进流程

京东快递电子签单将替代传统的京东纸质小票签单方式，以消费者的电子签名作为收货和支付确认凭据。京东这一流程的改进，使得每位配送员平均每天可节约 30 分钟，每人每天配送量提升 5 单。假设这些新增的配送产能都要通过招聘新配送员来解决，那么意味着京东全年节约的配送人力成本近 4 亿元。

在纸质签单方式下，消费者刷卡支付需要签纸质 POS 存根，收货还需要签纸质物流小票，遇到雨雪天气，配送员还要脱掉手套揭下纸质物流小票，十分辛苦。消费者签字完后，配送员则需要保管纸质 POS 存根和物流小票，等下班后到站点再逐个整理，以方便后续调单查找等工作，流程较为烦琐。电子签单让用户操作更加简洁，在流程上进行了改进，令系统核心节点数量减小，不仅大幅提升了效率，还节约了运营成本。

采用电子签单方式后，消费者只要进行电子签名即可完成配送，也无需配送员再进行后续烦琐的动作。如果想调单查找，配送员只需输入单号查询，电子签名的图片即可完美呈现。

（资料来源：根据新华网资料整理）

人们每天享用的物品与劳务都是企业生产的，穿的衣服是服装厂生产的，吃的粮食是农民生产出来的，住的房子是建筑公司生产的，骑的自行车是自行车厂生产的。一个经济社会是由成千上万企业组成的，这些企业不仅规模大小不一，而且生产的产品也五花八门。那么，企业生产时是如何决策的，其行为遵循什么样的规律？本章将围绕这些方面介绍企业行为相关理论，以便更好地理解市场供给曲线背后的生产行为。在研究生产者行为与选择时，常常假定生产者是具有完全理性的经济人，厂商追求的目标是利润最大化。本章主要通过研究厂商生产行为和成本效益来分析如何在既定的产量下实现成本最小，或者在既定的成本下达到产量最大。

第一节 生 产 技 术

一、生产函数

1. 生产和生产要素

生产是对各种生产要素进行组合以制成产品的行为。在生产中要投入各种生产要素，最终生产出产品，所以生产也就是把各种投入转变为产出的过程。

> ◆ **相关链接**
>
> **厂商是理性的经济人**
>
> 厂商被假定为是合乎理性的经济人，提供产品的目的在于追求最大利润。它可以是一个个体生产者，也可以是一家规模巨大的公司，也就是通常讲的个体户和企业。
>
> 生产要素是指进行社会生产经营活动时所需要的各种社会资源，是维系国民经济运行及市场主体生产经营过程中所必须具备的基本因素。现代西方经济学通常把生产要素分为劳动（L）、资本（K）、土地（N）、企业家才能（E）四种。随着科技的发展和知识产权制度的建立，技术、信息也作为相对独立的要素投入生产。这些生产要素进行市场交换，形成各种各样的生产要素价格及其体系。
>
> （1）劳动是指劳动者所提供的服务，可以分为脑力劳动和体力劳动。劳动力是劳动者的能力。在经济学中，劳动和劳动力一般不作严格区分。
>
> （2）资本是指生产中所使用的资金。它具有两种形式：无形的人力资本和有形的物质资本，前者是指体现在劳动者身上的身体、文化、技术状态，后者是指厂房、设备、原料等资本品。在生产理论中，资本通常指的是后一种物质资本。
>
> （3）土地是指生产中所使用的各种自然资源，如土地、水和处于自然状态的矿藏、森林等。
>
> （4）企业家才能是指企业家对整个生产过程的组织与管理能力。经济学特别强调企业家才能对生产的作用，认为把劳动、资本、土地等生产要素合理配置起来，生产出最多、最好的产品的关键因素就是企业家才能。
>
> 生产是这些生产要素合作的过程，产品则是这些生产要素共同努力的结果。

2. 生产函数

投入的生产要素的数量与它所能生产出来的产量之间存在着一定的依存关系。生产函数正是表明在一定技术水平条件下，生产要素的某种数量组合与它所能生产出来的最大产量之间依存关系的函数，或者既定的产量与其所需的最小投入量之间的关系。

以 Q 代表总产量，L、K、N、E 分别代表劳动、资本、土地、企业家才能四种生产要素，则生产函数的一般形式为：$Q = f(L, K, N, E)$

在讨论中往往又把资本和土地合称为资本，企业家才能又难以估计。因此，在经济分析中通常所讨论的是资本和劳动两种要素投入的情况，生产函数可以简化为：

$$Q = f(L, K)$$

理解生产函数的概念，需要注意以下三个问题。

（1）生产函数中的产量，是指一定的投入要素组合所能生产出来的最大产量，也就是说，生产函数所反映的投入与产出关系是以企业的投入要素都得到充分利用为假定条件的。

（2）生产函数取决于技术水平。生产函数的前提条件是一定时期内的既定生产技术水平，一旦生产技术水平变化，原有生产函数就会变化，从而形成新的生产函数。生产技术的改进，可能会改变投入要素的比例，导致新的投入产出关系，即新的生产函数。

（3）生产一定量某种产品所需要的各种生产要素的配合比例被称为技术系数。它可以是固定的，但更多情况下是可以改变的。例如，在农业中可以多用劳动少用土地进行集约式经营，也可以少用劳动多用土地进行粗放式经营。在工业中也有劳动密集型技术与资本密集型技术之分。

◆ 相关链接

柯布与道格拉斯生产函数

20世纪30年代初，美国经济学家柯布与道格拉斯根据美国1899—1922年的工业生产统计资料，得出了这一时期美国的生产函数为：

$$Q = A L^\alpha K^{1-\alpha}$$

这就是经济学中著名的柯布—道格拉斯生产函数（简写为C—D生产函数）。在这个生产函数中，A 为常数，其中：$0<\alpha<1$。

柯布—道格拉斯生产函数中参数 α 的经济含义是：α 和 $1-\alpha$ 分别表示劳动和资本在生产过程中的相对重要性，α 为劳动所得在总产量中所占的份额，$1-\alpha$ 为资本所得在总产量中所占的份额。根据柯布和道格拉斯两人对美国1899—1922年期间有关经济资料的分析和估算，α 值约为0.75，$1-\alpha$ 约为0.25。这说明，美国在这一期间的总产量中，劳动所得的相对份额为75%，劳动所做出的贡献为全部产量的75%，资本所得的相对份额为25%，资本所做出的贡献为全部产量的25%。

3. 生产中的短期与长期

在对生产函数进行深入分析之前，有必要首先区分生产中的长期与短期概念。经济学上所说的"短期"、"长期"不是指一个具体的时间跨度，而是指能否来得及调整全部生产要素的时期。短期是指企业不能根据它所要达到的产量来调整全部生产要素的时期。也就是说，在这一时期内，企业为了实现产量目标，只能调整劳动、原材料、燃料这类生产要素，而来不及调整厂房、设备、管理人员这类生产要素。短期内可进行调整的生产要素称为可变要素投入，短期内不能进行调整的生产要素称为不变要素投入。长期是指企业可以根据其产量目标调整全部生产要素的时期。例如，企业根据它要达到的产量，可以缩小或扩大生产规模，也可以进入或退出一个行业的生产。由于在长期内所有的生产要素都是可调整的，因而也就没有可变要素投入和不变要素投入的区分。

显然，短期和长期的划分是以企业能否变动全部生产要素的投入量为标准的。不同的行业，短期和长期的时间长度不同。例如，对一个食品厂来说，长期可能仅仅是一年左右；而在大型钢铁厂，长期也许是七八年。

二、短期生产分析：一种可变生产要素的合理投入

短期生产函数假定只有一种生产要素的投入可变，其余要素投入是固定的。在本章的研究中，假定在资本投入不变的情况下，劳动一种可变要素投入与产出之间的关系。假如某企业经营一家印刷厂，所拥有的印刷机是固定的，但印刷工人的数量是可以变动的，此时，该企业必须对生产多少印刷品，雇用多少工人进行决策，则所讨论的生产函数的形式为：

$$Q = f(L, K_0) = f(L)$$

其中，K_0 表示固定的资本投入。借助这种一种要素投入的生产函数来讨论产出变化与投入变化之间的关系。

一种可变生产要素的生产函数

1. 总产量、平均产量和边际产量

短期内，总产量 TP 是指在其他投入量既定条件下，一种可变要素的投入所生产出来产量的总和。平均产量 AP 是指平均每单位该可变生产要素所生产出来的产量。边际产量 MP 是指增加一单位该可变要素投入量所增加的产量。

在资本投入量既定条件下（$K=K_0$），一定量的劳动可变要素的总产量 TP_L、平均产量 AP_L 和边际产量 MP_L 之间的关系如下：

$$AP_L = TP_L / L$$
$$MP_L = \Delta TP_L / \Delta L$$

下面，以表 4-1 为例说明劳动投入的总产量、平均产量和边际产量的变化规律。

表 4-1 劳动投入的总产量、平均产量和边际产量

资本投入量/K	劳动投入量/L	劳动增量/ΔL	资本与劳动的比率/$(K \cdot L^{-1})$	总产量/TP_L	平均产量/AP_L	边际产量/MP_L
1	0	1	0	0	0	
1	1	1	1	100	100	
1	2	1	0.5	240	120	140
1	3	1	0.333	390	130	150
1	4	1	0.25	520	130	130
1	5	1	0.2	610	122	90
1	6	1	0.167	660	110	50
1	7	1	0.143	660	94.29	0
1	8	1	0.125	640	80	−20

2. 边际产量递减规律

西方经济学家认为，在生产中普遍存在这样一种现象：在技术水平不变的条件下，当一种可变生产要素投入到一种或几种不变的生产要素中时，最初增加一单位该要素的投入量所带来的边际产量是递增的；但当它的增加超过一定限度时，增加一单位该要素的投入量所带来的边际产量是递减的，这就是边际产量递减规律。对一种可变生产要素的生产函数来说，边际产量表现出先上升而后下降的规律。

边际收益递减规律说明，在生产过程中，可变生产要素投入量和固定生产要素投入量之间存在着一个最佳组合比例。开始时，由于可变要素的投入量为零，而不变要素的投入量是固定的，因此，生产要素的组合比例远远没有达到最佳状态。随着可变要素投入量的逐渐增加，生产要素的组合越来越接近最佳投入组合比例。在这一过程中，可变要素的边际产量必然呈递增趋势。一旦生产要素的组合达到最佳组合比例，可变要素的边际产量就达到最大值。在这之后，随着可变要素投入量的继续增加，生产要素的组合将越来越偏离最佳组合的比例，可变生产要素的边际产量便呈现递减趋势。

理解边际产量递减规律，要注意以下四点：第一，该规律的前提是技术水平不变，即社会技术没有重大突破；第二，其他生产要素的投入量没有发生变动，即生产的规模没有发生改变；第三，随着某投入要素的增加，边际产量要经过递增、递减，最后变为负数的变化过程；第四，该规律是从生产实践和科学实验中得出来的，在农业部门表现得尤为突出。

◆ 相关链接

有用的经济学：边际收益递减

边际收益递减在经济学中意义重大。以农业为例，当人们增加劳动后产出会大大增加，但是，增加的劳动带来的产出却越来越少。一天中的第三次除草和第四次给机器上油只能增加很少的产出。最后，当大量的劳动力涌向农场时，产出几乎不会再增加，过多的耕作者还可能毁坏其农田。

我们也可以使用学习中的例子来说明边际收益递减规律。你也许会发现一天中学习经济学的第一个小时收获最大——你学习新的定律和数据，增长新的见识和体会。第二个小时中你可能会稍微走神，学到的东西减少了。而在第三个小时中，边际收益递减规律以报复的形式出现，使你在第二天根本想不起第三个小时中所学的任何东西。边际收益递减规律是否在表明考试前的学习时间应该分散而不是挤在一起？

（资料来源：梁小民，《微观经济学纵横谈》，三联书店，2006.）

3. 总产量、平均产量和边际产量之间的关系

从表格4-1可以看出：总产量先以递增的速率增加，后以递减的速率增加，达到某一点后，总产量将会随劳动投入的增加绝对减少；边际产量先上升，再下降，达到某一点后成为负值，总产量和边际产量变化的方向是完全一致的。当边际产量上升时，总产量以递增速率增加；当边际产量下降时，总产量以递减速率增加；当边际产量为负时，总产量绝对减少。平均产量和边际产量的关系是，平均产量和边际产量都是先上升再下降，但是边际产量上升的速率和下

降的速率都要大于平均产量上升和下降的速率。

总产量、平均产量和边际产量之间的关系如图 4-1 所示。

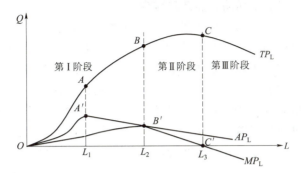

图 4-1　总产量曲线、平均产量曲线和边际产量曲线图

在图 4-1 中，总产量曲线上 A、B、C 三点在平均产量曲线和边际产量曲线上都有相应的对应位置。A 点对应的 A' 点是 MP_L 曲线的最高点。B 点对应的 B' 点是 AP_L 曲线的最高点。C 点是 TP_L 曲线的最高点，对应的 C' 点是 MP_L 曲线与横轴的交点，也是 MP_L 为 0 的点。

简单地讲，总产量、平均产量和边际产量之间的关系有如下特点：

（1）在资本量不变的情况下，随着劳动量的增加，最初总产量、平均产量和边际产量都是递增的，但各自增加到一定程度之后就分别递减。所以，总产量曲线 TP_L、平均产量曲线 AP_L 和边际产量曲线 MP_L 都是先上升而后下降的倒"U"形曲线。

（2）当边际产量为零时，总产量达到最大。

（3）边际产量曲线与平均产量曲线相交于平均产量曲线的最高点。在相交前，边际产量大于平均产量，平均产量是递增的；在相交后，边际产量小于平均产量，平均产量是递减的。

4. 生产的三个阶段和一种生产要素的合理投入区间

根据总产量、平均产量、边际产量曲线之间关系的变化，可以在图 4-1 中把生产划分为三个阶段：Ⅰ、Ⅱ、Ⅲ。

第Ⅰ阶段是平均产量递增阶段（区间为图 4-1 中的 $0—L_2$ 阶段）。在这一阶段，劳动的平均产量始终是增加的，当劳动投入从 0 增加到 L_2 时，平均产量从 0 到最大。劳动的边际产量大于平均产量，劳动的总产量也是增加的。这说明：在这一阶段，可变要素劳动的投入量相对过少。生产者只要增加可变要素劳动的投入量，就可以增加总产量。因此，任何理性的生产者都不会在这一阶段停止生产，而是连续增加可变要素劳动的投入量，以增加总产量。

第Ⅱ阶段是平均产量递减阶段（区间为图 4-1 中的 $L_2—L_3$ 阶段）。在这一阶段，劳动的平均产量开始减少，劳动的边际产量小于劳动的平均产量，劳动的总产量继续增加，达到最大值（此时，边际产量为 0）。这说明：在这一阶段，增加劳动投入量仍然可以使边际产量大于零，从而使总产量增加。

第Ⅲ阶段是总产量递减阶段（区间为图 4-1 中的 L_3 以后阶段）。在这一阶段，劳动的边际产量为负，劳动的总产量开始递减。这说明：在这一阶段，劳动的投入量相对过多。这时，即使劳动要素是免费的，理性的生产者也会减少劳动的投入量，从而防止总产量减少。

从以上分析可以看出，对于生产者而言，为了达到技术上的效率，应该把劳动投入量保持到第Ⅱ阶段为宜。但应在第Ⅱ阶段的哪一点呢？这要看生产要素的价格。如果相对于资本的价格而言，劳动的价格较高，则劳动的投入量靠近 L_2 对生产者比较有利；如果相对于资本的价格而言，劳动的价格较低，则劳动的投入量靠近 L_3 对生产者较为有利。无论如何，都不能将生产维持在第Ⅰ阶段或者推进至第Ⅲ阶段。可见，第Ⅱ个区间是生产要素的合理投入区间，因为在这个区间，不变投入和可变投入两者的结合效率最好。

短期生产的三个阶段

三、长期生产分析：生产要素的最佳投入组合

长期生产函数研究多种要素投入组合和产量之间的关系，即考查企业如何把既定的成本用于多种生产要素的购买，以实现利润最大化。在生产理论中，通常以两种生产要素的生产数量来考察长期生产问题。在长期内，生产者可以根据产量的要求来调整全部生产要素的数量，所以，长期生产分析主要是依据两种可变生产要素的投入组合与产量之间的关系来分析生产要素的最佳组合。

1. 等产量曲线及其特征

假定投入生产的所有要素都发生变化，产出的变化将会呈现什么样的特征呢？为了使问题简化，假定生产某种产品只需要投入两种要素：资本 K 和劳动 L。生产函数为：$Q = f(L, K)$。如果需要，可以很方便地将两种要素生产函数的讨论推广到多种要素投入的讨论中去。两种可变生产要素的生产分析通常采用等产量曲线进行。

等产量曲线表示在技术水平不变的条件下，生产同一产量的两种能相互替代的可变生产要素投入量的各种不同组合的轨迹。

假如有劳动和资本两种生产要素，它们生产等量产品的可能组合有四种，如表 4-2 所示。

表 4-2 等产量曲线表

组合方式	劳动投入量（L）	资本投入量（K）	生产的产品量（Q）
A	1	6	300
B	2	3	300
C	3	2	300
D	6	1	300

根据表 4-2，可做出图 4-2。在图中，横轴 OL 代表劳动投入量，纵轴 OK 代表资本投入量，Q 为等产量曲线，即该曲线上任何一点所表示的资本与劳动不同数量的组合，都能生产出相等的产量。等产量曲线与无差异曲线相似，所不同的是，它代表的是产量，而不是效用。等产量曲线的特征如下。

(1) 等产量曲线是一条由左上方向右下方倾斜的曲线，其斜率为负值。这是因为，要维持原有的产量，增加一种要素的投入量时，必须减少另一种要素的投入量。

(2) 在同一平面图上，可以有无数条等产量曲线。同一条等产量曲线代表相同的产量，不同的等产量线代表不同的产量水平。离原点越远的等产量曲线所代表的产量水平越高，离原点越近的等产量曲线所代表的产量水平越低。这一点可以用图 4-3 来说明，在图 4-3 中，Q_1、Q_2、Q_3 是三条不同的等产量线，它们分别代表不同的产量水平，其顺序为：$Q_1<Q_2<Q_3$。

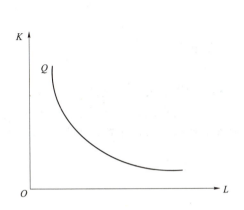

图 4-2　等产量曲线

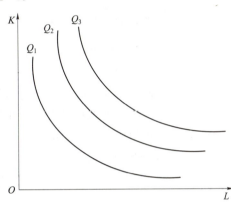

图 4-3　等产量曲线

(3) 在同一平面图上，任意两条等产量曲线不能相交。因为在交点上两条等产量线代表了相同的产量水平，如果相交，则与第二个特征相矛盾。

(4) 等产量曲线是一条凸向原点的线。

等产量曲线

◆相关链接

机器人时代来了，您会雇用工人还是用机器人？

一个工人搬一个货箱要花 6 秒钟，但机器人能一秒搬一个。而且，机器人可以连续工作，它永远不会疲惫或像人一样会受伤，当然也不会提出任何要求。如果你是老板，你愿意雇用工人，还是用机器人？

如果劳动力的价格，也就是工人的工资很低，而机器人又很贵，那么老板还是会选择雇用工人。这就涉及边际技术替代率，即用一种生产要素替代另一种生产要素时技术上的比例。

老板到底是多雇用工人，还是购买机器人，主要取决于生产过程中劳动力和机器人这两种生产要素的替代率。

2. 等成本线

等成本线是一条表明在生产者的成本与生产要素价格既定的条件下，生产者所能购买的两种生产要素数量的最大组合线。

等成本线表明了厂商进行生产的限制条件，即购买生产要素所花的钱不能大于或小于所拥有的货币成本。大于货币成本是无法实现的，小于货币成本又无法实现产量最大化。等成本线可以写为：

$$M = P_L \cdot Q_L + P_K \cdot Q_K$$

在上式中，M 为货币成本，P_L、Q_L、P_K、Q_K 分别为劳动与资本的价格和购买量。

因为 M、P_L、P_K 为既定常数，所以给出 Q_L、Q_K 中任意一个，就可以求出另一个。

如果 $Q_L = 0$，则 $Q_K = \dfrac{M}{P_K}$。

如果 $Q_K = 0$，则 $Q_L = \dfrac{M}{P_L}$。

由此，可以做出等成本线，如图 4-4 所示。

3. 生产要素的最佳投入组合

现在把等产量线与等成本线结合起来分析生产要素的最佳组合。如果把等产量曲线与等成本线合在一个图上，那么，等成本线必定与无数条等产量线中的一条相切于一点。这个点就是生产要素最佳组合点或生产者的均衡点，可以用图 4-5 来说明。

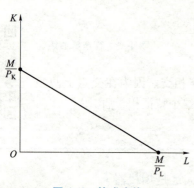

图 4-4　等成本线

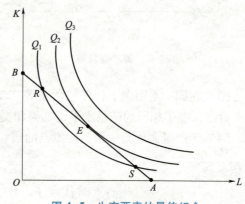

图 4-5　生产要素的最佳组合

在图 4-5 中，有一条等成本线 AB 和三条等产量曲线 Q_1、Q_2 和 Q_3。等成本线 AB 与其中一条等产量曲线 Q_2 相切于 E 点，该点就是生产者的均衡点。

为什么 E 点就是最佳生产要素组合点呢？先来分析等产量曲线 Q_3 的情况，在等产量曲线 Q_1、Q_2 和 Q_3 中，虽然等产量曲线 Q_3 所代表的产量最大，但等成本线 AB 与等产量曲线 Q_3 既无交点又无切点，这表明等产量线 Q_3 所代表的产量是企业无法实现的产量，因为企业利用既定成本只能购买到位于等成本线 AB 上或等成本线 AB 以内区域的要素组合。再分析等产量曲线 Q_1 的情况，等产量曲线 Q_1 虽然与等成本线 AB 相交于 R、S 两点，但等产量曲线 Q_1 代表的产量是比较低的。此时，企业在不增加成本的情况下，只需由 R 点出发向右或由 S 点出发向左沿着既定的等成本线 AB 改变要素组合，就可以增加产量。这说明在既定成本的情况下，Q_1 并没有实现产量最大化。所以，只有在等成本线 AB 和等产量曲线 Q_2 的切点 E 上，才实现了既定成本条件下的最大产量的要素组合，任何更高的产量在既定成本条件下都是无法实现，任何更低的产量都是低效率的。在生产均衡点 E 上，等产量曲线的斜率与等成本线的斜率相等。

四、规模报酬及其变动规律

1. 规模经济

规模经济是指在技术水平不变的情况下，当两种生产要素按照相同的比例增加，即生产规模扩大时，最初这种生产规模扩大会使产量的增加大于生产规模的扩大；但当规模的扩大超过一定限度时，则会使产量的增加小于生产规模的扩大，甚至使产量绝对减少，出现规模不经济。理解这一规律时，要注意以下三点。

（1）该规律发生作用的前提是技术水平不变。

（2）该规律所指的是生产中使用的两种生产要素都在同比例地增加。但由于它并不改变技术系数，从而生产要素的增加只是一种量的增加。该规律就是研究技术系数不变时，两种生产要素的增加所引起的生产规模扩大给产量所带来的影响。例如，农业中土地与人力同时增加，或把若干小农场合并为大农场；工业中设备与人力同时增加，或把若干小厂合并为大厂，都属于这种情况。

（3）两种生产要素增加所引起的产量或收益变动的情况可以分为三个阶段。第一阶段：规模收益递增，即产量增加的比率大于生产规模扩大的比率。例如，生产规模扩大了10%，而产量的增加大于10%。第二阶段：规模收益不变，即产量增加的比率与生产规模扩大的比率相同。例如，生产规模扩大了10%，产量也增加了10%。第三阶段：规模收益递减，即产量增加的比率小于生产规模扩大的比率，或者产量绝对减少。例如，生产规模扩大了10%，而产量的增加小于10%，或者是负数。

规模经济

> ◆ 相关链接
>
> **规模收益与边际收益递减规律辨析**
>
> 生产的规模收益与边际收益递减规律不能混为一谈。边际收益递减规律研究的是以生产的短期为前提，在短期内，由于不能改变所有生产要素的投入，所以边际收益呈递减趋势。而生产规模收益研究的是以生产的长期为前提，在这一期间，由于可以同时改变所有生产要素的投入，它的收益并不一定是递减的。

2. 内在经济和内在不经济

生产规模的扩大之所以会引起产量的不同变动，可以用内在经济与内在不经济来解释。

（1）内在经济是指一个厂商在生产规模扩大时由自身内部原因所引起的产量增加。比如，引进了先进的机器设备，实行了专业化的分工生产，提高了管理效率，对副产品进行综合利用等，引起的产量的增加。大规模生产所带来的这些好处，在经济学上也称为"大规模生产的经济"。

（2）内在不经济是指厂商由于本身生产规模过大而引起产量或收益减少。比如，由于生产规模增大引起的管理效率的降低，生产要素价格与销售费用增加，销售的困难等。可见，生产规模并不是越大越好。

3. 外在经济和外在不经济

一个厂商生产规模的扩大会对产量和收益产生影响。但对一个厂商产量与收益发生影响的，除了它本身生产规模变化外，还会受到行业生产规模变化的影响。所谓行业是由生产同种产品的厂商组成的，它的大小会影响到其中每一家厂商的产量与收益。

（1）外在经济是指整个行业生产规模的扩大，给个别厂商所带来的产量与收益的增加。引起外在经济的原因是：个别厂商可以从整个行业的扩大中得到更加方便的交通辅助设施、更多的信息与更好的人才，从而使产量与收益增加。

（2）外在不经济是指同样一个行业的生产规模过大，也会使个别厂商的产量与收益减少。引起外在不经济的原因是：一个行业过大，会使各个厂商之间竞争更加激烈，各个厂商为了争夺生产要素与产品销售市场，必须付出更高的代价。此外，整个行业的扩大，也会使环境污染问题更加严重，交通紧张，个别厂商要为此承担更高的代价。

4. 适度规模

由以上的分析来看，一个厂商和一个行业的生产规模不能过小，也不能过大，即要实现适度规模。对一个厂商来说，就是两种生产要素的增加应该适度。适度规模就是使两种生产要素的增加，即生产规模的扩大正好使收益递增达到最大。当收益递增达到最大时就不再增加生产要素，并使这一生产规模维持下去。

对于不同行业的厂商来说，适度规模的大小是不同的，并没有一个统一的标准。在确定适度规模时应该考虑的因素包括以下两个方面。

（1）本行业的技术特点。一般来说，需要的投资量大、设备复杂先进的行业，适度规模也就大，例如冶金、机械、汽车制造、造船、化工等重工业厂商，生产规模越大，经济效益越高。相反，需要投资少，所用的设备比较简单的行业，适度规模小，例如服装、服务这类行业，生产规模小，能更灵活地适应市场需求的变动，对生产更有利，所以适度规模也就小。

（2）市场条件。一般来说，生产市场需求量大，而且标准化程度高的产品的厂商，适度规模也应该大，这也是重工业行业适度规模大的原因。相反，生产市场需求小，而且标准化程度低的产品的厂商，适度规模也应该小。所以，服装行业的厂商适度规模就要小一些。

除此之外，确定适度规模时要考虑的因素还很多，如交通条件、能源供给、原料供给、政府政策等。

由于不同国家、不同地区经济发展水平、资源、市场等条件的差异，即使同一行业，规模经济的大小也并不完全相同。一些重要行业，国际有通行的规模经济标准。例如，钢铁一般为年产600万吨钢。同时，应注意，随着技术的进步，规模经济的标准也是变化的。例如，在20世纪50年代，汽车厂的规模经济为年产30万辆，但到1977年这一规模经济已达200万辆。重工业行业中普遍存在这种规模经济的生产规模不断扩大的趋势。这是因为这些行业的设备日益大型化、复杂化和自动化,投资越来越多,从而只有在产量达到相当大数量时,才能实现规模经济。

此外,规模经济的方式对不同的行业是不同的。在生产连续性强的工业生产中,集中生产的方式是扩大规模的主要方式;但在商业中,实现规模经济并不是越来越大的商场,而大多是以进行连锁经营方式来实现的。连锁经营是由一个配送中心对一个城市、一个地区,甚至一个国家的众多连锁商店进行统一管理、贮运和调配,从而节约了流通成本,提高了效益。

◆ 相关链接

专业化与规模经济

亚当·斯密在其名著《国民财富的性质和原因的研究》中,根据他对一个扣针厂的参观描述了一个例子。斯密所看到的工人之间的专业化和引起的规模经济给他留下了深刻的印象。他写道:"一个人抽铁丝,另一个人拉直,第三个人截断,第四个人削尖,第五个人磨光顶端以便安装圆头;做圆头要求有两三道不同的操作;装圆头是一项专门的业务,把针涂白是另一项;甚至将扣针装进纸盒中也是一门职业。"

斯密说,由于这种专业化,扣针厂每个工人每天生产几千枚针。他得出的结论是,如果工人选择分开工作,而不是作为一个专业工作者团队,"那他们肯定不能每人每天制造出20枚扣针,或许连一枚也造不出来"。换句话说,由于专业化,大扣针厂可以比小扣针厂实现更高人均产量和每枚扣针更低的平均成本。

斯密在扣针厂观察到的专业化在现在经济中普遍存在。例如,如果你想盖一个房子,你可以自己努力去做每一件事。但大多数人找建筑商,建筑商又雇用木匠、瓦匠、电工、油漆工和许多其他类型工人。这些工人专门从事某种工作,而且,这使他们比作为通用性工人时做得更好。实际上,运用专业化实现规模经济是现代社会繁荣的一个原因。

(资料来源:梁小民,《西方经济学教程》,中国计划出版社,2006.)

第二节 生产成本与收益分析

对于任何厂商来说,从事生产经营活动的目的,是为了追求利润最大化。在此过程中,厂商需要用生产函数工具来分析处理生产要素投入与产量之间的技术关系,还要运用成本函数工具来分析调整生产要素投入成本与产量之间的函数关系。本节主要介绍几种基本的成本概念,描述短期、长期总成本、平均成本、边际成本的关系、曲线和变化规律,阐述总收益、平均收益和边际收益的关系、曲线的变化规律,说明成本、收益与利润之间的关系,解释利润最大化原则。

一、成本的概念与分类

只有真正理解成本以及与成本有关的概念,才能更好地探讨生产者行为。在经济学中,成本被认为是企业进行生产活动所使用的生产要素的价格,或生产要素的所有者必须得到的报酬或补偿。从不同的角度出发,可以将成本分成不同的类型。

1. 显性成本与隐性成本

从生产费用角度，成本可以分为两种：一种是显性成本，一种是隐性成本。

（1）显性成本，是指会计账目上作为成本项目计入账上的各种支出费用。它包括厂商支付给雇员的薪金、购买设备、购买原材料和辅助材料支付的费用，还包括借入资本的利息等，它也被称作会计成本。

（2）隐性成本，是指厂商自己提供的生产要素所应支付的费用。它包括：作为成本项目记入账目上的厂房、机器等固定设备的折旧费；企业所有者自己投入资金的利息和所有者为该企业所提供劳务而得到的薪金。后一部分又被称为正常利润，经济分析中把正常利润作为成本项目计入产品生产的"成本"之内。正常利润之所以作为产品的一项成本是因为，从长期看这笔报酬是使企业主继续留在该行业的必要条件。否则，假如产品的买价仅仅只能补偿人工、原料和固定资本的折旧费，企业主将把他的资金转移到别的行业，该产品将不再被生产出来。所以，包括正常利润在内的"成本"这个概念，具有产品得以被供应出来所必须支付的代价的含义。

2. 会计成本与经济成本

（1）会计成本是会计学意义上的成本，它是指企业在经营过程中所发生的各项开支，这些开支也是支出货币的记录，并在会计账目上都能显示出来，因而会计成本也可以叫作历史成本。通常所说的成本一般是指会计成本。会计成本具有以下三个方面的特点。

① 凡是在当期就产生收入的支出，认为是已消耗的支出，叫作费用。凡是在当期尚未产生收入，而以后会产生收入的支出，认为是未消耗的支出，叫作资产。

② 有些消耗了的支出（如生产出了废品）并不能产生收入，这就被看作损失。

③ 会计成本往往只能说明过去，不能说明将来，而且往往不能完全反映企业经营中的实际代价。例如，企业自有生产要素并不发生实际支付，因此不在会计成本中显示。

（2）经济成本是指厂商生产产品或提供劳务时对使用的生产要素所做的支付。它包括显性成本和隐性成本，也称为总机会成本。

同会计成本相比，在经济分析中所使用的成本，比财务分析中所使用的会计成本的内涵要丰富得多，在经济分析中所使用的成本更多的是机会成本。

根据经济成本和会计成本，还可以得到经济利润和会计利润：

经济利润＝收益－经济成本

会计利润＝收益－会计成本＝经济利润＋正常利润

机会成本与理性人选择

3. 增量成本和沉没成本

增量成本和沉没成本也是经济学的重要概念。增量成本是指因做出某一特定的决策而引起的全部成本的变化。例如，决策前的成本为 C_1，决策后的成本为 C_2，那么增量成本 ΔC 就等于 C_2-C_1。这里强调的是"因做出某一特定决策而引起的"成本变化。但是，如果是已经支出的成本，或已经承诺支出的成本，决策对它没有影响，即与决策无关的成本，那么，这种成本就是沉没成本。

运用增量成本进行决策的方法是：把增量收入与增量成本相比较，如果增量收入大于增量成本，说明这一方案会导致总利润增加，因而是可以接受的。否则，就是不可接受的。下面举例说明。

◆ **相关链接**

增量成本和沉没成本的应用：
大华安装公司该不该承包这项工程？

大华安装公司投标承包一条生产线，其工程预算如下。

投标准备费用为 200 000 元，固定成本（不中标也要支出的费用，如折旧、管理人员工资等）为 200 000 元，变动成本（中标后为了完成合同需要增加的支出，如材料费、工人工资等）为 500 000 元，总成本为 900 000 元，利润为 300 000 元，报价为 1 200 000 元。可是投标后，发包方坚持只愿出 600 000 元，而该安装公司目前能力有富余，那么它应不应该承包这项工程？

分析：投标费用 200 000 元和固定成本 200 000 元是沉没成本，因为它们都是在投标前已经支出了的，无论是否承包这项工程，都已无法收回，所以与决策无关，在决策中不应考虑。如果承包这项工程，增量收入为 600 000 元，增量成本为 500 000 元（变动成本）。增量收入大于增量成本，所以可以承包这项工程，因为它带来增量利润 100 000 元（600 000 元－500 000 元）。

如果准备投标前已经知道发包方的最高价格是 600 000 元，增量成本为 700 000 元（500 000 元＋200 000 元），沉没成本为 200 000 元（固定成本），增量收入是 600 000 元，增量收入小于增量成本，则不应参加投标。可见，在决策时，只考虑增量成本，没考虑沉没成本，是为了贯彻向前看的决策思想。沉没成本代表过去的支出，这种支出再多，也不应留恋，只要能给将来带来增量利润的方案，就是可以接受的方案。

（资料来源：亓同进，《西方经济学》，北京大学出版社，2007.）

4. 私人成本和社会成本

私人成本是企业或个人从事某项经济活动的花费或代价。例如，某化工厂要生产 100 单位的化学药品，需要的成本是 1 000 元，此即企业的私人成本。然而，化工厂生产过程中排出的污水和废气等却给社会环境造成一定的污染，社会必须支付一笔费用治理污染，这笔费用便构成了社会的外在成本。因此，站在社会的立场上而言，生产此种化学药品的社会成本应等于私人成本加上社会的外在成本。

社会成本是从社会的整体看待的成本。这是一个很重要的概念，随着经济的发展，社会成本越来越被广泛地重视，通常在进行某种经济活动之前必须考虑社会成本。例如，水上运输对河流、海洋的污染；汽车对空气的污染以及噪声、拥挤；农业生产中大量使用化肥、农药等对生态平衡的影响和破坏，这些都是不可忽视的社会外在成本。另一方面，企业生产过程中，也可能带来社会的外在收益。例如，养蜂采集花蜜的同时，有助于花粉的传播，使得果实长得

生产成本

更加丰满,因此养蜂便增加了社会的外在收益;邮电、通信、交通的发展,大力促进经济的发展、科技文化的交流会满足民众生活中的各种需要,会带来很大的社会外在收益;修建娱乐场所、影剧院、公园,供民众休闲和观赏,其社会的外在收益更是无法估量。

私人成本与社会成本的关系如下:

社会成本=私人成本+社会外在成本-社会外在收益

二、短期成本分析

按照生产要素是否可以调整,可将成本分为短期成本和长期成本。在短期中,企业不能根据自己所要达到的产量来调整其全部生产要素,这就是说它只能调整可变生产要素(劳动、原料等),而不能调整固定生产要素(厂房、设备等)。短期成本与长期成本有不同的变动规律,在企业决策中有不同意义。

1. 短期总成本、短期固定成本和短期可变成本

短期,即厂商不能够根据其所要达到的产量来调整厂房和设备这类生产要素的一个时期。短期总成本,是厂商短期内生产一定数量的产品所需要的生产要素的全部支出。在短期中,由于生产要素可以区分为固定要素和可变要素,因此,短期成本也相应区分为短期固定成本和短期可变成本。

固定、可变和边际成本

短期固定成本是厂商在短期内必须支付的不能调整的生产要素的费用。在短期内,这种投入生产的要素成本一般不随产量变动而变动,是不能调整的,是固定的,如厂房的租金、设备的折旧和保险费等,这部分成本称为短期固定成本(FC)。因此,短期固定成本是一个常数。

短期可变成本是厂商在短期内必须支付的能够调整的生产要素的费用。在短期内,这种投入生产的要素成本随着产量的变化而变化,是可以调整的,是可变的,其中主要包括原材料、燃料的支出以及生产工人的工资等,这部分成本称为短期可变成本(VC)。

如果以 STC 代表短期总成本,以 FC 代表短期固定成本,以 VC 代表短期可变成本,则有:

$$STC = FC + VC$$

2. 短期平均成本(SAC)和短期边际成本(SMC)

短期平均成本是短期内生产每一个单位产品平均所需要的成本。短期平均成本分为短期平均固定成本和短期平均可变成本。短期平均固定成本是平均每单位产品所消耗的短期固定成本。短期平均可变成本是短期平均每单位产品所消耗的短期可变成本。

如果以 Q 代表产量,SAC 代表短期平均成本,以 AFC 代表短期平均固定成本,以 AVC 代表短期平均可变成本,则有:

$$SAC = STC/Q$$
$$AFC = FC/Q$$
$$AVC = VC/Q$$

它们之间的关系可以用下面的公式表示:

$$SAC = AFC + AVC$$

短期边际成本是指在短期内，厂商每增加一单位产量所增加的短期总成本。如果用 SMC 代表短期边际成本，ΔQ 代表增加的产量，ΔSTC 代表增加的短期总成本，则有：

$$SMC = \Delta STC / \Delta Q$$

这里需要注意的是，短期固定成本并不随着产量变化而变化，所以，短期边际成本实际上是指短期可变成本而言的。

3. 各类短期成本的变动规律及其关系

为了分析各类短期成本的变动规律及其关系，先列出表 4-3。

表 4-3　各类短期成本表

产量 Q（1）	固定成本 FC（2）	可变成本 VC（3）	总成本 STC（4）= （2）+（3）	边际成本 SMC（5）	平均固定成本 AFC（6）= （2）÷（1）	平均可变成本 AVC（7）= （3）÷（1）	平均成本 SAC（8）= （6）+（7）
0	120	0	120			0	
1	120	34	154	34	120	34	154
2	120	63	183	29	60	31.5	91.5
3	120	90	210	27	40	30	70
4	120	116	236	26	30	29	59
5	120	145	265	29	24	29	53
6	120	180	300	35	20	30	50
7	120	230	350	50	17.14	32.86	50
8	120	304	424	74	15	38	53
9	120	420	540	116	13.33	46.67	60

（1）短期总成本、短期固定成本、短期可变成本的变动规律及其关系。短期固定成本在短期内是固定不变的，不随产量的变动而变动，即使产量为零时，仍存在的固定成本。

短期可变成本随着产量的变动而变动。短期可变成本变动的规律是：最初在产量开始增加时由于固定生产要素与可变生产要素的效率未得到充分发挥，因此，短期可变成本的增长率大于产量的增长率；以后随着产量的增加，固定生产要素与可变生产要素的效率得到充分发挥，短期可变成本的增长率小于产量的增长率；最后由于边际产量递减规律的作用，短期可变成本的增长率又大于产量的增长率。

短期总成本是短期固定成本和短期可变成本之和。短期固定成本不会等于零，因此，短期总成本必然大于零。而且，因为短期总成本中包括短期可变成本，所以，短期总成本的变动规律与短期可变成本相同。可用图 4-6 来表示短期总成本、短期固定成本和短期可变成本三者的关系。

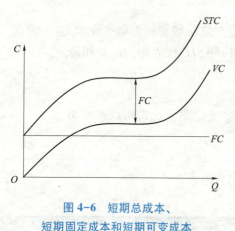

图 4-6 短期总成本、短期固定成本和短期可变成本

在图 4-6 中，横轴 OQ 代表产量，纵轴 OC 代表成本。FC 为短期固定成本曲线，它与横轴平行，表示不随产量变动，是一个常数。VC 为短期可变成本曲线，它从原点出发，表示没有产量时就没有可变成本。该曲线向右上方倾斜，表示随产量变动而同方向变动。该曲线最初比较陡峭，然后较为平坦，最后又比较陡峭。STC 为短期总成本曲线，它从固定成本出发，表示产量为零时，短期总成本等于短期固定成本。STC 曲线向右上方倾斜也表明短期总成本随产量的增加而增加，其形状和短期可变成本曲线相同，说明短期总成本与短期可变成本变动规律相同。STC 与 VC 之间的距离就是短期固定成本。

（2）短期平均成本、短期平均固定成本和短期平均可变成本的变动规律及其关系。因为短期固定成本是一个常数，所以短期平均固定成本 AFC 随着产量的增加而不断减少。也可以这样理解：短期固定成本总量不变，产量增加，分摊到每个单位产品上的固定成本就减少了。它的变动规律是，起初减少的幅度很大，以后逐渐减少的幅度越来越小。

短期平均可变成本 AVC 变动规律是，开始时随着产量的增加，生产要素的效率逐渐得到发挥，所以短期平均可变成本不断减少；当产量增长到一定程度以后，短期平均可变成本由于边际产量递减而增加。

短期平均成本 SAC 的变动规律是由短期平均固定成本 AFC 与短期平均可变成本 AVC 共同决定的。开始时，随着产量的增加，短期平均固定成本迅速下降，加之短期平均可变成本也在下降，因此短期平均成本迅速下降。当产量增加到一定程度以后，随着短期平均固定成本越来越小，它在短期平均成本中越来越不重要，这时候短期平均成本更多的决定于短期平均可变成本，即随着产量的增加而下降，产量增加到一定程度以后，又随着产量的增加而增加。

短期平均成本 SAC、短期平均固定成本 AFC 与短期平均可变成本 AVC 的变动规律和关系，可以用图 4-7 来表示。

在图 4-9 中，AFC 为短期平均固定成本曲线，它起先比较陡峭，说明在产量开始增加时，它的下降幅度很大，以后越来越平坦，说明随着产量的增加，它下降的幅度越来越小。AVC 为短期平均可变成本曲线，它先下降再

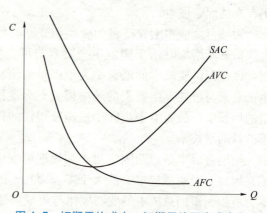

图 4-7 短期平均成本、短期平均固定成本和短期平均可变成本

上升，成"U"形，表示随着产量的增加先下降再上升的变动规律。SAC为短期平均成本曲线，它也是先下降再上升的"U"形曲线，表明随着产量的增加先下降后上升的变动规律。但是它开始时比短期平均可变成本曲线更陡峭，说明受短期平均固定成本的影响，所以下降的幅度比可变成本大，以后的形状与短期平均可变成本曲线基本相同，其变动规律类似短期平均可变成本。

（3）短期平均成本、短期平均可变成本和短期边际成本之间的关系。从短期边际成本的含义可以得知，短期边际成本SMC就是短期总成本曲线上某一点的斜率。因此，根据短期总成本曲线可以做出短期边际成本曲线，如图4-8所示。

从图4-8中可以看出，短期边际成本曲线SMC也是一条先下降而后上升的"U"形曲线，表明边际成本也是先递减而后递增。由于短期固定成本不随产量的变动而变动，所以，短期边际成本实际是指短期可变成本而言的。

短期边际成本的变化直接影响到短期平均成本和短期平均可变成本的变化。三者之间的关系可用图4-9来加以说明。

图4-9反映了短期边际成本曲线SMC、平均成本曲线SAC和平均可变成本曲线AVC之间的关系。

短期边际成本曲线SMC与短期平均成本曲线SAC相交于A点，A点是平均成本曲线SAC的最低点。在A点，短期边际成本等于短期平均成本，即SMC=SAC；在A点的左侧，平均成本曲线下降，短期边际成本曲线位于短期平均成本曲线之下，表明短期边际成本小于短期平均成本，即SMC<SAC；在A点的右侧，短期平均成本曲线上升，短期边际成本曲线位于短期平均成本曲线之上，表明短期边际成本大于短期平均成本，即SMC>SAC。

短期边际成本曲线SMC与平均可变成本曲线AVC相交于B点，B点是平均可变成本曲线AVC的最低点。在B点，短期边际成本等于平均可变成本，即SMC=AVC；在B点的左侧，平均可变成本曲线下降，短期边际成本曲线位于平均可变成本曲线之下，表明短期边际成本小于平均可变成本，即SMC<AVC；在B点的右侧，平均可变成本曲线上升，短期边际成本曲线位于平均可变成本曲线之上，表明短期边际成本大于平均可变成本，即SMC>AVC。

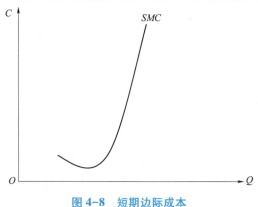

图4-8 短期边际成本

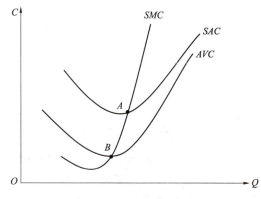

图4-9 短期平均成本、短期平均可变成本和短期边际成本

边际成本和平均总成本

在 A 点，短期边际成本等于平均成本。如果此时单位商品的价格等于平均成本，也等于短期边际成本，即 $SMC=SAC=P$，那么厂商的总成本就恰好全部能够得到补偿。所以，微观经济学把 A 点称为收支相抵点。在 B 点，短期边际成本等于平均可变成本。如果此时单位商品的价格等于平均可变成本，即 $SMC=AVC=P$，那么厂商的可变成本可以得到补偿，而固定成本却得不到补偿。如果在低于 B 点生产，则不仅固定成本不能得到补偿，可变成本也不能全部得到补偿，这时厂商的理性决策就是停止生产。所以，B 点被称为停止营业点。

◆相关链接

短期成本对企业短期经营决策的意义

在现实生活中，我们经常看到一些游乐场所有时期生意清淡，门可罗雀，但仍在苦苦经营，尽管这时游乐场的票价已经相当低，甚至低于成本，但为什么他们还要这样做呢？通过对企业短期成本的分析有助于我们理解这一现象，同时也说明短期成本对企业短期经营决策的意义。

在短期中，游乐场经营的成本包括固定成本与可变成本。假设游客进入游乐场一次的平均成本为200元，其中固定成本为150元，可变成本为50元。当玩一场的价格高于200元时，收益大于平均成本，经营显然可以盈利；当价格为200元时，收益等于成本，这时该价格称为收支相抵点，仍然可以经营；当价格低于200元时，收益低于成本。此时似乎游乐场应该停止营业。但当我们知道短期中的成本有固定成本和可变成本时，决策就不同了。如果游乐场每场的价格现在定为100元，是否该继续经营呢？它的可变成本为50元，当价格为100元时，在弥补可变成本50元之后，仍可剩下50元，当然比一点也不弥补要好。因此，这时仍然要坚持营业。这时企业考虑的不是利润最大化，而是损失最小化——能弥补多少固定成本就弥补多少。

当价格下跌到与可变成本相等的50元时，游乐场经营与不经营都是一样的。经营正好可以弥补可变成本，不经营则这笔可变成本不用支出。因此，那个等于平均成本的点就是停止营业点，在这一点上，经营与不经营是一样的。但在这一点以上，因为价格高于平均可变成本，可以继续经营；在这一点以下，由于价格低于平均可变成本，游乐场无论如何都不能经营。生意清淡的游乐场仍在继续经营，说明这时价格仍高于平均可变成本。这就是它不停止营业的原因。

有许多行业是固定成本高而可变成本低，例如，旅游、饭店、游乐场所等。所以现实中这些行业价格可以降得很低。但这种低价格实际上仍然高于平均可变成本。因此，仍然营业比不营业有利，至少可以弥补部分固定成本，实现损失最小化。

(资料来源：根据三亿文库资料整理)

三、长期成本分析

在长期中，企业可以根据自己要达到的产量来调整全部生产要素。长期中企业没有可变投入与固定投入之分，一切投入的生产要素都是可变的，所以，长期成本就是企业用于投入生产要素支出的所有费用。对长期成本的分析，要分析长期中的总成本、平均成本与边际成本。

1. 长期总成本

长期总成本 LTC 是厂商在长期中生产一定量产品所花费的成本总和。长期总成本随产量的变动而变动，随着产量的增加，总成本增加。

在开始生产时，要投入大量的生产要素，而产量减少时，这些生产要素无法得到充分利用，因此成本增加的比率大于产量增加的比率。当产量增加到一定程度后，生产要素开始得到充分利用，这时成本增加的比率小于产量增加的比率，这也是规模经济的效益。最后，由于规模收益递减，成本的增加比率又大于产量增加的比率。可用图 4-10 来说明长期总成本的变动规律。

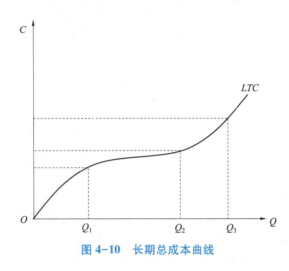

图 4-10 长期总成本曲线

在图 4-10 中，LTC 曲线为长期总成本曲线，该曲线从原点出发，向右上方倾斜，表示总成本随着产量的增加而增加。产量在 OQ_1 段，长期总成本曲线比较陡峭，说明成本增加的比率大于产量增加的比率；产量在 Q_1Q_2 段，长期总成本曲线比较平坦，说明成本增加的比率小于产量增加的比率；产量在 Q_2Q_3 段，长期总成本曲线比较平坦，说明成本增加的比率又大于产量增加的比率。

长期总成本曲线 LTC 的形状与短期总成本曲线 STC 的形状相似，但二者有两点区别：第一，LTC 曲线从原点出发而 STC 曲线不从原点出发。这是因为，在长期不存在固定成本，所以产量为零时，长期总成本也为零；第二，STC 曲线和 LTC 曲线的形状的决定因素是不同的。STC 曲线的形状是由可变生产要素的边际产量递减规律所决定的，而 LTC 曲线的形状是由生产的规模收益递减规律所决定的。

2. 长期平均成本

（1）长期平均成本曲线。长期平均成本 LAC 是长期中厂商生产每单位产品所花费的成本，即：

$$LAC = LTC/Q$$

长期平均成本曲线 LAC 也可以通过短期平均成本曲线 SAC 求得，长期平均成本曲线是短期平均成本曲线的包络线。在图 4-11 中，在被长期平均成本曲线所包络的无数条短期平均成本曲线中任意选择五条，分别记为 SAC_1、SAC_2、

SAC_3、SAC_4 和 SAC_5 这五条短期平均成本曲线分别表示在不同的生产规模下短期平均成本的变化情况，越往右，代表越大的生产规模，每条曲线 SAC 与 LAC 曲线不相交但相切，并且只有一个切点，如图 4-11 中的 A 点、B 点、C 点、D 点和 E 点。

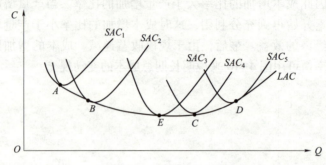

图 4-11　长期平均成本曲线

由于 LAC 曲线与 SAC 曲线的曲率不同，因此，这两种曲线虽然相切，但在绝大多数情况下，并不能在二者的最低点相切。曲线 SAC_3 和 LAC 在 E 点相切，E 点既是曲线 SAC 的最低点，又是曲线 LAC 的最低点。把短期平均成本曲线的最低点称为最优产出点，它意味着厂商通过选择可变要素的最佳投入量使短期平均成本最低，这是在生产规模既定条件下厂商所能选择的最佳点；把长期平均成本曲线的最低点称为最佳工厂规模点，它意味着厂商通过选择最适宜的生产规模来使长期平均成本最低，这是生产规模待定条件下厂商可能选择的最佳点。在 E 点，厂商既能做到使短期平均成本最低，又能做到使长期平均成本最低，这是一种最为理想的状态。在 E 点左侧，曲线 SAC_1、SAC_2 最低点左边的一点（A、B）与 LAC 曲线相切；在 E 点右侧，曲线 SAC_4、SAC_5 最低点右边的一点（C、D）与 LAC 曲线相切。

(2) 长期平均成本曲线的特征。长期平均成本曲线 LAC 也是一条先下降而后上升的"U"形曲线。这说明，长期平均成本随着产量的增加，先减少而后增加。这是由于随着产量的增加，开始时规模收益递增，平均成本减少；以后，出现规模收益不变，平均成本不变；最后，出现规模收益递减，平均成本增加，这与短期平均成本相同。

但是，值得注意的是，长期平均成本曲线与短期平均成本曲线也有区别，这就是长期平均成本曲线无论是上升还是下降时都比较平坦，说明长期平均成本无论是上升还是下降变动都比较慢，这是由于在长期中全部生产要素都可以随时调整，从规模收益递增到规模收益递减有一个较长的规模收益不变阶段，反映在图形上，就是长期平均成本曲线 LAC 从左侧的快速下降到右侧的快速上升，中间有一段较长的平坦区域。而在短期内，规模收益不变的阶段很短，甚至没有。

(3) 不同行业的长期平均成本。以上对长期平均成本的讨论都假设生产要素的价格不变。如果考虑到生产要素价格的变化，则各行业长期平均成本的变动又有所不同。一般可以根据长期平均成本变动的情况把不同的行业分成三种类型。

① 成本不变的行业。这种行业中各企业的长期平均成本不受整个行业产量的影响，无论产量如何变化，长期平均成本基本不变。形成这种行业成本不变的原因主要有两个：第一，该行业在经济中所占比重很小，故而所需要的生产要素在全部生产要素中所占比重也很小，因而它的产量变化不会对生产要素价格发生影响。第二，这种行业所使用的生产要素的种类与数量与其他行业呈反方向变动，这样它的产量变化也不会引起生产要素价格的变化，从而保持长期平均成本不变。

② 成本递增的行业。这种行业中各企业的长期平均成本要随整个行业产量的增加而增加，这种行业在经济中普遍存在。形成行业成本递增的原因是：由于生产要素有限，所以整个行业产量的增加就会使生产要素价格上升，从而引起各企业的长期平均成本增加。尤其在以自然资源为主要生产要素的行业里表现更为突出。

③ 成本递减行业。这种行业中各企业的长期平均成本要随整个行业产量的增加而减少。形成行业成本递增的原因是规模经济中的"外在经济"。如，在同一地区建立若干个汽车制造厂，各企业就会由于在交通、辅助设施等方面的节约而产生成本的递减。但是，这种成本递减的现象只在一定时期内存在。在这其中，外在经济必然会变成外在不经济。因此，一个行业内的成本递减无法在长期内维持下去。

3. 长期边际成本

长期边际成本 LMC 是长期中厂商每增加一单位产量所增加的成本，即：

$$LMC = \Delta LTC / \Delta Q$$

LMC 曲线也可以从 LAC 曲线中推出，因为长期边际成本 LMC 是 LAC 曲线上同一产量时的斜率。LMC 曲线也是一条先下降而后上升的"U"形曲线，表明长期边际成本也是随着产量的增加先减少而后增加的。但是长期边际成本曲线比短期边际成本要平坦，如图 4-12 所示。

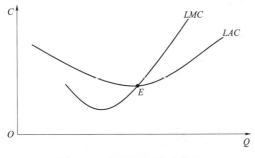

图 4-12　长期边际成本曲线

LMC 曲线与 LAC 曲线的关系和 SMC 曲线与 SAC 曲线的关系一样，二者相交于图 4-12 中 LAC 曲线的最低点 E。在 E 点的左侧，LMC 低于 LAC，说明 LAC 曲线下降；在 E 点的右侧，LMC 高于 LAC，LAC 曲线上升。

◆ **相关链接**

华为成本领先战略

华为是我国高新科技企业的典范,与国内外同类企业相比,华为的主要竞争优势在于成本优势,主要体现在以下三个方面。

一是低研发成本优势。低成本的智力型人力资源,是华为获得巨大成功的重要因素。

二是低物料成本优势。这主要体现在原材料上,华为在原材料上所花费的成本相对较低,在每年销售上千万台设备形成的规模经济效应下,华为的物料成本降到了3%,优势明显。

三是低交付成本优势。华为国内贸易的交付成本和服务成本均相对较低。

正是基于这种优势而实施的成本领先战略使其在产品拥有同等技术水平的前提下可以相对较低价格销售自己的产品进而开拓、占有市场并长久保持高的市场占有率,也带来了高额的经济利益。可见,持久的成本领先战略为华为由弱变强,由小变大,最终为成为世界级巨头奠定了坚实的基础。

(资料来源:根据网络资料整理)

四、收益与利润最大化

厂商进行生产的目的是实现利润最大化。要解决利润最大化问题,除了了解成本的概念之外,还要对收益、利润和利润最大化的实现条件进行分析。

1. 总收益、平均收益与边际收益

厂商的收益就是厂商销售商品所得到的收入,即销售收入。关于收益,有三个重要的概念,即总收益、平均收益和边际收益。

(1)总收益是指厂商按一定价格销售一定量商品所得到的全部收益。总收益等于单位商品价格与总销售量的乘积。以 TR 代表总收益,P 代表价格,Q 代表销售量,则有:

$$TR = P \times Q$$

(2)平均收益是指厂商销售每一单位商品所得到的收入。平均收益等于总收益与总销售量之比。如果以 AR 代表平均收益,则有

$$AR = TR/Q$$

(3)边际收益是指厂商每增加一单位商品销售所增加的收益。如果以 MR 代表边际收益,以 ΔQ 代表增加的销售量,则有:

$$MR = \Delta TR / \Delta Q$$

2. 收益与利润

厂商的总收益减去总成本就是利润。成本分为会计成本和机会成本,相应的,利润就分为会计利润和经济利润。总收益减去会计成本就是会计利润,总收益减去经济成本就是经济利润。即:

会计利润 = 总收益 - 会计成本

经济利润 = 总收益 - 经济成本 = 总收益 - (会计成本 + 机会成本)

在西方经济学中,还需要区别经济利润和正常利润。正常利润是企业家才能的价格,即企业家才能这种生产要素所得到的收入。它包括在隐性成本之中,

其性质与企业员工的工资相类似。经济利润是超过正常利润的那部分利润,所以,当企业的经济利润为零时,企业仍然得到了正常利润。

> ◆ **相关链接**
>
> ### 大商场平时为什么不延长营业时间
>
> 节假日期间许多大型商场都延长营业时间,为什么平时不延长?这里可以用边际成本来解释这个问题。从理论上讲,延长时间1小时,就要支付1小时所耗费的成本,这种成本既包括直接的物耗,如水、电等,也包括由于延长而需要的售货员的加班费,这种增加的成本就是边际成本。假如延长1小时增加的成本是1万元,那么延长时间的1小时里他们由于卖出商品而增加收益大于1万元,作为一个精明的企业家他还应该将营业时间在此基础上再延长,因为这时他还有一部分该赚的钱没有赚到手。相反,如果他再延长1小时里增加的成本是1万,而增加的收益不足1万,他在不考虑其他因素的情况下就应该取消延长经营时间的决定,因为他延长时间1个小时成本大于收益。节假日期间,人们有更多的时间旅游购物,使商场收益增加,而平时工作紧张、家务繁忙,人们没有更多时间和精力去购物,就是延长时间服务也不会有更多的人光临,增加的销售额不足以抵偿延长时间所增加的成本。
>
> (资料来源:根据浙江统计教育网资料整理。)

3. 利润最大化原则

如果用 π 代表利润,则 $\pi = TR - TC$,那么利润最大化就是使 TR 与 TC 之间的差额最大化。因为总收益 TR 与总成本 TC 都是产量的函数,所以,利润也是产量的函数。对厂商而言,要实现利润最大化,就是要确定一个合适的产量,在这个产量水平上,TR 和 TC 之间的差额最大。这实质上是对厂商的利润目标函数求极值的问题。利润目标函数为:

$$\pi = f(Q) = TR(Q) - TC(Q)$$

令上述目标函数的一阶导数为零,即:

$$TR' = TC'$$
$$TR' = MR, \quad TC' = MC$$

所以,厂商利润最大化的条件是 $MR = MC$。

对于这一原则,可以这样来理解:如果 $MR > MC$,表明厂商每多生产一单位产品所增加的收益大于所增加的成本。这时,企业通过增加产量可以增加利润,显然此时利润并没有达到最大化。如果 $MR < MC$,表明厂商每多生产一单位产品所增加的收益小于所增加的成本。这时,企业通过减少产量可以增加利润,显然此时厂商利润也没有达到最大化。只有在 $MR = MC$ 时,厂商才不会调整产量,此时厂商实现了利润最大化。

长期供给曲线和经济利润

课后测试

复习与练习

一、分析题

1. 一个企业在生产中有两种可变要素投入,且这两种要素之间存在有效替代关系。如果现在其中一种要素的价格提高了,那么企业是否会在保持产量不变的前提下减少这种要素的投入？如果是，那么企业会在多大限度内减少这种要素的投入量？

2. A 企业第一年规模扩大 40% 后，其收益增加了 60%，第二年 A 企业的规模继续扩大 40%，随之其收益增加了 30%，A 企业计划在第三年继续扩大企业规模。试对 A 企业扩大规模的行为做出经济分析。

3. 试用边际收益递减规律解释"一个和尚担水吃，两个和尚抬水吃，三个和尚没水吃"的现象。

二、简答题

1. 总产量、平均产量和边际产量之间的关系有何特点？用图形说明如何确定一种生产要素的合理投入区间。
2. 用边际分析法说明生产要素的最佳组合。
3. 说明等产量线的特征。
4. 用等产量分析法说明生产要素的最佳组合。
5. 简要说明引起内在经济和内在不经济的原因。
6. 如何正确理解机会成本这个概念？
7. 用图形说明短期总成本、固定成本和可变成本的变动规律及其相互关系。
8. 用图形说明短期平均成本、平均固定成本和平均可变成本的变动规律及其相互关系。
9. 长期平均成本曲线是如何构成的？其特征是什么？
10. 简要说明利润最大化的原则。

三、思考与讨论

1. 为什么短期平均成本曲线经常是"U"形的？平均成本与边际成本之间的关系是什么？如果平均成本曲线呈"U"形，总成本曲线是什么形状？
2. 某企业达到一定产出水平前的规模报酬递增，然后规模报酬不变，那么你能说出该企业的长期平均成本曲线的形状吗？
3. 思考经济成本、会计成本、显性成本和隐性成本之间的关系。

技能训练项目

项目 4-1　研讨生活中的边际收益递减规律

【技能目标】

培养学生的经济学思维意识和对生产、经营问题的初步分析能力。

【内容与要求】

学生自愿组成学习小组，每组 5~6 人，以组为单位确定一个大家感兴趣生产或经营中边际收益递减规律的问题（现象）进行分析研讨。问题的选择和分析可以通过报纸、网络来搜集参考资料。在小组讨论会上，完成以下活动：

1. 由一名同学介绍所要讨论的问题（现象）。
2. 组织研讨，自由发言。研讨内容围绕以下方面："理解边际收益递减规律，需要注意哪些问题？""边际收益递减规律对研究一种生产要素的合理投入有什么作用？"

3. 根据研讨情况，总结归纳，形成一个"关于对×××经济问题（经济现象）的分析报告"。

4. 班级组织一次交流，每组推荐一名代表集中作演讲发言，其他小组成员可以对其提问，同一小组成员可以作补充回答。

【成果与考核】

1. 每个小组提交一份修改完善后的"关于对×××经济问题（经济现象）的分析报告"。

2. 由全班同学和教师共同根据各组报告、班级交流发言以及提问答辩情况对每组进行评估打分，综合评定每组本次活动的成绩。

项目 4-2　调研、分析企业成本与利润

【技能目标】

培养学生的对生产过程的初步了解和简单分析生产理论中的各种成本的能力。

【内容与要求】

组织学生到当地生产型企业进行调研。要求学生收集该企业生产产品的名称、种类以及一定时期（一季度、半年、一年）各种产品的成本（如进货成本、实际成本）、各种产品的销量，并收集汇总。

1. 学生自愿组成研究小组，每组5~6人，分析成本变化与一定时期内利润变化之间的关系。

2. 班级组织一次交流，每组推荐一名代表集中作演讲发言，其他小组成员可以对其提问，同一小组成员可以作补充回答。

【成果与考核】

1. 每个小组提交一份正式的分析报告。

2. 由全班同学和教师共同根据各组报告、班级交流发言以及提问答辩情况对每组进行评估打分，综合评定每组本次活动的成绩。

拓展阅读

第五章

竞争与垄断

学习目标

知识目标：

通过本章学习，掌握完全竞争市场、垄断竞争市场、寡头垄断市场和完全垄断市场的基本概念和特征，熟悉不同类型市场的需求和收益曲线，明确不同类型市场短期和长期均衡的条件。

能力要求

通过本章学习，能够根据供求关系和相关因素区分现实中各种商品的市场类型，并且能根据其市场特点分析厂商的生产行为与价格策略。

情境导入

一听可乐值多少钱？

同样的一听可乐在超市2元，在便利店2.5元，在大型商场3元，在肯德基标价4.5元，一般酒店5~8元，夜总会12元，四星级以上酒店可以卖到25~80元。为什么同样的商品在不同的市场上，售价却可以有如此巨大的差异？厂商是如何定价的呢？

如果你仔细观察，还会发现，即使在同一个地区的便利店中，大多数便利店的商品大致雷同，市场上的家数也不太多，但每家商店的商品价格多少也会有些不同。为什么在多家商店并存的情形下，他们仍能以不同的价格销售同样的商品？

另外，在各大城市许多大型商场云集的繁华商业街上，每当其中一家举行庆典或其他降价促销活动时，其他商场都会群起效仿。这种情况同样会出现在航空机票的销售方面，当一家航空公司出售打折机票时，其他公司也会常常跟进。在这些活动中，大家的折扣方式也许不同，但目的都是促销，特别是对于特定市场上的不同厂商，他们都会根据竞争对手的定价策略来相应地决定自己的最佳策略。其中的原因又是什么？

以上种种现象，已不能简单地用供给与需求理论来解释，其实，这已涉及不同的市场类型和厂商的行为策略。可见，市场的情况不同，厂商的竞争激烈程度不同，从而导致的定价策略就会不同。为了更清楚地分析这种情况，我们就必须了解市场结构理论。

在前面的章节中，讨论了消费者行为和生产者行为理论，主要是从供求两个力量决定均衡价格和均衡产量方面的行为分析，但没有结合具体的市场类型对厂商的产品价格和产量的确定进行分析。本章就不同市场条件下，厂商实现最大利润的均衡产量和均衡价格进行讨论。通常把厂商在各种市场结构中如何决定产品价格和产量的理论称为厂商理论或市场理论。

根据市场上竞争垄断的程度，市场可分为四种类型：完全竞争市场、垄断竞争市场、寡头垄断市场和完全垄断市场。完全垄断市场和完全竞争市场是两个极端，垄断竞争市场和寡头垄断市场是介于这两个极端市场的中间状态，是竞争和垄断不同程度的结合，又称不完全竞争或不完全垄断市场。

厂商均衡理论包括分析整个行业产量与价格决定的集体均衡，以及分析个别厂商产量与价格决定的单个均衡，这里主要介绍单个均衡。

第一节　完全竞争市场

一、完全竞争市场的含义和条件

完全竞争市场又称纯粹竞争市场，是指竞争不受任何阻碍和干扰的市场结构。它具有以下前提条件。

完全竞争

第一，市场上存在着众多的生产者和消费者。每个消费者和生产者都占极少的市场份额，以至于没有谁能够独立影响市场价格。市场价格由众多消费者与生产者的共同作用形成，对单个参与者来说，他只能是价格的接受者。

第二，市场上产品是同质的。即在同一市场上所有生产者都提供完全相同的产品。消费者对购买哪一种产品不存在偏好，唯一的影响因素是价格。

第三，所有生产要素可以自由流动。即每个厂商都可以根据自己的意愿自由地进入或退出某个行业。

第四，信息完全畅通。所有的生产者和消费者都能够获得快速而全面的市场信息并进行决策，不存在供求以外的因素对价格决定和市场竞争的影响。

显然，完全符合上述条件的完全竞争市场是一种理想的市场状态，也是一种极端的市场情况，在现实经济中是不存在的，只有金融市场和农副产品市场接近于完全竞争市场。虽然在现实经济中并不存在完全竞争的市场，但是完全竞争的理论分析框架及其结论可以作为观察和分析现实经济问题的一个参照系，可以使所研究的问题得以简化。

> 相关链接
>
> ### 农村春联市场：完全竞争的缩影
>
> 几年前的一个春节前夕，我有机会对某村农贸市场的春联销售进行了调查，该农贸市场主要供应周围7个村5 000余农户的日用品。贴春联是中国民间的一大传统，春节临近，春联市场红红火火，而在农村，此种风味更浓。

在该春联市场中，需求者有5000多农户，供给者为70多家零售商，市场中存在许多买者和卖者；供应商的进货渠道大致相同，且产品的差异性很小，产品具有高度同质性（春联所用纸张、制作工艺相同，区别仅在于春联所书写内容的不同）；供给者进入退出没有限制；农民购买春联时的习惯是逐个询价，最终决定购买，信息充分；供应商的零售价格水平相近，提价基本上销售量为零，降价会引起利润损失。原来，我国有着丰富文化内涵的春联，其销售市场结构竟是一个高度近似的完全竞争市场！

供应商在销售产品的过程中，都不愿意单方面降价。春联是农村过年的必需品，购买春联的支出在购买年货的支出中只占很小的比例，因此其需求弹性较小。某些供应商为增加销售量，扩大利润而采取低于同行价格的竞争方法，会使消费者认为其所经营的产品存在瑕疵（例如：上年库存，产品质量存在问题等），反而不愿买。

春联市场是一个特殊的市场，时间性很强，仅在年前存在10天左右，供应商只有一次批发进货的机会。供应商对于该年购入货物的数量主要基于上年销售量和对新进入者的预期分析。如果供应商总体预期正确，则该春联市场总体商品供应量与需求量大致相同，则价格相对稳定。一旦出现供应商总体预期偏差，价格机制就会发挥巨大的作用，将会出现暴利或者亏损。

综上可见，小小的农村春联市场竟是完全竞争市场的缩影与体现，横跨经济与管理两大学科。这也就不难明白经济学家为何总爱将问题简化研究，就像克鲁格曼在《萧条经济学的回归》一书中，总喜欢以简单的保姆公司为例得出解决经济问题的办法，这也许真的有效。

（资料来源：杨晓东，《农村春联市场：完全竞争的缩影》，经济学消息报599期.）

股票市场与完全竞争

二、完全竞争市场的价格、需求曲线、平均收益和边际收益

在分析这个问题时，必须区分整个行业与个别厂商的情况。

首先，对整个行业来说，需求曲线 D 是一条向右下方倾斜的曲线，供给曲线 S 是一条向右上方倾斜的曲线。整个行业产品的价格就是由供需平衡点 E 所决定的。此时所决定的均衡价格为 P_0，如图5-1所示。

其次，对于单个厂商来说，其面临的市场价格就是整个行业所确定的均衡价格 P_0，这个价格一旦确定，对单个厂商来说，就是既定的，无论他如何增加产量都不影响市场价格。这意味着他的产量可以无限扩大而不受需求变化的影响。因此，市场对个别厂商产品的需求曲线是一条由既定市场价格出发的平行线 D，如图5-2所示。而且，单个厂商产量变动不会影响市场价格，其每增加一个单位商品所得到的收益（即边际收益 MR）总是与平均每单位商品的收益（即平均收益 AR）相等，都等于既定价格 P_0，因此，$P_0=MR=AR$。图5-2中，单个厂商的需求曲线 D 既是价格曲线，也是边际收益曲线 MR，还是平均收益曲线 AR。

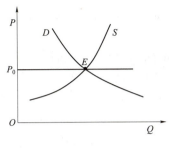

图 5-1 完全竞争条件下
整个行业的供求曲线

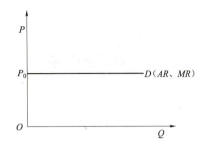

图 5-2 完全竞争条件下单个厂商需求
（边际收益、平均收益）曲线

图 5-2 中厂商的需求曲线 D 是相对于图 5-1 中行业需求曲线 D 和供给曲线 S 的均衡点 E 所确定的均衡价格 P_0 而言的，如果图 5-1 中行业供需曲线发生变化，那么，会形成新的均衡点，也就是决定了新的均衡价格。对于单个厂商来说，其需求曲线总是由整个行业的市场均衡价格决定的。

三、完全竞争市场上的短期均衡

完全竞争市场上的厂商均衡可分为短期均衡和长期均衡。

在短期内，厂商不能根据市场需求调整全部生产要素，会出现供给大于或小于市场需求的情况，通常把这种情况下形成的市场均衡称为厂商短期均衡。

当供给小于需求时，由于供给不足，市场价格会上升，这时均衡价格可以用图 5-3 来表示。

在图 5-3 中，市场价格为 ON，dd 为单个厂商的需求曲线，它同时也是边际收益曲线 MR 和平均收益曲线 AR。SMC 为短期边际成本曲线，SAC 为短期平均成本曲线。厂商为了达到利润最大化，其产量由边际收益曲线 MR 和短期边际成本曲线 SMC 的交点 E 决定。此时，产量为 OM。厂商的总收益为平均收益与产量的乘积，即图中 $OMEN$。而总成本为平均成本乘以产量，即图中的 $OMKG$。总收益大于总成本。因此，这种情况下会存在 $GKEN$ 的超额利润。

当供给大于需求时，由于供给过剩，市场价格不会下降。均衡情况可用图 5-4 来表示。这时产量仍由 E 点决定，其值为 OM。厂商的总收益（平均收益乘以产量）为 $OMEN$，总成本（平均成本乘以产量）为 $OMKG$。总收益小于总成本。这样，产生了亏损，亏损部分为 $NEKG$。

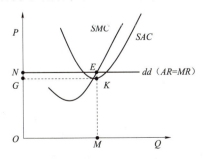

图 5-3 完全竞争条件下厂商盈余图

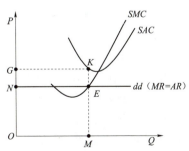

图 5-4 完全竞争条件下厂商亏损图

可见，完全竞争条件下厂商均衡的条件是边际收益等于短期边际成本，即 $MR = SMC$。

上面讨论了厂商出现亏损时的情况，那么，在出现亏损时，厂商是否会决定继续生产呢？这时，还需引入平均可变成本 AVC 来分析。如图 5-5 所示，AVC 为厂商平均可变成本，P_0、P_1、P_2 分别为三种市场需求价格。下面分别分析不同价格水平下，厂商均衡时盈亏情况。

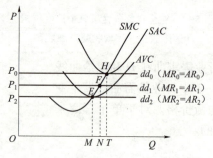

图 5-5 完全竞争条件下厂商盈亏图

当市场价格为 P_0 时，边际成本曲线、边际收益曲线、平均成本曲线相交于一点 H，此时，不亏不盈。H 点称为利润零点或短期收支相抵点。此时，厂商按 $MR_0 = SMC$ 所确定的产量 OT 进行生产。在其他产量点上，厂商都将出现亏损。当价格为 P_1 时，MR_1 和 SMC 相交于 F 点，这时 $SAC > P_1 > AVC$，厂商亏损，但厂商仍可生产，价格大于平均可变成本 AVC，说明厂商在补偿全部可变成本后，尚可以收回部分固定成本，使亏损额减少一些。当市场价格为 P_2 时，MR_2 与 SMC 相交于 AVC 的最低点 E，这时 $SAC > P_2 = AVC$，厂商亏损全部固定成本。因而平均可变成本曲线的最低点 E 称为短期停止营业点。当市场价格等于或小于 P_2 时，厂商不再生产。

这里要注意，以上理论是以假定全部产品都能完全销售为前提的。如产品不能全部销售，则价格再高，也不一定盈利。

四、完全竞争市场上的长期均衡

短期均衡状态是不易保持的，它是一种暂时现象。在长期中，各个厂商可以根据市场价格来调整全部生产要素和生产规模（规模调整），也可以自由进入或退出该行业（进出调整）。这样，整个行业供给的变动就会影响市场价格，从而影响各个厂商的均衡。如果整个行业的商品供给增加，价格水平会下降，超额利润将不复存在。当供给大于需求，价格下跌，出现了亏损，该行业的厂商就会减少生产，甚至有些厂商会退出该行业，从而使整个行业供给减少，价格水平上升，亏损消失。整个行业，最终调整的结果会使各个厂商既无超额利润，又无亏损。这时，整个行业的供求均衡，各个厂商的产量也不再调整，就实现了长期均衡，可用图 5-6 来说明。

在图 5-6 中，LMC 是长期边际成本曲线，LAC 是长期平均成本曲线。虚线 dd_1 为整个行业供给小于需求时个别厂商的需求曲线，虚线 dd_2 为整个行业供给大于需求时个别厂商的需求曲线。当整个行业的供给小于需求时，由于

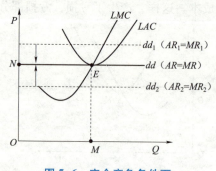

图 5-6 完全竞争条件下厂商长期均衡

市场价格会引起整个行业供给增加，从而价格会下降，个别厂商的需求曲线 dd_1，向下移动。当整个行业供给大于需求时，由于价格低会引起整个行业供给减少，从而价格上升，个别厂商的需求曲线 dd_2 向上移动。调整结果最终使需求曲线移动到 dd。这时，边际成本曲线（LMC）与边际收益曲线（MR，即 dd）相交于 E，E 为均衡点，此时产量为 OM。总收益为平均收益乘以产量，即图上的 $OMEN$，总成本为平均成本乘以产量，也是图上的 $OMEN$。这样，总成本等于总收益，厂商既无超额利润又无亏损，因此，也就不再调整产量，从而实现了长期均衡。可见长期均衡条件是：$MR=AR=LMC=LAC$。

需要注意的是：第一，长期均衡点 E 就是收支相抵点（但不是停止营业点）。这时，成本与收益相等，厂商所能获得的只能是作为生产要素之一的企业家才能获得的报酬，即正常利润。正常利润作为用于生产要素的支出之一，是成本。所以，收支相抵中就包含了正常利润在内。在完全竞争市场上，竞争激烈，长期中厂商无法实现超额利润。只要获得正常利润就实现了利润最大化。第二，实现长期均衡时，平均成本与边际成本相等。由于平均成本曲线和边际成本曲线相交时，平均成本一定处于最低点。这表明，在完全竞争的条件下，可以实现成本最小化，也就是经济效率最高，这正是人们把完全竞争作为最优状态的原因。

第二节　完全垄断市场

一、完全垄断市场的含义、形成条件

（一）完全垄断市场的含义

完全垄断又称为独家垄断，是指一个行业处于完全由一家厂商所控制的状态。完全垄断市场是不存在竞争的市场，任何其他厂商都不能进入这一行业。单个厂商就是整个行业。其特点是：市场上不存在替代品，也不存在竞争；厂商是市场价格的决定者，而不是市场价格的被动接受者；垄断企业可以根据获取利润的需要实行不同的价格，这个价格叫歧视价格，也叫差别价格。

完全垄断市场

完全垄断和完全竞争一样，是极端市场，在现实生活中并不存在，只能找到相似的情况。但在特定情况下，经常会出现供给厂商只有一个（或者由于寻找其他厂商需要支付更大的交易成本）的情况，这时的状况相当于完全垄断，这种情况在日常生活中却是普遍的。例如在旅游点出现仅有的饭馆，娱乐场所内部的香烟销售点等。

完全垄断通常可分为两类：完全政府垄断，如邮政业务，铁路国有化条件下的铁路运输业务等。完全私人垄断，指根据政府授予的专营权或专利权而产生的私人厂商对某种商品的独家经营，或由资本特别雄厚的企业建立的排他性私人经营，如城市中由私人独家经营的自来水公司、燃气公司等。

（二）完全垄断形成的条件

完全垄断形成的条件有：第一，政府对某一行业的垄断经营，如铁路经营；第二，政府特许的私人垄断经营，如私人天然气公司；第三，某些需求很小的产品，只有一家厂商生产；第四，由于某些特殊自然资源的垄断而形成的经营垄断，如美国的铝业公司长期保持对铝业的完全垄断经营；第五，对某些产品的特殊技术的控制，如美国的可口可乐公司就是长期控制了制造可口可乐饮料的配方而垄断了这种产品的供给。不同的垄断形成了不同的垄断性质，如有的垄断由人为形成，而有的垄断则由自然条件形成。有的是合理的，有的是不合理的。

二、完全垄断市场的需求曲线、平均收益曲线和边际收益曲线

完全垄断市场上，一个厂商就是整个行业。因此，单个厂商的需求曲线就是整个行业的需求曲线，它是一条向右下方倾斜的曲线。由于厂商就是商品价格的制定者，它所面临的需求曲线决定了商品的卖价，厂商以什么样的价格销售商品，消费者就得以什么样的价格购买。在一定的销售规模下，厂商平均每单位商品获得的收益（平均收益）也就等于该商品的需求价格。因此，厂商平均收益曲线与其所面临的需求曲线为同一条曲线，二者重合。此时，边际收益如何变化呢？当厂商的销售量增加时，最后增加的那个单位产品的价格必然低于其前一个单位产品的价格，同时，厂商全部销售量的其他各单位价格也必然低于先前销售的单位价格。因而，每增加一单位产品所带来的收益边际增量，总会小于单位产品的售价。即边际收益曲线位于需求曲线下方，也是一条向右倾斜的曲线，如图 5-7 所示。

垄断基础

三、完全垄断市场上的短期均衡

在完全垄断市场上，厂商可以通过对产量和价格的控制来实现利润最大化。但在短期内，厂商对产量的调整也要受限制，这种限制来自于无法调整的固定生产要素（厂房、设备等）。完全垄断市场上，厂商自然根据边际收益等于边际成本的原则来决定产量。这种产量决定后，短期内难以完全适应市场的需求而进行调整。这样，也可能出现供大于求或供小于求的状况，当然也包括供求相等。在供大于求时，会有亏损；在供小于求时，会有超额利润；供求相等时，只有正常利润。下面分别分析短期均衡的三种情况。

（1）当市场上供小于求时，厂商能在取得垄断利润的情况下，保持生产均衡，如图 5-8 所示。在图中，由于供小于求，市场价格保持在一个较高的水平，需求曲线 dd（平均收益曲线 AR）远远高于边际收益曲线 MR。这时，根据利润最大化原则，由于 MR 曲线和 MC 曲线的交点确定了均衡产量 M。这时，平均成本为 FM，总成本为 $NFMO$，平均收益（卖价）为 GM，总收益为 P_1GMO，显然，P_1GFN 部分为垄断利润。可见完全垄断市场上，短期内供小于求的情况下，厂商可获得垄断利润。这也是完全垄断市场的一般情况。

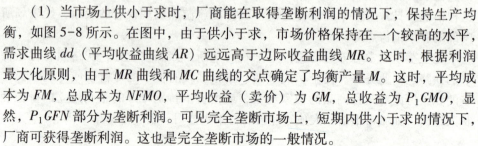

垄断收入和成本

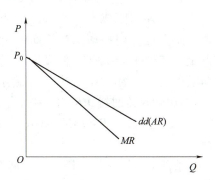

图 5-7 完全垄断条件下的需求曲线、
平均收益曲线和边际收益曲线

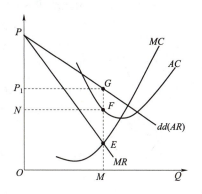

图 5-8 完全垄断市场
上厂商获得垄断利润

（2）当市场供求相等时，厂商可能只获得正常利润，如图 5-9 所示。在图中，MR 曲线和 MC 曲线相交于 E，确定了均衡产量 M。此时，平均收益曲线 AR 和平均成本曲线 AC 相切于 G 点，所以，这时平均成本与平均收益相等，从而总收益和总成本都是 $OMGN$。不存在垄断利润，但厂商获得了正常利润。这种 AC 曲线和 AR 曲线相切的情况是一种偶然情况，并不会经常出现。

（3）当市场供给大于需求时，厂商有可能得不到正常利润，甚至在亏损的状况下保持均衡，如图 5-10 所示。在图中，需求曲线 dd（平均收益曲线 AR）在平均成本曲线 AC 下方，需求很低。MR 和 MC 的交点 E 确定了均衡产量 M，此时，总成本为 $OMFK$，总收益为 $OMGN$，$NGFK$ 为亏损部分。这种亏损为绝对亏损，厂商连正常利润也无法获得。

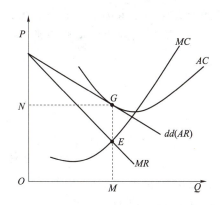

图 5-9 完全垄断市场上厂商获得正常利润

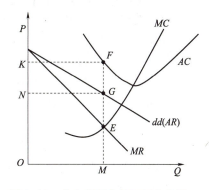

图 5-10 完全垄断条件下厂商亏损

综上分析，完全垄断市场上短期均衡的条件是：$MR=MC$。

四、完全垄断市场上的长期均衡

在长期中，垄断厂商可以通过调节产量与价格来实现利润最大化。其厂商均衡的条件是边际收益与长期边际成本和短期边际成本都相等，即：

$$MR = LMC = SMC$$

可以用图 5-11 来分析。在图 5-11 中，当短期平均成本曲线为 SAC_1，产量

为 SMC_1 与 MR 相交所决定的 OQ_1，价格为 P_1。而当产量为 OQ_1 时，$MR \neq LMC$，即边际收益不等于长期边际成本，所以，此时均衡只是短期均衡，而不是长期均衡。在长期中，厂商要通过调整产量，实现 $MR=LMC$。假设厂商调整生产规模使短期成本曲线变为 SAC_2，这时，短期边际成本曲线 SMC_2 与边际收益曲线 MR 相交决定了产量为 Q_2，价格为 P_2，这时，$MR=LMC=SMC_2$，就实现了长期均衡。

在完全垄断条件下，厂商的长期均衡根据 $MR=LMC=SMC$ 来确定产量。这时，边际成本低于平均成本，生产并非在最低的平均成本下保持均衡，因而，资源未得到充分利用。此外，在完全垄断条件下，厂商势必要获取垄断利润，市场价格必定高于边际成本。于是，消费者不得不以较高的价格购买

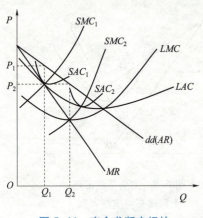

图 5-11　完全垄断市场的厂商长期均衡

生产出来的商品。因此，消费者不可能从消费中获得最大的满足，消费者剩余转化为垄断厂商的利润。

五、垄断厂商的定价策略：单一定价与歧视定价

追求利润最大化是厂商的目标，在完全垄断市场上，厂商实现利润最大化的关键是确定一个合理的价格。由于垄断厂商控制了一个市场的全部供给，所以可以通过改变产量来决定价格，既可以通过减少产量定高价，也可以通过增加产量定低价。但垄断者定价时必须考虑市场需求，垄断者可以定高价，但消费者可以拒绝购买，这样就无法实现利润最大化。在市场上，消费者用自己的购买选择影响价格的决定。在这种情况下，垄断厂商的定价策略通常有单一定价和歧视定价。

1. 单一定价

单一定价是指完全垄断厂商对卖给不同消费者的同样产品确定了相同的价格，即卖出去的每一单位商品价格都是相同的，这种定价策略称为单一定价。在实行单一价格时，垄断者采用高价少销或低价多销取决于利润最大化目标，并受需求与供给双方制约。一般来说，某种商品需求缺乏弹性时，垄断者采用高价少销是有利的，这时的价格提高幅度大于销售量减少的幅度，从而总收益增加。当某种商品是需求富有弹性时，垄断厂商采用低价多销是有利的，这时价格降低的幅度小于销售量增加的幅度，从而总收益增加。

2. 歧视定价

除了单一定价外，在许多情况下，垄断厂商往往会把同一种商品以不同的价格卖给消费者，这种做法叫作歧视定价，也称为差别定价。歧视定价更一般的含义是指垄断者在销售同一种商品（或者稍微不同的产品时），对不同消费者按照所处市场的不同，或者按照不同的购买数量，或者按照不同的销售时段收

取不同的价格的现象。歧视定价在现实生活中广泛存在，例如在健身房，下午5点以前和以后时段的价钱完全不同；剧场中日场电影和夜场电影票价不同；在购买车票时，往往对老人、小孩以及军人实行折扣价等；一些著名的快餐食品公司（如肯德基和麦当劳）、大型商场都对使用优惠券的客户实行一定的折扣优惠；买一瓶红酒比买一箱红酒的价格要贵。前者是根据消费时段和群体不同而实行差别价格的方法，也称销售对象价格歧视法，后者是根据购买数量而采取差别价格的方法，则往往被称为销售数量价格歧视法或数量折扣法。可见，在所有类似的情况下，只要是垄断者对同一种商品针对不同市场的消费者，或者针对不同的消费数量，或者是不同的消费时间所收取的不同价格的情况，都属于歧视定价。

但是，需要注意的是，并不是所有的针对同一种商品收取不同的价格的情况都是歧视定价。歧视定价的严格定义是：一种产品的边际成本与其价格之比对不同顾客来说是不同的时候，才存在歧视定价。例如，一辆奥迪车在北京和上海的售价不同时，就不能简单地认为是歧视定价，因为两个城市之间有一定的距离，不仅存在运输费用，而且推销成本也不同，如果二者的差价正好是两个城市之间的运输费及推销费用之差时，就不是歧视定价。

歧视定价

歧视定价可以实现更大的利润，其基本原则是对需求富有弹性的消费者收取低价，而对需求缺乏弹性的消费者收取高价。这样，需求富有弹性的消费者在低价时会更大幅度地增加消费量，从而总收益增加；需求缺乏弹性的消费者在高价时会小幅度地减少需求量，总收益也增加。例如，在电力部门，工业用户对电的需求缺乏弹性，价格高也无法减少用电量，因此，电力部门对工业用电收取高价；而居民用户对电的需求富有弹性，由于有煤、天然气等替代品，电价高时可使用替代品，因此，电力部门对居民用户收取低价。歧视定价一般有以下三种类型。

（1）一级歧视定价，也称完全歧视定价，是指垄断者对每一单位产品制定不同的价格。这是垄断者能够根据消费者购买每一单位商品愿意且能够支付的最高价格来逐个确定每单位商品价格的方法。例如，一个医术高明的医生对每个患者都收取不同的医疗费。完全价格歧视吸收了所有的消费者，垄断者的产量与完全竞争的行业一样。在这种情况下，消费者剩余就全部转化为垄断者的超额利润。

（2）二级歧视定价，也称分段定价，是指垄断厂商对同一商品按不同的消费数量段而确定不同价格的方法。如电力部门对消耗不同数量的电力进行不同的计价方法，每个月使用1~100千瓦时制定一个价格，100~200千瓦时实行另一个价格，200千瓦时以上再确定一个价格。这种情况下，垄断者可以部分地把消费者剩余转化为超额利润。

二级歧视定价对于一般商品来说，消费的数量越多，价格就越低。但对于一些紧缺商品或政府限制消费的商品则正好相反，政府为了限制消费，通常采用消费越多，价格越高的做法。例如，在一些边远地区的用电收费，便是用得越多，收费越高。再如邮政部门明确标明邮包超过15千克的部分必须加价。

(3) 三级歧视定价，是指垄断厂商对同一商品在不同的市场（或不同的消费群体）实行不同价格的做法，而在同一市场（或相同的消费群体中）则收取同样的价格。这种歧视定价最为普遍。例如，同一商品在豪华商场与在超级市场、在穷人区与在富人区、在城市与在农村价格差别很大。这样，垄断者就可以在高价市场获得超额利润。例如，电力部门对居民用电、工业用电和商业用电的价格区别对待；很多服务性行业往往对学生、老人和军人等一些特殊人群提供低价位的服务等。三级歧视定价在现实生活中最为普遍。

价格歧视1

3. 歧视定价的前提条件

对于垄断厂商来说，歧视定价并不是可以任意地、随时随地地实行，它必须具备一定的条件。

(1) 垄断厂商要能够对不同价格的市场进行有效的分隔。不能使高价市场上的消费者在低价市场上去购买，也不能使实现歧视定价的商品可以转售，否则，歧视定价就没有意义了，垄断厂商就不能从中获利。例如，民航实行实名制，打折机票不可转让。

(2) 垄断厂商要能够用客观而有效的方法把不同需求弹性的消费者区分开来。否则，歧视定价就无法进行。例如，民航乘客对民航的需求弹性不同，公务乘客根据工作需要决定是否乘坐飞机，费用由公司承担，很少考虑价格因素，因此，需求缺乏弹性；私人乘客根据价格及其他因素，在民航、铁路、公路等几种交通方式之中选择，自己承担费用，因此，需求富有弹性。民航在制定价格的时候，采用三种方法把两类乘客区分开来：第一种方法是对两个城市之间的往返乘客，周六在对方城市过夜的实行折扣价，周六不在对方城市过夜的实行全价。因为一般公务人员都不会在外过夜，即便价格高他们也要在周末回去与家人团聚；但私人乘客在有折扣时会因节省而选择在对方城市过夜。第二种方法是根据订票时间票价不同。一般私人乘客出行有一个计划，可以提前订票，而公务乘客往往临时决定外出时才购票。这样就可以根据订票时间实行歧视定价。如提前两周订票就可以打折，临时订票就是全价。第三种方法是对不同收入者的歧视定价。机票在高收入者支出中所占的比例较低，需求缺乏弹性；而在低收入者支出中所占的比例较高，需求富有弹性，因此，根据不同的服务对象收取不同的票价。例如，高价票无任何限制随时可以登机，高收入者不在乎花钱，为了方便会买高价票；低价票有种种限制如周末不能乘机，等等，但低收入者为了节约开支也愿意接受。

价格歧视2

◆**相关链接**

其他歧视定价的形式

除了以上三级歧视定价的方式外，还有另外两种类似的被广泛采用的歧视价格形式：时间歧视定价和高峰歧视定价。时间歧视定价，是指垄断厂商在不同时间里对具有不同需求程度的消费者收取不同价格的做法，也叫撇脂定价法。高峰歧视定价是指在消费的高峰期，由于生产能力的限制，边际成本较高而收取比平时更高价格的定价方法。

由于不同消费者对商品的需求程度不同，因此，厂商可以通过制定不同的时间段不同价格的方法加以区分，对需求程度高的消费者，在前期满足需求，对需求程度低的消费者，在后期满足需求。由于需求高的消费者对产品的需求缺乏弹性，收取较高的价格时其需求量变化不大，从而使总收益增加；而对于需求程度较低的消费者，其对产品的需求富有弹性，收取较低价格时其需求量会增加较多，也会使总收益增加。

　　常见的时间歧视定价的例子很多。例如，在服装店，新款服装进店时，销售商通常是按照该商品进入市场的时间长短来区分价格的，前期高价，后期低价。由于消费者的偏好不同，有些消费者喜欢标新立异，新服装价格再高，也会迫不及待地购买，其对新款服装的需求弹性较小，而有些消费者则比较谨慎，当价格较高时会选择等待，其对新款服装的需求弹性较大。因此，许多新款服装刚进入市场时，价格相当高，而当过一段时间后，则大幅度降价销售，就是针对两类不同的消费者实行的歧视定价。同样的时间歧视定价的例子还表现在开发的新产品的定价上。许多新产品开发出来后，往往定价很高，由于是新产品，短时间内别的厂商很难模仿，在这段时间内属于垄断商品。因此，在该段时间里，厂商就会以较低的产量谋取较高的价格，对于消费者来说，这类产品属于高档品。等过一段时间之后，即使其他厂商没有模仿，垄断厂商也会主动调低价格，因为低弹性市场已经饱和，无利可图了，垄断厂商必须把其推向大众市场，将高档品转为普通商品。比如新款电视机、手机等产品，都属于这种类型。（如果你了解了新款商品高价的原因后，作为学生的你，还会过多地去赶时髦吗？功能相同的商品，如果只是款式的改变，理性的消费者会选择什么时机购买最实惠呢？）

　　高峰歧视定价也是一种在不同时间对同一种商品收取不同价格的价格歧视形式。由于消费者对某些商品或服务的需求，往往会在某个特定的时间里出现高峰。如每天上下班时间对公交、地铁的需求；夏天中午对用电的需求；春节前后对铁路运输的需求；"五一""十一"黄金周对旅游景点的需求等，都会出现一个高峰。对生产者来说，如果根据市场容量调整生产规模，则会产生在非高峰时期生产能力的闲置，造成资源浪费，供给成本过高；如果按照非高峰期市场容量调整生产规模，则有限的生产能力，使得高峰期的产品边际成本大幅提高，而对消费者来说，高峰期间对商品的需求价格弹性是比较小的，所以，垄断厂商必定会在高峰期间向消费者谋取较高的价格。

　　高峰歧视定价主要应用于公共服务业的收费中，其主要目的不是为了获取消费者剩余，而是为了提高经济效益。因为在高峰期，使用者众多，提供服务的边际成本急剧上升，如果此时不提高价格的话，不足以弥补成本，从而造成提供该服务的厂商亏损。

　　应该说明的是，时间歧视定价与三级歧视定价之间的关系，它们是紧密联系却又不同的。垄断厂商实行三级歧视定价时，要实现利润最大化，必须使得各个市场的边际收益相等且等于边际成本，这是因为在各个市场，提供产品的成本是相互联系的。例如，在销售打折机票时，如果无限制地销售打折机票，在飞机已经坐满时，仍然售票，会导致运输成本急剧增加。而对于时间歧视定价来说，是利用时间来分隔市场，各个市场之间的成本是相互独立的，如在非高峰期销售更多旅游场所的门票，并不会增加高峰期销售门票的成本，这样，垄断厂商只需依据各个市场的边际收益等于各自的边际成本。

　　　　　　　　　　（资料来源：李仁君，《微观经济学》，清华大学出版社，2007.）

六、完全垄断厂商的福利损失

垄断行业给人一种价格高、浪费资源,甚至服务差的印象,从社会角度来看,垄断还带来了社会福利的损失,对此,作为市场失灵的补救手段,政府常常采取干预措施,价格管制就是主要的措施之一。

1. 垄断的福利损失与帕累托改进

与完全竞争的市场相比,垄断企业有较高的成本,提供较低的产量,使企业的生产能力没有充分利用,导致社会资源的浪费;同时,与完全竞争的市场相比,垄断企业提供较低的产量,却收取较高的价格,必然损害了消费者的福利。显然,在消费者利益受损的情况下,垄断厂商得到了好处。

如果垄断企业改进自己的定价模式,可使消费者和厂商的状况都有所改善。即将价格定在低于垄断价格但高于边际成本的区间,则垄断厂商和消费者都从中得到了好处:由于增加一单位产品的价格高于它的成本,企业总收益增加;消费者以低于其购买意愿的价格购买了该单位商品,其消费者剩余增加,即福利得到提高。按照福利经济学的观点,这种改进就是帕累托改进。

帕累托优化

◆ **相关链接**

帕累托改进

所谓"帕累托改进",是以意大利经济学家帕累托命名的,并基于帕累托最优基础之上。就是一项政策能够至少有利于一个人,而不会对其他任何人造成损害。所谓"帕累托最优"就是上述一切帕累托改进的机会都用尽了,再要对任何一个人有所改善,不得不损害另外一些人,达到这样的状态就是帕累托最优。最好我们能够找到一些政策,对一部分人有益,同时不损害任何人,这就是帕累托改进。

2. 垄断的经济损失:寻租理论

从厂商获得和维持垄断的过程来看,垄断的福利损失就会更多,可能付出更多的超额利润甚至全部。这是因为,为了获得和维持垄断地位从而享受垄断的好处,垄断厂商要经常付出一定的代价,例如说服政府或议会通过有利于他们的政策或法令,甚至直接向政府官员行贿使其成为他们的代言人等。这些付出的代价与垄断的净福利损失一样,也是一种纯粹的浪费:并没有用于生产,完全是一种"非生产性寻利活动"。这种非生产性寻利活动就是"寻租"行为:为了获得和维持垄断地位从而得到垄断利润(即垄断租金)的行为。

寻租理论

就单个的寻租者来说,他愿意花在寻租活动上的代价就不会超过垄断地位所带来的好处(垄断利润)。但是在很多情况下,由于众多垄断地位的竞争非常激烈,寻租代价通常要接近甚至等于全部垄断利润,如果考虑整个寻租市场,寻租人不止一个时,将所有寻租者的活动加起来的话,整个社会的福利损失会远远超过垄断厂商的福利净损失了。

第三节 垄断竞争市场

一、垄断竞争市场的含义和条件

垄断竞争市场是指既有垄断，又有竞争，既非完全竞争，又非完全垄断的市场结构。在现实生活中垄断竞争市场是最常见的市场。比如，在超市中经常会见到的品牌有数十种，甚至上百种的洗发水，生产这些洗发水的厂商就构成了垄断竞争市场。同样，品牌让人眼花缭乱的牙膏、化妆品、洗衣粉等，它们的生产厂商也都是垄断竞争厂商。垄断竞争市场存在的基本条件如下。

垄断竞争

（1）产品之间存在差别。这种差别，可能是因为产品的设计或生产技术不同，也可能是因为产品的外观形状、包装或商标不同，甚至是厂商的地理位置、服务态度以及消费者偏好不同。差别的存在，使不同厂商在销售自己的产品时形成一定的垄断。差别越大，这种垄断因素就越大。

（2）市场上厂商的数目较多，彼此之间存在着激烈的竞争。竞争来自不同厂商产品的替代性。尽管市场上产品有差别，但对于同类产品来说，其功能可以相互替代。所以，新的厂商可以进入，从而引起剧烈的市场竞争。

◆相关链接

典型的垄断竞争型市场——美食世界

餐饮业有着典型的垄断竞争型市场结构的特征。从以下北京三家餐馆的宣传广告中，可以看出商家是怎样致力于打造自己产品特色的。

（1）四川名菜"周鲶鱼"。在四川，"周鲶鱼"人人爱吃，现进京落户于西四环，名为"鲶鱼山庄"，正宗"周鲶鱼"的秘方只有总店的老板知道。"鲶鱼山庄"以长江上游所产鲶鱼为主打特色，每月从四川空运烹饪原料，它还特意邀请四川周鲶鱼的厨师长亲自打理。

（2）功德林素菜。人均收入水平的提高使得人们的膳食结构也发生了变化，吃清淡爽口又有营养的素菜逐渐成为时尚。功德林适应了这个趋势，丰富了素菜近百种。功德林素菜饭庄于20世纪80年代引进上海功德林的素菜并结合北京人的口味进行了创新，开发了红白两大类上百种素菜系列，其用料讲究，制作精湛。

（3）龙溪镇辣螃蟹火锅。东三环北路上海大都会院内的龙溪镇辣螃蟹火锅日渐红火。除了麻辣系列的螃蟹和小龙虾，乌江鱼和烧鸡公火锅也成了抢手的川味。这里的肉蟹和红花蟹由从重庆请来的师傅用独家秘方烹制，保证了正宗重庆麻辣味道。用纯正的川料炒的螃蟹，放入麻辣汤料中再焖，突出螃蟹的鲜嫩。这里的重庆老火锅也是一大特色。

在垄断竞争市场里，由于不同企业生产的同种产品之间存在着差异，企业为取得竞争优势，除了降低自己的成本外，还有以下三种基本的竞争策略可供采用：价格竞争策略、产品差异化策略、促销（包括广告）策略。上例中，北京的这三家餐馆就是致力于打造自己的产品的特色，采用了产品差异化策略，取得竞争优势。

（资料来源：http：//course.jnu.edu.cn/cxgc/gljjx/third.asp?newsid=185）

二、垄断竞争市场上厂商的需求曲线，边际收益曲线和平均收益曲线

1. 需求曲线

在垄断竞争市场上，厂商面临着两条需求曲线。这涉及每个厂商与其行业中其他厂商的关系。当一个厂商改变自己的产品价格，该行业中其他与之竞争的厂商并不随着它而改变价格时，该厂商的销售量会大幅度变动。因为他的价格变化会导致大量的需求变化。因此，需求曲线比较平坦。而当一个厂商改变自己产品的价格，该行业中其他与之竞争的厂商也随之改变价格时，该厂商的销售量将变化不大，因此，其需求曲线比较陡峭，如图 5-12 所示。

在图 5-12 中，D_1 表示单个厂商价格变化时其他厂商价格不变的需求曲线；D_2 表示单个厂商价格变化时其他厂商价格随之变动的需求曲线。当价格水平为 P_0 时，某厂商准备依靠降价手段来扩大销售，其价格由 P_0 降至 P_1，在其他厂商价格不降时，其销售为 OQ_1，增加了 Q_0Q_1，而当其他厂商也随之降价时，其销售量为 OQ_2，只能增加 Q_0Q_2。显然，上述两种情况，降价幅度相同，而销售量增加幅度不同。

2. 厂商的边际收益曲线和平均收益曲线

在垄断竞争条件下，单个厂商对自己的产品具有某种程度上的垄断，厂商商品的市场价格随着商品的销量变化而发生相应的改变。随着产量的增加，其价格不断下降，因而厂商的平均收益（AR）和边际收益（MR）也将不断减少，如图 5-13 所示。在图中，MR 曲线和 AR 曲线表现为两条从左向右下方倾斜的曲线，并且 MR 曲线始终位于 AR 曲线的下方。

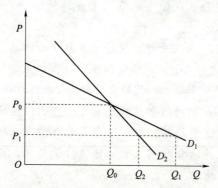

图 5-12　垄断竞争市场上厂商的需求曲线

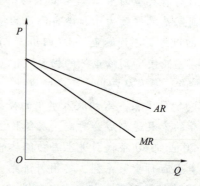

图 5-13　垄断竞争市场的厂商边际收益曲线和平均收益曲线

三、垄断竞争市场上的短期均衡

在垄断竞争市场上，短期内，厂商一般对自己的产量不会做出大规模的调整，而可能对自己的产品销售价格进行变化，以实现利润最大化。假设开始的时候，厂商的需求曲线为 d_1，边际收益曲线为 MR_1，厂商的销售价格为 P_1，从图 5-14 中可以看出，价格为 P_1 时，并没有满足 $MR_1 = MC$。故 P_1 不是厂商的最佳定价。为了使利润最大化，厂商实行降价策略，将价格由 P_1 降至 P_2。产量由 Q_1 增加 Q_1'。同时，该厂商的降价会引起其他竞争对手的反应，他们也采取降价措施，结果使该厂商的实际需求量只是由 Q_1 增加到 Q_2 而已，该厂商的主观需求

曲线也由 d_1 下移到 d_2。和 d_2 相对应的边际收益曲线是 MR_2，它和 MC 曲线交点所对应的价格 P_3，低于 P_2，故该厂商仍有降价空间，就要再次将 P_2 降至 P_3。这个过程再次引起竞争对手反应。这样，反复进行下去，直到该厂商的需求曲线下移到 d_e 的位置为止。此时，和需求曲线 d_e 相应的 MR_e 与 MC 的交点正好对应于需求曲线 d_e 上的 G 点。达到了短期厂商均衡。连接 E_1、E_2、G 形成需求曲线 D，D 便是整个市场的需求曲线。

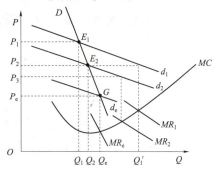

可见，垄断竞争条件下短期均衡的条件是 $MR=MC$。

垄断竞争厂商实现短期均衡，并不表明此时它一定获得了经济利润。在这种情况下，只能由垄断厂商的销售价格和平均成本之间的关系来判断。如

图 5-14　垄断竞争市场上的厂商短期均衡

果价格大于平均成本，厂商有超额利润；价格低于平均成本，厂商亏损。因此，除了需求曲线的变化外，垄断竞争市场上厂商短期均衡和垄断厂商的均衡十分相似。其均衡条件为 $MR=MC$。

垄断竞争和经济利润

四、垄断竞争市场上的长期均衡

在垄断竞争市场上，长期中，厂商可以调整自己的产量，其他厂商也可以加入或退出某一行业。厂商的长期均衡是通过新厂商的进入和退出与原有厂商之间的竞争来实现的。当出现超额利润时，新厂商便会进入该行业，市场供给增加，在需求不变的情况下，价格下降，直到超额利润消失。反之，若亏损，行业内一些厂商逐渐退出，未退出的厂商总供给减少，产品价格上升，直到不亏损为止。其过程可以用图 5-15 来表示。在图中，边际收益曲线 MR 与边际成本曲线 MC 相交决定了产量 OQ_0，价格为 OP_0，此时，长期平均成本曲线 LAC 与需求曲线 d 相切于 E。所以，长期均衡的条件是：$MR=MC$，$AR=LAC$。

从均衡时情形来看，垄断竞争条件下的长期均衡和完全竞争条件下的长期均衡没有明显的区别。这是因为，二者都同样经过新厂商进入引起供给增加和价格降低的过程，最终达到超额利润消失的均衡状态。实际上，二者是不同的。可用图 5-16 来说明。

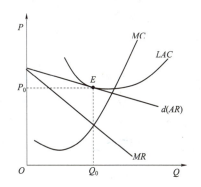

图 5-15　垄断竞争市场上的厂商长期均衡

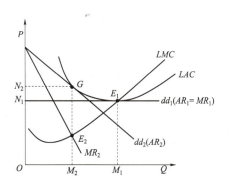

图 5-16　垄断竞争和完全竞争条件下厂商的长期均衡比较

在图 5-16 中，dd_1 是完全竞争条件下的需求曲线，也是平均收益曲线 AR_1 与边际收益曲线 MR_1，E_1 为完全竞争条件下的长期均衡点，其均衡价格为 ON_1，均衡产量为 OM_1。dd_2 为垄断竞争下的需求曲线，也是平均收益曲线 AR_2，MR_2 为垄断竞争条件下的边际收益曲线，垄断竞争的长期均衡点 G 处（由 E_2 决定）所决定的均衡价格为 ON_2，均衡数量为 OM_2。其不同之处在于以下四点。

第一，完全竞争条件下，AR_1、MR_1、dd_1 完全重合，是一条平行于横轴的线。垄断竞争下 dd_2 与 AR_2 重合，是一条向右下方倾斜的线，而 MR_2 是在 AR_2 左下方的一条线。这反映了收益变动的不同。在完全竞争下，$AR_1 = MR_1$，这时收益在 AR 的上限，在垄断竞争下，$AR_2 > MR_2$，并且 AR_2 是逐渐下降的，收益不在 AR 的最高点。

第二，在完全竞争下，平均成本处在最低点 E_1；在垄断竞争下，平均成本在 E_1 点左上方的一点 G，这说明在完全竞争下成本消耗比垄断竞争下小。

第三，在完全竞争下，价格为 ON_1；在垄断竞争下，价格为 ON_2，$ON_2 > ON_1$，说明完全竞争下的价格低于垄断竞争下的价格。

第四，在完全竞争下，产量为 OM_1；在垄断竞争下，产量为 OM_2，$OM_1 > OM_2$，完全竞争下的产量高于垄断竞争下的产量。垄断竞争长期均衡点与完全竞争长期均衡点之间的距离，叫剩余生产能力。这说明在垄断竞争下，资源并没有得到充分利用。

◆ **相关链接**

眼镜的价格

完全竞争的市场可以形成使资源最优配置的价格。换句话说，如果不存在垄断、外部性以及信息不对称等市场失灵问题，资源的有效配置完全可以通过市场机制的运行来实现。《钱江晚报》一项有关眼镜价格的调查说明，由于信息的不对称，导致了资源的低效配置。

作为商品，眼镜的特殊性主要表现在：① 由于近视患者对眼镜的依赖性，决定了眼镜属于需求弹性较小的商品；② 眼镜由镜片和镜架两种互补商品组成，除了佩戴的舒适性要求外，消费者对眼镜（尤其是镜架）存在装饰性的需求；③ 由于缺乏识别手段，消费者很难判断眼镜质量（特别是镜架）的优劣；④ 对消费者而言，眼镜属于"耐用"消费品，一旦购买，使用期较长，短期内不存在再选择的问题（也就是说，即使此次消费"被骗"，也不可能通过重新选择来淘汰这个销售眼镜的经销商）。眼镜经销商正是利用眼镜的这些特殊性，在眼镜市场中通过不正当的手段，蒙骗消费者，以获取暴利。2004 年 9 月 13 日，《钱江晚报》一篇题为"眼镜价格，你有多少水分"的调查文章披露了杭州市眼镜市场中存在的问题。

一位负责杭州某眼镜店进货的经营者向记者介绍了一副 170 元的眼镜是如何翻到上千元的。步骤如下：第一步，进货。经销商到产地按照镜片 50 元、镜架 120 元（合计 170 元）进货。第二步，包装运输。出货方按照买主要求对镜片和镜架进行按类别重新包装，几角钱的包装纸加上运输成本，经销商会给这个环节计算大概眼镜本价的50%~200%成本。第三步，重新贴牌。材料进店后，根据消费者的偏好进行贴牌，或干脆贴一个谁也看不懂的英文标贴（这也许就是不少所谓"进口"眼镜的来源）。贴牌和不贴牌的眼镜材料价格会有50%~200%的差价。第四步，上柜成交。这时的眼镜已经是"面目全非"，玻璃柜台里的眼镜配以各种灯光显得尤其高档。加上房租、人工、税收后，其价格一般都会再翻上200%。简单计算一下，经过经销商的几番"忙活"，眼镜的价格最终定在680~2 020元之间。

通过分析不难发现，眼镜经销商高价卖出眼镜的获利法宝无不与眼镜的特殊性相关。

其一，根据经济学原理，弹性小的商品提高价格有利于厂商收益水平的提高，反之，则收益下降。不过，对于弹性小的商品，如果市场竞争是充分的，厂商试图通过提高价格来增加收益是不容易的（除非通过限产）。

其二，眼镜市场应该属于垄断竞争市场，厂商之间生产有差别的产品，市场中有较多的厂商展开竞争。差别经营是经营者在市场竞争中获胜的手段之一，通过差别经营，增加其商品的垄断性，利于经营者对所经营的商品制订较高的价格。这种差别经营包括产品的质量、销售地点、品牌和服务等。由于眼镜佩戴的装饰性，消费者对品牌有独特的要求。根据这一特点，为迎合消费者的偏好，眼镜经销商通过贴不同的标签进行"品牌差别"经营。而由于信息的缺失，消费者无法对眼镜的"性价比"进行比较。消费者目前没有正当的途径来获取信息，或者即便有，也由于获取信息的成本过高，而放弃获取信息的权力。

其三，由于眼镜的"耐用性"，经销商也许认为通过诚信经营拉来"回头客"不是其近期的目标。因此，从目前的眼镜市场来看，经销商似乎不需要价格诚信。这无疑也应该是眼镜卖价高的原因之一。

眼镜市场在产品的差异性、厂商众多以及厂商自由进出等方面接近于垄断竞争市场的特征，在垄断竞争的市场上，销售价格高于产品的边际成本，生产数量低于最优数量，从社会整个角度来看存在一定的效率损失，但产品的多样化、企业追求利润的技术创新也许能弥补效率损失的缺陷。生活中没有绝对的完全竞争与完全垄断，很多市场都介于两者之间，政府作为权力强势者，应该鼓励竞争，反对垄断与不正当竞争，但是在现实中，大量的人为的、行政干预式的垄断仍然存在，而竞争的成分很少，显然，政府在信息沟通、市场监管的服务方面仍有改进的空间。

（资料来源：周小梅《经济学消息报》）

五、垄断竞争市场上的非价格竞争

价格竞争是市场中厂商经常采用的一种竞争方式，垄断竞争市场上的价格竞争也很普遍，但价格竞争存在许多缺陷。比如产品的定价太低，厂商无法收回成本，会出现资金短缺，厂商为降低成本往往会降低产品或服务的质量；另外，价格竞争比较容易效仿，降价促销短期内可能会提高销售量，但容易招致竞争对手的报复，无法持续获得较高的利润，甚至会引发恶性竞争，这对整个行业的长远发展都是不利的。

非价格竞争已经成为垄断竞争厂商采用的主要竞争方式之一。完全竞争市场上的厂商所提供的产品都是同质的，厂商之间无法采用非价格竞争，完全垄断市场上只有一个厂商，无须采用非价格竞争。而垄断竞争市场的特点之一就是产品的差异化，这种差异化使垄断竞争市场上存在垄断的势力，而且产品差别越大，需求曲线越陡峭，厂商的垄断能力越强，从而使厂商对产品的定价能力也就越强。因而，垄断竞争厂商有意愿通过提供与竞争对手在外观、性能、质量、服务等方面有差异的产品，来扩大产品的销售，提高其利润。

非价格竞争一方面强化了市场竞争。垄断竞争厂商为扩大销售量，会通过各种非价格的方式来迎合消费者的需要，提供有差别的产品，满足不同消费者的需求。为此，厂商会加大产品的研发力度、改进产品性能、不断提高售后服务质量、采取广告攻势、树立品牌形象等多种非价格竞争手段提供差异化的产品，培养和提高顾客对产品的忠诚度，以期获得更高的利润。另一方面，非价格竞争又增强了消费者对某种品牌的依赖，使得垄断竞争厂商提高了产品的垄断能力，也提高了对其价格的控制能力。

第四节 寡头垄断市场

一、寡头垄断市场的含义和特征

寡头垄断

寡头垄断市场是指少数厂商垄断了某一行业的市场，控制了这一行业的供给，其产量在该行业总供给中占有很大比重的市场结构。与垄断竞争市场相比，寡头垄断市场的垄断成分更强。寡头垄断市场没有一个单一的理论可以解释所有的市场情况，许多模型都是从不同的角度说明该市场的情况。寡头垄断市场具有以下三个特点：

第一，厂商极少，生产规模较大，新的厂商加入该行业比较困难。规模经济可能是最常见的进入障碍。此外，专利权、对资源市场的控制和法律规章等都可能造成进入壁垒。

第二，产品既可同质，也可存在差别，厂商之间存在激烈的竞争。

第三，厂商之间相互依存，任何一个厂商进行决策时，必须把竞争者的反应考虑在内；每一个厂商的价格和产量的变动都会影响其竞争对手的销售和利润水平。

根据寡头市场中厂商的数目，可以把寡头市场分为不同类型。如果市场中的产品供给由两家厂商所垄断时，称为双头垄断；如果市场中产品的供给由三家厂商所垄断时，称为三头垄断，如此等等。

根据寡头市场的产品是否有差别，人们把它分为纯粹寡头和差别寡头两类。如果寡头市场的产品是同质的，没有差别，就称为纯粹寡头，如钢铁、炼铝、炼铜、水泥等行业的寡头就属此类。如果寡头市场的产品是异质的，存在差别，就称为差别寡头，如汽车、飞机、重型机械以及电器制造、石油产品等行业的寡头，就属于这一类。差别寡头行业的产品用途类似，但存在许多型号，它们在质量、外观以及售后服务等方面不同。

◆ **相关链接**

方便面行业的寡头垄断时期

市场上方便面品牌多达上百个,但真正成规模、有优势的依然是"康师傅"和"统一"等少数品牌。1998 年、1999 两年"中国市场与媒体研究"数据就已表明,中国台湾企业的"康师傅"和"统一"方便面占据了 70%以上的市场份额。

依据"卖方集中度的产业组织理论",当卖方集中度大于 50%,且有显著经济规模、产品差异大,又有较高进入壁垒的行业称为寡头垄断的市场结构;而把卖方集中度介于 10%~50%、厂家数目相对较少、存在较显著的规模经济、产品差异中等或较大又有一定进入壁垒的行业称为垄断竞争的市场结构;而对于卖方集中度低于 10%、厂家众多、产品差异很小或较小、无明显经济规模,也能自由进入的行业称为完全竞争的市场结构。

按照这一理论,研究人员考察了 1999 年"中国市场与媒体研究"中的 21 个全国性方便面品牌,依据累计品牌的消费人数,得出方便面行业的行业集中度曲线,分析曲线得知方便面市场已经形成寡头垄断的市场格局,前两位寡头就是来自中国台湾的康师傅和统一两大集团,它们两者的市场占有率就达到了整个行业的 72.1%;紧随它们之后的是华丰和美厨,不过,它们的份额相对较小;其余品牌则在这四个巨人面前不值一提。

接下来,研究人员进一步分析了各城市市场的品牌竞争状况。分析发现,"康师傅"在 20 个城市的渗透率均排第一,"统一"在 14 个城市排名第二位,一些地方品牌在某些城市排在第三、第四位。现如今除了"统一"尚能对"康师傅"构成威胁外,其余品牌在全国范围内都不能对其构成威胁。虽然一些地方品牌在某些城市占据了一些份额,但中国的方便面市场已经是"康师傅"的市场,"康师傅"当仁不让地坐上了中国方便面的龙头之位。

由此,方便面行业已经完全进入寡头垄断时期。其特征表现在:寡头企业在消费群中已经形成不可动摇的地位,其他企业在一段时期内很难进入这一市场,竞争主要在寡头之间展开。此外,寡头企业要想维持霸主地位,除了对产品质量及特色不断改进外,广告宣传也是其不能忽视的手段,另外,寡头企业还时刻在关注行业内其他寡头及品牌的变化,以防止其对自身品牌及企业地位、经济状况的影响。

其实,一个真正有实力的品牌离不开消费者的认同与支持,所以研究分析消费者的特征及消费行为,对品牌进行深层次的研究,是所有品牌能否占领市场的关键。

(资料来源:http://course.jnu.edu.cn/cxgc/gljjx/third.asp?newsid=241)

二、寡头垄断市场上的需求曲线——斯威齐模型

寡头垄断市场上价格具有刚性,即当成本有一定的改变时,价格却保持不变。即在这种市场上,一旦价格决定之后,就有相对的稳定性。美国经济学家 P·斯威齐在 1939 年提出了拐折的需求曲线来解释该现象。此需求曲线假设,当一家寡头提高价格时,它的竞争对手为了增加自己的销售量,并不提高价格;当一家寡头降低价格时,它的竞争对手为了不减少销售量,也降低价格。可用图 5-17 来说明拐折的需求曲线。

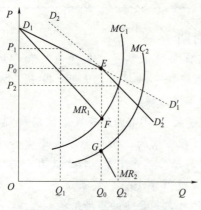

图 5-17 寡头垄断市场的需求曲线——斯威齐模型

在图 5-17 中，P_0 是已确定的价格，Q_0 是与之对应的产量。D_1ED_2' 为拐折的需求曲线，它由两条需求曲线 D_1D_1' 和 D_2D_2' 的各一部分组成。D_1E 是需求曲线 D_1D_1' 的一部分，表示当某厂商涨价时，其他厂商不予理会，该厂商的销售量会大幅度的减少。例如，当该厂商把价格从 P_0 上升到 P_1 时，其需求量会从 Q_0 减少到 Q_1。ED_2' 是需求曲线 D_2D_2' 的另一部分，表示当厂商降价时，其他厂商也跟着降价，该厂商的销售量不会大幅度地增加。例如，当该厂商把价格从 P_0 降到 P_2 时，其需求量只从 Q_0 增加到 Q_2。MR_1 和 MR_2 是根据 D_1D_1' 和 D_2D_2' 分别得出的边际收益曲线。由于需求曲线 D_1ED_2' 在 E 点拐折，因而与 E 点相对应，边际收益曲线间断，MR_1 和 MR_2 间出现空隙。MC_1 和 MC_2 是两条边际成本曲线，它们在 MR_1 和 MR_2 的空隙与边际收益曲线相交于 F、G 点。实际上，可以设想 MC_1 和 MC_2 之间存在着许多条边际成本曲线，它们都可以与 MR 不连续部分相交。这表明在 MR_1 和 MR_2 的空隙区间内，边际成本有较大的变动范围，在这一范围内边际成本可以在 MC_1 和 MC_2 之间变动（仍能保持边际成本与边际收益相等），但厂商可以保持价格不变，因而价格是具有刚性的。

斯威齐模型用拐折的需求曲线对寡头垄断市场的价格刚性作了解释，但由于其他厂商价格"不跟涨"的假设在现实中难以成立，也由于其对如何确定已定的价格没有做出解释（只说明了厂商希望现在的市场价格保持稳定，却没有说明它是怎么来的，为什么不是其他价格），因此受到了某些经济学家的批评。斯威齐模型只能是寡头定价行为的未完成的模型。

斯威齐模型

三、寡头垄断市场上产量的决定

各寡头之间有可能存在相互之间的勾结，也可能不存在勾结。在这两种情况下，产量的决定是有差别的。

当各寡头之间存在勾结时，产量由各寡头之间协商确定。而协商确定的结果有利于谁，则取决于各寡头的实力大小。这种协调能力可能是对产量的限定（如石油输出国组织对各产油国规定的限产数额），也可能是对销售市场的瓜分，即不规定具体产量的限制，而是规定各寡头市场范围。当然，这种勾结往往是暂时的，当各寡头的实力发生变化后，就会要求重新确定产量或瓜分市场，从而引起激烈的竞争。

在不存在勾结的情况下，各寡头是根据其他寡头的产量决策来调整自己的产量，以达到利润最大化的目的。但是，各寡头在决策的时候，只知道自己的产量和价格，并不知道其他厂商的产量和价格，这是寡头厂商在决策时面临的困境。为了推测其他厂商的产量，只有根据不同假设条件进行分析，不同的假设条件就有不同的结果。经济学家做出了许多不同假设的模型进行分析，并得出了不同的结果。这里主要介绍古诺模型和张伯伦模型。

1. 古诺模型

古诺模型是法国经济学家古诺在19世纪提出的一个双头垄断模型。其假设条件是：第一，只有两个寡头 A 和 B，生产完全相同的产品，即产品同质。第二，为了简便起见，假设生产成本为零，边际成本自然为零。第三，两家厂商面临共同的线性市场需求曲线，即需求曲线是一条向右下方倾斜的直线，两家寡头分享市场，每个厂商的产量都是独立变量，都认为自己变动产量时对方不会变动产量，两个厂商的产量总和影响市场价格。第四，各方都根据对方的行动同时做出反应。第五，每家寡头都通过调整产量（而不是价格）来实现利润最大化。可以用图 5-18 来说明古诺模型。

古诺模型

在图 5-18 中，DB 为两家寡头所面临的需求曲线，MR 为边际收益曲线，OQ 为边际成本曲线（因假定 MC=0）。

在开始时，市场上只有 A 寡头，因为 MC=0，所以厂商的收入即为利润，厂商根据利润最大化原则 MR=MC=0，将选择供给产量 OA，OA=1/2 OB。就是说，在销售量为 OA，价格为 OC 时，他可以实现利润最大化。这时利润为 OAPC（OAPC 为直角三角形 OBD 的最大化内接四边形）。

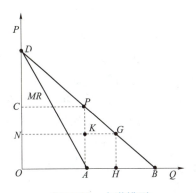

图 5-18 古诺模型

当 B 寡头加入后，A 的销售量仍为 OA，市场剩余的需求量为 AB，B 供给 AB 的一半，即 AH，可获得最大利润。当 B 供给 AH 时，总供给量增加到 OH，因此，价格下降为 ON（HG）。这时，A 的收益减少为 OAKN。假定 A 认为 B 会保持销量 AH，A 为了达到利润最大化，就要供给 1/2（OB-AH）。1/2 OB>1/2（OB-AH），A 的销售量减少了。这样，留下由 B 供给的数量就增加了，B 的供给就需要大于 AH，即 B 根据 A 减少销售量的行动做出的反应是增加自己的销售量。在双方对对方行动做出反应的过程中，A 的产量逐渐减少，B 的产量逐渐增加，直到两个寡头平分总供给量为止。这时，他们的总销售量将为 2/3 OB，每人各为 1/3 OB。

由此可以推出，当有三个寡头时，市场均衡时总销售量为 3/4 OB，各个寡头的销量为 1/4 OB。所以，从双头理论的古诺模型所推导出的是：当有 n 个寡头时，市场均衡的总供给量为 $n/(n+1)$，每个寡头的供给量是 $1/(n+1)$。

2. 张伯伦模型

对于双头垄断模型，美国经济学家张伯伦后来在新的假设下作了另一种分析。他的分析前提是假设这两个寡头认识到他们在市场上的相互依赖性并据此来确定自己的价格和产量，以寻求共同的最大利益。张伯伦模型可以用图 5-19 来说明。

在图 5-19 中，当 A 寡头首先进入市场时，它会确定自己的最佳产量为

新张伯伦模型

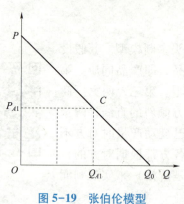

$OQ_{A1} = 1/2\ OQ_0$,价格为 P_{A1}。然后 B 寡头进入市场。A 寡头认识到在既定需求曲线下,最大利润便是在总产量为 OQ_{A1} 时。在 B 寡头进入的条件下,最明智的做法是双方平分这个最大利润,即相当于矩形 $OQ_{A1}CP_{A1}$ 的面积,于是就自动让出自己原先产量的一半。而 B 寡头也认识到同样的道理,不提出更高的需求,只满足于与 A 平分这个最佳产量。于是,A、B 寡头的均衡产量都等于 $1/2\ OQ_{A1}$,它们的利润都等于 $1/2\ OQ_{A1}CP_{A1}$ 的面积。从图上可以看出,张伯伦模型与古诺模型相比,其均衡价格要高一些,每个厂商得到的利润也要大一些。

图 5-19 张伯伦模型

四、寡头垄断市场的价格决定

拐折的需求曲线解释了寡头垄断市场上的价格具有刚性的原因,但并没有说明寡头垄断市场上价格是如何决定的。因此,需要进一步分析寡头垄断市场上价格的决定。

寡头垄断市场上价格的决定也要区分存在不存在勾结,在不存在勾结的情况下,价格决定的方法是价格领先制和成本加成法;在存在勾结的情况下,则是卡特尔。

1. 价格领先制

价格领先制

价格领先制又称价格领袖制,指一个行业的价格通常由某一寡头率先制订,其余寡头追随其后确定各自的价格。如果产品是无差别的,价格变动可能是相同的,即价格变动幅度相同。如果价格是有差别的,价格变动可能相同,也可能不相同。作为价格领袖的寡头厂商一般有三种情况。

(1) 支配型价格领袖。领先确定价格的厂商是本行业中最大的、最有支配地位的厂商。它在市场上占有份额最大,因此对价格的决定举足轻重。它根据自己利润最大化的原则确定产品价格及其变动,其余规模较小的寡头则根据这种价格来确定自己的价格以及产量。

(2) 效率型价格领袖。领先确定价格的厂商是本行业中成本最低,从而效率最高的厂商。它对价格的确定也使其他厂商不得不随之变动。

(3) 晴雨表型价格领袖。这种厂商并不一定在本行业中规模最大,也不一定效率最高,但它在掌握市场行情变化或其他信息方面明显优于其他厂商。这家厂商价格的变动实际是首先传递了某种信息,因此,它的价格在该行业中具有晴雨表的作用,其他厂商会参照这家厂商的价格变动而变动自己的价格。

2. 成本加成法

这是寡头垄断市场上一种最常用的方法,即在估算的平均成本的基础上加一个固定百分率的利润。例如,某产品的平均成本为 100 元,利润率确定为 10%,这样,这种产品的价格就可以定为 110 元。平均成本可以根据长期中成本变动的情况来确定,而所加的利润比率要参照全行业的利润率情况确定。这种定价方法可以避免各寡头之间的价格竞争，使价格相对稳定，从而避免在降价竞争中寡头两败俱伤。从长期来看，这种方法能接近于实现最大利润，是有利的。

3. 卡特尔

各寡头之间进行公开的勾结，组成卡特尔，协调他们的行动，共同确定价格。例如，石油输出国组织就是这样一个国际卡特尔。卡特尔共同制定统一的价格，为了维持这一价格还必须对产量实行限制。但是，由于卡特尔各成员之间的矛盾，有时达成的协议也很难兑现，或引起卡特尔解体。在不存在公开勾结的卡特尔的情况下，各寡头还能通过暗中勾结（又称默契）来确定价格。

卡特尔

◆ **相关链接**

雷克航空公司的搏斗

1977年，一个冒失的英国人弗雷迪·雷克闯进航空运输市场，开办了一家名为"雷克"的航空公司。他经营的是从伦敦飞往纽约的航班，票价是135美元，远远低于当时的最低票价382美元。毫无疑问，雷克公司一成立便生意不断，1978年雷克荣获大英帝国爵士头衔。到1981年"弗雷迪爵士"的年营业额达到5亿美元，简直让他的对手们（包括一些世界知名的老牌公司）气急败坏。但是好景不长，雷克公司于1982年破产，从此消失。

出了什么事？原因很简单，包括泛美、环球、英航和其他公司在内的竞争对手们采取联合行动，一致大幅降低票价，甚至低于雷克。一旦雷克消失，他们的票价马上回升到原来的高水平。更严重的是这些公司还达成协议，运用各自的影响力阻止各大金融机构向雷克公司提供贷款，使其难以筹措借以抗争的资金，进一步加速雷克的破产。

但"弗雷迪爵士"并不甘心，他依照美国反垄断法提出起诉，指责上述公司联手实施价格垄断，为了驱逐一个不愿意接受其"游戏规则"的公司，竟然不惜采用毁灭性价格来达到目的。1985年8月，被告各公司以800万美元的代价同雷克达成庭外和解，雷克随即撤回起诉。1986年3月，泛美、环球和英航三大公司一致同意设立一项总值3 000万美元的基金，用于补偿在雷克公司消失后的几年中，以较高票价搭乘这几家公司的航班飞越大西洋的20万旅客的损失。

赔款达到和解不等于认罪。从技术上讲，官方没有认定"弗雷迪爵士"是被垄断价格驱逐出航空公司的。但是这个案例已经明显地透露出威胁信号，那就是如果其他任何人企图从跨越大西洋的航空市场分一杯羹，必须认真考虑到其中可能面临的破产危险。从来没有其他公司尝试提供低廉的越洋机票，至少没有低到雷克公司做到的地步。

可见，寡头之间的价格竞争行为会产生多么严重的后果和风险，所以，在寡头垄断市场上，勾结多于竞争。

（资料来源：斯蒂格利茨，《经济学——小品与案例》，中国人民大学出版社，1998.）

五、寡头垄断市场的博弈

寡头垄断市场的特点是各个寡头厂商之间存在着实际的、可感觉到的相互依赖关系，即每个寡头厂商决策时都要考虑自己的决策会给对手造成什么影响，对手会做出什么反应，自己又如何对付，好像棋手每下一步棋都必须考虑对方可能做出什么反应一样。于是，经济学家用博弈论（又称对策论）的方法来研究相互依存的厂商的决策行为。

博弈论又名对策论、游戏论，是一门研究互动关系的游戏中参与者各自选择策略的科学，或者说，是一门研究机智而理性的决策者之间冲突与合作的科学。博弈论与传统微观经济学中的决策理论有重大区别。在传统理论中，经济主体（个人或机构）做出决策时并不考虑自己的选择（决策）对别人的影响，也不考虑别人的选择对自己的影响。博弈论则不同，在主要考虑这些复杂关系的情况下，来分析各自的选择与策略。博弈论已发展为较为系统的理论，包括静态博弈（单次博弈）与动态博弈（重复博弈），这里只介绍博弈论中最简单的纳什均衡。

博弈论

囚徒困境和纳什均衡

纳什均衡是美国数学家纳什于1951年总结出来的一种均衡理论。这种均衡理论是指参与博弈的每个人在给定其他人战略的条件下选择自己的最优战略所构成的一个战略组合，研究该现象的著名例子被称为"囚徒的困境"。

囚徒的困境。假定有甲乙两个作案的嫌疑人被分别关在两个房间进行审讯。他们所面临的情况是：如果两人都坦白，各判5年；两人都抵赖，各判2年；1人坦白1人抵赖，抵赖者判8年，坦白者判1年。这些结果可以写成一个矩阵，如表5-1所示。

表5-1 囚徒的困境

	乙 坦 白	乙 抵 赖
甲 坦 白	-5, -5	-1, -8
甲 抵 赖	-8, -1	-2, -2

在表5-1中，每个囚徒都有两种选择：坦白或抵赖。表中每一格的两个数字代表对应选择组合下两个囚徒的结局，第一个数字属甲，第二个数字属乙。显然，在此例中，甲乙双方都站在自己的最优策略上进行选择，最终的选择将是（坦白、坦白），即双方都不合作。这是因为，不管乙是坦白还是不坦白，甲最好的策略是坦白。同样，不管甲坦白还是不坦白，乙最好的策略也是坦白。结果两个都选择坦白，各判5年。但如果两个人选择合作，一起抵赖，则最终两个人只各被判2年。于是，出现了每个人试图做出"最佳"决策但最终却产生了"最坏"结果的情况。这种情况下形成的均衡叫作纳什均衡，纳什均衡又叫非合作博弈。

寡头垄断厂商也会遇到类似的情况。如A、B两厂商组成一个卡特尔，如果两家都遵守价格和产量的协议，也许大家都可以得到最大利润，假定是（1 800，1 800），但双方都想欺骗对方以获得更大利润（比如，欺骗方可得2 000，被骗方可得1 000），结果是卡特尔瓦解，大家都只得到较低利润（比如1 500）。列成矩阵如表5-2所示。

表 5-2　卡特尔的困境

	B 合作	B 不合作
A 合作	1 800, 1 800	1 000, 2 000
A 不合作	2 000, 1 000	1 500, 1 500

为什么双方都选择不合作是纳什均衡？因为不管对方选择合作还是不合作战略，自己选择不合作（欺骗）都是最优战略。本章所讲的古诺模型，实际上也是一种不合作均衡。

在寡头垄断市场上，当寡头数量很少时，从理论上讲，他们很容易通过谈判实行勾结定价，即像一个垄断者一样用高价获得更多的消费者剩余。这样做，交易费用（寡头之间通过勾结谈判达成协议的费用）并不高，而勾结定价可以为参与者带来共同的利益。尽管许多国家"反垄断法"中有禁止勾结定价的条款，但实际上，这个条款的作用极为有限，因为寡头之间可以采取更为隐蔽的勾结方式如默契进行，但这种方式在现实中很少成功，博弈论分析的结论与现实是一致的。

在上面的两个例子中的博弈都是一次性博弈（即不管哪一方，一旦决定如何行动，博弈即告结束，这种方式的博弈称为单次博弈），如果博弈重复多次，情况会有所不同（这种博弈称为重复博弈）。然而，在现实生活中，博弈往往是一而再，再而三地进行，其决策不仅仅考虑对方的当期行动，而且要考虑以后的行动。在重复博弈中，若一方欺骗了另一方，会受到另一方的报复和"惩罚"。为了长期利益，他可能会选择合作以免惩罚。但如果他一旦知道博弈的次数，他就很可能在最后一次博弈中采取欺骗即不合作的战略，因为他认为反正对方再没有机会惩罚他了。但双方都这样做时，卡特尔最终只会瓦解。关于这方面的分析还涉及很多博弈论的更深理论，这里就不做介绍了。

纳什均衡详细介绍

◆ 相关链接

互相合作还是互相背叛？
从"囚徒的困境"到重复博弈

　　博弈论的经典案例"囚徒的困境"告诉人们，由于采取不合作的策略，双方都未能获得最佳结果。需要注意的是，这种策略的选择是博弈双方一次性的博弈结果，如果博弈连续进行或重复进行，结果又将如何？

　　当然，在现实世界里，信任与合作很少达到如此两难的境地。谈判、人际关系、强制性的合同和其他许多因素左右了当事人的决定。但囚徒的两难境地确实抓住了不信任和需要相互防范背叛这种真实的一面。但是，无论在自然界还是在人类社会，"合作"都是一种随处可见的现象。那么，问题就出现了：到底是何种机制促使生物体或者人类进行相互合作呢？

这个问题的答案大部分归功于美国密西根大学一位叫作罗伯特·爱克斯罗德的人。爱克斯罗德是一个政治科学家，对合作的问题久有研究兴趣。为了进行关于合作的研究，他组织了一场计算机竞赛。这个竞赛的思路非常简单：任何想参加这个计算机竞赛的人都扮演"囚徒的困境"案例中一个囚徒的角色。他们把自己的策略编入计算机程序，然后他们的程序会被成双成对地融入不同的组合。分好组以后，参与者就开始玩"囚徒的困境"的游戏。他们每个人都要在合作与背叛之间做出选择。但这里与"囚徒的困境"案例有个不同之处：他们不只玩一遍这个游戏，而是一遍一遍地玩上200次。这就是博弈论专家所谓的"重复的囚徒困境"，它更逼真地反映了具有经常而长期性的人际关系。而且，这种重复的游戏允许程序在做出合作或背叛的抉择时参考对手程序前几次的选择。如果两个程序只玩过一个回合，则背叛显然就是唯一理性的选择。但如果两个程序已经交手过多次，则双方就建立了各自的历史档案，用以记录与对手的交往情况。同时，它们各自也通过多次的交手树立了或好或差的声誉。虽然如此，对方的程序下一步将会如何举动却仍然极难确定。实际上，这也是该竞赛的组织者爱克斯罗德希望从这个竞赛中了解的事情之一。一个程序总是不管对手作何种举动都采取合作的态度吗？或者，它能总是采取背叛行动吗？它是否应该对对手的举动回之以更为复杂的举措？如果是，那会是怎么样的举措呢？

经过几次竞赛，使爱克斯罗德和其他人深感吃惊的是，竞赛的桂冠始终属于其中最简单的策略：一报还一报。一报还一报的策略是这样的：它总是以合作开局，但从此以后就采取以其人之道还治其人之身的策略。也就是说，一报还一报的策略实行了胡萝卜加大棒的原则。它永远不先背叛对方，从这个意义上来说它是"善意的"。它会在下一轮中对对手的前一次合作给予回报（哪怕以前这个对手曾经背叛过它），从这个意义上来说它是"宽容的"。但它会采取背叛的行动来惩罚对手前一次的背叛，从这个意义上来说它又是"强硬的"。而且，它的策略极为简单，对手程序一望便知其用意何在，从这个意义来说它又是"简单明了的"。

竞赛的结论是无可争议的。好人，或更确切地说，具备以下特点的人，将总会是赢家：① 善意的；② 宽容的；③ 强硬的；④ 简单明了的。

一报还一报策略的胜利对人类和其他生物的合作行为的形成所具有的深刻含义是显而易见的。爱克斯罗德在《合作进化》一书中指出，一报还一报策略能导致社会各个领域的合作，包括在最无指望的环境中的合作。他最喜欢举的例子就是第一次世界大战中自发产生的"自己活，也让他人活"的原则。当时前线战壕里的军队约束自己不开枪杀伤人，只要对方也这么做。使这个原则能够实行的原因是，双方军队都已陷入困境数月，这给了他们相互适应的机会。

一报还一报的相互作用使得自然界即使没有智能也能产生合作关系。这样的例子很多：真菌从地下的石头中汲取养分，为海藻提供了食物，而海藻反过来又为真菌提供了光合作用；金蚁合欢树为一种蚂蚁提供了食物，而这种蚂蚁反过来又保护了该树；无花果树的花是黄蜂的食物，而黄蜂反过来又为无花果树传授花粉，将树种撒向四处。

更广泛地说，共同演化会使一报还一报的合作风格在这个充满背信弃义劣行的世界上蔚然成风。假设少数采取一报还一报策略的个人在这个世界上通过突变而产生了。那么，只要这些个体能互相遇见，足够在今后的相逢中形成利害关系，他们就会开始形成小型的合作关系。一旦发生了这种情况，他们就能远胜于他们周围的那些背后藏刀的类型。这样，参与合作的人数就会增多。很快,一报还一报式的合作就会最终占上风。而一旦建立了这种机制,相互合作的个体就能生存下去。如果不太合作的类型想侵犯和利用他们的善意,一报还一报政策强硬的一面就会狠狠地惩罚他们,让他们无法扩散影响。

现在,对博弈论的研究是如此广泛,以至于有些人说最新的经济学和管理科学都已经利用博弈论的理论和工具重写过了。博弈论中有很多有趣而富于哲理的案例,一报还一报就是其中的一个。它那种善意、宽容、强硬、简单明了的合作策略无论对个人还是对组织的行为方式都有很大的指导意义。

(资料来源:http://klyj.edu-chn.com/simple/?t2194.html)

复习与练习

一、简答题

1. 为什么在完全竞争市场上,厂商的需求曲线、边际收益曲线和平均收益曲线是同一条线?
2. 在完全竞争市场上,短期内,何种情况下产生超额利润?何种情况下亏损?
3. 在完全垄断市场上,为什么需求曲线也是平均收益曲线,而且是向右下方倾斜的?
4. 完全垄断市场上,短期内,何种情况下盈余,何种情况下亏损?什么时候应当停止营业?
5. 垄断竞争市场产生的条件是什么?为什么其需求曲线有两种可能?
6. 寡头垄断市场的特征是什么?如何解释寡头垄断市场上拐折的需求曲线?
7. 寡头垄断市场的价格确定通常有几种情况,分别在什么条件下产生?
8. 四种市场类型短期和长期均衡的条件分别是什么?试列表对比分析。

课后测试

二、分析题

1. 考虑两个寡头厂商,每一厂商都在"高"产量和"低"产量之间进行选择。根据每一厂商的不同选择。它们相应的获利情况如表5-3所示。

表5-3 两个寡头厂商不同产量下的获利情况表

厂商B \ 厂商A	高产量	低产量
高产量	A获利200万元 B获利200万元	A获利100万元 B获得500万元
低产量	A获利500万元 B获利100万元	A获利400万元 B获得400万元

请你解释,为什么不论A做出什么样的选择,B都会选择高产量是合理的。同样,为什么不论B做出什么选择,A都选择高产量是合理的?在该情况下,怎样导致两个厂商勾结?

2. 请将四种市场结构进行对比分析,就市场中厂商的数目,产品的差别性和替代性,新厂商进入的难易程度,有无超额利润,以及均衡条件方面进行分析，然后列成一个表对比。

技能训练项目

项目 5-1　分析研讨市场结构及其特点

【技能目标】

培养学生对市场结构及其市场特点的分析能力。

【内容与要求】

全班同学自愿结合，5~6人为一个小组，以小组为单位，完成以下任务：

1. 选择一类日用消费品（如饮料、化妆品、数码产品等）进行市场调研，分析该市场的基本构成以及市场特点。每组针对调研活动撰写一份2 000字左右的调研报告。

2. 组织一次班级交流讨论。各组派一名代表集中发言，全班同学围绕发言内容展开讨论。

【成果与考核】

1. 各组把经修改后的调研报告上交。

2. 由教师和同学根据各组的调研报告、发言和讨论中的表现分别评估打分，综合评定本次活动的成绩。

项目 5-2　分析研讨垄断企业行为

【技能目标】

培养学生对垄断企业行为特征的初步分析能力。

【内容与要求】

全班同学自愿结合，5~6人为一个小组，以小组为单位，完成以下任务：

1. 组织大家学习我国颁布实施的《反垄断法》，并以"垄断企业对市场的危害"为题，进行一场集体讨论，让大家发表自己的看法。每组将大家的讨论发言整理汇总形成书面报告。

2. 组织一次班级交流讨论。各组派一名代表集中发言，全班同学围绕发言内容展开讨论。

【成果与考核】

1. 各组把经修改后的讨论发言材料上交。

2. 由教师和同学根据各组的发言和讨论中的表现分别评估打分，综合评定本次活动的成绩。

纳什均衡详细介绍

第六章

收入与分配

学习目标

知识目标：

通过本章学习，掌握生产要素需求的特性，熟悉工资、利息、地租、利润的决定原理，明确洛伦兹曲线和基尼系数的含义，掌握收入分配政策。

能力要求

通过本章学习，能够根据收入分配理论分析有关工资、利息、地租和利润的现象，解释收入差距产生的原因；能够针对现行的经济形势对国家的收入分配政策做出合理的解释、分析与评价。

情境导入

为什么漂亮的人收入高？

美国经济学家丹尼尔·哈莫米斯与杰文·比德尔在1994年第4期《美国经济评论》上发表了一份调查报告。根据这份调查报告，漂亮的人的收入比长相一般的人高5%左右，长相一般的人又比丑陋一点的人收入高5%~10%。为什么漂亮的人收入高？

经济学家认为，人的收入差别取决于人的个体差异，即能力、勤奋程度和机遇的不同。漂亮程度正是这种差别的表现。

漂亮不仅仅是脸蛋和身材，还包括一个人的气质。在调查中，漂亮由调查者打分，实际是包括外形与内在气质的一种综合。这种气质是人内在修养与文化的表现。因此，在漂亮程度上得分高的人实际往往是文化修养好、气质佳、受教育程度高的人。两个长相接近的人，也会由于受教育不同而表现出来的漂亮程度不同。所以，漂亮是反映人受教育水平的标志之一，而受教育水平是个人能力的来源，受教育多，文化程度高，在这种情况下，收入水平高就是正常的。

漂亮也可以反映人的勤奋和努力程度。一个工作勤奋、勇于上进的人，自然会打扮得体，举止文雅，有一种朝气，这些都会提高一个人的漂亮得分。漂亮在某种程度上反映了人的勤奋程度，所以，与收入相关也就不奇怪了。

最后，漂亮的人机遇更多。有些工作，只有漂亮的人才能从事，漂亮往往是许多高收入工作的条件之一。就是在所有的人都能从事的工作中，漂亮的人也更有利。漂亮的人从事推销工作更易于被客户接受，当老师会更受到学生热爱，当医生会使病人觉得亲切。所以，在劳动力市场上，漂亮的人机遇更多，雇主总爱优先雇用漂亮的人。有些人把漂亮的人机遇更多，更易于受雇称为一种歧视，这也不无道理，但有哪一条法律能禁止这种歧视？这是一种无法克服的社会习俗。

漂亮的人的收入高于一般人。两个各方面条件大致相同的人，由于漂亮程度不同而得到的收入不同。这种由漂亮引起的收入差别，即漂亮的人比长相一般的人多得到的收入称为"漂亮贴水"。从要素的分配角度来讲，这可以看作"漂亮"这种特有资源获得的报酬。

（资料来源：梁小民，《微观经济学纵横谈》，三联书店，2005.）

分配理论是经济学中最古老的主题之一。其主要是解决为谁生产的问题，即生产出来的产品按照什么原则分配给社会各阶层。尽管对这一问题存在着争论，然而，西方经济学认为，产品是由生产要素生产出来的。在生产过程中，工人提供了劳动，获得了工资；资本家提供了资本，获得了利息；地主提供了土地，获得了地租；企业家提供了企业家才能，获得了利润。也就是说，各种生产要素都是根据其在生产过程中的贡献大小而获得了相应的报酬，这种报酬就是生产要素的价格。所以分配理论就是要解决生产要素的价格决定问题。生产要素的价格与产品的价格一样，是由供求关系来决定的。这就是说，生产要素的需求与供给决定了生产要素的价格。本章分析的收入分配问题，就是回答为谁生产的问题，也就是生产要素的价格是如何决定的，即劳动力、土地、资本和企业家才能这四种生产要素的价格是如何决定，在此基础上进一步介绍收入分配政策。

第一节 生产要素的需求与供给

一、生产要素的需求

1. 生产要素需求的概念

同消费者对商品的需求类似，生产要素需求是指厂商对一定的价格水平下的生产要素愿意并且能够购买的数量。我们知道，最基本的生产要素包括劳动力、土地、资本和企业家才能四种，随着科技的发展和知识产权制度的建立，技术、信息也作为相对独立的要素投入生产。因此，以上各种要素共同构成生产要素市场的需求对象。与产品市场的需求相比，生产要素需求有其自身特点。

生产要素

生产要素需求

2. 生产要素需求的特点

（1）生产要素的需求是引致需求或派生需求。商品市场上的需求和生产要素市场上的需求具有不同的性质。在商品市场上，需求来自消费者。消费者为了直接满足自己的吃、穿、住、行等需要而购买商品。因此，对商品的需求是所谓的"直接"需求。与此不同，在生产要素市场上，需求不是为了消费，而是为了生产和出售产品以获得收益。厂商之所以需要购买劳动力、原材料、机器和其他生产要素,不是为了他们自身消费的需要,而是为了利用这些生产要素生产出产品出售给消费者,满足消费者的消费欲望,以便从中获得利润。因此,生产要素的需求不是直接需求,而是"间接"需求。

进一步来看,厂商通过购买生产要素进行生产并从中获得收益,部分地取决于消费者对其所生产的产品的需求。如果不存在消费者对产品的需求,厂商就无法从生产销售产品的过程中获得收益,从而也不会去购买生产资料并生产产品。例如,如果没有人去购买汽车,就不会有厂商对汽车工人有需求。由此可见,厂商对生产要素的需求是从消费者对产品的直接需求中派生出来的。从这个意义上讲,生产要素的需求又是所谓的"派生"需求或"引致"需求。

(2) 生产要素的需求有"联合性",即生产要素的需求是共同的、相互依赖的需求,这个特点是由于技术上的原因,即:生产要素往往不是单独发挥作用,任何生产行为所需要的都不是一种生产要素,而是多种生产要素,这些多种生产要素相互依赖,相互补充,共同完成生产任务。一个赤手空拳的人不可能生产任何产品;同样,只有机器本身也无法创造产品。只有人与机器(以及原材料等)相互结合起来才能达到目的。

生产要素需求的派生性与联合性,决定了它的需求比产品的需求要复杂得多,在分析生产要素需求时要注意以下四个问题:

第一,产品市场结构的类型是完全竞争还是不完全竞争;

第二,一家厂商对生产要素的需求与整个行业对生产要素需求的联系与区别;

第三,只有一种生产要素变动的情况;

第四,生产要素本身的市场结构是完全竞争的还是非完全竞争的。

3. 完全竞争市场上的生产要素需求

厂商购买生产要素不是为了自己消费,而是为了实现利润最大化。这样,它就必须使购买最后一个单位生产要素所支付的边际成本等于其所带来的边际收益。根据前面的知识,在完全竞争市场上,边际收益等于平均收益,等于价格。因此,厂商对生产要素的需求就是要实现边际收益、边际成本和价格相等,即 $MR=MC=P$。

在完全竞争市场上,对某一家厂商来说,要素价格是不变的。由此可见,厂商对生产要素的需求就取决于生产要素的边际收益,生产要素的边际收益取决于该要素的边际生产力。在其他条件不变的前提下,每增加一单位的某种要素的投入所增加的产量(或者这种产量所带来的收益)就是该生产要素的边际生产力。如果以实物形态来表示生产要素的边际生产力,则称为边际物质产品,如果以货币来表示生产要素的边际生产力,则称为边际收益产品,或者边际产品价值。边际收益产品等于生产要素的边际物质产品和边际收益的乘积。

完全竞争条件下要素市场的需求曲线。对于单个厂商而言,生产要素的需求取决于生产要素的边际收益,而生产要素的边际收益又取决于边际生产力(边际收益产品)。根据边际收益递减规律,在其他条件不变的情况下,生产要素的边际收益曲线是一条向右下方倾斜的曲线,这条曲线同时也是生产要素的需求曲线，如图 6-1 所示。

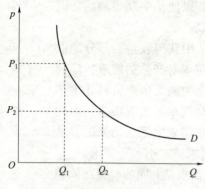

图 6-1 生产要素的需求曲线

在图 6-1 中，纵轴 OP 表示生产要素的价格，横轴 OQ 表示生产要素的需求量，D 为边际物质产品曲线，即向右下方倾斜的边际生产力曲线，也就是生产要素的需求曲线。当生产要素的价格为 OP_1 时，生产要素的需求量是 OQ_1，生产要素的需求曲线也是一条向右下方倾斜的曲线。

对于整个行业而言，生产要素的需求是行业内所有厂商的需求之和，其需求曲线也是一条向右下方倾斜的曲线。

4. 不完全竞争市场上的生产要素需求

在不完全竞争市场上，对单个厂商来说价格也是可变的，所以，边际收益并不等于价格。边际收益取决于生产要素的边际生产力与价格水平，这时，生产要素的需求仍取决于 $MR=MC$，因此，生产要素的需求曲线是一条向右下方倾斜的曲线。与完全竞争市场上的需求曲线相比，差别在于需求曲线的斜率不同，从而在生产要素为同一价格时，对生产要素的需求量不同。一般而言，不完全竞争市场上的生产要素的需求量小于完全竞争市场上的需求量。

二、生产要素的供给

生产要素各种各样，不同种类的生产要素各有自己的特点。一般来说，可以把生产要素分为三类。第一类是自然资源，在经济分析中假定这类资源的供给是固定的。第二类是资本品，这种生产要素的供给与一般产品的供给一样，与价格同方向变动，供给曲线向右上倾斜。第三是劳动力，这种生产要素的供给有其特殊性，我们将在下一节工资理论中重点介绍。

生产要素的供给

1. 要素供给数量的特点

一是要素供给者拥有要素数量的有限性。如果从一个较短的时间来看，一个要素供给者拥有的生产要素有一个明显的特点，就是它的数量是有限的。假设一个要素供给者拥有 10 亩地、每年的收入是 10 万元，他每天可以支配的时间只有 24 小时。所以供给者的决策只能在这有限的资源范围内进行。比如，这个供给者每天用于劳动的时间不可能超过 24 小时（由于他要睡觉、吃饭，所以他能够供给市场的时间实际不超过 16 小时），他每年的新增储蓄不可能超过 10 万元（除非他获得别人的馈赠），他可以出租的土地也不会超过 10 亩。

二是要素供给者对于他所拥有的生产要素有各种各样的用途，但都可以归入两大类用途中去：第一类是把他拥有的生产要素提供给市场，从而获得租金、工资、利息等收入；第二类是把他拥有的生产要素"保留自用"，比如把时间用于娱乐和休闲，把收入用于即时的消费，把土地修成花园、草地供自己欣赏等。这样，所谓要素供给问题实际上成为消费者在一定的要素价格水平下，将其全部既定资源在"要素供给"与"保留自用"两种用途上进行分配以获得最大效用的问题。

2. 生产要素的供给原则

我们知道，要素供给者的目的是实现效用最大化。他把生产要素提供给市场，可以获得收入，而收入本身就可以给他带来效用；他把生产要素保留自用，比如把时间用于闲暇，是因为闲暇本身就可以给他带来效用。所以要素供给者实际是在要素的两种用途之间进行权衡。现在的问题变为，要素供给者把多少生产要素提供给市场、又把多少生产要素保留自用的时候，他可以实现效用最大化。

要素供给的原则就是要素供给者实现效用最大化的条件，从基数效用论的角度出发，这个条件可以表述为：要素供给者提供给市场的要素的边际效用和其"保留自用"的要素的边际效用相等。因为如果该要素提供给市场的边际效用大于保留自用的边际效用，那么要素供给者增加要素的供给而减少保留自用的资源数量将能够使他的总效用增加；如果该要素提供给市场的边际效用小于保留自用的要素边际效用，那么理性的供给者将会减少提供给市场的要素而增加保留自用的要素，从而提高自己的总效用。最终的均衡状态必然使要素供给者将提供给市场的生产要素和将保留自用的生产要素所获得的边际效用相等。

生产要素的价格也是由其供求关系决定的，以下各节将介绍各种生产要素价格的决定。

第二节　工资及其决定

工资是劳动力所提供劳务的报酬，也是劳动这种生产要素的价格，工资由劳动的需求和供给决定。

工资

一、工资的种类

工资按照不同的标准可以划分为不同的种类。从计算方式上，工资可分为按劳动时间计算的计时工资和按劳动成果计算的计件工资。从支付手段上，工资可分为以货币支付的货币工资和以实物支付的实物工资。从购买力上，工资可分为按货币单位衡量的名义工资与按实际购买来衡量的实际工资。

二、劳动的需求

厂商对劳动的需求，是指在各种可能的工资水平下，厂商愿意而且能够雇用的劳动力数量。这种需求取决于多种因素，例如：市场对产品的需求，劳动的价格，劳动在生产中的重要性等。但劳动的需求主要还是取决于劳动的边际生产力。劳动的边际生产力是指在其他条件不变的情况下，增加一单位劳动所增加的产量。劳动的边际生产力水平直接影响到社会对劳动的需求，即劳动的边际生产力水平越高，对劳动的需求越多；反之，劳动的边际生产力水平越低，对劳动的需求越少。同时，根据收益递减规律，劳动的边际生产力是递减的，决定了厂商对劳动的需求曲线是向右下方倾斜的。

三、劳动的供给

劳动的供给是指在各种可能的工资水平下，劳动者愿意并且能够提供的劳动数量。它主要取决于劳动的成本，这种成本包括两类：一类是实际成本，即维持劳动者及其家庭生活必需的生活资料的费用，以及培养、教育劳动者的费用。另一类是心理成本，劳动是以牺牲闲暇的享受为代价的，劳动会给劳动者心理上带来负效用，补偿劳动者这种心理上的负效用的费用就是劳动的心理成本。因此劳动的供给就涉及消费者对其拥有的既定时间资源的分配。消费者可以把 24 小时中的一部分供给市场（也就是消费者提供劳动），而把其他部分用于睡觉、吃饭、娱乐、休闲等项活动，我们不妨把劳动之外的时间都称作是闲暇。消费者提供劳动可以带来收入，收入用于消费可以提高消费者的效用，闲暇本身就可以给消费者带来效用，所以消费者会把他每天 24 小时的时间在劳动供给和闲暇之间进行权衡。消费者会把多少时间用于闲暇，多少时间提供市场，实际就是消费者的效用最大化决策。影响劳动供给的主要因素有：第一，能够工作的总人数，包括劳动者的性别、年龄和教育程度；第二，劳动报酬率的高低。当工资达到一定水平之后，劳动者的生活提高到一定程度以后，更高的劳动报酬率可能导致他们愿意提供的劳动反而减少，从而是劳动的供给曲线呈向后弯曲。

单个消费者的劳动供给曲线可参见图 6-2 和图 6-3。在图 6-2 中，横轴 H 表示闲暇，纵轴 Y 表示收入。消费者的初始状态点 E 表示的是非劳动收入 $\bar{Y}$ 与时间资源总量 16 小时的组合。假定劳动价格即工资为 W_0，则最大可能的收入（劳动收入加非劳动收入）为 $K_0 = 16W_0 + \bar{Y}$。于是消费者在工资 W_0 条件下的预算线为连接初始状态点 E 与纵轴上点 K_0 的直线 EK_0。EK_0 与无差异曲线 U_0 相切，切点为 A，与 A 对应的最优闲暇量为 H_0，从而劳动供给量为 $(16-H_0)$，于是得到劳动曲线（见图 6-3）上一点 $a(W_0, 16-H_0)$。

现在让劳动价格上升到 W_1，再上升到 W_2，则在图 6-2 中消费者的预算线将绕初始状态点 E 顺时针旋转到 EK_1 和 EK_2，其中 $K_1 = 16W_1 + \bar{Y}$，$K_2 = 16W_2 + \bar{Y}$。预算线 EK_1 和 EK_2 分别与无差异曲线 U_1 和 U_2 相切，切点分别为 B 和 C。均衡点 B 和 C 对应的最优闲暇量分别为 H_1 和 H_2，从而相应的劳动供给量一个为 $(16-H_1)$，另一个为 $(16-H_2)$。从而得到劳动供给曲线（图 6-3）上两点：$b(W_1, 16-H_1)$、$c(W_2, 16-H_2)$。

重复上述过程，可得到类似于 A、B、C 的其他点。这些点连接起来可得到 PEP（劳动价格扩展线）曲线。相应地，在图 6-3 中可得到类似 a、b、c 的其他点，将这些点连接起来，即得到消费者的劳动供给曲线 S。

与一般的供给曲线不同，图 6-3 描绘的劳动供给曲线具有一个明显的特点，即它具有一个向后弯曲的部分。当工资较低的时候，消费者被较高的工资吸引将减少闲暇时间，增加劳动量。在这个阶段，劳动供给曲线向右上方倾斜。但是，工资上涨对劳动供给的吸引力是有限的。当工资涨到 W_1 时，消费者的劳动供给量达到最大。此时如果继续增加工资，劳动供给量不但不会增加，反而会减少，于是劳动供给曲线从工资 W_1 处开始向后弯曲。

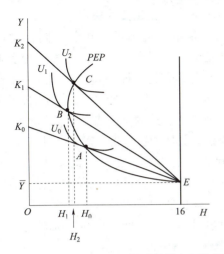

图 6-2　时间资源在闲暇和劳动供给之间的分配

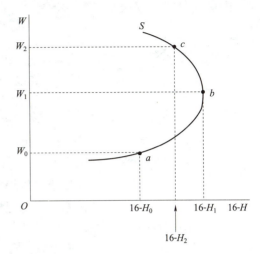

图 6-3　消费者劳动供给曲线

西方经济学用劳动者在"劳动"与"闲暇"之间进行选择来解释其中的原因。劳动可以带来收入，但"闲暇"也是个人所需要的一种"消费品"，二者具有替代关系，也都给个人带来效用满足。工资的提高对劳动供给具有替代效应和收入效应。所谓替代效应，是指工资越高，也就意味着"闲暇"的机会成本高，或者说"闲暇"作为一种消费品的价格上涨，个人将选择提供更多的劳动量；所谓收入效应，是指工资越高，个人的实际收入和购买力上升，因而能够"购买"更多的"闲暇"，从而减少劳动供给量。替代效应与收入效应对劳动供给具有相反的影响，其综合净效应取决于两种效应的相对强度。一般地，在劳动提供量不大时，替代效应大于收入效应，劳动供给将会随着工资上升而上升，劳动供给曲线向右上方倾斜；而当个人提供的劳动量已经较高时，收入效应往往占了上风，这时，随着工资的继续上升，个人反而减少劳动提供量，于是，劳动供给曲线"弯"向左边。符合劳动力供给"向后弯曲"假说的一个基本事实是，从历史统计看，20 世纪初到现在，个人真实收入逐渐增加，而周劳动小时却在逐渐减少，由 50~60 小时下降到 35~40 小时。

尽管个人的劳动供给曲线可能因收入效应和替代效应而向后弯曲，但劳动的市场供给曲线一般还是随着工资上升而向右上方倾斜。这是因为高工资可以吸引新的工人加入。这样，综合本章第一节关于要素市场需求曲线向右下方倾斜的分析，劳动供求曲线的交点将决定一个均衡的工资和劳动数量。

四、工资的决定

1. 完全竞争市场上工资的决定

在完全竞争市场上，工资的决定如图 6-4 所示。横轴 OL 代表劳动量，纵轴

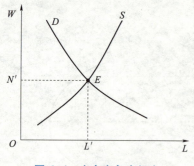

图 6-4 完全竞争市场上工资水平的决定

OW 代表工资水平,D 为劳动的需求曲线,S 为劳动的供给曲线。当 D 与 S 相交于 E 时,就决定了工资水平为 ON',在这种工资水平下所雇用的工人数量为 OL'。

2. 不完全竞争市场上工资的决定

不完全竞争是指劳动市场存在着不同程度的垄断。在工资决定中,工资水平一般是由工会与企业协商确定的,政府在其间起一种协调作用。因为工会控制了入会的工人,而且工会的力量相当强大,所以,在经济学中作为劳动供给的垄断者,并以这种垄断来影响工资的决定。具体做法主要有以下三种。

(1) 限制劳动的供给。在劳动需求不变的情况下,通过减少劳动的供给可以增加工资。工会减少劳动供给的方法有:迫使政府通过限制入境的法案;实行退休制度,禁止使用童工;减少工作时间,增加休息时间;在某些行业中延长就业前的学习和培训时间,提高培训费用和就业技术要求难度等,从而提高工资。可用图 6-5 来说明。

在图 6-5 中,S_0 为原来的劳动的供给曲线,这时与劳动的需求曲线 D 相交于 E_0,决定了工资水平为 ON_0,受雇的工人量为 OL_0,当工会采取了减少劳动供给的措施后,劳动的供给减少,劳动供给曲线向左上方移动,成为 S_1,这时与 D 相交于 E_1,决定了工资水平为 ON_1,受雇工人为 OL_1,$ON_1 > ON_0$ 说明工资水平提高了。

(2) 增加劳动的需求。在劳动供给不变的情况下,通过增加劳动需求的方法提高工资,同时还可以增加就业。通过提倡保护关税、扩大出口等办法扩大产品需求,从而提高对劳动的需求。可用图 6-6 来说明。

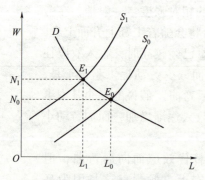

图 6-5 供给变动对工资的影响

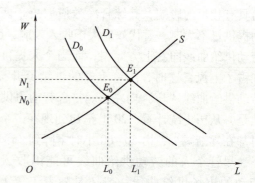

图 6-6 需求变动对工资的影响

在图 6-6 中,D_0 为原来的劳动需求曲线,这时与劳动的供给曲线 S 相交与 E_0,决定了工资的水平 ON_0,受雇工人量为 OL_0。当工会采取了增加劳动需求的措施后,对劳动的需求增加,劳动的需求曲线向右上方移动,成为 D_1,这时 D_1 与 S 相交与 E_1,决定了工资水平为 ON_1,受雇工人为 OL_1,$ON_1 > ON_0$,说明工资水平提高了,而受雇工人也由 OL_0 增加到 OL_1。

(3) 实行最低工资制度。最低工资法是规定企业支付给工人的工资不能低于某个水平（最低工资）的法律。工会迫使政府通过立法规定最低工资，这样在劳动的供给大于需求时也可以使工资维持在一定的水平上。可用图6-7来说明。

在图6-7中，当没有最低工资立法时，劳动的工资水平由供求力量决定，D与S相交于E，决定了工资水平为ON_0，但通过最低工资立法使工资水平维持在ON_1上。但这时，受雇工人则要由OL_0减少至OL_1。

当然，工会对工资的影响也是有限度的，主要受到三种因素的影响：工会本身的力量大小、工会与资本家双方力量对比、整个社会的经济状况以及政府干预的程度。

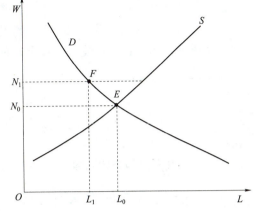

图6-7 规定最低工资

> ◆相关链接
>
> ### 工资差异的原因
>
> 经济学的基本竞争模型表明，如果所卖的商品相同，则价格也相同。工资是劳动市场上的价格，但工资差别却是明显和广泛的。同样一块布，无论是谁买，无论买去做什么用，价格都是一样的；但同样一个劳动力，不同的雇主雇去做不同的工作，工资待遇则是大不一样的。为什么会存在工资差别？经济学家给出了若干解释。
>
> **1. 补偿性工资差别**
>
> 假如雇主问你：你是愿意选择报酬比较高的工作，还是报酬比较低的工作？你会询问报酬高的工作是什么工作，有没有危险等。一般来说，擦窗子的工人必须比室内清洁工挣钱多，因为人们不喜欢冒爬摩天大楼的风险；同样，上夜班或到不方便的地点工作，都会得到附加工资或补贴。这就是补偿性工资差别。
>
> 凡是牵涉到肮脏、神经紧张、讨厌的责任、承担风险、单调乏味、缺乏自主性、社会等级低、季节性停业等方面的职业，都使就业者感到不快，为了招聘这些职业的人员，雇主必须提高报酬。所以，补偿性工资差别之所以会出现，是由于厂商必须为工作的不愉快对工人加以补偿。
>
> **2. 劳动质量的差异**
>
> 即使在一个假设的完全竞争的市场中，均衡工资也必然会呈现出巨大的差别。这是由于人们之间巨大的质的差别，可以追溯到天生的能力上的差别，再加上在学校和工作中积累起来的技术和技能的差别，从而导致竞争工资的差别。在造成这种差别的许多原因中，教育和培训是两种重要的因素，因为花费在教育和培训上的时间和资金所构成的人力资本，理应获得相应的投资回报。
>
> **3. 特殊的工资差异**
>
> 据说里根总统的经济顾问、华盛顿大学的默里·韦登鲍姆教授，他的讲课费高达5位

数美元。一些明星的出场费也近乎天文数字。对于一些幸运者来说，声誉已经把收入水平提高到了远远高于一般劳动者的水平。这样的薪金中包括很大成分的"纯经济地租"，或者称之为"声誉租金"。声誉租金可以解释为什么有些人的收入高到令人咋舌的程度。

当然，歧视也可能在一定程度上造成工资的差异。如年龄歧视，上了年纪的工人得到的工资较低（因为他转换工作较困难）；性别歧视，男女同工不同酬；籍贯歧视，外来工人的工资低于本地工人；职业歧视，社会地位较低的阶层很少有机会得到收入更好的工作。

（资料来源：http：//wenku.baidu.com）

第三节 利息及其决定

利息是指资本这种生产要素的价格。利息的决定取决于资本的需求与供给。

一、资本的概念和特点

资本

所谓**资本**，指的是用于**生产的基本生产要素**，即资金、厂房、设备、材料等物质资源。资本具有以下三个特征：第一，其数量是可以改变的，也就是说资本可以由人们的经济活动生产出来；第二，资本被生产出来的目的是为了依靠它进一步获取更多的商品和劳务；第三，资本是一种投入要素，要得到更多的商品和劳动就必须把其投入到生产中去。总之，资本既是一种投入也是一种产出，是由经济制度本身产生并被用作投入要素以便进一步生产更多的商品和劳务的物品。

二、利息

资本

资本作为一种重要的生产要素，与其他要素一样在市场上可以被租借出去。资本所有者提供了资本，就可以获得利息，所以利息是资本这种生产要素的价格。

利息与工资的计算方法不同，它不是用货币的绝对量来表示，而是用利息率（i）来表示。利息率简称利率，是利息在每一单位时间内（通常为一年或一个月）在货币资本中所占的比率。用公式可表示为：

$$i = Z/P$$

其中，Z——资本的年收入；

P——资本数量。

例如，货币资本为10 000元，年利息为500元，则年利息率为5%。这5%就是货币资本在一年内提供生产性服务的报酬，即这一定量货币资本的价格。

三、资本的需求和供给

1. 资本的需求

资本的需求方主要是厂商，厂商购买资本品的目的是为了使用这些资本品以生产更多的产品和劳务从而实现自己的利润最大化。厂商购买资本品的行为称为投资，因此，投资形成了资本的需求。所以，研究资本的需求问题可以转化为研究厂商的投资决策问题。

2. 资本的供给

资本的供给来自消费者的储蓄。人们把消费者的货币收入中除消费以外的部分叫作储蓄，消费者的储蓄被企业借贷之后用于购买资本品，便转化为资本。为了将问题简化，假定储蓄全部转化为资本。这样资本供给问题就转化为消费者的储蓄决策问题。所以，资本的供给主要取决于消费者的储蓄决策。消费者会把他收入的一部分消费掉，而把另一部分储蓄起来，留待以后消费。假设消费者今年储蓄 100 元，明年他能够得到 110 元，那么这增加的 10 元就是利息，以 10 元利息除以储蓄额 100 元，得到利息率 10%，这个利息率就是资本供给的价格。这里可以看出，消费者之所以没有把他的所有收入都在今年消费掉，而是储蓄了一部分，正是为了获取利息，这样今年他减少消费 100 元，明年他可以消费 110 元，可见消费者今年减少一些消费正是为了以后能够多消费。

资本品是利用其他资源生产出来的，也是和其他产品一样的产品。在经济分析中，某一行业的产品往往是另一行业的生产要素。因此，这种生产要素的供给与一般产品的供给一样，与价格同方向变动，如图 6-8 所示。

消费者对于消费和储蓄的决策实际是一种跨时期决策，他要决定的是今年消费多少、明年消费多少，而消费者对土地和劳动的决策则是一种即期决策。消费者直接把收入消费掉，当然也直接地增加了他的效用；他把收入的一部分储蓄起来明年消费，可以得到一个额外的收入即利息，可以提高他的效用水平。消费者的目的是实现他的效用最大化，在这里就是要实现今年的效用和明年的效用的总和的最大化。

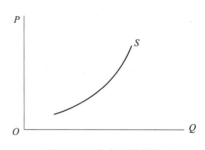

图 6-8　资本品的供给

四、利息率的决定

利息率取决于对资本的需求与供给。资本的需求主要是厂商对企业投资的需求，因此，可用投资代表资本的需求。资本的供给主要是储蓄，因此，可用储蓄代表资本的供给，这样就可以用投资和储蓄来说明利息率的决定。

企业借入资本进行投资，是为了实现利润最大化，这样投资就取决于利润率与利息率之间的差额。利润率与利息率的差额越大，即利润率高于利息率，纯利润就越大，企业也就越愿意投资。反之，利润率与利息率的差额越小，即利润率越接近于利息率，纯利润就越小，企业也就越不愿意投资。这样，在利润既定时，利息率就与投资呈反方向变动，从而资本的需求曲线是一条向右下方倾斜的曲线。

人们进行储蓄，放弃现期消费是为了获得利息。利息率越高，人们越愿意增加储蓄，利息率越低，人们就越会减少储蓄。这样，利息率与储蓄呈同方向变动，从而资本的供给曲线是一条向右上方倾斜的曲线。资本的需求曲线与供给曲线如图 6-9 所示。

在图 6-9 中，横轴 OK 代表资本量，纵轴 OI 代表利息率，D 为资本的需求曲线，S 为资本的供给曲线，这两条曲线相交于 E，决定了短期利息率为 i_0，资本量为 K_0。

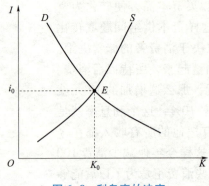

图6-9 利息率的决定

可贷资金的需求与供给也可以说明利息率的决定。可贷资金的需求包括企业的投资需求、个人的消费需求与政府支出的需求。可贷资金的供给包括个人与企业的储蓄，以及中央银行发行的货币。可贷资金的需求与利息率呈反方向变动，可贷资金的供给与利息率呈同方向变动。可贷资金的需求与供给决定利息率的原理同于投资与储蓄决定利息率的原理。

应该注意的是，这里所说的由资本供求关系所决定的利息率一般称为"纯利率"，它反映资本的净生产力。但在资本市场上债权人对债务人所收取的利息中还包括了贷款时风险的收入。例如不能偿还的风险，或者通货膨胀使货币贬值的风险等，对这些风险，债权人要收取一定的费用。这种包括风险收入在内的实际收取的利息称为借贷利息，这两种利息在量上是有差别的。

◆ 相关链接

利息产生的原因

为什么对资本应该支付利息？现实中，人们具有一种时间偏好，即在未来消费与现期消费中，人们是偏好现期消费的。换句话说，现在多增加一单位消费所带来的边际效用大于将来多增加这一单位消费所带来的边际效用。之所以有这种情况，是因为未来是难以预期的，人们对物品未来效用的评价总要小于现在的效用。例如，人们对现在或10年后购买同一辆汽车所带来的效用的评价就不同。也许他认为自己不一定能活到10年之后，这样，现在购买这辆汽车能给他带来效用，而10年之后则没有用了。也许他现在更加需要汽车，10年之后则不如现在这样需要，因此，现在这辆汽车带来的效用比未来大。也许他会认为未来汽车不如现在这样稀缺，所以，未来汽车的效用不如现在大。人们一般总是偏好现期消费，因此，放弃现期消费把货币作为资本就应该得到利息作为报酬。

为什么资本能够带来利息？这可以用迂回生产理论解释。迂回生产就是先生产生产资料（或称资本品），然后用这些生产资料来生产消费品。迂回生产提高了生产效率，而且迂回生产的过程长，生产效率高。例如，原始人直接去打猎是直接生产，当原始人先制造弓箭再去打猎时就是迂回生产。用弓箭打猎比直接打猎的效率要高。如果延长迂回生产的过程，先采矿、炼铁、造机器，然后制造出猎枪，那么，效率会更高。现代生产的特点就在于迂回生产。但迂回生产的实现必须要有资本。所以，资本使迂回生产成为可能，从而提高了生产效率。这种由于资本而提高的生产效率就是资本的净生产力。可见，资本的净生产力是资本能够带来利息的根源。

（资料来源：张永良，《经济学基础》，西北大学出版社，2009.）

五、利息的作用

利息在经济学中有什么作用？在经济学中，通过利率的调节作用，资本市场实现了均衡。这也是价格调节经济作用的一种表现。利息是资本的价格，它所调节的是资本市场。其调节作用就在于当资本的需求大于供给时，利息率会上升，从而减少对资本的需求，增加对资本的供给。当资本的需求小于供给时，利息率会下降，从而增加对资本的需求，减少资本的供给。所以，利息率调节会使资本市场处于均衡状态。具体地讲，利息的作用表现在以下三个方面。

1. 利息能诱导和增加储蓄

任何国家的经济发展都有赖于资金的投入，增加储蓄是发展经济的关键，而刺激储蓄的最有力的手段就是提高利率。一般国家在经济开始发展时总是要采取高利率的政策。

2. 利息的存在可以使资本得到最有效地利用

如果社会的利率水平是既定的，那么，人们就会把资本用于获得利润率最高的部门，利润率高的部门也就是资本能最好地发挥作用的部门。

3. 企业在支付利息的情况下就要更节约、更高效地使用资本

国民经济各个部门都需要发展，都需要资金，但多少资源用于某一行业？多少资金用于某些原有产业的设备更新，等等。资金应该如何分配？利息率在分配过程中起着作用。任何一个项目只有当其收益不低于利息时，才能进行这个项目，否则必须放弃这个项目。因此，资金市场的利息率如同一个裁判，凡是投资收益率高于利息率的项目就能成立，否则不会投资，这就为资源流向何处提供了调剂机制。

因此，利息的存在是刺激企业有效利用资本的最好手段。此外，当一个社会出现通货膨胀时，提高利率可以压抑对可贷资金的需求，刺激可贷资本的供给，从而抑制通货膨胀。正因为利息有这样的作用，所以，用利息率来调节经济是很重要的。

第四节 地租及其决定

地租是土地生产要素的价格。和其他生产要素一样，土地的所有者提供了土地，就应该获得报酬，这种报酬就是地租，是由土地的供给和需求来共同决定的。与其他生产要素不同的是，土地有其自身的特点，因此，关于地租的讨论，从了解土地的特征开始。

一、土地的概念与特征

在经济学中，土地泛指地面、矿山、地下水和河流湖泊等数量固定且可以多次使用的自然资源。土地既是一种自然资源，又是一种社会经济资源，它具有自然和社会经济两个方面的特点。

1. 土地的自然特性

（1）土地的数量有限。就目前来看，土地是一种不可再生资源，土地的绝对数量受地球表面面积所限制。

（2）土地位置不可移动。土地是自然生成物，它总是固定在地球表面某一个具体的位置上。人们可以在一定程度和一定空间范围内改变土地的形态特征，但土地的位置却不可能像其他自然资源或物品那样移动。

（3）土地肥沃程度和土地位置具有差异性。土地的肥沃程度主要是由土壤的构成、温度、日照时间、地温、地形等因素以及土地的适宜程度决定的。社会生产力与科学技术固然可以缩小土地的肥沃程度，但同时也可以扩大它们的差距。土地位置的优劣是由土地距离市场的远近及运输状况等条件所决定的。交通及通信业的不断发达，虽然能够缩短距离，但土地位置之间的差别却是始终不会消失的。

（4）土地使用的耐久性或土地使用价值的永久性。土地无折旧，同时对土地在开发和使用过程中连续不断的合理投资与保护，能够使土地的投资效益具有积累性，不会因时间的推移而消失。

2. 土地的经济特性

（1）土地的稀缺性以及由此所形成的土地经营的垄断性。从经济学意义上讲，土地稀缺性不只是指土地的总量是有限的，并且主要是指某一地区用于某种特定目的的土地的数量是有限的，是不能满足所有对它的需要的。尤其是在现代城市中，土地数量的制约性更加明显。同时由于土地在上述自然特征方面的特性又决定了土地一旦被某一企业或业主所占用，很容易形成土地在经营上的垄断。

（2）在一定条件下，土地报酬具有递减的可能性。在技术不变，或在一定技术水平下，对同一块土地连续投资，可能会引起土地报酬（收益）递减。由于土地具有肥力，因此在农业生产中连续对同一块土地进行投资而出现报酬递减的可能性很大。建筑业中这一现象也很明显，即当建筑物、构筑物超过一定高度或地表以下一定深度时，土地的边际生产力将会降低，甚至是负增长。

（3）变更土地使用方向的困难性。土地有多种用途，但变更土地的使用方向往往是困难而缓慢的。城市土地一般用于建设建筑物和构筑物，这些建筑物与构筑物一旦建成，在一个相当长的时期内，或者说在建筑物、构筑物的有效使用年限内，其使用方向是相对稳定，不易变动的；即便是在农业生产中，农用地可以根据农产品市场上各种农产品价格的变动而改变它的使用方向，但调整不同作物的栽种，也会因为农作物对生长季节、土壤和气候的要求等而遇到很多困难，因此改变土地的使用方向代价很大。

二、土地的供求

如上所述，由于土地具有稀缺性、有限性和固定性等特点，因而一定时期内土地在生产要素市场上供给与需求的特点将主要表现在供给方面，即无论土地的价格（地租）如何变化，土地供给的总体水平相当固定，土地的供给缺乏弹性,这意味着土地的总供给曲线是一条接近垂直的线,如图6-10所示。

当然,总供给曲线的垂直并不意味着在某个具体行业中土地的供给也一定是接近于垂直的线,它可能会相当有弹性。例如,当房价上涨时,房地产行业会更加有利可图,则更多的土地将会从其他行业转到房地产行业中来,从而出现房地产行业的土地供给增加,形成房地产行业土地供给富有弹性。

土地需求是指在各种可能的地租下,人们对土地的需求量。同其他生产要素的需求一样,生产者对土地的需求取决于土地的边际生产力。因此,其需求曲线也是一条向右下方倾斜的曲线。

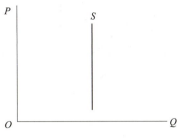

图6-10 土地的供给

一般来说,地租越高,人们对土地的需求量越小;地租越低,对土地的需求量越大。

三、地租的决定

地租是土地这种生产要素的价格。土地所有者提供了土地,得到了地租。这里,土地可以泛指生产中使用的自然资源,地租也可以理解为使用这些自然资源的租金。

地租的产生,首先在于土地本身具有生产力。地租是利用土壤的自然肥力和经济肥力时所获取的报酬。其次,土地作为一种自然资源具有数量有限、位置不变以及不能再生的特点。这些特点决定了使用土地必须支付报酬。土地的这些特点与资本和劳动不同,因此,地租的决定就具有不同于其他生产要素的特点。

地租

地租由对土地的需求与土地的供给决定。土地的需求由土地的边际生产率决定,而土地的边际生产率是递减的。所以,土地的需求曲线是一条向右下方倾斜的曲线。但土地的供给是固定的。在每个地区,可以利用的土地总有一定的限度。这样,土地的供给曲线就是一条与横轴垂直的线。地租的决定可以用图6-11说明。

在图6-11中,横轴 ON 代表土地量,纵轴 OR 代表地租,土地的需求曲线为 D_0,土地的供给曲线为 S,S 是一条垂线,表示土地的供给是固定的。D_0 与 S 相交与 E_0,这时决定了地租水平为 R_0。随着经济的发展,对土地的需求增加,而土地的供给不能增加,因此地租有上升的趋势。在图6-11中,当对土地的需求上升为 D_1 时,土地的供给仍然是 S,这时 D_1 与 S 相交与 E_1,决定了地租水平为 R_1。$OR_1>OR_0$,说明随着经济发展中对土地需求的增加,地租也上升了。

可见,在单一用途条件下,土地的价格只与土地的市场需求曲线有关,即地租由需求决定。需求越大,地租越高;需求越小,地租越低。

四、级差地租、准地租

根据地租发生原因的不同可以将地租大致分为两个层次,一是由于所有权制度的存在以及土地所有权与经营权、使用权的可分离,使租用土地成为一种有

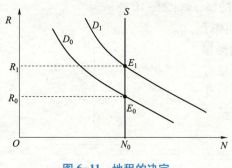

图 6-11 地租的决定

偿行为,即租用别人的任何土地,包括租用劣等土地都必须缴纳地租,这种地租叫作绝对地租,这是对土地所有者的补偿;但同时,土地本身因质量与位置的差异而有优等土地、中等土地、劣等土地之分,因此租用不同的土地所产生的收益便会有等级上的差别,这就是级差地租。级差地租是与土地的不同等级收益相联系的地租。

1. 级差地租

由于土地的肥沃程度、地理位置的不同,同样面积的土地投入同样的生产要素所得到的实物产量将不同,因而地租也就不一样。级差地租产生原因一般有两个方面:土地质量与位置不同、土地投资回报率不同。

2. 准地租

准地租也称作准租金,是指有些生产要素的租金在一定条件下类似地租,它们主要取决于该生产要素的需求方面。土地之所以能获得地租,是因为无论从长期还是从短期考察,土地都是一种完全缺乏弹性的生产要素。而土地以外的一些生产要素,如设备、房屋、车、船等人工制造产品,在短期中数量来不及变动,因而形成短期供给缺乏弹性。但如果对它们的需求增加,相应所取得的报酬也要增加,这虽然不是地租,但有些类似。一般而言,准租金是某些素质较高的生产要素在短期内供给不变的情况下所产生的一种超额收入。此外,准地租原理还适用于人们的某些特殊才能,如一些影视明星、知名运动员的高收入便是由于他们的特殊才能所获得的准租金。

◆ 相关链接

经济租金

经济租金(或称经济地租)是指要素的收入与转移收入的差额。转移收入指要素在次优用途上可能获得的报酬,即要素的机会成本。例如:一块土地种大豆可得收入 1 200 元,但若改种小麦可得收入 1 000 元,则其差额 200 元就是经济租金。如果生产要素的所有者得到的实际收入高于他们所希望得到的收入,则超过的这部分收入就被称作经济租金。这种经济租金类似消费者剩余,所以也称为生产者剩余。例如,劳动力市场上有 A、B 两类工人各 200 人。A 类工人素质高,所以要求的工资为每月 3 000 元,B 类工人的素质低,所要求的工资为每月 2 500 元。如果某种工作 A、B 两类工人都可以担任,那么,厂商在雇用工人时,当然先雇用 B 类工人。但当 B 类工人不够时,也不得不雇用 A 类工人。假设某厂商需要工人 400 人,他就必须雇用 A、B 两类工人。在这种情况下,厂商必须按 A 类工人的要求支付 3 000 元的工资。这样,B 类工人所得到的收入就超过了他们的要求。B 类工人所得到的高于 2 500 元的 500 元收入就是经济租金。其他生产要素所有者也可以得到这种经济租金。

实际上，经济租金可以理解为要素的实际所得与转移所得之间的差额。

例如：一个经理人年收入为 15 万元，若他从事服装设计行业，则年收入为 10 万元，从而经济租金为 5 万元。再如一块地自用生产带来产值 A（要素获取的收入），若出租获得租金 B（要素出租的机会成本，假设其为最低的机会成本），则经济租金为 $A-B$。

正是由于经济租金的存在，才能够保证生产要素继续现有的用途，而不致转作他用。因此，经济租金的存在是生产要素用途稳定的前提。

可见，经济地租属于长期分析，而准地租属于短期分析。经济地租是对某些特定要素来说的，而经济利润是对整个厂商来说的。厂商存在经济利润，并不意味着其要素也存在经济地租。一种要素在短期中存在准地租，也不意味着长期中存在经济利润。

（资料来源：梁小民，《微观经济学纵横谈》，三联书店，2005.）

第五节 利润及其决定

利润，通常指的是企业总收益与总成本的差额，即利润=总收益−总成本。这里主要介绍正常利润和超额利润。

一、正常利润

正常利润是企业家才能的价格，也是企业家才能这种生产要素所得到的收入。它包括在成本之中，其性质与工资相类似，也是由企业家才能的需求与供给决定的。企业家才能的需求与供给的特点，决定了企业家才能的报酬——正常利润必然是很高的。可以说，正常利润是一种特殊的工资，其特殊性就在于其数额远远高于一般劳动所得到的工资。

正常利润

正因为正常利润包括在成本之中，而且往往是作为一种隐含的成本，所以，收支相抵后就获得了正常利润。在完全竞争条件下，利润最大化实际上就是获得正常利润。超过正常利润以后的那一部分利润在完全竞争之下并不存在。

◆ 相关链接

同是一个公司的员工，为什么报酬差距就这么大呢

一天，车间的小王见到公司财务部的主管说，我每天在车间这么辛苦地干，而你坐在办公室里，不出苦力，可我的工资还不到你的四分之一，同是一个公司的员工，为什么报酬差距这么大？然而，财务主管却笑着说，公司老总的工资比你我都高出好多倍，你去问他啊！

报酬取决于付出，车间员工付出的是一般劳动力，而管理人员付出的是心智才能，即管理才能（特别是企业老总，他付出的叫企业家才能）。前者属于一般资源，而后者属于稀缺资源，按照供求关系，当然后者的报酬要高于前者。

（资料来源：张永良，《管理学原理》，北京理工大学出版社，2010.）

◆ 相关链接

企业家才能与报酬

企业家才能是一种很重要的生产要素，是企业家对整个生产经营过程的组织与管理工作。把劳动、土地、资本组织起来，使之演出有声有色运营戏剧的关键正是企业家才能。

社会对企业家才能的需求是很大的，因为企业家才能是经营组织与管理好坏的关键，是使劳动、资本与土地结合起来生产出更多产品的决定性因素。而企业家才能的供给却是很小的，因为并不是每个人都具有企业家的天赋，能受到良好的教育。只有那些有胆识、有能力、又受过良好教育的人才具有企业家才能，所以培养企业家才能所耗费的成本是很高的。企业家才能的需求与供给的特点，决定了企业家才能的收入必然是很高的。企业家才能所获得的报酬远远高于一般劳动所得到的工资。

（资料来源：吴旺延，《企业家才能与企业家市场》，《价格与市场》，2000.）

二、超额利润

超额利润

超额利润是指超过正常利润的那部分利润，又称为纯粹利润或经济利润。在完全竞争的条件下和静态社会，不会有这种超额利润产生。只有在动态的社会中和不完全竞争条件下，才会产生超额利润。动态的社会涉及创新和风险，不完全竞争条件下存在垄断。可以从以下三个角度分析超额利润的产生与性质。

1. 创新与超额利润

创新是指企业家对生产要素实行新的组合。它包括五种情况：第一，引入一种新产品；第二，采用一种新的生产方法；第三，开辟一个新的市场；第四，获得一种原材料的新来源；第五，采用一种新的企业组织形式。这五种形式的创新都可以产生超额利润。引入一种新产品、采用一种新的生产方法和新的企业组织形式，都可以提高生产效率，降低成本。一种原材料的新来源也可以降低成本。这样，产品在按市场价格出售时，由于成本低于同类产品的成本，就获得了超额利润。开辟一个新的市场可以通过提高价格而获得超额利润。创新是社会进步的动力，因此，由创新所获得的超额利润是合理的，是社会进步必须付出的代价，也是社会对创新者的奖励。

2. 承担风险的超额利润

风险是从事某项事业时失败的可能性。由于未来具有不确定性，人们对未来的预测有可能发生错误，风险的存在就是普遍的。在生产中，由于供求关系的变动、自然灾害、政治动乱以及其他偶然事件的影响，企业存在经营风险（并不是所有的风险都可以通过保险的方式加以弥补）。这样，从事具有风险的生产就应该以超额利润的形式得到补偿。社会中充满了不确定性，风险需要有人承担，因此由风险而产生的超额利润也是合理的，可以作为社会保险的一种形式。

3. 垄断的超额利润

由垄断而产生的超额利润，又称为垄断利润。垄断的形式可以分为两种：卖方垄断和买方垄断。卖方垄断也称垄断和专卖，指对某种产品出售权的垄断。

垄断者可以抬高销售价格以损害消费者的利益而获得超额利润。买方垄断也称专买，指对某种产品或生产要素购买权的垄断。在这种情况下，垄断者可以压低收购价格，以损害生产者或生产要素供给者的利益而获得超额利润。垄断所引起的超额利润是垄断者对消费者、生产者或生产要素供给者的剥削，是不合理的。这种超额利润也是市场竞争不完全的结果。

◆ **相关链接**

超额利润产生的其他分析视角

1. 供不应求产生的超额利润

这种方式获得的超额利润最短暂，也最不稳定。自由竞争市场中供需会自动调节，当出现超额利润时，其他竞争者迅速加入，供需平衡很快恢复正常，超额利润消失。周期性行业阶段性获得的超额利润属于这种类型。景气度高峰来临时需求急剧上升，而萧条期大幅降低的产能使供需产生巨大落差，形成严重的供不应求。这时产品价格大幅上涨，销售火爆，企业获得远高于市场平均水平的超额利润。这种超额利润的获得是很脆弱、不可持续的，竞争者产能大幅扩张、景气度拐点的出现使超额利润迅速消失并可能形成亏损。

创新所产生的超额利润也可以由此进行解释。科技企业由于暂时的技术领先或创新也可能获得短期的超额利润。科技行业的特性使这种领先或创新很快被模仿、替代、超越，大量逐利资本的进入也使所有细分行业竞争异常激烈，微利成为常态，像微软这种能依靠技术垄断长期获得超额利润的企业凤毛麟角。

2. 成本领先战略产生的超额利润

低成本较供不应求获得的超额利润稳固。但成本领先战略更依赖于优秀的企业管理层，对企业的规模、管理、制度、成本控制等方面都有着很高的要求。规模经济是这类企业最强有力的竞争优势，一旦这种优势被其他竞争者超越，超额利润很容易消失。优秀的最高管理层离去或者管理、成本控制出现问题，对超额利润的影响也很大。同时，上述的这些优势也很容易被竞争对手模仿、超越，所形成的壁垒是脆弱的。沃尔玛是这方面的优秀代表，优秀的管理、庞大的规模、先进的信息系统、近于苛刻的成本控制，使沃尔玛获得成功，但对于人力成本的过度控制也给沃尔玛带来非议。

3. 最稳固、最持久的超额利润来自于特许经营权

垄断、商誉、独占性建立起强大的壁垒，把新的竞争者挡在行业之外，在行业内形成巨大的竞争优势，使同业难于超越。这种超额利润由于坚固壁垒的保护，所以是稳定并可持续的。拥有特许经营权的企业可以轻易地获得远超过市场平均水平的超额利润，甚至允许平庸的管理层的存在，而对超额利润影响甚微，形成了那种"傻瓜都可以经营好的公司"。

拥有特许经营权的企业有几种类型，如行政垄断、品牌垄断、自然垄断等。其中拥有强大商誉的品牌垄断是最强大、最具成长性、最持久的垄断，投资者若希望获得超额利润，最好的方式就是投资于这种类型的企业并长期持有。

第六节　社会收入分配与分配政策

公平与效率一直是社会收入分配的核心。围绕这一主题，我们从社会收入分配的衡量指标出发，分析社会收入分配现象与问题，了解收入分配政策的主要方面。

一、洛伦兹曲线与基尼系数

1. 洛伦兹曲线

洛伦兹曲线

洛伦兹曲线是用来衡量社会收入分配或财产分配平均程度的曲线。为了研究收入在国民之间的分配，美国统计学家洛伦兹于1905年提出了著名的洛伦兹曲线。洛伦兹首先将一国总人口按收入由低到高排队，然后考虑收入最低的任意百分比人口所得到的收入百分比，例如，收入最低的20%人口、40%人口、……所得到的收入比例分别为3%、7.5%、…最后将这样得到的人口累计百分比和收入累计百分比的对应关系描绘在图形上，即得到洛伦兹曲线。如图6-12所示。

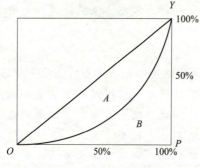

图6-12　洛伦兹曲线

在图6-12中，横轴表示一个国家或地区的人口累计百分比，纵轴表示收入累计百分比，从 O 到 Y 的不同连线表明了社会收入分配的平均化程度。如果一个国家的人口百分比均等于其收入百分比，从而人口累积百分比等于收入累积百分比，则收入分配就是完全平等的，洛伦兹曲线成为通过原点的45°线 OY。如果所有收入都集中在某一个人手中，而其余人口均一无所获时，收入分配达到完全不平等，洛伦兹曲线成为折线 OPY；这是两种极端情况下的洛伦兹曲线。除此之外，在 OY 和 OPY 之间，根据收入分配的情况不同，会存在许多条由 O 到 Y 的不同弯曲程度的洛伦兹曲线。显而易见，洛伦兹曲线的弯曲程度具有重要意义。一般来说，它反映了收入分配的不平等程度，弯曲程度越大，收入分配程度越不平等；反之亦然。

洛伦兹曲线具有以下基本性质：一是对角线为绝对收入平均曲线；二是 OPY 为绝对不平均线；三是介于绝对平均线与绝对不平均线之间的为实际分配线，越接近于绝对平均线，表明社会分配越平均，反之，则表明社会分配越悬殊。

2. 基尼系数

基尼系数是指根据洛伦兹曲线计算出的反映社会收入分配均等化程度的指标。用洛伦兹曲线与45°线之间的部分 A 表示"不平等面积"；当收入分配达到完全不平等时，洛伦兹曲线成为折线 OPY，OPY 与45°线之间的面积 $A+B$ 就是"完全不平等面积"。不平等面积与完全不平等面积之比，称为基尼系数，是衡量一个国家贫富差距的标准。

基尼系数（G）的计算公式可表示为：

$$G = \frac{A}{A+B}$$

基尼系数

当基尼系数等于 0 时，表明社会分配绝对平均；当基尼系数等于 1 时，表明社会分配绝对不平均；实际基尼系数通常大于 0 而小于 1，基尼系数越小表明社会分配越趋于平均，反之，表明收入分配差距越大。

在国际上，通常认为：$G<0.2$ 时，社会收入分配绝对平均；$0.2<G<0.3$ 时，社会收入分配基本平均；$0.3<G<0.4$ 时，社会收入分配基本合理；$0.4<G<0.5$ 时，社会收入分配差距较大；$0.5<G$ 时，社会收入分配差距悬殊。

◆ **相关链接**

缩小我国偏大基尼系数的对策

改革开放以来，我国在效率不断提高的情况下，收入分配差距拉大了，使反映收入分配平等的指标基尼系数有扩大趋势。如何缩小偏大的基尼系数，归纳经济学家的观点，应从以下方面采取相应的对策。

第一，大力发展生产力，繁荣社会主义经济。这是缩小偏大的基尼系数的前提和基础。其根本途径是深化改革，不断解放和发展生产力，加快经济发展，把"蛋糕"做得越来越大，不断增强国家经济实力，为逐步缩小收入差距奠定日益雄厚的物质基础。

第二，加快农村经济的发展，不断增加农民的收入。这是缩小偏大的基尼系数的核心内容。我国目前基尼系数偏大的一个重要原因是农村居民与城镇居民的收入差距偏大，政府向农业倾斜的各项政策是缩小偏大的基尼系数的有效措施。

第三，加强宏观调控，实现区域经济协调发展。这是缩小偏大的基尼系数的重要途径。地区差距是形成收入差距的一个重要方面，缩小地区差距的关键是实现区域经济的协调发展，区域经济协调发展的关键是优势互补、统筹兼顾。

第四，规范收入分配关系，调节收入差距。这是缩小偏大的基尼系数的主渠道。规范收入分配关系主要应从五个方面入手。一是保护合法收入。二是取缔非法收入。三是整顿不合理收入。四是调节过高收入。五是保障最低收入。

二、收入分配不等的原因

在任何一个社会都存在不同程度的收入分配不平等，市场经济社会中这一问题更突出。各个社会引起收入分配不平等的原因既有共同之处，又有不同之处。收入分配差距拉大，既有社会原因，又有个人原因，必须具体分析。

1. 收入分配不平等的状况与一个社会的经济发展状况相关

根据美国经济学家库兹涅茨的研究，一个社会收入分配状况的变动规律是，在经济开始发展时，收入分配不平等随经济发展而加剧，只有发展到一定程度之后，收入分配才会随经济发展而较为平等，他根据一些国家的资料做出了反映这种收入分配变动规律的库兹涅茨曲线。

2. 要素所有权的分布不均

生产要素所有权分布不均，必然会造成收入分配的不均等。

3. 收入分配不平等的个人原因

收入分配不平等的个人原因包括个人的能力、受教育程度、个人的勤奋程度、个人的机遇不同等。

4. 收入分配不平等的社会原因

收入分配不平等的社会原因包括户籍制度、福利政策等。

5. 其他因素

地区之间经济发展的不平衡、经济体制中的不完善以及市场经济中风险与机遇的存在，都可能导致人们收入上的巨大差异。

> ◆ 相关链接
>
> ### 收入分配的三个标准
>
> 经济学家认为，收入分配有三种标准：第一个是贡献标准，即按社会成员的贡献分配国民收入。这种分配标准能保证经济效率，但由于各成员能力、机遇的差别，又会引起收入分配的不平等。第二个是需要标准，即按社会成员对生活必需品的需要分配国民收入。第三个是平等标准，即按公平的准则来分配国民收入。后两个标准有利于收入分配的平等化，但不利于经济效率的提高。在收入分配的过程中，有利于经济效率则不利于平等，有利于平等则会有损于经济效率，这就是经济学中所说的平等与效率的矛盾。
>
> （资料来源：张永良，《经济学基础》，西北大学出版社，2009.）

三、公平与效率

1. 公平

公平是指待人处事中合乎人的正当情感和正义之理，是调节人们相互关系的一种行为准则，是分配社会权利和义务时必须遵循的价值尺度。一般是对分配关系而言的，它属于道德范畴。就我国而言，是指每一个公民在政治、经济、文化、思想等各个方面都真正地拥有同等的权利。这种平等，是社会主人翁之间的平等的实际权利和义务，是建立在社会主义公有制的经济和政治体系以及社会主义价值观念基础上的社会公平。从横向看，公平包括经济利益公平、政治利益公平、社会公共产品享有的公平；从纵向看，公平包括机会公平、起点公平、过程公平、结果公平。

在经济学中，公平是指一定社会中人们之间利益和权利分配的合理化，社会公平是指收入和投入的对称性和一致性，但公平不是指平均。

2. 效率

效率是指劳动、工作中所消耗的劳动与所获得的劳动效果的比率，它属于生产力范畴。对于一个企业或社会来说，最高效率意味着资源处于最优配置状态，从而使特定范内的需要得到最大满足或福利得到最大增进或财富得到最大增加。社会已经达到人尽其才、物尽其用，不存在任何浪费资源的现象，以至每个劳动者都实现了经济收入最大化。

在分配中重视效率就是要贯彻正确的分配政策，鼓励和保证企业和个人充分发挥积极性、创造性，在促进整个社会经济活动的效率不断提高的基础上使个人收入增多。

3. 公平与效率的矛盾

公平与效率一直是经济学家争论不休的话题。两者之间是存在矛盾的，为了效率就要牺牲某些公平，同样，为了公平也会牺牲某些效率。

在市场经济中，要获得效率，就必须付出报酬作为代价，即给生产要素所有者以相应的报酬，这些报酬构成他们的收入。由于生产要素的占有状况不同，这样，人们的收入必然有差别。相反，为了实现收入公平，则必然损害效率。这样就会降低人们工作的积极性，因此两者之间存在着矛盾。

效率优先、兼顾公平，是党和国家现行分配政策的一条重要原则。强调效率优先，符合市场经济要求，强调兼顾公平，符合社会主义要求。人与人之间、行业与行业之间、单位与单位之间，素质优劣、能力大小、生产效益好坏是不一样的，因此，其生产效率和贡献是不可能一样的。按劳分配也好，按生产要素分配也好，所得报酬也是不可能一样的。在分配问题上，只考虑公平，不讲效率，不利于调动人们的积极性和创造性；而只考虑效率，又会过分拉大收入差距，不利于实现社会公平。所以正确的做法是，重效率，但不唯效率；讲公平，但不搞一刀切。

4. 如何处理公平与效率

（1）市场上追求效率。在市场经济条件下，应当以公平竞争为主要准则，以追求效率为主，即应该是效率优先。效率优先意味着人们以经济建设为中心，以实现生产力的发展为目标。只有效率优先才能提供公平的物质基础，没有效率，公平只是一句空话。而且，效率上去了，可以用其经济成果来支持公平。在二者的关系中要以效率为先，兼顾公平。

（2）管理上以公平促进效率。在组织的运行中，管理的目标是以实现效率为导向的活动。管理中虽然要体现出投入产出的效率，体现出经济效益的优先性，但公平是一种重要的途径。与市场领域中体现竞争公平不同，管理领域中主要体现机会均等和组织内成员的平等感。

（3）在社会制度上追求公平。在社会制度和社会价值方面，公平是首要的价值取向，因此，实现公平可能对效率产生不利的影响，但无论如何，不能牺牲公平只顾效率。正确的做法是，在发展经济方面要追求效率，在处理社会关系方面，在社会整体制度上力求公平。

因此，要使每个人都享有平等地参与竞争、平等的劳动就业机会。国家在大力发展经济方面要以效率为先，以发展生产力，富国利民为总体目标。同时，效率并不是在二者关系中必然处于优先地位的，在社会整体制度上要努力体现公平，保障公平在社会基本权利和人道待遇上的平等与公平。这就需要国家通过各种收入转移等办法，用政策对直接收入加以调节，保障弱势群体作为社会公平的基本权利和人道待遇。总之，在公平与效率之间，既不能只强调效率忽视了公平，也不能因为公平而不要效率。

四、收入分配政策

市场经济是按效率优先原则进行个人收入分配的。但每个人在进入市场之前所拥有的生产要素量不同，即每个人的能力与资产不同。在市场竞争中，每个人的机遇也不同。这样收入差别很大，甚至贫富对立是不可避免的。如果收入差距过大，则不利于社会安定，因此，政府有必要通过收入分配政策来缓和或纠正分配不公平现象，在一定程度上促进收入分配平等化。收入分配政策的主要手段是税收政策和社会保障与福利政策。

1. 税收政策

税收政策的目的在于通过税收手段来减少富人的收入，缩小收入差距。用于这种目的的税收政策包括个人所得税、遗产税、财产税以及消费税。

个人所得税是最重要的税收政策之一，它通过累进所得税制度来调节社会成员收入分配的不平等状况。所谓累进所得税制就是根据收入高低确定不同的税率，对高收入者按高税率征税，对低收入者按低税率征税，低于一定水平的收入免征所得税。

遗产税和财产税都是针对富人的，因为低收入者没有什么财产，也谈不上给子孙后代留遗产，这种税的税率一般都是较高的，普遍在 50% 以上。有些国家的遗产税甚至达到 80%~90%，其目的就在于减少由于财产所引起的收入不平等。消费税是对某些奢侈性商品和劳务征收高税收。这些物品主要由高收入者消费，对其征税主要也是为了让高收入者缴纳更多的税。

2. 社会保障与福利政策

如果说税收政策是通过对富人征收重税来实现收入分配平等的话，那么，社会保障与福利政策则是要通过给穷人补助来实现收入分配平等化。因此，在经济学中把社会福利政策作为实现收入分配平等化的一项重要内容。社会福利政策主要包括以下六个方面的内容。

（1）各种形式的社会保障与社会保险，包括：失业救济金制度，即对失业工人按一定标准发放能使其维持生活的补助金；老年人年金制度，即对退休人员按一定标准发放补助金；对有未成年子女家庭的补助金；对收入低于一定标准（即贫困线）的家庭与个人的补助金。这些补助金主要是货币形式，也有发放食品券等实物的。其资金来源，或者是个人或企业交纳的保险金，或者是政府的税收。

（2）向贫困者提供就业机会与培训。收入不平等的根源在于贡献大小，而贡献大小与个人机遇和能力相关。这样，政府就可以通过改善穷人就业的能力与条件，来实现收入分配的平等化。在这方面，首先是实现机会均等，尤其是保证所有人的平等就业机会，并按同工同酬的原则支付劳动报酬；其次是使穷人具有就业的能力，包括进行职业培训，实现文化教育计划，建立供青年交流工作经验的青年之家，实现半工半读计划，使穷人有条件读书，等等。这些都有助于提高穷人的文化技术水平，使他们能从事收入较高的工作。

（3）医疗保险与医疗援助。医疗保险包括住院费用保险、医疗费用保险以及出院后部分护理费用的保险,这种保险主要由保险金支付。医疗援助则是政府出钱资助医疗卫生事业,使每个人都能得到良好的医疗服务。

(4) 对教育事业的资助,包括兴办学校,设立奖学金和大学生贷款,帮助学校改善教学条件和资助学校的科研,等等。从社会福利的角度来看,对教育事业的资助有助于提高公众的文化水平与素质,这样也有利于收入分配的平等化。

(5) 各种保护劳动者的立法,包括劳动法,以及环境保护法、食品和医药卫生法等。这些都可以增进劳动者的收入,改善他们的工作与生活条件,从而也减少了收入分配不平等的程度。

(6) 改善住房条件,包括以低房租向穷人出租由政府兴建的住宅;对私人出租的房屋实行房租限制;资助无房者建房,如提供低利息的长期贷款,或低价出售国家建造的住宅;实行住房补贴等,这种政策改善了穷人的住房条件,也有利于实现收入分配的平等化。

当然,各种收入平等化的政策对于缩小贫富之间的差距,改善穷人的地位和生活条件,提高他们的实际收入水平,确实起到了相当大的作用,对于社会安定和经济发展也是有利的。但是,这些政策有个严重的后果:一是降低了社会生产效率,增加了个人所得税和各种各样的社会保障使人们生产的积极性下降,社会生产效率下降;二是增加了政府的负担。

复习与练习

1. 为什么劳动供给曲线可能是向后弯曲的?
2. 超额利润有哪些来源?
3. 何谓洛伦兹曲线?
4. 简述造成收入不平等的原因。

课后测试

技能训练项目

项目6-1 调研我国恩格尔系数和基尼系数

【技能目标】

培养学生通过调查研究相关经济指标分析经济现象和问题的能力。

【内容与要求】

全班同学自愿组合,5~6人一组,分组进行调研和讨论,分析近几年(10年或5年)我国恩格尔系数和基尼系数的变化特点和原因,完成下列活动。

1. 根据调研内容和要求,设计一份调查表,通过报纸和网络搜集的资料和数据,完成调研任务。

2. 将搜集的数据和资料进行整理,在组内进行交流,发表自己的看法。在讨论基础上形成每组的调研报告。

3. 全班组织开展一次交流研讨,每组派一名代表发言,其他小组成员可以进行评价、质询,或针对发言内容发表自己的观点并阐述理由。发言人及本组成员可针对提问,进行答辩。各组根据交流研讨情况,进一步修改调研报告。

【成果与考核】

1. 每组提交一份修改后的调研报告。

2. 由全班同学和教师根据各组成员的调研报告和讨论中的表现分别评估打分，最后综合评定每组成员的成绩。

项目6-2　调研我国的收入分配现象和政策

【技能目标】

培养学生对收入分配现象和问题的调研能力及其对政策的理解、分析和解读能力。

【内容与要求】

全班同学自愿组合，5~6人一组，分组进行调研和讨论，分析我国当前收入分配的现状、原因，从公平与效率兼顾的角度分析国家的政策措施，完成下列活动。

1. 根据调研内容和要求，设计一份调查表，完成调研任务。

2. 将搜集的数据和资料进行整理，在组内进行交流，发表自己的看法。在讨论基础上形成每组的调研报告。

3. 全班组织开展一次交流研讨，每组派一名代表发言，其他小组成员可以进行评价、质询，或针对发言内容发表自己的观点并阐述理由。发言人及本组成员可针对提问，进行答辩。各组根据交流研讨情况，进一步修改调研报告。

【成果与考核】

1. 每组提交一份修改后的调研报告。

2. 由全班同学和教师根据各组成员的调研报告和讨论中的表现分别评估打分，最后综合评定每组成员的成绩。

拓展阅读

第七章

市场失灵与治理

知识目标

通过本章学习,理解市场失灵的含义,掌握垄断、外部性、公共物品以及信息不对称导致市场失灵的原因及其治理措施。

能力要求

通过本章学习,能够对生活中的市场失灵现象进行分析,能够根据市场失灵的情形提出解决问题的思路与对策。

情境导入

财主为什么成为秃头

有这样一个寓言故事:有个财主有一妻一妾,妻子比他的年纪大而妾比他的年纪轻。

妾总觉者自己和财主不般配,因为两人在一起的时候,总是显得自己比财主小很多,犹如父女俩。怎么办呢?她想到一个妙招儿:她每天都把财主头上的白发拔一点下去。她这么想:只要头上的白发少了,不就显得年轻了吗?这样才会使双方般配一些。

妻也觉得自己和财主不般配,因为两人在一起的时候,总是显得自己比财主更老,犹如母子俩。怎么办呢?她也想到一个妙招儿:她每天都把财主头上的黑发拔一点下去。她这么想:只要头上的黑发少了,才能显得年老点,这样才会使双方般配一些。

就这样,财主在妾那里,妾就给他拔白头发;财主在妻那里,妻就给他拔黑头发。没过多久,财主便成了秃头!

无论是妻还是妾,她们拔头发的动机都无可非议,最终却造成了她们都不愿意看到的结果。这是因为她们都是从利己的角度出发,可以说是由于妻妾的利己性造成了财主秃头的结局。

在经济学中,古典经济学家认为,每个人从利己的目的出发,就能达到市场优化的效果。但事实证明,如果人人利己、放任自流,也会造成市场失灵的悲剧。

(资料来源:黄典波,《趣味经济学100问》,机械工业出版社,2009.)

市场失灵

经济学的核心问题是社会资源的有效配置。在一般情况下，市场通过价格的自发调节机制，可以实现供求平衡，从而达到资源的最优配置。从这个意义上说，市场机制是资源配置的一种良好方式。然而，在现实生活中，市场机制却不是万能的，在一定条件下，经常会出现市场机制在某些领域不能有效地发挥作用，即"市场失灵"。"市场失灵"是指市场机制不能或不能完全有效地发挥作用而导致社会资源无法得到最有效配置的情况。导致市场失灵的原因很多，主要包括垄断、外部性、公共物品以及信息不完全或信息不对称。市场失灵需要政府干预，本章主要介绍市场失灵的情形及其治理措施。

第一节 垄断及其管制

一、垄断及其形式

垄断

垄断，即独占，指市场上一家或少数厂商控制某产品或服务的供给。垄断排斥自由竞争，从而产生资源配置的低效率，是造成市场失灵的主要原因之一。依据垄断产生的原因，可以将垄断分为经济垄断、自然垄断、国家垄断、权利垄断和行政垄断。

1. 经济垄断

垄断行为

经济垄断是指市场主体凭借经济优势，排斥或限制竞争的行为，包括滥用经济优势和联合限制竞争两种形式。经济垄断源于滥用经济力的优势（包括联合优势），并且其滥用者应是经营者或经营者的联合体。实践表明，经济力的优势并不必然属于某一个经营者或经营者联合体。相反，它可以属于甲经营者，也可以属于乙经营者。甚至，属于本来并没有经济优势的若干经营者组成的联合体。换言之，经济力的优势并非具有永久的独占性，它是在竞争中形成的，但是，经济力优势的占有者为了保持自己的优势而采用非竞争的手段，不允许他人再与之进行竞争。经济力优势滥用的根本特征，是以集中的经济力或联合的经济力支配市场，从而有使他人成为经济从属者的可能。

2. 自然垄断

自然垄断

所谓自然垄断，是指由于自然条件、技术条件以及规模经济的要求而无法竞争或不适宜竞争形成的对产品和服务的控制。例如，城市的自来水、燃气、电力供应和污水处理等。自然垄断产生的原因是成本"劣加性"，即为满足市场需求，在一个行业或一种产品由一家企业生产经营比由两家或两家以上的企业生产经营，其成本更低。那些具有规模经济效益、范围经济效益的行业一般都属自然垄断行业。所谓规模经济，是指由于生产规模不断扩大导致长期平均成本下降的情况；而范围经济是指联合生产两种或两种以上产品的成本比生产一种产品的成本更低的情况。由于自然垄断的形成不是主要靠行政权力推动，也可以说自然垄断是一种特殊形式的经济垄断。

3. 国家垄断

国家垄断是指国家为了保障国家安全、增加国家财政收入或促进社会整体利益，依法对特定领域的商品或服务进行排他性控制。对于关系国计民生或国家安全的事业，许多国家都以特别法的形式明确规定，实行中央政府专营，例如，邮政、枪支弹药、黄金等产品与服务。为了增加财政收入国家也可能对特定领域实行专营，例如中国古代的"盐铁专卖"，现代的烟草专卖等。

国家垄断

4. 权利垄断

权利垄断是指权利人在一定时间内、在一定区域内依法享有一定排除他人参与竞争的合法权利而形成的垄断，包括商标权、专利权、著作权等。

5. 行政垄断

行政垄断是指地方政府、政府的经济行业主管部门或其他政府职能部门凭借行政权力排斥、限制或妨碍市场竞争的行为，包括地区垄断、行业垄断、强制联合、行政强制交易行为等形式。

行政垄断

◆ **相关链接**

垄断的其他形式

垄断的表现形式多种多样，可以从不同角度对垄断进行分类。

1. 依据具体组织形式划分

依据经济垄断的具体组织形式，可以将垄断分为短期价格协定、卡特尔、辛迪加、托拉斯、康采恩和其他组织形式的垄断。

短期价格协定是垄断组织的最简单形式，大企业之间通过口头或书面形式，规定在一定时间内共同控制某类商品价格，从而获取高额利润的垄断形式。这种垄断不具有长期性和稳定性。

卡特尔是指生产同类商品的企业，为了获取高额利润，在划分市场、规定商品产量、确定商品价格等一个或几个方面达成协议而形成的垄断性联合。卡特尔的各成员企业在生产、销售、财务和法律上均保持自身的独立。根据协议的内容，可以将卡特尔分为：规定销售条件的卡特尔、规定销售范围的卡特尔、限定产量的卡特尔、分配利润的卡特尔等。卡特尔成立时，一般都要签订正式的书面协议，并由成员企业选出委员会，监督协议的执行并保管和使用共同基金，其主要特点在于比短期价格协定的内容更广，也较为稳定。随着跨国公司的出现和发展，资本主义各国的大垄断组织之间建立起国际卡特尔，其影响和规模都比国内卡特尔要大得多。

辛迪加是同一生产部门的企业为了获取高额垄断利润，通过签订协议，共同采购原料和销售商品而形成的垄断性联合。参加辛迪加的企业在生产和法律上仍保持独立，但在购销领域已失去独立地位，所有购销业务均由辛迪加的总办事机构统一办理，参加辛迪加的企业不再与市场直接发生联系，很难脱离辛迪加的约束，因而它比卡特尔更集中，更具有稳定性。

托拉斯是垄断组织的一种高级形式，通常指生产同类商品或在生产上有密切联系的企业，为了获取高额利润，从生产到销售全面合并而形成的垄断联合。托拉斯的参加者本身虽然是独立的企业，但在法律上和产销上均失去独立性，由托拉斯董事会集中掌握全部业务和财务活动。原来的企业成为托拉斯的股东，按股权分配利润。托拉斯组织具有全部联合公司或集团公司的功能，因此它是一种比卡特尔和辛迪加更高级的垄断形式，具有相当的紧密性和稳定性。

康采恩是分属于不同部门的企业，以实力最为雄厚的企业为核心而结成的垄断联合，是一种高级而复杂的垄断组织。这种垄断组织的参加者并不限于某一行业或某一生产部门的企业，生产、服务、运输、金融等不同部门的企业均可成为该组织的成员。康采恩是比卡特尔、辛迪加和托拉斯更为高级的垄断组织形式，是工业垄断资本和银行垄断资本相融合的产物。

其他组织形式的垄断主要指混合联合公司、联合制以及包括国际卡特尔、国际辛迪加、国际托拉斯在内的国际垄断组织等。

2. 依据发生的地域划分

依据垄断发生的地域范围，可以将垄断分为国内垄断和国际垄断。

国内垄断是指仅在一国境内发生作用的垄断。传统的反垄断法主要对国内垄断进行规制，但是随着各国经济相互融合、经济全球化不断地发展，跨国公司、多国公司等垄断组织相继产生，原本局限于一国境内的垄断逐渐威胁到国际贸易的健康发展，引起了人们的关注。国际垄断是指在国际范围内的商品、资本、劳务、技术交易过程中所形成的超越一国国界的垄断。

3. 依据立法的取向划分

依据立法的取向，可以将垄断分为合法垄断和非法垄断。

合法垄断是国家为了特定目的，如维护社会稳定和促进宏观经济协调发展，在反垄断法中明确规定，经有关反垄断主管机构许可而豁免的垄断。通常规定于各国反垄断法除外的条款之中，主要有两种情况：一是对某些特定部门垄断行为的豁免。具有自然垄断性质的公用事业，如供水、供电、供热、供气、铁路等部门；与国计民生有关的经济部门，如银行和保险业等；某些自然资源开采业，如石油、煤炭等；国家指定专营行业；关系国民经济发展的某些重要原材料生产和关系国家安全的国防科研领域。二是在特定时期、特定情况下，对某些垄断行为的豁免。如行使知识产权权利的行为、经反垄断主管机构许可的联合限制竞争行为等。

非法垄断是指除合法垄断之外，具有社会危害性、应受反垄断法禁止的垄断。应该注意的是，合法垄断与非法垄断之间并没有绝对界限。合法垄断也有可能发展为非法垄断。例如，上述公用事业属于合法垄断，而一旦公用企业滥用其垄断地位，损害消费者的利益，就会发展为非法垄断。此外，在一定时期被认为是合法垄断的，随着社会经济形势的变化，也可能被认定为需要适度竞争，从而应防止非法垄断。如过去被笼统认定为需要自然垄断的公用事业，现在有人认为仅能在网络设施上允许垄断，而在经营上则应建立竞争结构。又如，银行和保险业，随着向社会资本开放，必将引入竞争，非法垄断应受规制。

在一般情况下，自然垄断、国家垄断和权利垄断属于合法垄断，而经济垄断和行政垄断属于非法垄断。

4. 依据市场结构划分

依据市场结构的情况，可以将经济性垄断分为独占垄断、寡头垄断和联合垄断。

独占垄断是指一家企业对整个行业的生产、销售进行完全排他性控制，简言之，在该行业，只有一家企业从事生产或经营活动，不存在任何竞争。独占垄断也被称为完全垄断。

寡头垄断是指在特定市场上只有为数不多的几家企业生产、销售某种特定的产品或者提供某项服务，每个企业都在市场上占有一定的份额，都能对产品或服务的价格实施一定排他性控制，不过，这些企业之间又存在一定的竞争。

联合垄断是指两个或两个以上企业或企业联合组织，通过明示、默示限制竞争协议或共同一致的行为，联合控制某一产业的生产或销售。它是垄断竞争的重要表现形式。

二、垄断对经济的影响

垄断的存在，阻碍了自由竞争和市场机制的作用发挥，给社会经济带来了一系列弊端，主要表现在以下三个方面。

1. 垄断造成资源浪费，导致效率低下

垄断企业往往通过限制产量、提高价格的形式获取垄断利润。前者使企业的生产能力不能得到充分利用，造成资源浪费，后者导致产品的价格高于边际成本，使资源利用远离帕累托最优状态，从而降低整个社会的经济效率。

2. 垄断易产生管理松懈，弱化技术创新

在现实中，处于垄断地位的行业缺乏尽可能降低成本的动力，缺乏参与竞争的压力，从而出现管理上的低效率，这种低效率称为管理松懈。同时，由于竞争压力的降低，企业推动技术创新的动力也相应地减弱。

3. 垄断易导致寻租活动的出现

垄断不但从结果上来看是低效率的，而且，企业为了获得和维持这种垄断地位，厂商常常还要付出一定的代价。例如，雇用律师向政府官员游说等。这种为获得和维持垄断地位从而得到垄断利润（亦即垄断租金）所从事的一种非生产性寻利活动叫作寻租活动。寻租不仅产生了对社会的危害而且也对寻租者自己带来很大损失。就单个的寻租者而言，他愿意花费在寻租活动上的代价不会超过垄断所带来的好处，但在很多情况下，由于争夺垄断地位的竞争非常激烈，寻租代价常常要接近甚至等于全部的垄断利润。另外，整个寻租市场上，众多寻租者付出的代价总和会不断增大，导致社会福利的降低。

三、政府对垄断的干预措施

垄断常常导致资源配置缺乏效率，垄断利润也通常被看成是不公平的。这就需要对垄断进行治理，政府对垄断的干预措施是多种多样的，包括制定反垄断政策和反垄断立法、进行行业管制等。

1. 反垄断政策与反垄断法

针对不同的垄断情形，政府可以采取拆分垄断厂商或处罚等手段进行反垄断治理，而这些手段往往根据反垄断法而制定。

垄断管制

垄断与管制

（1）行业的重新组合。如果一个行业的垄断是通过行业中的厂商兼并或者一家厂商依靠较大规模设置进入障碍而形成的，那么就可以依靠政府的力量把行业中的垄断厂商分解成几个或多个较小的厂商，使之恢复竞争从而消除垄断。例如，在 1984 年，美国政府曾对美国电报电话公司进行拆分处置，以增强竞争程度，最终被美国电话电报公司拆分为 22 家独立的电话公司。1998—2001 年，微软公司也曾因为涉嫌垄断行为被告上法庭，一审裁定要对微软公司进行一分为二的拆分，后经上诉，司法部和微软达成过渡性协议。

一般来说，对垄断行业的重新组合并不能马上形成完全竞争的市场结构，但重要的是把竞争因素引入垄断行业。作为配合措施，为了让新加入一个垄断行业经营的厂商有能力与原有的厂商竞争，政府往往对新的厂商给予一定的优惠。例如，给予新厂商一定的税收减免，在人员培训、技术咨询等方面提供便利和优惠。

（2）对垄断行为的制止。为了防止垄断行为的产生，政府可以利用行政命令、经济处罚或法律制裁等手段加以制止。对垄断行为的制止重点在于清除进入障碍，鼓励更多的厂商参与竞争。例如，美国政府曾在 1994 年 7 月对微软公司做出决定，针对其排斥其他软件开发商的做法，责令其改正，以维护竞争。

对不执行反垄断规定的厂商或个人，政府可以对其进行经济制裁，包括对垄断行为受害者支付赔偿金和罚金，对情节严重者还可以移交司法部门惩处。例如，美国地方法院曾于 1981 年 8 月对克利夫兰的三家饰品店垄断行为做出裁决，指控斯托怕、费希尔和皮克食品公司非法勾结，制定垄断价格，判处违法厂商向消费者支付 2000 万美元的损失补偿金，并缓期支付 200 万美元的罚金。

（3）反垄断立法。政府对垄断更强烈的反应是制定反垄断法。反垄断法是政府反垄断的重要的法律手段，也是规范市场经济各个经济主体行为的根本大法，因此也被称为经济宪法。西方很多国家都不同程度地制定了反垄断法。特别是美国，经过一系列的修正之后，基本上形成了一个完整的反垄断法律体系。我国的反垄断法于 2007 年 8 月 30 日通过并颁布，2008 年 1 月 1 日正式实施。

2. 行业管制

对垄断所采取的另一种可供选择的矫正手段是政府对垄断行业实行管制，其措施主要包括价格管制或价格与产量的双重管制、税收或补贴以及国家的直接经营。这里主要介绍价格管制以及价格与产量同时管制。

价格管制

（1）价格管制。价格管制是指政府对处于自然垄断地位的企业实行价格管制，以防止它们为牟取暴利而危害公共利益。在实践中，价格管制能否可行需要满足以下条件：一是垄断厂商必须能够盈利，否则它将拒绝生产。二是管制成本必须低于社会福利（净损失的消除）。另外，对于价格管制，最困难的事情是确定最优管制价格。如果价格定得过低，垄断者将削减产量。同时，由于价格已经下降，需求量将上升，结果存货会发生枯竭，出现短缺。适当的选择是按市场需求等于厂商边际成本的原则定价。

现实中，往往出现这种情况：即使政府能够限制价格，但垄断者仍能获得高于正常水平的利润，因而导致人们的不满。再者，某些价格管制可能在短期内是有效的，但在长期内不一定有效。

（2）价格和产量同时管制。为了进一步削减垄断厂商的超额利润，政府还可以对价格和产量同时进行控制，既规定厂商价格又确定厂商的产量。

在价格管制的同时，之所以要进行产量限制，是因为在这一价格下，如果允许厂商自主决策，它会按照价格等于边际成本的原则决定产量，从而使得产量并不等于市场需求量。

（3）对垄断行业的其他管制措施。在实践中，政府管制所遵循的原则是"对公道的价值给予一个公道的报酬"。为了实现这一原则，政府往往还采取补贴或税收手段。如果垄断厂商因为价格管制或价格与数量同时管制而蒙受损失，政府给予适当的补贴，以便垄断厂商获得正常利润；如果在政府管制以后，厂商仍可获得超额利润，那么，政府就应该征收一定的特殊税收，以利于收入的公平分配。

对于垄断行业，政府也可以采取直接经营的方式来解决由于垄断造成的市场失灵。由于政府经营的目的不在于利润最大化，所以，可以按照边际成本或者平均成本决定价格，以便部分地解决由于垄断所产生的产量低和价格高的低效率问题。例如，英国和日本都曾经对铁路部门实行国有化管理，由国家直接经营。

◆ 相关链接

关于垄断和垄断管制的争论

垄断往往表现出许多弊端，从消费者角度来看，垄断排斥竞争，产生高价，损害消费者福利；从社会角度来看，垄断没有充分利用资源，导致社会福利损失；同时，垄断也产生寻租行为，不利于形成公平竞争的环境。那么，垄断为什么还会存在下来呢？

其实，从另一个角度来看，垄断也有一定的好处，也可以理解为垄断的合理性。不少经济学家认为垄断企业的"规模经济、范围经济以及对创新的刺激"是一般竞争性企业所不具备的。范围经济是指由于产品种类的增加所引起的平均总成本的下降。例如，麦当劳快餐店可以既生产汉堡包又生产炸薯条，其平均总成本要低于只生产这种一种产品的两个独立企业的成本。其原因在于汉堡包和炸薯条可以共同使用专业的食品储藏和加工设备，从而分摊了成本并使每种产品的生产成本下降。小的竞争性企业通常是不具备规模经济和范围经济的。

一部分经济学家认为垄断会带来创新，因此反对政府管制。只有赋予创新者以一定的垄断权，才能使其获得创新的垄断利润。如果缺乏这种保护或者管制垄断，垄断者就会对创新失去兴趣和刺激，从而不利于社会的进步。

另一部分经济学家认为：竞争带来创新，政府有必要对垄断进行管制。因为不创新就会在竞争中淘汰，所以，竞争激励大家更多地进行创新。

关于垄断和管制的争论一直在进行。其实，任何事物都有优缺点，垄断本身是这样，垄断管制措施也不例外。可以说，每一项旨在减少垄断的政策都有缺陷，因为政府在根治市场失灵的同时也会出现政府失灵。

（资料来源：李仁君，《微观经济学》，清华大学出版社，2007.）

第二节 外部性及其治理

一、外部性及其影响

1. 外部性的含义

外部性也叫外部效应、溢出效应、外部影响或外差效应，是指由于进行某项活动而给非参与的第三方造成的成本或收益。外部性的最大特点是"非市场性"影响，即一种活动所产生的成本或收益未能通过市场交易的形式反映出来。由于"非市场性"影响，使市场机制不能发挥作用，从而导致市场失灵。

2. 外部性的类型

根据外部性产生的效应，一般将外部性分为外部经济（或正外部经济效应、正外部性）和外部不经济（或负外部经济效应、负外部性）。外部经济就是一些人的生产或消费使另一些人受益而又无法向后者收费的现象；外部不经济就是一些人的生产或消费使另一些人受损而前者无法补偿后者的现象。例如，私人花园的美景给过路人带来美的享受，但他不必付费，这样，私人花园的主人就给过路人带来了外部经济效应。又如，住户音响的音量开得太大影响了隔壁邻居的正常生活，这时，该住户给隔壁邻居带来了外部不经济效应。

正外部性

负外部性

按照外部性产生的影响不同，外部性还有可耗尽和不可耗尽之分。比如没有污染的空气，你的享用不会给他人造成影响，这就是不可耗尽的外部效应，即一个人的享用不影响其他人可享用的数量和质量；如公共运输，你在使用时会给他人带来拥堵，影响了他人享用的机会，这就是可耗尽的外部效应，即一个人的享用使得另一个人可享用的数量或质量下降。

根据外部性产生的领域，外部性通常分为生产中的外部性（包括正外部性和负外部性），消费中的外部性（包括正外部性和负外部性）。生产中的负外部性，例如，工厂在生产中所排放的污染物就是一种负外部性。它所造成的社会成本包括政府治理污染的花费，自然资源的减少，以及污染物对人类健康造成的危害。生产中的正外部性，例如，教育是一种正外部性。完善的教育系统培育出的人才，会对社会建设做出贡献，这是对所有人都有益的。建设一栋造型美观的建筑，让这个地区的所有人都可以欣赏到这一道风景线，也是一种正外部性。消费中的负外部性，例如，某人养了一只狗，这只狗喜欢每天夜里不停地叫。这个人由于习惯于夜生活，所以并不会对此感到困扰。可是他的邻居习惯于早睡，每天就会被狗的叫声弄得失眠，于是不得不花钱买安眠药。在这里养狗对于这个邻居就是一种负外部性。消费中的正外部性，例如，某人去注射了甲流疫苗，这笔消费不仅对于他自己有好处，对他周围的人也有一定的好处，即接触到病毒的传染源减少。这也是一种正外部性。

进一步进行细分，外部效应又可以分成八种类型：生产者对生产者的外部经济，如水果园园主与养蜂场场主的关系，水果园的花朵为蜜蜂提供了花蜜；生产者对消费者的外部经济，如花园式厂房对周围居民区居民的影响，周围居民可以赏心悦目；消费者对生产者的外部经济，如居住环境的改善大大增加生产性投资；消费者对消费者的外部经济，如私人花园对过路人的影响；生产者对生产者的外部不经济，如上游的化工厂对下游渔场的污染；生产者对消费者的外部不经济，如建筑施工对夜间休息的居民的影响；消费者对生产者的外部不经济，如空调的噪声给隔壁牙医的看病带来的影响；消费者对消费者的外部不经济，如隔壁邻居放声高歌影响他人的休息。

◆ **相关链接**

外部性的方向性

根据外部性的方向性，还可以将其分为单向的外部性与交互的外部性。

单向的外部性是指一方对另一方所带来的外部经济或外部不经济。例如化工厂从上游排放废水导致下游渔场鱼产量减少，而下游渔场既没有给上游的化工厂产生外部经济效应，也没有产生外部不经济效应，这时就称化工厂给渔场带来单向的外部性。大量外部性属于单向外部性。

交互的外部性是指所有当事人都有权利接近某一资源并可以给彼此施加成本（通常发生在公有财产权下的资源上）。例如，所有国家都对生态环境造成了损害，彼此之间都有外部不经济效应。这就属于交互的外部性。

交互的外部性的一个特例就是双向外部性。双向外部性是指两个经济主体彼此都存在外部性，主要的形式有三种：一是甲方和乙方相互之间的外部经济；二是甲方和乙方相互之间的外部不经济；三是甲方对乙方有外部经济效应而乙方对甲方有外部不经济效应，或者反之。例如，养蜂人与荔枝园园主之间的关系，蜜蜂要酿蜜，离不开花粉，也就是说荔枝园园主对养蜂人具有外部经济效果；相反，荔枝花开后要结果，离不开蜜蜂传授花粉，这时，养蜂人对荔枝园园主具有外部经济效应。当然，养蜂人与荔枝园园主之间给对方所带来的外部经济效应的大小是不一定相等的。如果两者正好相等，就说明外部经济效应相互抵消。如果两者不相等，说明有的经济主体从中占了便宜，有的经济主体从中吃亏了。这时，双方可采用合同约定的方式交易利益补偿与分配。

3. 外部性的影响

任何一种经济活动都会对外部产生影响，比如说，汽车运输可能产生废气污染环境，而植树造林发展林业就会形成改善环境的结果。这就是经济的外部性。前者是"负外部性"，后者是"正外部性"。外部性扭曲了市场主体成本与收益的关系，会导致市场无效率甚至失灵，而负外部性如果不能够得到遏制，经济发展所赖以存在的环境将持续恶化，最终将使经济失去发展的条件。外部性实际上是私人成本与社会成本、私人利益与社会利益存在差异的结果。所谓的私人成本是指个体进行某项经济活动所支付的费用，而社会成本则是全社会为该活动需要支付的费用，包括从事该项活动私人成本加上这一活动给其他经济单位施加的成本。

不论是存在外部经济还是外部不经济，都没有达到帕累托最优状态。在外部经济的情况下，产量小于帕累托最优状态下的产量；在外部不经济的情况下，产量超过了帕累托最优状态下的产量。

二、外部性的解决方法与矫正措施

如何解决和矫正外部性所造成的资源配置不当？微观经济学理论提出了管制、征税与补贴、交易许可证、内部化以及产权界定等方法。

1. 管制

政府可以通过规定或禁止某些行为来解决外部性。例如，把有毒的化学物质倒入河流是一种犯罪行为。在这种情况下，社会的外部成本远远大于排污者的收益，因此，政府制定了一系列禁止这种行为的命令和控制政策。

政府干预外部性

◆ 相关链接

环境管制的复杂性

为了消除环境污染的外部性，政府可以通过出台禁止环境污染的政策和措施加以控制，但是，在大多数污染的情况下，事情并不这么简单。尽管宣布了环境保护的目标，但要完全禁止有污染的活动是不可能的。例如，实际上各种形式的交通运输，会带来一些污染副产品。然而，要让政府禁止所有的运输方式肯定是不明智的。因此，社会不是要完全消除污染，而是要评价成本与收益，以便决定哪种污染与允许污染的多少。环保部门是政府机关，其任务就是提出并实施目的在于保护环境的管制。

环境管制可以采取多种形式。有时环保部门规定工厂可以排放的最高污染水平，另一些时候环保部门要求企业采用某项减少排污的技术。

2. 征税与补贴

政府可以通过对负的外部性征税，对正的外部性给予补贴来解决外部性问题。对于造成外部不经济的企业，国家应该征税，其数额应该等于该企业给社会其他成员造成的损失，从而使该企业的私人成本恰好等于社会成本。例如，在生产污染的情况下，政府向污染者收税，其税额等于治理污染所需要的费用。而对于带来外部经济的企业，国家则可给予其补贴，使得企业的私人成本与社会收益相等。无论何种情况，只要政府采取措施使得私人成本等于社会成本，私人收益等于社会收益，则资源配置便可以达到帕累托最优状态。征税和补贴是否理想，关键在于政府能否得到足够的信息，准确地制定征税和补贴标准，使补贴和征税与相关的外部性正好一致。

针对外部性的税收

◆ 相关链接

管制与征税的比较

经济学家对税收作为解决污染的一种方法偏爱通常大于管制，因为税收可以以较低的社会成本减少污染。其原因可以通过一个例子来说明。假设有两个工厂——造纸厂和钢铁厂，每家工厂每年向河流倾倒500吨污染物。环保部门考虑了两种解决办法：一是管制，环保部门可以规定每家工厂把每年的排污量减少为300吨。二是税收，环保部门可以对每个工厂每排出一吨污染物征收5万元的税收。这样做的差异在于，管制规定了污染水平，而税收给工厂所有者一种减少污染的经济激励。大多数经济学家偏爱税收。他们认为，在减少污染总水平上税收和管制的方法同样有效。但环保部门可以通过把税收确定在适当的水平上，而达到它想达到的任何污染水平。税收越高，减少的污染也越多。实际上，如果税收足够高，工厂将完全关门，污染减少为零。

经济学家偏爱税收的原因在于它减少污染更有效率。管制要求每个工厂减少等量的污染，但等量减少并不一定是清洁水质最省钱的方法。可能的情况是，造纸厂减少污染的成本比钢铁厂低。如果是这样的话，造纸厂对税收的反应是大幅度地减少污染以便少缴税；而钢铁厂的反应是减少的污染少，交的税多。

实际上，税收规定了污染权的价格。正如市场把物品分配给那些对物品评价最高的买者一样，税收把污染权分配给那些减少污染成本最高的工厂。无论环保部门选择的污染水平是多少，它都可以用税收以最低的总成本达到这个目标。

经济学家还认为，征税对环境更有利。在命令与控制的管制措施下，一旦工厂达到了300吨污染的目标就没有理由再减少排污。与此相比，税收激励工厂去开发更加清洁的技术，因为这样可以减少工厂不得不支付的税收量。

3. 交易许可证

政府可以通过买卖许可证或允许许可证交易的方式来管制外部性。例如，对于向河流中排放污染的钢铁厂或造纸厂，政府可以向他们卖出500吨的污染许可证，或者，在管制的前提下，也可以允许造纸厂向钢铁厂出售规定范围内的污染许可证。这种方式实际上是采用市场交易的方式进行排污权的配置。只有以高成本才能减少污染的企业将愿意为污染许可证出最高的价格，那些以低成本可以减少污染的企业也愿意出卖他们所拥有的许可证，从而使得在总量污染不增加的情况下，调节了需求。

污染许可证与征税政策有许多相同之处。在这两种情况下，企业都要为污染支付费用，都通过使企业支付成本而把污染的外部性内在化。

4. 内部化：企业合并

内部化是通过制度安排使经济活动外部性所产生的社会收益或社会成本，转为私人收益或私人成本，从而解决外部性的一种方法。

企业合并是让外部性内部化的一种常见形式。以造纸企业和养鱼场为例。造纸厂产生的污染物流入河流，使得下游的养鱼场受到不利影响，如果通过一定的产权安排，使造纸企业和养鱼场合并为一个公司，那么，造纸企业给养鱼场所增加的成本就成为该公司内部的成本，合并使外部性内部化了。合并公司在考虑造纸产量时，就不能不考虑污染成本。为最大化利润，公司必然考虑外部经济效应，协调造纸和养鱼两项业务的决策，这种协调会带来帕累托改进。

事实上，现在许多企业已经使相互影响生产的单位之间的外部性内部化了。比如，渔场同时种植水生植物；出于苹果授粉的目的，苹果园养殖蜜蜂也是十分普遍的事情。

5. 产权界定

产权界定是解决外部性的一种制度安排。在许多情况下，外部性之所以导致资源配置失当，是由于产权不明确。产权是指由法律规定的对某一资源拥有的所有和处置的权利。如果产权界定是明确的，那么，通过市场交易的方式解决外部性是可行的。

例如，某条河流上游的企业排放污染物使下游用水者受到损害，如果下游用水者对一定水质的河水拥有明确的产权，当河流下游的水质因上游企业排污而受到损害时，他们便可以通过诉讼的方式要求污染企业进行赔偿，或者他们也可以采用协商，企业将排污权从用水者手中购买过来，同时遭受损害的用水者也会使用他们出售污染权而得到的收入来治理河流。其结果是市场交易本身使污染纠纷得到解决。由于污染者为其外部不经济支付了代价，故其私人成本与社会成本之间不存在差别。

◆ **相关链接**

科斯定理

以产权界定来解决外部性的理论基础是科斯第一定理。科斯第一定理通常表述为：在交易成本为零时，无论产权如何界定，资源配置的效率总能达到最优。也就是说，只要产权界定明确，交易成本很低，那么，经济的外部性可以通过当事人的谈判而得到纠正，从而达到社会效益最大化。

科斯第一定理可以通过下面的例子来加以说明。假定一个工厂周围有5户居民户，工厂的烟囱排放的烟尘因为使居民户晒在户外的衣物受到污染而使每户损失75美元，5户居民总共损失375美元。解决此问题的办法有三种：一是在工厂的烟囱上安装一个防尘罩，费用为150美元；二是每户安装一台除尘机，除尘机价格为50美元，总费用是250美元；第三种是每户居民户有75美元的损失补偿，补偿方是工厂或者是居民户自身。假定5户居民户之间，以及居民户与工厂之间达到某种约定的成本为零，即交易成本为零，在这种情况下如果法律规定工厂享有排污权（这就是一种产权规定），那么，居民户会选择每户出资30美元去共同购买一个防尘罩安装在工厂的烟囱上，因为相对于每户拿出50美元钱买除尘机，或者自认了75美元的损失来说，这对于居民户是一种最经济的办法（因为在工厂有排污权的情况下，它没有义务为居民户消除外部性损失，只能由居民户自己解决）。如果法律规定居民户享有清洁权（这也是一种产权规定），那么，工厂也会选择出资150美元购买一个防尘罩安装在工厂的烟囱上，因为相对于出资250美元给每户居民户配备一个除尘机，或者拿出375美元给每户居民户赔偿75美元的损失，购买防尘罩对于工厂来说也是最经济的办法（因为在居民户有清洁权的情况下，工厂有义务消除或补偿居民户的损失）。因此，在交易成本为零时，无论法律是规定工厂享有排污权，还是相反的规定即居民户享有清洁权，最后解决烟尘污染衣物导致375美元损失的成本都是最低的，即150美元，这样的解决办法效率最高。可见，如果只考虑资源的最优配置，将产权赋予交易的任何一方都没有关系，只要产权是明确界定的，双方通过谈判和交易就会带来资源的最有效利用。

在科斯第一定理中，交易成本为零是最重要的一个附加条件。在交易成本不能忽略的地方，人们不能指望借助于相互协商而得到资源最优配置的结论。这是因为，产权不一定是能够明确加以界定的，比如空气历来就是大家均可使用的共同资源，很难将其产权具体分派给谁。即使产权原则上可以明确，但由于法律程序的成本问题等，也变得实际上不可行。已经明确的产权，也不一定总是能够交易。例如，由于信息的不充分、谈判人数太多等原因，使得交易成本过高，双方不能达成一致意见。重新分派产权无疑会影响收入分配，而收入分配的变动可能造成一定的社会问题。所有这些，都说明产权的调整和重组是有代价的，因此，初始产权的界定正确与否，实际上对资源配置的结果影响很大。

科斯从交易成本大于零又得出"科斯第二定理"，而且认为他真正要表达的正是这第二定理：一旦考虑到进行市场交易的成本，合法权利的初始界定就必然会对经济制度运行的效率产生影响。由科斯第二定理引出的结论是，不同的产权制度和法律制度，会导致不同的资源配置效率，产权制度是决定经济效率的重要内生变量，而政府的重要职责之一，显然就是尽可能明确地界定社会经济生活中的各种产权。

（资料来源：黎旨远，《西方经济学》，高等教育出版社，1999。）

第三节 公共物品与公共选择

一、公共物品的概念及其特点

公共物品是具有非竞争性和非排他性的物品。所谓非竞争性，是指额外增加一个人对公共物品的消费并不会影响他人同时消费该产品，不会引起生产成本的任何增加，即在给定的生产水平下，向一个额外消费者提供商品或服务的边际成本为零。例如，一盏路灯，一个人享受它的照明并不影响其他人享受它的照明，或者说，增加享受路灯照明的人并不带来提供路灯的费用增加。所谓非排他性，是指任何人对某种公共物品的消费，都不排斥其他人对这种物品的消费，也不会减少其他人由此而获得的效用。公共物品的消费具有无偿性，即消费者在使用过程中可以不支付费用，或者无法禁止他人不付代价而享受该物品。例如，海上的灯塔，每一个过往船只都可以享受它的照明，却无须付费。如果需要收费，在技术上有难度，而且经济上也不划算。诸如此类还有国防、法律、外交、公安等都属于公共物品。公共物品的消费具有非竞争性和非排他性特征，一般不能有效地通过市场机制由企业或个人来提供，所以，会导致市场失灵。

公共物品

◆ 相关链接

经济学对物品的分类

根据物品在消费中是否具有竞争性和排他性，经济学把物品分为以下四类（见表7-1）。

表7-1 物品的分类

交易方式特征 物品分类 行为特征	排他性	非排他性
竞争性	私人物品 （食品、衣服、汽车、住房等）	共有资源 （公海的鱼类、新鲜空气、公园等）
非竞争性	自然垄断物品 （互联网、有线电视、桥梁等）	公共物品 （国防、灯塔、法律等）

竞争性和非竞争性是针对物品的消费过程行为特征来讲的，凡是该物品在消费行为上具有对抗性、争夺性和相克性特征的物品（即一个人对该物品的消费必然会限制他人的消费），就是竞争性物品。相反，就是非竞争性物品。而排他性和非排他性则是针对物品消费时的交易方式特征来讲的，凡是能够（也有必要）通过一定的交易方式来实现消费的物品就是排他性物品，否则，就是非排他性物品。这些特征的组合，形成了以下四种物品分类。

（1）私人物品，是指消费中既具有竞争性又有排他性的物品。竞争性是指该物品一旦由一个人消费，其他人就不能再去消费。如一件羊毛衫，如果一个人穿上了该羊毛衫，其他人就不能再穿。排他性是指排除那些没有为该物品付费的人消费它。如一件家具，如果没有付款，销售商不会让人提走。生活中的一般商品均属于私人物品，例如，服装、食品、办公用品、私人交通工具以及所有商业服务等。

（2）公共物品，是指既无竞争性又无排他性的物品。

（3）共有资源，是指具有竞争性但无排他性的物品。例如，海洋中的鱼类是一种竞争性的物品，当一个人捕获时，留给他人可供捕获的鱼就少了；但这些鱼并不具有排他性，因为几乎不可能对渔民所捕获的鱼收费。

（4）自然垄断物品，是指有排他性但无竞争性的物品。这主要是具有自然垄断性质的一类社会产品（或服务），包括自来水、电力、消防、燃气（包括管道煤气和天然气）、电信产品、铁路服务和航空服务等。

◆ **相关链接**

基础理论知识是公共物品

如果一个数学家证明了一个新定理，该定理成为人类知识宝库的一部分，任何人都可以免费使用。由于知识是公共物品，以营利为目的的企业就可以免费使用别人创造的知识，结果用于知识创造的资源就太少了。

在评价有关知识创造的适当政策时，重要的是要区分一般性知识与特殊的技术知识。特殊的技术知识，例如一种高效电池的发明，可以申请专利。因此，发明者得到了他的好处。与此相比，数学家不能为定理申请专利；每个人都可以免费得到这种一般性知识。换句话说，专利制度使特殊的技术知识具有排他性，而一般性知识没有排他性。

以美国为例，政府努力以各种方式提供一般性知识这种公共物品。政府机构，例如，国家保健研究所和国家自然科学基金补贴医学、数学、物理学、化学等基础研究。一些人根据空间计划增加了社会知识宝库来证明政府为空间计划提供资金的正确性。的确，许多私人物品，包括防弹衣和快餐汤，都使用了最初由科学家和工程师在登月研究中开发出来的材料。当然，政府决定支持这些努力的合适水平是困难的，因为收益很难衡量。

（资料来源：www.bookschina.com）

二、公共物品与免费搭车

由于公共物品具有非竞争性（消费者互不影响）和非排他性（不能或不便以市场交易的方式提供），所以，在公共物品消费方面就会产生免费搭车问题。免费搭车又称搭便车，是指一个人不用进行购买就可以消费某种物品。例如，不用支付国防费用，就可以受到保护，不用支付灯塔的费用就可以受到灯塔的服务。而且，还没有一种方法可以有效地防止免费搭车。

◆ 相关链接

免费搭车：街心花园

街心花园的例子很好地说明了"免费搭车"问题。每个城市都有街心花园，对于街心花园来说，它除了具有非排他性（无法收费或收费成本太高，或者因为收费而导致社会效益降低，因此没必要收费）之外，也具有非竞争性。例如，某个人在途经花园享受美景时，并不减少其他人对该花园的消费和享受。此外，多一个人享受该公园的风景，并不需要多用更多的社会资源。因此，即使某个私有部门能够依照人们对公园的消费收费，它也不应该收费。原因在于，向途经花园的人们收费，会造成个人成本与社会机会成本不一致。每多一个人留意该花园时，就会发生效率改进：该人获益而其他人不受损失。因此，为了实现经济效率，所有人为观赏该公园有价值的人，都能够观赏它。以任何方式阻拦一部分人享用公共物品都会造成效率损失。但是，这种情况发生的前提是：观赏花园的价格为零。

既然如此，就可能导致一种结果：由于街心花园的经济有效率的价格为零，所以，所有企业都不会提供该花园的供给，使其市场供给不足。

由于免费搭车的存在，对私人厂商来说，提供公共物品就无利可图，私人就不会提供公共物品，公共物品的供求就不能由市场调节，从而导致市场失灵。由于公共物品是社会存在和发展所必需的，既然市场机制无法对公共物品有效配置，那么，由政府或公共部门安排生产并按照社会福利原则来分配公共物品就成为解决免费搭车的唯一选择。例如，国防由政府通过预算拨款的方式来提供，一些城市的道路路灯由城市管理机构负责提供维护，而一些居民区的路灯和居民楼的楼梯灯由居委会统一提供并负责维护，其费用由各家各户分摊。

三、共有资源与公地悲剧

共有资源是指具有竞争性（消费者相互竞争使用）但无排他性（无法以市场交易的方式供给）的物品。与公共物品一样，共有资源没有排他性：想要使用共有资源的任何一个人都可以免费使用。但是，共有资源有竞争性：一个人使用共有资源就会减少其他人的使用。因此，共有资源产生了一个新的问题：共有资源的过分使用。关于这方面的典型例子是"公地悲剧"。

◆ 相关链接

公地悲剧

1968年，美国学者哈丁在《科学》杂志上发表了一篇题为《公地的悲剧》的文章。在这篇文章中，它设置了这样一个情景：一群牧民同时在一块公共草场放牧，由于是公共草场，所以，大家都没有义务约束自己的放牧量，而且会通过争相增加放牧数量来获得利益的最大化。在这种情况下，每一个牧民都想通过多养羊来增加个人收益，虽然他明知草场上羊的数量已经太多了，再增加羊的数目，将使草场的质量下降。此时，牧民将如何取舍？如果每人都从自己私利出发，肯定会选择多养羊获取收益，因为草场退化的代价由大家负担。但每一位牧民都如此思考时,"公地悲剧"就上演了:由于大家都争相放牧,使草场持续退化,直至无法养羊,最终导致所有牧民破产。

在这里,公地的悲剧并不一定是个真实的故事,只是对这类现象的一种比喻和简称,但它的确形象地反映了公共资源在使用中存在的问题。

公地悲剧

当资源或财产有许多拥有者时,他们每一个人都有权使用资源,但没有人有权阻止他人使用,由此导致资源的过度使用和枯竭,即产生"公地悲剧"。过度砍伐的森林、过度捕捞的渔业资源及污染严重的河流和空气,都是"公地悲剧"的典型例子。之所以叫悲剧,是因为每个当事人都知道资源将由于过度使用而枯竭,但每个人对阻止事态的继续恶化都感到无能为力,而且都抱着"及时捞一把"的心态加剧事态的恶化。

由于存在过度使用的问题,政府常常通过多种方式来限制对公共资源的过度利用。比如,一个湖泊里的鱼的数量是有限的,大家都来捕鱼,鱼越捕越少,导致资源的过度开发。解决这个问题可用明确产权的办法,即由某一个企业或个人来承包这个湖泊的捕鱼作业;也可用征税的办法,即对捕鱼者征税,并把税收用于投放鱼苗。还可以用法律手段明确规定休渔期禁止捕捞的时间。

其他共有资源的保护

四、公共选择

公共选择

公共物品的使用存在搭便车的问题,即大家都在使用却不用付费。在这种情况下,公共物品难以由市场提供,因此,政府解决公共物品的生产和供给就成为必然选择。政府提供公共物品的决策方式是公共选择。公共选择也叫政府选择,它是一种非市场的集体选择,是由国家、地区或社区,由辖区公民采取辩论、协商、投票等形式,决定所属公共物品的生产、分配、使用、转让等处置方式的行为。

◆ **相关链接**

公共选择与市场选择

公共选择是与市场选择相对应的一种决策机制与方式,它研究的主要是集体的非市场决策过程。公共选择与市场选择的不同之处在于:一是市场选择以私人物品为对象,公共选择以公共物品为对象;二是市场选择是通过完全竞争的经济市场来实现,即消费者用"货币选票"来购买私人物品,公共选择是通过一定的政治秩序的政治市场来抉择,即消费者用投票来购买公共物品;三是选择行为的主体在市场选择下是个人,在公共选择下是集体。

在现实中,人们通过各种不同的公共选择方式来决定各个产品的生产。

1. 集权决策

集权决策即由一个人或少数人来决定各种公共物品生产的决策方式。其特点是所费时间少,但不一定能够体现大多数人的意见,因而可能会引起多数人的不满。如果把这种不满作为决策的外部成本的话,则集权决策的外部成本是比较大的。

2. 集体投票

集体投票即由社会全体成员用投票的方式来决定公共物品供给的决策方式。通常有一致同意规则和多数规则。

一致同意规则指候选方案必须经过全体投票人认可才能通过的规则。一致同意规则通过的方案一般都是最优的,不存在把一些人的偏好强加于另一些人的因素。但一致同意规则的实现需要花费大量的时间和资源,社会机会成本较大,在许多情况下甚至无法达成协议。

多数规则是指候选方案只需经半数以上投票人认可才能通过的规则。多数规则可分为简单多数规则和比例多数规则。简单多数规则,即超过总数的一半,比例多数只达到总数的2/3或3/4才算有效。

第四节 不对称信息与激励

一、不对称信息与委托—代理关系

不对称信息也称不完全信息,是指在市场经济活动中,交易双方拥有的信息不同,一方拥有的信息多而另一方拥有的信息少,从而产生了交易双方不能完全平等交易的情况。

信息不对称

◆ **相关链接**

不对称信息——买的不如卖的精

俗话说"从南京到北京,买的不如卖的精",这其中讲的就是信息不对称现象。一般来说,市场上买卖双方所掌握的信息常常是不对称的,卖者掌握的信息往往多于买者。

中国古代有所谓"金玉其外,败絮其中"的故事,讲的是商人卖的货物表里不一,由此引申比喻某些人徒有其表。在商品中,有一大类商品是内外有别的,而且商品的内容很难在购买时加以检验。如瓶装的酒类、盒装的香烟等。人们或者看不到商品包装内部的样子(如香烟、鸡蛋等),或者虽看得到却无法用眼睛辨别产品质量的好坏(如瓶装的酒类)。显然,对于这类产品,买者和卖者了解的信息是不一样的。卖者比买者更清楚产品实际的质量情况,这时卖者很容易依仗买者对产品实际情况的不了解而欺骗买者。如此看来,消费者的地位相当脆弱,对于掌握了"信息不对称"武器的欺骗行为似乎毫无招架之术。

由于信息不对称,价格对经济的调节就会失灵。比如,某些正常商品降价,消费者也未必增加购买,消费者可能会以为是假冒伪劣商品;相反,也可能出现另一种情况,某些假冒伪劣商品提高价格,反倒可能有人增加购买,消费者可能会以为这些商品质量较高。这就是市场失灵造成的市场无效率。

为消除因信息不对称,精明的商家想了很多办法。比如,在大商场,某生产鸭绒制品的公司开设了一个透明车间,当场为顾客填充鸭绒被,以消除生产者和消费者之间的信息不对称。

(资料来源:www.people.com.cn)

西瓜市场信息不对称

售楼市场信息不对称

传统经济学的研究有一个重要前提，就是完全信息假设，即假设市场的每一个参与者对市场和商品的所有信息都了如指掌。但现实生活中并不是这样，人们一直生活在一个信息不完全的世界中。信息不完全不仅是指绝对意义上的不完全，即由于认识能力的限制，人们不可能知道在任何时候、任何地方发生的任何情况，而且还指相对意义上的不完全，即信息不对称。在现实生活中，信息不对称的情况是十分普遍的，由于交易双方拥有的信息不对称，容易造成占有信息优势的一方在交易中获取较大的利益，出现因信息力量对比过于悬殊导致利益分配结构严重失衡，使市场交易不能形成完全竞争市场所描述的资源最优配置，从而导致市场失灵。

不对称信息理论的提出，突破了传统经济学所假设的完全信息的前提条件，使经济学的研究更加接近实际，从而形成一门新的经济学分支——信息经济学，是新经济学的重要组成部分。

◆ 经济学故事

孔子感叹不完全信息

孔子被困在陈、蔡之间，只能吃没有米粒的野菜汤度日，七天没吃到粮食，白天也只得睡觉。一天，颜回讨到一点米回来做饭，饭快熟时，孔子看到颜回抓取锅中的饭吃。一会儿，饭熟了，颜回拜见孔子并端上饭食。孔子装作不知颜回抓饭之事，说："今天我梦见了先君，把饭食弄干净了去祭先君。"颜回回答说："不行，刚才灰尘落进饭锅里，扔掉沾着灰尘的食物是浪费的，我就抓出来吃了。"孔子叹息着说："如果人所相信的是眼睛，可眼睛看到的还是不可以相信；如果人所依靠的是心，可心里揣度的还是不足以依靠，看来了解人真的很不容易。"

可见，即使是孔圣人也不能了解到完全的信息，更不用说我们凡人了。这也就不奇怪为什么我们常常因为信息不完全而产生误会了。

［资料来源：黄晓林，何艳丽，《一口气读懂经济学（白金版）》，新世界出版社，2011.］

不对称信息的影响，常常体现在市场中交易双方的委托—代理关系中。在法律上，当A授权B代表A从事某种活动时，委托—代理关系就产生了，A为委托人，B为代理人。经济学上的委托—代理关系泛指任何一种涉及非对称信息的交易，人们把市场交易中拥有信息优势的参与方称为代理人，把不具信息优势的参与方称为委托人。当委托人和代理人中一方的经济福利取决于另一方的行为时，经济学上的委托—代理关系就产生了，代理人是行为人，委托人是受行为影响的一方。当事人之间的委托代理关系往往以某种契约的形式存在，当信息不对称出现在契约签订之前时，会产生交易过程中的逆向选择行为。而当信息不对称出现在契约签订之后时，则可能在委托人和代理人之间产生道德风险。

二、不对称信息下的逆向选择

在市场交易的委托—代理关系中，如果在合约签订之前，由于存在信息不对称而产生的代理人利用信息优势使自己受益而使委托人受损的交易行为，叫作逆向选择。如在商品销售之前，销售商对商品的性能了解程度就比购买者要高，即前者拥有的信息多于后者，这时，可能出现销售商利用信息不对称使自己受益而使购买者受损。在信息不对称的商品市场上，逆向选择可能使市场上质量较差的商品将质量较好的商品驱逐出去，产生"劣品驱逐良品"现象。信息经济学把产生这种逆向选择的市场成为"柠檬市场"。

柠檬市场

"柠檬"在美国俚语中表示"次品"或"不中用的东西"，"柠檬市场"即次品市场的意思。当产品的卖方对产品质量比买方拥有更多信息时，"柠檬市场"便会出现。"柠檬市场"的著名例子是二手车市场。

在二手车市场上，买车人和卖车人对汽车质量信息的掌握是不对称的。买家只能通过车的外观、介绍和简单的现场体验来验证汽车质量的信息，这样很难准确判断出汽车质量的好坏。因此，对于买家来说，在买下二手车之前，并不知道哪辆汽车是高质量的，他只知道市场上汽车的平均质量。买家知道市场里面的好车至少要卖6万元，坏车最少要卖2万元。那么，买车的人在不知道汽车质量的前提下，愿意出多少钱购买他所选的车呢？一般情况下，买家只愿意根据平均质量出价，也就是4万元。但是，在这种情况下，那些质量很好的二手车卖主就不愿意了，于是高质量的汽车就会撤出这个二手车市场，市场上只留下低质量的二手车。如此反复，二手车市场将会被低质量的车占领，从而形成"劣品驱逐良品"现象。这违背了市场竞争中优胜劣汰的选择法则。平常人们说选择，都是选择好的，而这里选择的却是差的，所以把这种现象叫作逆向选择。

逆向选择

生活中的"柠檬市场"无处不在，除了产品市场，劳动力市场、金融市场、保险市场均存在逆向选择现象。比如人才市场，由于信息不对称，雇主往往开出的是较低的工资，这根本不能满足精英人才的需要，却能被普通人接受，从而使精英人才被驱逐，市场机制不能发挥有效配置精英人才的作用。信贷市场也是个"柠檬市场"，信息不对称使贷款人只好确定一个较高的利率，结果需要资金的好企业退避三舍，资金困难甚至不想还贷的企业却蜂拥而至，导致市场不能发挥有效配置信贷资源的作用。同样，在保险市场，由于信息不对称，保险公司不了解所有参保人的健康状况，在保险公司制定的平均保险费率下，身体健康的人不愿意为较高的平均保险费买单，而身体不健康的人往往乐于参加保险，从而出现了保险市场上只剩下身体不健康的人，这将最终导致保险公司无法经营。

劣币驱逐良币

◆ **相关链接**

劣币驱逐良币

与二手车市场类似的是劣币驱逐良币，这也是经济学中的一个著名定律。金属货币作为主货币有较长的历史。但由于直接使用金属做货币有很多不便之处，于是人们将金属铸造成便于携带和交易，也便于计算的货币。这种铸造的金属货币，有与其实际价值相对应的面值，或称为名义价值。这一变化使得铸币内在的某种金属含量（如黄金含量）产生了与面值不同的可能，如面值1克黄金的铸币，黄金的实际含量可能不足1克，人们可以加入一些其他低价值的金属混合铸造，但它仍然作为1克黄金进入流通中。16世纪英国商业贸易很发达，玛丽女王时代铸造了一些成色不足（即价值不足）的铸币投入流通中。金融家兼商人托马斯·格雷欣发现，当面值相同而实际价值不同的铸币进入流通时，人们会将足值的货币贮藏起来，或是熔化或是流通到国外，最后回到英国偿付贸易和流通的，则是那些不足值的劣币，英国由此受到巨大损失。因此，格雷欣向伊丽莎白一世建议，恢复英国铸币的足值，以恢复英国女王的信誉和英国商人的信誉，以免在贸易中因不足值铸币而遭受损失。这就是劣币驱逐良币效应，产生这种现象的根源在于交易双方的信息不对称。因为如果交易双方对货币的成色或者真伪都十分了解，劣币持有者就很难将手中的劣币花出去，或者，即使能够用出去也只能按照劣币的实际价值而非法定价值与对方进行交易。

劣币驱逐良币的现象在市场上是普遍存在的。在信息不对称市场中，产品的卖方对产品的质量拥有比买方更多的信息。在极端情况下，市场会萎缩乃至消亡，这就是"柠檬市场"效应。"柠檬市场"效应是指在信息不对称的情况下，往往是好的商品遭受淘汰，而劣等品会逐渐占领市场，从而取代好的商品，导致市场中都是劣等品。

［资料来源：黄晓林，何艳丽，《一口气读懂经济学（白金版）》，新世界出版社，2011.］

逆向选择现象分析

三、逆向选择的改进：市场信号

由于信息不对称而产生的逆向选择，导致了市场失灵和资源的低效配置。为此，人们采取各种办法来改进逆向选择行为。由于产生逆向选择的主要原因在于信息不对称，因此，解决和改进逆向选择的方法主要体现在有效解决信息不对称方面。

1. 制造与传播市场信号

制造与传播市场信号是改进逆向选择行为最为重要和最为常用的手段，在产品市场上，商家主要通过品牌、广告或者向客户提供质量保证书、保修、退回等办法，来使消费者把他的产品与"柠檬"区别开，以相信它的产品是高质量的。而在人才市场上，雇主可根据雇员受教育程度的不同，设计不同的工资支付标准，向不同能力的人才传递待遇信息。同时，高质量的劳动者可以通过其受教育水平如文凭向雇主发出信号，以示自己区别于低质量的劳动者，并向雇主要求更高的工资。在保险市场上，保险公司可针对不同类型的潜在投保人制定不同的保险合同，投保人根据自己的风险特征选择适合的保险合同。这种信号传递能够在一定程度上改进由于信息不对称造成的逆向选择。

2. 中介的设立

在市场交易中，中介能够充分利用它的专业知识为买方提供更多的信息，从而有利于改善信息不对称情况。中介能够"撮合"买卖双方，比如券商、经纪人等，当然中介所获收益取决于它提供信息的质量。

3. 建立质量合格标准

为了保证市场的公正交易，政府、消费者协会等机构常常会建立产品质量的合格标准，通过这个标准来保证产品的质量，起到改进逆向选择的作用。

4. 消费者自身的搜寻行为

这种方法就是消费者通过自身进行信息搜寻来改变其所处逆向选择地位，比如通过走访、调查、函询等方式来获取更多的信息。

四、不对称信息下的道德风险

在市场交易合同签订之前,如果委托人和代理人之间存在信息不对称,容易产生逆向选择行为。而在交易合同签订之后,如果委托人和代理人之间存在信息不对称,就容易产生道德风险。道德风险是指在交易双方签订合同后,代理人利用多于委托人的信息优势,有目的地损害委托人的利益而增加自己利益的行为。如雇员被雇主雇用后,雇员比雇主更了解自己的工作能力和努力程度,形成雇员与雇主的信息不对称,从而会产生雇员利用所拥有的信息多于雇主的情形而进行有损于雇主的行为。一旦委托人与代理人之间出现了道德风险,不仅使双方的利益受损,还会使社会资源配置的效率受损,因为在不存在道德风险的情况下,委托人和代理人的福利水平会更高。

不对称信息下的4S店

◆ **经济学故事**

狐狸建筑师

一头狮子特别喜欢养鸡,但鸡舍的严密性不好,总是丢鸡。狮子决定请最好的建筑师狐狸来建一个坚固的鸡舍。鸡舍建得极为精美,看起来固若金汤,围墙又高又严密,但鸡仍然在一天天减少。原来狐狸就是偷鸡贼,它把鸡舍盖得非常严密,谁也进不去,却把一个秘密通道留给了自己。

狮子委托狐狸建鸡舍是出于它的无知,用经济学术语说是狮子和狐狸之间的信息不对称。一旦狮子知道了狐狸的偷鸡本性,就会从维护自己的利益出发,炒掉狐狸。

假设狐狸没有偷鸡的动机,鸡舍也不一定能盖好,比如黄鼠狼为了偷鸡有可能贿赂狐狸,让狐狸留下通道,这涉及狐狸的道德水平。在现代社会中,委托代理关系普遍存在。委托代理关系形成以后,由于信息不对称,就可能产生代理人的道德风险。

[资料来源:黄晓林,何艳丽,《一口气读懂经济学(白金版)》,新世界出版社,2011.]

在经济活动中,道德风险问题相当普遍。可以说,只要市场经济存在,道德风险就不可避免。道德风险最常见的例子是保险市场。假如有一个购买家庭财产保险的投保人,当他没有购买保险时,它常常会采取一定的安全防范措施,如采取安装防盗门,外出时家中尽量留人等,来防范家庭被盗。一旦该家庭购买财产保险后,投保人可能出现道德风险行为,不再关心防盗问题,如贵重物品随便放置,经常忘记锁门,也不在防范措施上投资,这样就增加了盗窃风险发生的可能,从而给保险公司带来了损失。类似的情况也经常在汽车保险、医疗保险中出现。如购买了汽车保险的投保人会有意放弃对汽车的安全保护措施,购买了医疗保险的投保人会降低对疾病的预防或有意扩大自己的医疗支出等。

劳动力市场上的道德风险同样是一个普遍的现象。如雇主与雇员之间在签订了支付固定报酬的劳动合同后,雇员可能出现工作中降低主观努力的行为而使委托人的利益受到损失。企业中员工的道德风险典型地说明了这种情况。由于企业中普遍存在契约的不完备性和信息的非对称性,诱发了员工的机会主义行为,员工会尽可能选择以付出较少的努力换取较多的收入或报酬。假定经理目标是以利润最大化为准则的,那么他希望工人多努力以增加利润。如果契约

道德风险

打车软件隐藏道德风险

是完备的、信息是对称的,个人的行为及目标选择都置于组织的监控之下,那么个人只有通过完成组织目标并在组织目标的约束下才能实现个人目标。但是,企业契约并不能明确规定未来所有各种可能出现的状态及各方的责权利关系,经理并不能完全观测到员工的工作方式和努力程度,那么,对于一个理性的员工来说,他就有动机利用契约的漏洞和行为的不可观测性为谋求自身效用最大化而背离经理所希望的目标。工人可以采用偷懒或"磨洋工"的方式,甚至利用组织资源(如偷窃、泄露企业技术秘密等)为个人谋取福利。这样,个人目标就会偏离组织目标,企业人力资源管理中的道德风险也由此而生。

金融行业更是道德风险出现较多的领域之一。在金融行业,存在着因为有关人员的思想品德问题,为了个人或小团体的利益,主观故意违规违章甚至违法操作而造成的资金、财产、信誉遭受损失带来的风险。这是一种容易被人们忽视的风险,往往导致和引发金融风险。一部金融发展史就是一部金融风险史,在国际、国内曾经发生的一些金融风险事件中,其中由于工作人员个人道德风险诱发的例子不胜枚举。如1994年已经经营了两百多年的英国巴林银行,就是因其新加坡期货公司交易员里森越权违规操作,直接导致了该行的倒闭。在分析金融风险安全的过程中,不难发现,近乎百分之百的事件都伴有内部管理人员和业务操作人员失职、渎职行为的因素。这些失职、渎职行为的产生,追根究源仍在于个别人员思想道德风险引发的。可见,防范道德风险是防范化解金融风险的前提和基础,金融行业的风险防范要从防范道德风险入手。

◆ **相关链接**

道德风险因素

道德风险因素是指与人的品德有关的无形因素,即指由于个人不诚实、不正直或不轨企图,促使风险事故发生,以致引起社会财富损毁的原因和条件。如有人对社会或他人心怀不满,故而蓄意进行破坏活动,比如,纵火、抢劫、欺诈,造成社会财产或他人财产及生命蒙受损失。

五、道德风险的防范:激励机制

在经济人广泛存在的委托代理行业,道德风险是委托人经常会遭遇的问题。那么,如何控制委托代理关系中的道德风险行为呢?通常的做法是建立激励机制。在劳动力市场上,企业常常通过以下方式来减少员工的道德风险。

1. 树立以人为本的管理理念,创造良好的工作环境

企业应尽可能为员工提供宽敞、明亮、整洁、安全的工作场所,拓展管理者与员工的沟通渠道,营造一个充分沟通、信息知识共享的环境。维护员工的合法权益,为各类人才设计挑战性的工作、竞争性的职位。使员工有更多的发展机会和更广阔的发展空间。同时,加强企业文化建设,营造融洽的企业人际关系,提高员工的认同感和归属感,提高员工的工作满意度,从而减少员工的道德风险。

2. 建立监督机制

建立各种监督机制，加大对员工的考核，加强对员工的监督和管理，通过各种制度的规范来减少道德风险。比如说，为防范财务资金流失，采取会计与出纳分开，互相牵制和监督，来规避财务人员违背职业道德而挪用或转移资金的风险。再如采购部，可以利用招投标的方法或是利用询价与采购分离的方法来管理采购部的道德风险。

3. 建立激励机制

激励可以诱使员工采取经理所希望的行动，因而它能够在很大程度上有效解决员工道德风险问题，激励的方式包括隐性激励和显性激励。

（1）隐性激励主要包括以下五个方面：一是让员工体会到参与的价值。在管理中，通常采取民主协商、参与式管理的方法，通过合作谈判、共同协商，达到双方接受、共同认可的效果，从而调动员工的能动性、积极性并进行自我约束。二是利用声誉效应。经理可以通过及时、公平地表扬和奖励员工，从而诱使员工在经理面前建立他们的信誉；这样，即使经理不在，为了维护声誉，他们也会努力工作。三是依靠榜样的力量。在组织中树立榜样和典型，不仅能对员工自身产生激励，促使他们努力工作，而且也为其他员工树立了一个可比较的标准，在组织中形成一种力争上游的竞争氛围。四是进行情感激励。在长期的共同工作和生活中，使员工对企业产生深厚的感情，和组织融为一体。五是鼓励员工通过提升技能以减轻其失业压力。技能的提高和良好的协作精神将提高自己的可被聘任度，这将激励员工主动将自己调适成精于学习及了解如何满足团队需要的人。

（2）显性激励主要指提高员工的薪资收入与福利待遇方面，如提高他们的收入，让员工觉得由于道德问题而失去工作会觉得成本太高，从而选择回避道德风险。

4. 建立道德风险基金

该措施主要是针对中高层管理人员而言，企业和管理人员签订道德风险合同，如果发现有违反道德风险现象，取消管理人员的期权或其他福利，这样大大增加了管理人员违反道德的成本，从而选择回避道德风险。

第五节　政府失灵与改进

一、政府失灵及其原因

市场失灵为政府干预提供了依据，但是，政府干预并非万能，也会出现干预失效，从而产生政府失灵。政府失灵是指政府干预经济不当，或者干预未能有效地克服市场失灵，甚至阻碍和限制了市场功能的正常发挥，从而导致经济关系扭曲，市场缺陷和混乱加重，以致社会资源最优配置难以实现。

政府失灵表现为以下三种情形：其一，政府干预经济活动达不到预期目标；其二，政府干预虽达到了预期目标但成本较高；其三，干预活动达到预期目标

政府失灵

且效率较高但引发了负面效应。导致政府失灵的原因很多，主要有以下八个方面。

1. 有限信息

政府同私人部门一样，也存在信息不充分而导致决策失误，出现政府失灵，政府经常修改政策的情况屡见不鲜。同时，信息不对称还会影响政府对其各部门和代理人的监督，并会引起政策在传递过程中的耗散，从而导致政策在执行阶段出现政府失灵。

2. 有限控制

即政府关于市场的某些政策出台后，对市场的反应和对策往往无能为力。例如，政府采取医疗保险或公费医疗政策，却无法控制医疗费用的急速上升；一些国家为了吸引外资，实行优惠政策，却没有料到许多不应享受的投资者钻了空子；一些国家为了使收入均等化对高收入者征收高额累进税，却把这些人力资本和资产赶到了国外。

3. 有限决策

即政府的少数决策者在制定政策时存在自觉不自觉地倾向于自己所代表的利益阶层的情况，从而使政府的决策不一定符合大多数人的利益。

4. 时滞限制

政府的决策比市场慢得多，政策从出台到执行都存在时滞。具体表现在：一是认识时滞。即上级政府的决策需要基层部门发现问题并层层上报，这需要时间耗费。二是决策时滞。政府从认识问题到最后得出解决方案需要一段时间，中间包括咨询、论证和协调等。三是生效时滞。决策从事实到产生市场反应需要一定的时间。一般一项宏观政策从实施到生效大概需要半年时间。特别是，有些决策因为时滞而导致结果更糟。例如，一个本来用于对付经济过热的货币政策可能要等到经济过热结束后经济衰退开始时才发生作用，这样会使经济情况雪上加霜。

5. 政府偏好

政府同个体一样，也有自己的偏好和利益目标。当下级政府的目标与上级政府的政策出现矛盾时，它会做出与政策目标相悖的选择，从而导致政府失灵。同时，上级政府在制定政策时，其偏好也起着重要的作用，出现失误也会导致政府失灵。

6. 官员的素质

有时，官员的素质会影响政策的制定与执行。他们在制定和执行政策时可能存在不当之处，同时，某些官员把公共权力当作私人权力来满足个人爱好，产生权钱交易、权权交易现象，造成人们对政府不大信任，致使政府干预失效。

7. 利益集团的寻租行为

当政府制定政策时，利益集团游说活动、个体的寻租活动都会使得政府的决策偏离社会的最优选择，推出的政策往往只代表利益集团的利益而不是整个社会的利益。当政府执行政策时，寻租活动会使政策执行效率或执行过程偏离政策本身。

8. 政府干预的盲目性

政府实行干预的法令、规章等都具有刚性，不能及时根据经济的具体情况而变化，从而导致政府对经济干预具有盲目性。

市场失灵在一定程度上可以通过政府来解决，但并不总是能够通过政府来解决，因为存在政府失灵，所以，垄断、不公平、外部性、公共物品等问题要在政府出面解决的同时，又要引入市场竞争机制。

◆**相关链接**

为什么黄牛没有绝种

历史上，许多动物都遭到了灭绝的威胁。即使现在，像大象这种动物也面临着这样的境况，偷猎者为了得到象牙而进行疯狂捕杀，但并不是所有有价值的动物都面临这种威胁。例如，黄牛作为人们的一种有价值的食物来源，却没有人担心它会由于人们对牛肉的大量需求而绝种。

为什么象牙的商业价值威胁到大象，而牛肉的商业价值却成了黄牛的护身符呢？这就涉及产权的界定问题。因为野生大象没有确定的产权，而黄牛属于私人所有。任何人都可以捕杀大象获取经济利益，而且谁捕杀的越多，谁获取的经济利益越大。而黄牛生活在私人所有的牧场上，每个农场主都会尽最大努力来维持自己牧场上的牛群，因为他能从这种努力中得到收益。

政府试图用两种方法解决大象的问题。如肯尼亚、坦桑尼亚、乌干达等非洲国家把捕杀大象并出售象牙作为一种违法行为，但由于法律实施难度较大，收效甚微，大象种群仍在继续减少。而同在非洲，纳米比亚以及津巴布韦等国家则允许捕杀大象，但只能捕杀自己土地上作为自己财产的大象，结果大象开始增加了。由于私有产权和利润动机在起作用，非洲大象或许会像黄牛一样摆脱灭顶之灾。

(资料来源：郭万超、辛向阳，《轻松学经济》，对外经贸大学出版社，2005.)

二、政府失灵的对策

政府失灵作为一种客观存在，应尽力避免其对经济生活的破坏，采取种种措施，克服政府干预经济行为的局限性。

公共选择理论认为，解决政府低效率的问题，可以采取以下措施：第一，公共部门权力的分散化。比如，一个国家可以有两个以上的电信部门，一个城市应有几个给水排水公司。公共权力集中带来垄断和规模不经济，而公共部门权力分散有利于降低垄断程度，增加竞争成分，提高效率。第二，私人公司参与。例如，美国的高速公路由政府投资，但由私人建筑公司生产。在处理城市垃圾、消防、清扫街道、医疗、教育、身体检查等公共劳务的生产都可以实行私人公司参与的方式提高效率。第三，地方政府之间的竞争。如果资源及要素，尤其是劳动力可以自由流动，则会促使地方政府间的竞争、防止职权被滥用并提高效率。因为，某地方税收太高或者垄断程度高，投资环境差，政府提供的公共服务差、价格高，居民就会迁出从而会减少当地政府的税收。

课后测试

复习与练习

一、简答题

1. 什么是市场失灵？为什么会产生市场失灵？
2. 垄断造成的经济后果有哪些？政府如何对垄断进行干预？
3. 什么是外部性？外部性有哪些类型？解决外部性的措施有哪些？
4. 什么是公共物品？它与私人物品、共有资源、自然垄断物品的区别是什么？
5. 公共物品为什么会出现搭便车现象？共有资源为什么会产生公地悲剧？公共选择的方式有哪些？
6. 什么是不对称信息？不对称信息会产生什么后果？如何防范逆向选择和道德风险？
7. 什么是政府失灵？为什么会产生政府失灵？如何克服政府失灵？

二、分析题

漏水的水管

2003年7月14日，家住北京市东城区东四八条37号院的朱大爷因发现院内水管漏水，便在没有征得邻居同意的情况下，自行请人对自来水管线进行了检测，并交纳了检测费100元。为了收回每户该分摊的7.14元检测费，朱大爷费尽口舌没有结果，于是便告到了法院。东城区法院审理后，从法理上认定朱大爷在未得到他人授权的情况下，"擅自主张"检测水管，邻居完全有理由拒绝朱大爷分摊检测费的要求。然而，从更深的层面上讲，朱大爷的败诉是由公共物品自身性质决定的。

（资料来源：郭万超，辛向阳，《轻松学经济》，对外经贸大学出版社，2005.）

请思考并回答下面的问题：

1. 漏水的水管是否属于公共物品？为什么？
2. 公共物品何以导致市场失灵？

技能训练项目

项目 7-1　研讨市场失灵与政府干预

【技能目标】

培养学生对市场失灵问题，以及政府干预经济政策的初步分析能力。

【内容与要求】

全班同学自愿结合，5~6人为一个研究小组，以小组为单位，完成以下任务：

1. 各组分别选择一个当前社会所关注的有关市场失灵的热点问题展开分析讨论，分析其形成的原因、讨论政府对此的干预政策，以及政府干预政策的效果。
2. 各组根据自己搜集的数据和资料，整理讨论内容，形成一份关于某热点问题的分析报告。

3. 班级组织一次交流讨论,各组推荐一名同学代表本组发言,阐述本组的观点。其余同学可以就此进行询问、讨论、分析或辩论,在交流中提升认识,培养分析问题的能力。

【成果与考核】

1. 各组把经修改后的分析报告上交。

2. 由教师和同学根据各组的发言和讨论中的表现分别评估打分,综合评定本次活动的成绩。

项目 7-2　分析信息不对称现象

【技能目标】

培养学生观察、解读信息不对称现象和提出改进措施的分析能力。

【内容与要求】

全班同学自愿结合,5~6 人为一个研究小组,以小组为单位,完成以下任务:

1. 各组分别搜集一个日常生活中的信息不对称现象或问题展开讨论,分析其形成的原因、后果,提出改进这种信息不对称问题的措施与对策,并对这些措施和对策进行分析对比,指出各自的优缺点。

2. 各组根据自己搜集的数据和资料,整理讨论内容,形成一份关于某信息不对称问题的分析报告。

3. 班级组织一次交流讨论,各组推荐一名同学代表本组发言,阐述本组的观点。其余同学可以就此进行询问、讨论、分析或辩论,在交流中提升认识,培养分析问题的能力。

【成果与考核】

1. 每组提交一份经修改完善后的分析报告。

2. 由教师和同学根据各组的发言和讨论中的表现分别评估打分,综合评定本次活动的成绩。

政府失灵

第八章

国民收入核算与决定

知识目标

通过本章学习,能够掌握国民收入核算指标及其相互关系;理解消费函数和储蓄函数及其关系;明确在两部门经济条件下,简单国民收入的决定条件;熟悉乘数原理并能进行简单的乘数计算。

能力要求

通过本章学习,能够运用国民收入核算中的总量指标及其相互关系,简单分析宏观经济问题。

情境导入

国民收入与发展目标

党的十九大在描述 2020 年全面建成小康社会时,指出要让"人民生活更加殷实",这是一个建立在国民收入翻番基础之上、内涵更丰富的目标。

纵观党的历届代表大会,都十分关注国民收入的增长。党的十八大提出到 2020 年,GDP 总量和城乡居民平均收入在 2010 年基础上分别翻一番。十六大提出"建设全面小康社会"时,具体指标是"国内生产总值到 2020 年比 2000 年翻两番",对城乡居民收入目标是"家庭财产普遍增加,人民过上更加富足的生活";十七大提出了"人均国民生产总值翻一番"的目标,城乡居民收入目标则是"合理有序的收入分配格局基本形成,中等收入者占多数,绝对贫困现象基本消除";十八大对收入分配则首次提出了具体量化指标,即"城乡居民人均收入比 2010 年翻一番"。

那么,什么是国民收入?有哪些指标以及如何核算?国民收入是如何决定的?这些正是本章要学习的内容。

宏观经济学研究的是社会总体的经济活动,分析宏观经济现象的主要手段和工具是宏观经济变量,这些宏观经济总量指标是各种微观经济活动个量指标的加总,构成宏观经济学的基础。国民收入核算及其决定理论是宏观经济学的前提,国民收入作为反映国民经济发展状态及运行规律的主要宏观经济变量指标之一,具有重要的意义。本章主要研究与国民收入核算及其决定有关的问题。

第一节 国民收入核算

一、国民收入核算指标

衡量国家财富的尺子——GDP

◆ 相关链接

国内生产总值是 20 世纪最伟大的发明之一

美国经济学家萨缪尔森（经济学诺贝尔奖获得者）和诺德豪斯在他们的著名教科书《经济学》中指出：国内生产总值是 20 世纪最伟大的发明之一。与太空中的卫星能够描述整个大陆的天气情况非常相似，国内生产总值能够提供经济状况的完整图像，它能够帮助总统、国会和联邦储备委员会判断经济是在萎缩还是在膨胀，是需要刺激还是需要控制，是处于严重衰退还是处于通胀威胁之中。没有像国内生产总值这样的总量指标，政策制定者就会陷入杂乱无章的数字海洋而不知所措。国内生产总值和有关数据就像灯塔一样，帮助政策制定者引导经济向着主要的经济目标发展。

◆ 相关链接

中国经济发展奇迹

当代中国正处于一个大发展、大变革的时代。根据世界银行的数据，1980 年到 2013 年，按照不变价格计算的全球 GDP 增长 2.3 倍，而中国 GDP 增长 21.4 倍，占全球经济的比重由 1.7% 提高到 12.3%，仅次于美国位居全球第二。到 2014 年年末，按照市场汇率计算，中国经济总量超过 10 万亿美元，比法国、德国和意大利三国经济总量之和还要多，是日本的两倍。中国经济增长不断超出最乐观的预期。从人均水平看，1978—2013 年这 35 年，中国人均 GDP 实际增长 17 倍多，超过历史上任何国家增长最快时期一代人经历过的生活水平改善幅度。发达国家历史上经济增长最快的时期，平均来说一个人终其一生实现的生活水平改善幅度，英国只有 56%，美国大约为 1 倍，日本也仅为 10 倍。美国经济学家萨默斯曾这样感慨：300 年之后的历史学家，一定不会忘记大书特书这一前所未有的中国奇迹。

（资料来源：人民日报社理论部：中国经济为什么行，人民出版社，2015.）

1. 核心指标：国内生产总值（GDP）

对经济活动总量最宽泛的测量是对国内生产总值（GDP）的测度。国内生产总值亦称国内总产值，是指在一定时期内（通常为一年）在本国领土上生产的各种最终产品和劳务的市场价值总和。

对于国内生产总值这一概念的理解，应该注意以下五个问题。

（1）国内生产总值是用最终产品来计量的，即最终产品在该时期的最终出售价值。一般根据产品的实际用途，可以把产品分为中间产品和最终产品。GDP 必须按当期最终产品计算，中间产品不能计入，否则会造成重复计算。

所谓最终产品，是指在一定时期内生产的可供人们直接消费或者使用的物品和服务。这部分产品已经到达生产的最后阶段，不能再作为原料或半成品投入其他产品和劳务的生产过程中去，例如，农民收获了价值 50 元的小麦，被送

国内生产总值

GDP 解析

最终品和中间品的
GDP 贡献

记入 GDP 的例子

到加工厂制成了价值 100 元的面粉，面粉随后又被做成了价值 200 元的包子。那么在计算 GDP 时，只能将最后的 200 元计入，而之前的 50 元和 100 元都不能计入。

中间产品是指为了再加工或者转卖用于供别种产品生产使用的物品和劳务，例如，一年内生产的用于制造面包的面粉即是中间产品；运送面粉到面包房的卡车公司提供的服务也是中间产品。

（2）国内生产总值是一个市场价值的概念。各种最终产品的市场价值是在市场上达成交换的价值，都是用货币来加以衡量的，通过市场交换体现出来。一种产品的市场价值就是用这种最终产品的单价乘以其产量获得的。

使用市场价值的好处在于它使不同的产品能够加总。使用市场价值的意义在于它考虑了不同产品在经济重要性上的相对差别。

（3）国内生产总值一般仅指市场活动导致的价值。那些非生产性活动以及地下交易、黑市交易等不计入 GDP 中，如家务劳动、自给自足性生产、赌博和毒品的非法交易等。

◆ 相关链接

保姆变为妻子后，GDP 减少了

一位先生发现他雇用的保姆勤劳、贤惠、可爱，把她娶为妻子。在此之前，他需向保姆支付工资，保姆从事的做饭、清扫房间、照顾老人等活动被计算到 GDP 中。当保姆变成妻子，她仍然从事同样的劳动，甚至在家务上付出更多，但丈夫不再向她支付报酬，从而这些活动不再增加 GDP。保姆变成妻子之后，这个国家的经济活动并没有自此而减少，但 GDP 却减少了。

（资料来源：周岳霞：GDP 的昨天、今天与明天，《青海统计》，2003 年第 12 期。）

（4）GDP 是计算期内生产的最终产品价值，因而是流量而不是存量。所谓流量，指的是一定时期内发生的变量，而存量则是某个时点上的量。例如，你通过中介购买了一套价值 200 万元的二手房，那么这 200 万元不能计入 GDP，因为它是过去就建好的，其价值不是现在产生的。但是，在交易过程中所产生的中介佣金作为劳务价值，则需要被计入 GDP。

（5）GDP 不是实实在在流通的财富，它只是用标准的货币平均值来表示财富的多少。但是生产出来的产品能否完全转化成流通的财富，这个是不确定的。

◆ 相关链接

用 GDP 作为衡量经济活动指标的问题

用 GDP 作为衡量经济活动的指标存在着很多问题。具体来说，有以下四个方面的问题：

第一，它没有包含很多非市场化的经济活动。GDP 衡量的是最终产品的市场价值，对于家务、DIY 活动等很多非市场经济行为都没有考虑在内。此外，例如地下经济等活动，虽然有市场交易，也产生价值，但由于统计困难，也不能被 GDP 所反映。从这个意义上讲，用 GDP 衡量经济行为会造成很大的低估。

第二，它不能反映经济增长方式付出的代价。经济发展会给人带来好处，但它也需要人们为此付出代价。例如，被污染的环境、被破坏的生态、被过度消耗的资源等，都是经济发展所付出的代价。GDP 衡量的只是经济发展的正面价值，而没有反映经济发展带来的这些负面影响。

第三，从核算上看，政府服务创造的 GDP 是任意的。这是因为，政府服务并不存在市场，它到底值多少钱，这一点很难确定。人们只能参照相关市场对其价值进行估计，而在多数情况下，这种估计往往是偏高的。

第四，GDP 并不能真实反映出居民的福利状况。GDP 不能反映人们的受教育状况、寿命、生活水平和幸福感。如果从跨国比较上看，居民觉得最幸福的国度既不是 GDP 最高，也不是人均 GDP 最高的国度，这都说明了 GDP 其实并不能很好地刻画人们的福利状况。

尽管 GDP 这个指标存在很多不足，但是它依然是衡量经济发展的一个重要指标。因为从总体上讲，其他福利指标还是和 GDP 正相关的。至于幸福指数，因为它过于主观，并随着参照系的变化而变化，根本不可能成为一个衡量经济发展的统计指标。

（资料来源：张维迎，经济学原理，西北大学出版社，2015.）

2. 国民生产总值与国内生产总值

这是两个最重要又有密切关系的总量指标。国民生产总值（GNP）亦称国民总产值，是指一个国家在一定时期内（通常为一年）生产的各种最终产品和劳务按当年市场价格计算的价值总和，而国内生产总值亦称国内总产值，是指在一定时期内（通常为一年）在本国领土上生产的各种最终产品和劳务的市场价值总和，二者差异来自生产要素在国家之间的流动，前者以人口为统计标准，是指本国常住居民生产的；后者以领土为统计标准，只要是在本国领土上而不管谁生产的。二者的关系是：

国民生产总值=国内生产总值+国外净要素收入

国外净要素收入=本国公民在国外生产的最终价值的总和-
外国公民在本国生产的最终产品的价值总和

国外净要素收入如为正值时，GNP>GDP，如为负值时，GDP>GNP。

在理解国民生产总值这一定义时，要注意以下四个问题。

（1）国民生产总值是指一定时期内生产出来的产品总值，因此，在计算时不应包括以前所生产的产品的价值。例如，以前所生产而在该期所产出的存货，或以前所建成而在该期转手出售的房屋等。

（2）国民生产总值是指最终产品的总值，因此，在计算时不应包括中间产品产值，以避免重复计算。

最终产品是指不需要再进一步加工，最后供人们使用的产品，中间产品是在以后的生产阶段作为投入的产品。在实际经济中，许多产品既可以作为最终产品使用，又可从作为中间产品使用，要区分哪些是最终产品，哪些是中间产品是很困难的。如煤炭在用作电力、冶金等行业的燃料或化工等行业的原料时就是中间产品，而用在人们生活中的燃煤时就是最终产品。这样，把哪一部分煤炭作为最终产品，哪一部分作为中间产品就不容易了。

(3) 国民生产总值的最终产品既包括有形的产品，又包括无形产品——劳务，即要把旅游、服务、卫生、教育广播电视、公用事业、旅游等行业提供的劳务，按其所获得的报酬计入国民生产总值中。

(4) 国民生产总值指的是最终产品市场价值的总和，这就是要按这些产品的现行价格来计算，这样就引出两个值得注意的问题：其一，不经过市场销售的最终产品（如自给性产品，自我服务性劳务等）没有价格，也就无法计入国民生产总值中；其二，价格是变动的，所以，国民生产总值不仅要受最终产品数量变动的影响，而且还要受价格水平变动的影响。

◆ 相关链接

GDP&GNP 与全球经济一体化

以前各国在进行国民收入核算时所用的指标是国民生产总值（GNP）。1993 年联合国统计司要求各国以后一律不用 GNP，而改用国内生产总值（GDP）。GDP 与 GNP 之间有什么区别？为什么要把 GNP 改为 GDP 呢？在这两个词的改变中包含了极为深刻的含义。从字面上说，GDP 和 GNP 都是一国一年内所生产的最终产品（物品与劳务）市场价值的总和。关键在于对"一国"的解释不同。GDP 的"一国"是指在一国的领土范围之内。这就是说，只要在某一国的领土上，无论是本国人生产的还是外国人生产的，都是该国的 GDP。GNP 的"一国"是指一国的公民。这就是说，只要是一国的公民，无论在国内生产的，还是在国外生产的，都是该国的 GNP。

在国民收入核算体系中，这两者之间有固定的关系。这就是说在 GNP 中加上外国公民在本国生产的产值（外企在本国的产值）减去本国公民在外国生产的产值（本国企业在外国的产值）就是 GDP。或者说 GDP 中减去外国公民在本国生产的产值加上本国公民在外国生产的产值就是 GNP。一般国家 GDP 与 GNP 在数值上的差额也就 1%～2%。

既然这两者之间有数量上确定的关系，从一个可以推算出另一个，而且差别又不大，为什么联合国统计司要求各国把过去用的 GNP 改为 GDP，实际上已经放弃了 GNP 这个概念，而且，各国也都这么做了呢？

其实，从 GNP 变为 GDP 不是一个简单的概念变化，它反映了经济全球化这个重要的趋势。

首先，在经济全球化的今天，各国经济已经是你中有我，我中有你，许多产品很难分清是哪一国生产的。例如，美国福特公司生产的福特牌伊斯柯特型汽车，零部件来自 15 个国家，你说是美国公民的产品呢，还是外国公民的产品？看看当今世界，很少有什么东西是纯粹由一国公民生产的。别说飞机、电脑这种复杂的产品了，就连巨无霸汉堡包这种东西也很可能牛肉是欧洲的，面粉是加拿大的，番茄酱来自墨西哥，而生菜来自美国。你说这只小小汉堡包是哪国公民的产品？

工业革命以后，人们无法分清某种产品是哪个人或企业生产的。今天的全球一体化使人们无法分清某种产品是哪国人生产的，也许将来我们都无法分清某一种产品是哪个星球的人生产的。在全球化的今天，不可能也没必要分清哪一国人生产了什么，因此，用 GDP

代替 GNP 不仅在统计上简便，而且也是对全球经济一体化的反映。

其次，更重要的是这种名词的变化反映了人们观念上的变化。过去人们强调的是民族工业，即由本国人所办的工业。保护民族工业往往被作为一个爱国主义的口号，颇有号召力。在全球一体化的今天，民族工业应该用境内工业的概念来替代。境内工业是在一国领土上所兴办的工业，无论是国人办的，还是外国人办的，还是合资的。一些人担心，外资企业太多岂不要由外国人控制本国经济命脉？所以，总有人呼吁要限制外国人控制本国工业，甚至把经济全球化作为一种灾难。其实外资在一个国家里要遵守该国法律，并向该国政府纳税。这哪里有主权的丧失？外国企业雇用本国工人，繁荣本国经济，带来先进的技术和管理经验，又解决了国内资本不足，何乐而不为？把外资作为帝国主义侵略的一种形式，已经是过时的观念。说得严重一点，也是一种"冷战思维"的表现。当然，对外开放要有一个过程，引进外资要有一定的规章，在开放中也会与他国产生各种矛盾，但全球经济一体化进程是无法阻挡的。经济一体化之潮流浩浩荡荡，顺之者昌，逆之者亡。不放弃冷战思维，还固守陈旧的民族工业概念，在今天能有前途吗？

（资料来源：梁小民. GNP、GDP 之差与全球经济一体化,《今日科技》, 2001 年第 9 期.）

3. 名义国内生产总值与实际国内生产总值

国内生产总值的定义表明它是一个价格与数量的乘积关系。也就是说，价格与数量都影响国内生产总值，但是数量因素更加令人关注。因为，国内生产总值增加如果是由产品与劳务的增加而带来的，意味着在一定的时期内一个国家与地区之内的人们可以享受到更多的产品与劳务，因此福利水平提高。而如果国内生产总值的增加是由价格因素导致的，则意味着一定时期内一个国家与地区之内的人们面临着通货膨胀的威胁，福利水平将大幅降低。因此，如何剔除国内生产总值变化中的价格因素影响就成为一个重要问题。经济学家通过引入实际国内生产总值的概念，成功地剔除了价格因素的影响，使得国内生产总值成为衡量福利水平的重要指标。

实际 GDP 和名义 GDP

首先，选定一个时点作为基期，此时国内生产总值就可以分为实际国内生产总值和名义国内生产总值。所谓名义国内生产总值是指用当期价格乘以当期数量而得到的国内生产总值。而实际国内生产总值是用基期价格乘以当期数量而得到的国内生产总值。显而易见，实际国内生产总值剔除了价格因素的影响。实际国内生产总值的大小表明了商品与劳务数量的多少，同时也代表着不同的福利水平。

更进一步地，实际国内生产总值概念的引入还构建了一个衡量社会总体价格水平变动的指标，即国内生产总值折算数。国内生产总值折算数是名义国内生产总值与实际国内生产总值之比。国内生产总值折算数是衡量一国通货膨胀程度的重要指标，用公式表示为：

$$国内生产总值折算数 = \frac{某国名义国内生产总值}{某国实际国内生产总值} \times 100\%$$

◆相关链接

相关链接——绿色 GDP

GDP 是全世界通用的最重要的宏观经济指标,具有诸多优点。但同时 GDP 也有很多局限性。首先,GDP 计算的是经济活动的总量,不论质量好坏的产出都计算在国民财富中,反映不出经济运行的质量。其次,它没有考虑社会生活的质量,不能反映社会成本和人们的生活福利状况。再次,GDP 无法说明一个国家或地区资源消耗的状况和环境质量的变化。最后,GDP 不能反映社会收入和财富分配状况,且忽略了家务劳动、自给自足劳动的价值,不能真实全面地反映社会发展的全貌。

由于 GDP 存在上述局限性,众多学者开始寻找一个更为有效经济指标来衡量一国的经济增长。绿色 GDP 应运而生。

绿色 GDP（GGDP）的基本思想是由希克斯在其 1946 年的著作中提出的。所谓绿色 GDP,是指在通常的 GDP 指标中,扣除自然资产损失,即扣除生态成本之后形成的真实的国民财富。这个指标实质上代表了国民经济增长的净正效应,绿色 GDP 占 GDP 的比重越高,表明国民经济增长的正面效应越高,负面效应越低,反之亦然。因此,环境成本和资源成本的计算成为其计算的关键所在。

绿色 GDP 的算法是：GGDP=GDP−自然部分虚数−人文部分虚数。自然部分的虚数主要指资源环境方面的损失,人文部分的虚数指贫富悬殊等不利影响。目前,对绿色 GDP 的实际测算,主要集中在对资源环境损失的测算上。

（资料来源：白烨，中国经济绿色 GDP 之路，《中国外资》，2012 年总第 257 期.）

4. 其他总量指标

（1）国民生产净值（NNP）。国民生产净值是国民生产总值减去折旧,是指在一定时期内（通常为一年）在本国领土内新创造的价值总和,用公式表示为：

国民生产净值＝国民生产总值−折旧

（2）国民收入（NI）。国民收入是指一个国家在一定时期内（通常为一年）用于生产产品和提供劳务的各种生产要素（土地、劳动、资本与企业家才能），所获得报酬（收入）的总和。

国民收入与国民生产净值的区别是：从理论上讲,前者是从分配的角度考察的,后者是从生产的角度考察的；从数量上讲,国民收入等于国民生产净值减去企业间接税再加上政府补贴。间接税从形式上看是由企业负担的,实际上间接税支出附加在成本上,在销售产品中转嫁出去了；间接税作为产品的价格附加,既不是任何生产要素提供的,也不能为任何生产要素所获得,因此计算国民收入时要扣除。政府补贴是国家对产品售价低于生产要素成本价格的企业的补贴,目的是弥补企业的损失来维持这种产品的生产。这种补贴可看作是一种负税（即倒付的税），属于企业生产要素收入。因此计算国民收入要从间接税中扣除政府补贴,用公式表示：

国民收入＝国民生产净值−企业间接税+政府补贴
＝工资+利润+利息+租金+补贴

（3）个人收入（PI）。个人收入是指一个国家所有个人在一定时期内（通常为一年），从各种来源所得到的收入总和,它包括劳动收入、企业主收入、租金收入、利息和股息收入、政府转移支付和企业转移支付等。个人收入的构成可用公式表示：

个人收入＝国民收入－（公司未分配利润＋公司利润税＋公司和个人缴纳的社会保险费）＋（政府对个人支付的利息＋政府对个人的转移支付＋企业对个人的转移支付）

＝工资和薪金＋企业主收入＋个人租金收入＋个人利息收入＋政府和企业对个人的转移支付＋公司和个人缴纳的社会保险费

个人收入与国民收入的不同在于，国民收入中有一部分不分配给个人，如公司未分配利润、公司利润税等，这不构成个人收入。而个人收入中通过再分配渠道的部分，如政府和企业对个人的转移支付，则不属于国民收入。

（4）个人可支配收入。个人可支配收入是指一个国家所有的个人在一定时期内（通常为一年）所得到的收入总和中减去个人或家庭纳税部分可以实际得到的由个人自由使用的收入。个人收入并不是人们实际得到的可任意支配的款项，它必须扣除个人税和非税支付之后，才能归个人自由支配，个人税包括个人所得税、财产税、房地产税等；非税支付包括罚款、教育费和医疗费等。

个人可支配收入一是用于个人消费，包括食品、衣物、居住、交通、文娱和其他杂项；二是个人储蓄，包括个人存款、个人购买债券等。个人可支配收入用公式表示为：

个人可支配收入＝个人收入－（个人税＋非税支付）＝个人消费支出＋个人储蓄

◆ 相关链接

相关链接——国民幸福指数

长期以来，GDP 可谓国民经济的第一指标，在国内影响极为深远。近年来，国民幸福指数这一概念渐入国人考量的视野，成为最时髦的词汇之一，在国内主要媒体及大多数人的嘴边流动。面对扑面而来的支持国民幸福指数的声浪，有识之士不禁要问：究竟什么是国民幸福指数？如何测量？

1. 国民幸福指数的含义

作为一种可以观察、可以评价的状态，国民幸福指数是指综合度量国民对经济与社会发展满意程度的一种指标体系，是反映某一时期国民幸福感的数值。"国民幸福指数"最早是由不丹国王在 1970 年提出的。他认为：人生的基本问题是如何在物质生活和精神生活之间保持平衡，政府施政应关注幸福并以实现幸福为目标。国家在制订政策时应考虑"在实现现代化的同时，不要失去精神生活、平和的心态和国民的幸福"。在这种幸福理念下，不丹又创造性地提出了由政府善治、经济增长、文化发展和环境保护四级组成的国民幸福指数指标。其最终目标是让人民过上幸福的生活。不丹是世界上唯一用 GNH 代替 GDP 来衡量发展成效的国家。30 多年的实践，不丹民众的高幸福指数引来了众多学者的关注和研究。2006 年，美国诺贝尔奖获得者丹尼尔·卡尼曼与普林斯顿大学的艾伦·克鲁格开始编制国民幸福指数，"使它与国内生产总值（GDP）一样成为一个国家发展水平的衡量标准"。

2. 国民幸福指数的测量方法

目前，国际上最具权威的幸福指数的计算是由美国密歇根大学教授罗纳德·英格哈特负责的世界价值研究机构（the World Values Survey，WVS）公布的幸福指数。这一指数是通过对被访问者的调查结果进行处理后得出的。问题只有一个，而且非常简单：把所有的事情加在一起，你认为你是非常幸福、十分幸福、不很幸福，还是不幸福？通过对被访问者答案的统计处理，计算出各个国家的幸福指数。

3. 国民幸福指数和 GDP 指标的关系

要衡量一个社会的发展，总需要有一个指标。值得肯定的是，在过去的时代，GDP 指标在推动世界经济社会发展的过程中还是起了非常关键的作用。然而，经济的发展和社会的进步是受多种因素影响的，确实需要一个比 GDP 更广泛的衡量进步和幸福程度的新指标体系。因此，国民幸福指数的提出是对 GDP 的补充和修正，而绝不是彻底否定或取代 GDP。相反，国民幸福指数是以 GDP 为基础的。虽然国民幸福指数的增长是我们最终所追求的目标，但是幸福并不是孤立存在的，它需要一定的物质条件，也就是说，国民幸福指数是以 GDP 为基础的。

［资料来源：《中外企业家》，2011 年第 8 期（下）总第 379 期.］

二、国民收入核算的基本方法

国民收入核算的基本方法有：生产法、收入法和支出法三种。用三种方法计算出的当前经济活动的总量应该是一致的。生产法、收入法、支出法三种方法计算的结果之所以相等，在于三种方法的内在逻辑使它们必然得出相同的答案。由于三种方法的等同性，在任何特定的时期都存在以下关系：

$$总产出 = 总收入 = 总支出$$

当生产、收入和支出都以同样的单位（如美元、人民币）核算时，上述公式被称为国民收入核算的基本恒等式，并构成国民收入核算的基础。

1. 支出法

支出法是指通过加总产品的最终购买者的支出来计算经济活动总量的方法。这种核算方法，是把一个国家在一年内投入的生产要素生产出来的物品和劳务按购买者（需求者）支出的金额（因而也是这些产品和劳务的销售金额）分类汇总而成。如果用 $Q_1, Q_2, \cdots, Q_n$ 分别代表各种最终产品的数量，用 $P_1, P_2, \cdots, P_n$ 分别代表各种最终产品的价格，则支出法的计算公式为：

$$Q_1 \times P_1 + Q_2 \times P_2 + \cdots + Q_n \times P_n = GDP$$

产品和劳务的需求在国民收入核算体系中分为四类，即个人消费、投资、政府购买和出口（外国购买者需求的产品和劳务），用这种核算方法计算的国内生产总值如下：

国内生产总值（GDP）= 个人消费（C）+ 投资（I）+ 政府购买（G）+ 净出口 [出口（X）− 进口（M）] 即：

$$GDP = C + I + G + (X - M)$$

2. 收入法

收入法是指通过加总收入（包括工人的工资和企业主的利润）来计算总体经济活动的方法。这种核算方法，是从居民户向企业出售生产要素获得收入的角度看，也就是从企业生产成本角度看社会在一定时期内生产了多少最终产品的市场价值。但严格来说,产品的市场价值中除了生产要素收入构成的生产成本,还有间接税、折旧、公司未分配利润等内容。用收入法核算国内生产总值,可以把核算项目归纳为生产要素收入和非生产要素收入两大类。

生产要素包括劳动、资本、土地和企业家才能,因此按照收入法计算的国内生产总值中的生产要素收入应该是工资、利息、地租和企业家才能的报酬(利润)的总和。

非生产要素的收入包括企业转移支付、企业间接税和折旧。首先是企业转移支付和企业间接税,前者指公司对非营利组织的社会慈善捐款和消费者赊账。后者指企业缴纳的货物税或销售税、周转税。这些税收虽然不是生产要素创造的收入,但要通过产品加价转嫁给购买者,所以也应看作是企业的产出总值的构成部分。这和直接税不同,因为直接税(公司所得税、个人所得税等)都已包括在工资、利润及利息中,所以不能再计算到 GDP 之中。其次是资本折旧。这是资本的耗费,也不是生产要素的收入,但由于包括在支出法中的总投资中,所以在这里也应计入 GDP 中。这样,按收入法核算所得的国内生产总值如下:

GDP=工资+利息+租金+利润+间接税和企业转移支付+折旧。

3. 生产法

生产法也叫增值法,通过加总产品的市场价值,同时扣减中间消耗的产品来计算经济活动总量。该方法运用了增加值概念。增加值是生产者的产出总价值减去投入的价值。生产法通过加总所有生产者的增加值来计算经济活动总量。

这种核算方法是从生产者的角度出发,把所有厂商投入的生产要素新创造出来的产品和劳务在市场上的销售价值,按产业部门分类汇总计算国民生产总值,也称为部门法。从全社会的角度来看,一国一年内所生产的最终产品(包括产品和劳务)的市场价值总和,就是国内生产总值,因此在计算时不应包括中间产品产值,只计算其增值额,以避免重复计算。但在实际经济活动中,最终产品和中间产品是很难分清的,为此采用增值法,只计算在生产各阶段上所增加的价值。可以用一个例子来说明,计算分析过程和结果详见表 8-1。根据表 8-1 的资料,当年的国内生产总值是 5 000 万元,而不是 10 300 万元,它是最终产品价值扣除中间产品价值后的余额。

表 8-1 产品增值额计算表

单位:百万元

生产阶段	产品价值	中间产品成本	增　值
棉　花	10	—	10
棉　纱	15	10	5
棉　布	28	15	13
服　装	50	28	22
合　计	103	53	50

用这种方法计算国内生产总值时,各生产部门要把所使用的中间产品的产

值扣除，仅计算本部门增加的产值。商业、服务等部门也按增值法计算。卫生、教育、行政等无法计算增值额的部门按该部门职工工资收入来计算，以工资代表他们所提供的劳务的价值。

三、国民收入核算中的恒等关系

从支出法、收入法与生产法所得出的国内生产总值（GDP）的一致性，可以说明国民经济中的一个基本平衡关系。即总支出等于总收入或总产量。总支出代表了社会对最终产品的总需求，而总收入和总产量代表了社会对最终产品的总供给。因此，从国内生产总值的核算方法中可以得出这样一个恒等式：

$$总需求(AD) = 总供给(AS)$$

这种恒等关系在宏观经济学中是十分重要的。可以从国民经济的运行来分析这个恒等式。理论研究是从简单到复杂、从抽象到具体的，所以，这里从两部门经济入手研究国民经济中的恒等关系，进而研究三部门经济与四部门经济。

1. 两部门经济的恒等关系

两部门经济是指由厂商和居民户这两种经济单位所组成的经济社会，这是一种最简单的经济。

在两部门经济中，居民户向厂商提供各种生产要素、得到相应的收入，并用这些收入购买与消费各种产品与劳务；厂商购买居民户提供的各种生产要素进行生产，并向居民户提供各种产品与劳务。

在包括居民户与厂商的两部门经济中，总需求分为居民户的消费需求与厂商的投资需求。消费需求与投资需求可以分别用消费支出与投资支出来代表，消费支出即为消费，投资支出即为投资，所以：

$$总需求 = 消费 + 投资$$

如果以 AD 代表总需求，以 C 代表消费，以 I 代表投资，则可以把上式写为：

$$AD = C + I$$

总供给是全部产品与劳务供给的总和，产品与劳务是由各种生产要素生产出来的，所以，总供给是各种生产要素供给的总和，即劳动、资本、土地和企业家才能供给的总和。生产要素供给的总和可以用各种生产要素相应得到收入的总和来表示，即用工资、利息、地租和利润的总和来表示。工资、利息、地租和利润是居民户所得到的收入，这些收入分为消费与储蓄两部分。所以：

$$总供给 = 消费 + 储蓄$$

如果以 AS 代表总供给，以 C 代表消费，以 S 代表储蓄，则可以把上式写为：

$$AS = C + S$$

总需求与总供给的恒等式就是：

$$AD = AS$$

即：

$$C + I = C + S$$

如果两边同时消去 C，则可以写成：$I = S$

2. 三部门经济的恒等关系

三部门经济是指由厂商、居民户与政府这三种经济单位所组成的经济社会。

在三部门经济中，政府的经济职能是通过税收与政府支出来实现的。政府通过税收与支出和居民户、厂商发生经济上的联系。

在三部门经济的总需求中，除了居民户的消费需求与厂商的投资需求之外，还有政府的需求，政府的需求可用政府支出来代表。即

总需求＝消费+投资+政府支出

如果 G 代表政府支出，则可以把上式写成：

$$AD = C + I + G$$

在三部门经济的总供给中，除了居民户供给的各种生产要素之外，还有政府的供给。政府的供给是指政府为整个社会提供了国防、立法、基础设施等"公共物品"。政府要提供这些"公共物品"，必须得到相应的收入——税收。所以，可以用政府税收来代表政府的供给。即

总供给＝消费+储蓄+税收

如果以 T 代表政府税收，则可以把上式写成：

$$AS = C + S + T$$

三部门经济中总需求与总供给的恒等就是：

$$AD = AS$$

即：

$$I + G = S + T$$

3. 四部门经济的恒等关系

四部门经济是指由厂商、居民户、政府和国外部门这四种经济单位所组成的经济社会。

在四部门经济中，国外部门的作用是：作为国外生产要素的供给者，向国内各部门提供产品与劳务，对国内来说，这就是进口；作为国内产品与劳务的需求者，向国内进行购买，对国内来说，这就是出口。

在四部门经济中，总需求不仅包括居民户的消费需求、厂商的投资需求与政府的需求，而且还包括国外的需求。国外的需求对国内来说就是出口，所以可以用出口来代表国外的需求。即：

总需求＝消费+投资+政府支出+出口

如果以 X 代表出口，则可以把上式写为：

$$AD = C + I + G + X$$

四部门经济的总供给中，除了居民户供给的各种生产要素和政府的供给外，还有国外的供给。国外的供给对国内来说就是进口，所以可以用进口来代表国外的供给。即：

总供给＝消费+储蓄+政府税收+进口

如果以 M 代表进口，则可以把上式写为：

$$AS = C + S + T + M$$

四部门经济中总需求与总供给的恒等就是：

$$AD = AS$$

即:
$$I+G+X=S+T+M$$

在国民收入核算中,这种恒等式是一种事后的恒等关系,这种恒等关系,也是国民收入决定理论的出发点。但是,在一年的生产活动过程中,总需求与总供给并不总是相等的。有时总需求大于总供给,也有时总供给大于总需求。

第二节　国民收入决定

一、消费、储蓄与投资

消费、储蓄和投资是影响国民收入的主要变量,了解这些变量的特点和规律是分析国民收入的决定及其变化的基础。对消费、储蓄、投资的分析可以通过消费函数、储蓄函数和投资函数来进行。

1. 消费函数

消费函数是描述消费与收入之间依存关系的函数,其基础是消费理论,这里主要介绍凯恩斯的消费理论。凯恩斯的消费理论建立在以下三个假设或三个前提之上。

一是边际消费倾向递减规律。凯恩斯从心理规律角度考察了消费倾向的变动规律,提出"边际消费倾向递减规律",即随着人们收入的增长,人们的消费随之增长;但消费支出在收入中所占比重却不断减少。边际消费倾向(MPC)是指消费的增量 ΔC 和收入的增量 ΔY 之比率,也就是增加的 1 单位收入中用于增加消费部分的比率,边际消费倾向的公式为:

$$MPC = \frac{\Delta C}{\Delta Y} \text{ 或 } \beta = \frac{\Delta C}{\Delta Y}$$

按照这个规律,在人们不断增加的收入中,用于消费支出的比例会越来越小,相反,储蓄部分会越来越多。一般来说,边际消费倾向总是大于 0 而小于 1 的,即 $0<MPC<1$。由于对一般正常的理性人来说,收入增加,消费不大可能下降或不变,所以边际消费倾向大于 0;增加的消费一般也只是增加的收入的一部分,不会是全部收入,所以边际消费倾向小于 1。

二是认为收入是决定消费的最重要的因素,其他因素都可看作在短期内变化不大或影响轻微。因此,可以把消费看作是收入的函数。就是在假定其他因素不变的条件下,消费是随着收入的变动而相应变动的。

三是认为平均消费倾向(APC)会随着收入的增加而减少。平均消费倾向(APC)是指消费总量 C 在收入总量 Y 中所占的比例,用公式表示为:

$$APC = \frac{C}{Y}$$

平均消费倾向可能大于、等于或小于 1,因为消费可能大于、等于或小于收入。

根据以上三个假设,如果消费和收入之间存在线性关系,则边际消费倾向于一常数,这时凯恩斯的消费函数可以用下列方程表示:

$$C = \alpha + \beta Y$$

上述消费函数公式中，α 代表必不可少的自发消费部分，就是当收入为 0 时，即使动用储蓄或借债也必须要有的基本消费，β 为边际消费倾向，β 和 Y 的乘积表示由收入引致的消费。因此，上式的含义就是，消费等于自发消费和引致消费之和。

需要指出的是，边际消费倾向和平均消费倾向的关系是：边际消费倾向总是小于平均消费倾向，用公式表示就是：$MPC<APC$。这是因为，一般来讲，人们的消费可划分为自发消费和引致消费。自发消费是指无论收入多少，即便没有收入，也是必须要进行的，因此一般来讲变动不大，可看作一个常数，即公式中的 α，反映在图形上就是函数在纵轴上有一个正的截距项，从而可推导出边际消费倾向总是小于平均消费倾向，如图 8-1 所示。

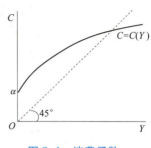

图 8-1　消费函数

◆ **相关链接**

消费倾向的影响因素

消费倾向，即消费支出在可支配收入中的比例。消费函数理论指出，消费主要取决于收入，但这种收入并不是现期收入，而是一生的收入或持续三年以上的固定持久收入。决定一生收入或持久收入的是未来收入的预期。这就是说，人们的收入预期越稳定，消费支出越多。相反，即使现在收入水平高，但如果未来预期收入不确定性高，那么，人们也不敢增加消费，而要把部分收入储蓄起来，以防患于未然。

人们对未来收入的预期在很大程度上还取决于整个社会的社会保障体系。如果一国的社会保障体系覆盖面广，总体保障水平高，则消费倾向就会普遍较高。反之，人们要考虑到未来养老、医疗、教育等问题的情况下，消费倾向就低，而且难以在短期内有很大提高。

一国的消费倾向低，还与收入分配格局相关。在总收入与人均收入既定时，收入分配越平等，消费倾向越高。经济学家早就发现，就个人而言，消费倾向实际与收入是反方向变动的。高收入者的消费倾向低，而低收入者的消费倾向高。这样，一个社会收入分配差别越大，消费倾向就越低。这是因为，高收入者得到了社会的大部分收入，而这些收入又有大部分被他们储蓄起来了，低收入者尽管消费倾向高，但收入太少，这样，整个社会消费倾向就低。假设一个社会 10% 的富人占有 80% 的收入，消费倾向为 0.2，其他人占有 20% 的收入，消费倾向为 0.7，这个社会的消费倾向为 0.8×0.2+0.2×0.7＝0.3。如果另一个社会 10% 的富人占有 20% 的收入，消费倾向为 0.2，其他人占有 80% 的收入，消费倾向为 0.7，则消费倾向为 0.2×0.2+0.8×0.7＝0.6。

可见，无论收入的两极如何悬殊，只要有一个庞大的中等收入阶层，社会的消费倾向也是较高的，这个阶层是重要的消费者。要从根本上解决问题，只有发展生产、增加就业机会、提高收入水平、建立完善的社会保障体系、创造一个庞大的中等收入阶层，是增加消费的重要途径。当然，增加消费，提高消费倾向绝非一朝一夕的事。美国的消费倾向从 0.676 提高到 0.68，仅仅提高 0.004 也走过了漫长的路程。

（资料来源：http：//wenku.baidu.com/view/ae57f24333687e21af45a919.html）

2. 储蓄函数

储蓄是收入减去消费的余额。从公式 $Y=C+S$（收入＝消费+储蓄）可得：

$$S=Y-C$$

影响储蓄的因素虽然很多，但是，根据凯恩斯的假定，收入是决定储蓄最主要的因素，收入的变化决定着储蓄的变化。凯恩斯认为，随着收入的不断增加，消费增加会越来越少，而储蓄增加则会越来越多。储蓄与收入之间的依存关系被称为储蓄函数。

根据凯恩斯的消费函数的公式以及消费与储蓄的关系，可以推导出储蓄函数的公式：

$$S=Y-C=Y-(\alpha+\beta Y)=-\alpha+(1-\beta)Y$$

其中，$1-\beta$ 为边际储蓄倾向（MPS），或用 S 表示。边际储蓄倾向与边际消费倾向相似：

$$MPS=\frac{\Delta S}{\Delta Y}$$

并且，$0<MPS<1$。

平均储蓄倾向和平均消费倾向是相似的：

$$APS=\frac{S}{Y}$$

消费函数和储蓄函数的关系是：消费函数和储蓄函数互为补数，二者之和总是等于收入，因此，APC 和 APS 之和恒等于 1。这就是说，消费函数和储蓄函数中的一个确定，另一个也随之确定。当消费函数已知，就可求得储蓄函数；当储蓄函数已知，就可求得消费函数。

◆ 相关链接

居民为啥有钱不敢花?

作为普通居民家庭财富的主要体现，2013 年我国居民储蓄余额已超过 40 万亿元。中国人民银行的最新数据显示，到 2013 年 8 月，我国居民储蓄余额已连续 3 个月突破 43 万亿元，位于历史最高位，成为全球储蓄率最高的国家。目前居民储蓄率已超过 50%，远远超过世界平均水平。

居民储蓄率雄居全球首位，这意味着中国普通老百姓的手中余钱越来越多了，也意味着国内金融机构有充足的信贷资金支持经济的发展。然而，欣喜的同时，不能不看到其中存在的问题。

首先，它折射出普通老百姓出现了前所未有的消费迷茫。毋庸置疑，中国人的投资渠道比较狭窄。买房子吧，限购政策接连面世，老百姓担心房价下降，得不偿失；存银行吧，存款利率低，与每年通胀相抵，几乎不赚钱，甚至赔本；买股票吧，眼下股市萎靡，股民财富严重缩水。

其次，高储蓄率也反映出国民有后顾之忧。从经济学理论讲，居民收入、经济增长与消费存在着辩证关系。经济的增长，能增加居民收入，扩大就业，从而也能刺激消费增长，进而反过来又会促进经济持续增长。但实际上，改革开放以来，我国居民收入特别是农村居民收入增速远低于经济增长速度,居民消费倾向的下降又使得消费的增长速度低于收入增速,导致居民消费率不断下降。尽管近年来中央政府大力建设社会保障体系,社会保障水平和覆盖面比过去大大提高,但在住房、教育、医疗等方面的花费仍让居民不堪重负,这也大大抑制了居民的消费热情。

再次,居民高储蓄率还成了扩大社会收入差距的重要推手。从储蓄对象来看,一般中低收入者倾向把钱存在银行,吃利息。随着货币贬值,中低收入者存款越多,财富贬值越多,从而造成中低收入阶层在社会财富分配中的能力越来越差,收入差距越来越大,最终导致社会两极分化,引发诸多社会矛盾。

好在政府已意识到这个问题,中共十八大报告郑重提出,到2020年实现国内生产总值和城乡居民人均收入比2010年翻一番。当然,各级政府还应在提高社会保障水平、减轻居民税负、增加就业岗位等方面给力。唯有多措并举,才能让居民手中的钱从"储蓄笼子"里跑出来,这无论是对国家扩大内需还是提高国民消费水平都是有利的。

(资料来源:人民日报海外版:居民为啥有钱不敢花?2013年9月23日.)

3. 投资函数

投资是购置物质资本(例如厂房、设备和存货,以及住房建筑物)的活动,即形成固定资产的活动。投资一般不包括金融投资在内。在日常生活中,从个人角度看,人们用自己的收入去购买各种有价证券、房产、设备、土地等,可以看作是投资;但从全社会角度看,这些购买不是投资,因为它仅仅是财产所有权的转移,即有价证券、房产、设备、土地从一个所有者手中转移到另一个所有者手中,而全社会的资本并没有增加。

决定投资的因素有很多,主要因素有实际利率、预期收益率和投资风险等。预期的通货膨胀率和折旧等也在一定程度上影响投资。

凯恩斯认为,实际利率越低,投资量越大。企业有时以贷款进行投资,有时以自有资本进行投资。无论用什么方式投资,利率都是机会成本的一部分。以贷款的方式投资,所支付的利息就是直接成本,而自有资本可以按现行利率贷款给其他企业,那么用自有资本投资所放弃的利息就是投资的机会成本。利率越低,任何一项投资的机会成本就越低。因此利率越低,投资就越有利可图,投资水平就会提高了。

如果企业贷款进行投资,则投资的成本就是利息;如果企业用自有资本投资,利息是投资的机会成本,因此仍可认为投资的成本是利息。决定利息的直接因素即为实际利率。因此,投资的成本取决于实际利率。如果投资的预期收益率既定,则实际利率越高,利息越多,投资成本越高,投资就会减少。反之,实际利率越低,利息越少,投资成本越低,投资就会增加。因此,投资是利率的减函数,如果假设投资和利率之间呈线性关系,则投资函数可以写成:

$$I = I(r) = e - dr$$

上式中,e表示自主投资,指的是由于人口、技术、资源等外生变量的变动所引起的投资,与利率无关,即使利率为零时也会存在。$-dr$表示引致投资,随利率的变化呈反方向变化。d表示利率每上升或下降一个百分点,投资会减少或增加的数量。

二、简单国民收入决定

这里以两部门经济为例来分析国民收入是如何决定的。根据收入恒等于支出的原理，把消费函数、投资函数或储蓄函数代入收入恒等式后，就可以解得均衡时的国民收入。

两部门经济中总需求与总供给组成部分中的任何一项，都会对国民收入产生影响。如果假定投资为自发投资，即投资 I 是一个常数，不随收入的变动而变动，则可以分别依据消费函数与储蓄函数来求得均衡国民收入。

1. 消费与均衡国民收入的决定

已知两部门经济由消费和投资组成，假定投资为常数，将消费函数代入收入恒等式 $Y=C+I$ 中。

由于收入恒等式为 $Y=C+I$，$C=\alpha+\beta Y$，将这两个方程联立并求解，就得到均衡收入：

$$Y=\frac{\alpha+I}{1-\beta}$$

根据上述公式，如果已知消费函数与投资，便可求出均衡的国民收入。例如，消费函数为 $C=600+0.8Y$，自发投资为 200 亿元，则均衡收入：

$$Y=\frac{600+200}{1-0.8}=4\,000（亿元）$$

表 8-2 也说明了消费函数 $C=600+0.8Y$ 和自发投资为 200 亿元时的均衡收入决定情况。

表 8-2 均衡收入决定情况表

单位：亿元

(1) 收入/Y	(2) 消费/C	(3) 储蓄/S	(4) 投资/I
1 000	1 400	-400	200
2 000	2 200	-200	200
3 000	3 000	0	200
4 000	3 800	200	200
5 000	4 600	400	200
6 000	5 400	600	200
7 000	6 200	800	200

表 8-2 的数据表明，$Y=4\,000$ 亿元时，$C=3\,800$ 亿元，$I=200$ 亿元，$Y=C+I=3\,800+200=4\,000$（亿元），说明 4 000 亿元是均衡收入。在收入小于 4 000 亿元时，C 与 I 之和都大于相应的总供给，这意味着企业的产量小于市场需求。于是，企业增加雇用工人的数量，增加生产，使均衡收入增加。相反，收入大于 4 000 亿元时，C 与 I 之和小于相应的总供给，这意味着企业的产量比市场需求多，产生了存货投资，这会迫使企业解雇一部分工人，减少生产，使均衡

收入减少。两种不同情况变化的结果都是产量正好等于需求量,即总供求相等,收入达到均衡水平。

均衡收入的决定还可用图 8-2 来表示。

在图 8-2 中,横轴 Y 表示收入,纵轴(C,I)表示消费和投资,曲线 I 为自发投资曲线,曲线 C 为消费曲线,曲线 $C+I$ 为总支出曲线。因投资为自发投资,自发投资总等于 200 亿元,故总支出曲线 $C+I$ 与消费曲线 C 是平行的,两条曲线在任何收入水平上的垂直距离都等于自发投资 200 亿元。总支出曲线 $C+I$ 与 45°线相交于 E 点,E 点为均衡点,E 点决定的收入是均衡收入 4 000 亿元。如果经济处于总支出曲线 E 点之外的其他点上,就出现了总供求不相等的情况,这会引起生产的扩大与收缩,直至回到均衡点。比如,A 点的总需求为 2 400 亿元,比总供给 2 000 亿元多出 400 亿元,这会使得国民收入增加,直到达到均衡的 4 000 亿元为止。F 点的总需求为 4 800 亿元,比总供给 5 000 亿元少 200 亿元,国民收入就会减少,直到达到均衡的 4 000 亿元为止。

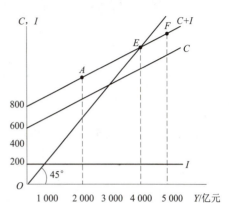

图 8-2 消费加投资决定国民收入

2. 储蓄与均衡国民收入的决定

由于 $Y=C+I$,$Y=C+S$,得:$I=Y-C=S$,而 $S=-\alpha+(1-\beta)Y$

将以上两个方程联立并求解,就得到均衡收入:$Y=\dfrac{\alpha+I}{1-\beta}$

上例中,$C=600+0.8Y$,$S=-600+(1-0.8)Y=-600+0.2Y$,$I=200$,令 $I=S$,即 $200=-600+0.2Y$,得 $Y=4 000$(亿元)。这一结果在表 8-2 中也体现出来,即 $Y=4 000$ 亿元时,投资 I 与储蓄 S 正好相等,从而实现了均衡。可以看到,这一结果与使用消费决定均衡收入的方法得到的结果是一样的。

储蓄与均衡国民收入的决定也可以用图 8-3 表示。

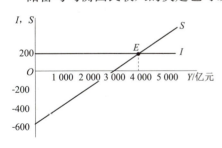

图 8-3 储蓄与投资相等决定国民收入

图 8-3 中的横轴 Y 表示收入,纵轴(I,S)表示投资、储蓄。S 为储蓄曲线,由于储蓄随收入的增多而增多,故储蓄曲线向右上方倾斜。I 代表投资曲线,由于投资为自发投资,自发投资又不随收入的变化而变化,其值总等于 200 亿美元,故投资曲线是一条平行线。储蓄曲线与投资曲线相交于 E 点,E 点为 $I=S$ 的均衡点,由 E 点决定的收入是均衡收入,即 4 000 亿元。如果实际产量小于均衡收入,比如实际产量为 2 000 亿元,此时的投资大于储蓄,社会总需求大于总供给,产品供不应求,存货投资为负,企业就会扩大生产,社会收入水平就会增加,直至均衡水平。反之,实际产量大于均衡收入,比如实际产量为 5 000 亿元,此时的投资小于储蓄,社会总需求小于总供给,产品过剩,产生了非计划存货投资,企业就会缩小生产,社会收入水平因

此而减少，直至均衡水平。只要投资与储蓄不相等，社会收入就处于非均衡状态，经过调整，最终达到均衡收入水平。

由于消费函数与储蓄函数的互补关系，无论使用哪种函数决定收入的方法，最后得到的均衡收入的结果都是相同的。

第三节 乘数原理

一、乘数的定义

乘数（Multiplier）又译作倍数，经济活动中某经济变量的增减，会引起其他经济变量发生连锁反应，成倍地增加或减少，这种增加或减少的倍数就是乘数，反映此经济现象的理论称之为乘数原理。

◆ **相关链接**

破窗理论与乘数效应

一群无法无天的小混混砸碎了一家商店的橱窗后逃之夭夭。店主自认倒霉，只好花 1 000 元买了一块玻璃换上。这个看似简单的行为，如果从全社会关联投资的角度分析，却能引起一系列的连锁效应，这就是所谓的"破窗理论"。

商店店主花 1 000 元买一块玻璃，玻璃店老板就会因为商品橱窗的损失得到 1 000 元收入，假设他支出其中的 80%，即 800 元用于买衣服，服装店老板得到 800 元收入。再假设服装店老板用这笔收入的 80%，即 640 元用于买食物，食品店老板得到 640 元收入。他又把这 640 元中的 80% 用于支出……如此一直下去，你会发现，最初是商店老板支出 1 000 元，但经过不同行业老板的收入与支出行为之后，所有人的总收入增加了 5 000 元。所以商品的橱窗被打破带来了一系列的投资效应。其原因何在呢？经济学家用乘数原理回答了这一问题。

在社会经济中，增加一笔投资很可能引起国民收入成倍增加，这就是宏观经济学中的乘数效应。乘数是指最初投资增加所引起的国民收入增加的倍数。在上述例子中，最初的投资就是玻璃店老板购买玻璃的 1 000 元，这种投资的增加引起的服装店、食品店等部门收入增加之和为 5 000 元，所以乘数就是 5（5 000 元除以 1 000 元）。

经济中为什么会有乘数效应呢？因为国民经济中各部门之间是相互关联的，一个部门的支出就是另一个部门的收入。如此循环下去，一个部门支出的增加就会引起国民经济各部门收入与支出增加，最终收入的增加将是最初支出增加的好几倍。

把这个例子换为财政支出增加，你就可以看出乘数效应多么重要了。比方说，国家准备投资 100 万元建设道路，其中 30 万元是工资，50 万元是建材原料，20 万元是其他费用，那么，劳动者小乙在付出价值 1 000 元的劳务后领取工资，然后去消费。假如他把 300 元用于购买食物，200 元用于给孩子交学费，200 元用于买衣服，300 元用于买化肥，这样，有了小乙的消费刺激，食品生产企业至少得生产足够小乙消费的食品。但食品生产企业在生产这 300 元的食物之前先得拿出一部分钱向上游原料企业比如说面粉企业采购，于是，面粉厂在生产面粉的同时又得向农民收购粮食,而生产粮食的农民为了增加产量就得去采购化肥……最终,小乙的这 1 000 元带动了几千元的生产,而国家投资的这 100 万元则带动了几百万元的 GDP。

由打破商店橱窗玻璃引起的投资及其乘数效应,显然也是对所谓"破窗理论"的印证。但有两点需要澄清:一是在这种乘数效应中,个人财富测量与国内生产总值(GDP)的增长仍有区别,因为 GDP 总额包含了生产者的收入和消费者的支出,而生产者的收入须以消费者的支出为前提,GDP 的增加并不完全等同于居民财富的增加,也就是说,GDP 增加了,个人财富可能并没有增加。二是国家投资带动 GDP 的链条能否继续延伸,取决于所形成的最终产品的效益状况,如果到头来只是形成了一堆废弃在地里的钢铁水泥,不产生效益的现金流,则势必连累初始的投资成本回收,虽然中间剥离去了一层层收益,而作为初始的投资业主很可能是颗粒无收,如此,所谓的"乘数效应"则势必要大打折扣。

(资料来源:http://blog.sina.com.cn/s/blog_4bc83a7b0100gsny.html)

乘数原理随其运用范围不同而有不同的乘数。分析经济变量间的相互关系时,常使用投资乘数、政府支出乘数、消费支出乘数、政府转移支付乘数、税收乘数、平衡预算乘数、对外贸易乘数等。

二、投资乘数

1. 投资乘数的含义

英国经济学家卡恩于 1931 年在论证投资净增量同由此而引起的总就业量之间的关系时,提出了乘数这一概念,几年后凯恩斯在《就业、利息和货币通论》中利用这个概念提出了"投资乘数论",即用乘数原理来说明投资同由此引起的收入变化之间的关系。他认为:投资的变动会引起国民收入成倍数的变动,如果投资增加,则增加的投资所引起国民收入的增加会成倍数地超过最初的投资增加量,即除了初始的投资直接导致收入增加外,还会引起由此产生的一系列连锁反应:收入增加引起消费的增加,消费增加又会引起收入的增加。按照凯恩斯的观点,若边际消费倾向已定,总投资量增加时,总收入若干倍于投资量增加。这是因为,增加的投资就要增加投资品的生产,从而导致就业量和社会上收入的增加,而收入的增加将伴随着消费的增加(虽然可能小于收入的增加),消费增加又会导致消费品生产的增加,这样又会增加就业量和收入。因此,增加一定量的投资最终引起总收入的增加额,不仅包括因增加该投资而直接增加的收入,而且还包括因间接引起的由消费需求的增加而增加的收入。这样,所得到的总收入增量和投资增量之比,就是投资乘数。故投资乘数可以定义为:国民收入的变动量与引起这种变动的最初投资量之间的比例。如果用 K、ΔY 和 ΔI 分别代表乘数、收入增量和投资增量,则投资乘数的公式为:

$$K = \frac{\Delta Y}{\Delta I}$$

假定新增 5 单位的投资导致了 15 单位的收入,这时收入增量为投资增量的三倍,则投资乘数为 3;如果新增 5 单位的投资而带来 20 单位的收入,这时收入增量四倍于投资增量,则投资乘数为 4。

投资的增加之所以会有乘数作用,是因为社会经济各部门之间存在着互相依存、互相影响和互相促进的有机联系。也就是说某部门的投资不仅增加了投资品生产部门的收入,而且还会在社会经济其他部门引起连锁反应,从而其他部门的收入亦随之增加,最终导致国民收入的成倍数增长。此外,根据凯恩斯的观点,认为投资乘数与边际消费倾向的关系十分密切,即增加的收入中用于消费的比例越大,投资引起的连锁反应越大,总收入增加越多,反之,则相反。

例如,某部门增加投资 100 万元,则投资品生产部门的收入相应增加 100 万元,假定其边际消费倾向于 80%,那么,就有 80 万元用于消费而购买消费品,这样,这 80 万元又成为生产这些消费品部门的收入;如果边际消费倾向仍为 80%,则这 80 万元中就会有 64 万元用于消费而购买其他消费品,这样,这 64 万元又会成为生产这些物品的部门收入……如此连锁反应下,总收入则会有如表 8-3 所示的增长。

表 8-3 乘数效应

单位:万元

	收入变化/ΔY	消费变化/ΔC	储蓄变化/ΔS
最初增加的投资额	100	80	20
第二阶段	80	64	16
第三阶段	64	51.2	12.8
⋮	⋮	⋮	⋮
合计	500	400	100

根据表 8-3 的举例,可计算出投资乘数 $K=\Delta Y/\Delta I=500/100=5$,这说明了由于存在乘数作用,在边际消费倾向为 80% 的情况下,以 100 万元的新增投资,可导致收入五倍于投资的增加。

如果该部门新增投资 100 万元不变,而边际消费额倾向由 80% 下降为 66.6%,则投资所引起的连锁反应最后将是:

$$\Delta I=100, \Delta Y=300, \Delta C=200, \Delta S=100,$$

这时,$K=\Delta Y/\Delta I=300/100=3$

这就是说,当边际消费倾向为 66.6% 时,增加 100 万元的投资可导致增加 300 万元的收入,增加的收入为增加的投资的 3 倍。

上例说明,投资乘数的大小与边际消费倾向的关系十分密切,它们是呈正向变动的关系。如果边际消费倾向为 1 时,则 $K=\infty$;如果边际消费倾向为 0 时,则 $K=1$。而反驳凯恩斯的经济学家正是把边际消费倾向为 1 和 0 作为破绽,来否定投资乘数的概念,认为它是不能成立的。其实凯恩斯已经指出,边际消费倾向为 1 从而 $K=\infty$ 和边际消费倾向为 0 从而 $K=1$,只是纯理论的假定推理而出现的两种极端的情况,以此来说明边际消费倾向越接近于 1 乘数就越大;边际消费倾向越接近于 0 乘数就越小。实际上,正常的情况是:边际消费倾向的数值是在这两个极端之间,即 $0<MPC<1$。

此外，既然由投资的增加引起收入的增加包括间接引起的消费增量在内，因而 $\Delta Y=\Delta I+\Delta C$ 或者 $\Delta Y=\Delta S+\Delta C$，故投资乘数的大小与边际消费倾向的关系，还可以从乘数公式的数学推导得以说明：

$$K = \Delta Y/\Delta I$$
$$= \Delta Y/\Delta Y - \Delta C$$
$$= (\Delta Y/\Delta Y)/(\Delta Y/\Delta Y - \Delta C/\Delta Y)$$
$$= 1/(1-\Delta C/\Delta Y)$$
$$= 1/(1-MPC)$$

因为：$\Delta C/\Delta Y + \Delta S/\Delta Y = 1, MPC + MPS = 1$

所以：$K = 1/(1-\Delta C/\Delta Y) = 1/(\Delta S/\Delta Y) = \Delta Y/\Delta S = 1/MPS$

从上式可知，投资乘数是1减边际消费倾向的倒数或边际储蓄倾向的倒数；由于 $0<MPC<1$，故投资乘数必定大于1而小于无穷。由此可以看出，投资乘数的大小，取决于边际消费倾向的大小并同它呈正向变动，而同边际储蓄倾向的大小呈反向变动。

2. 投资乘数的作用

西方经济学家认为，投资乘数具有两面作用，即当投资增加时，其所引起的收入增加，要成倍数地大于所增加的投资；当投资减少时，其所引起的收入减少，要成倍数地大于所减少的投资。根据投资乘数的这种两面作用，人们一般又称投资乘数是一把"双刃剑"。

3. 投资乘数发生作用的前提条件

凯恩斯在《就业、利息和货币通论》中提出投资乘数论以后，当代一些经济学家对其进一步研究和补充，认为投资的乘数作用并非是无条件的，而是要受许多客观条件所限制，这些条件主要如下。

（1）以一定数量的特别是适合经济发展需要的熟练劳动力的存在为前提，否则投资增加后，并不会使产量和收入成倍地增加。

（2）要以一定数量的闲置的生产资料特别是技术设备的存在为前提。因为，虽然投资增加所需要的技术设备可以采取用更多的劳动力来代替，但这毕竟有限，只要经济活动中起关键性作用的技术设备存货不足，投资的乘数作用就很难发挥出来。

（3）要以一定数量的消费资料的存货为前提，否则即使新增就业者和居民户增加了收入，但仍购置不到所需要的消费品，从而必将导致漏出量扩大和边际储蓄倾向提高，这样，投资的乘数作用就要受限制。

（4）要以消费函数或储蓄函数既定为前提。按照凯恩斯的观点，收入可以分解为投资和消费或消费和储蓄，而由于收入与消费之间的关系（即消费函数）在较长的时期内是稳定的，从而作为收入与消费之间的差额的储蓄同收入之间的关系（储蓄函数），在较长时期内也是稳定的。这样，在消费函数或储蓄函数既定的条件下，增加一定量的投资则可导致收入的某种程度的增加，即投资的乘数作用才能得以顺利地发挥出来，否则投资乘数也是无效的。

总而言之，只有在社会上的各种资源没有得到充分利用时，总需求增加才会使各种资源得到利用，产生乘数作用。如果社会上各种资源已经得到充分利用，或者某些关键部门（如能源、交通或原料）存在着制约其他资源利用的瓶颈状态，乘数就无法发挥作用。

三、其他乘数

1. 政府支出乘数和消费支出乘数

（1）政府支出乘数。政府支出乘数是指政府的支出能使国民收入增加的倍数。以 K_G 代表政府支出乘数，则其计算公式为：

$$K_G = \Delta Y / \Delta G$$

在其他条件不变的情况下，$K_G = \Delta Y / \Delta G = 1/(1-MPC)$

政府支出乘数和投资乘数一样，可以把政府支出看成最初的一个增量，即一个自发性支出，该增量会在社会经济活动中产生一系列的连锁反应，从而产生引致支出的变化。

（2）消费支出乘数。消费支出乘数是指消费支出能使国民收入增加的倍数。以 K_C 代表消费支出乘数，则其计算公式为：

$$K_C = \Delta Y / \Delta C$$

边际消费倾向和乘数效应

从以上可以看出，政府支出乘数、消费支出乘数和投资乘数的计算方法完全一样，其原因是他们都是构成总需求的要素，即总需求 $= C+I+G+(X-M)$，因而无论是其中哪一种支出变化，都会使总需求发生同样的变化，其对均衡国民收入所产生的影响也完全相同。所以，当其他条件不变时，有：

$$K_G = K_C = K_I = 1/(1-MPC)$$

2. 政府转移支付乘数和税收乘数

政府转移支付乘数和税收乘数的计算与上述三种乘数不同。因为当转移支付和税收变动一个量时，对总需求产生的作用要受到边际消费倾向的影响，即边际消费倾向乘以转移支付和税收的数量，从而使得转移支付和税收变动的数量与总需求变动的数量不一致。

（1）政府转移支付乘数。政府转移支付乘数是指由于政府的转移支付是国民收入变动的倍数。以 ΔT_r 代表转移支付的增量，K_{Tr} 代表转移支付乘数，则：

$$K_{Tr} = \Delta Y / \Delta T_r = MPC/(1-MPC)$$

可见，转移支付与国民收入同方向变动，政府转移支付增加会使得国民收入增加，政府转移支付减少会使得国民收入减少。

（2）税收乘数。税收乘数是指由于政府增加或减少税收所引起的国民收入变动的倍数。以 ΔT_x 代表税收的增减量，K_{Tx} 代表税收乘数，则：

$$K_{Tr} = \Delta Y / \Delta T_x = -MPC/(1-MPC)$$

需要注意的是，税收乘数与政府转移支付乘数的绝对值相等，但税收乘数为负值，也就是说，税收与国民收入是反向变动的，政府增加税收会导致国民收入减少，相反，政府减少税收会使得国民收入增加。

3. 平衡预算乘数

假如政府支出一个量（ΔG），与此同时又增加相同量的税收（ΔT_r），由于增加的税收在受到边际消费倾向的作用之后使消费减少的量小于政府支出的量，因此，对国民收入的变动也会产生影响，表示这种影响程度的乘数，叫作平衡预算乘数。以 K_b 代表平衡预算乘数，t 代表税收与国民收入之间的某一固定比例（无论是累进税、累退税还是比例税，与国民收入总有一定的比例关系，国民收入高，税收也多，反之亦然），则在其他条件不变的情况下，有：

$$K_b = \Delta Y/\Delta G = (1-MPC)/(1-MPC+MPC \cdot t) < 1$$

4. 对外贸易乘数

对外贸易乘数的作用是指进出口数量的变化会使国民收入水平发生倍数变化。这就是说，进出口差额给国民收入总量带来的影响大于进出口差额本身的数量。由于这种变化是对外贸易作用的结果，因此反映这种关系的倍数就叫作对外贸易乘数。在进出口均为自发性变量的情况下，对外贸易乘数与前面所讲的消费乘数、投资乘数以及政府转移支付乘数是一样的。因为进出口之间的差额（$X-M$）同 C、I、G 一样，都是总需求的组成部分。

假如一国在出口所获得的收入中，一部分用于进口商品的购买，其余则全部用于国内商品的购买。在这种情况下，对外贸易乘数的大小取决于"边际进口倾向"。所谓边际进口倾向，是指所获得的收入中用于购买进口商品数量的比例。以 K_F 代表对外贸易乘数，m 代表边际进口倾向，则：

$$K_F = 1/m$$

显然，边际进口倾向越小，对外贸易乘数越大，因为新增收入中用于购买国内商品的数额越多，对本国国民收入总量创造则越多；反之，边际进口倾向越大，对外贸易乘数越小，因为新增收入中用于购买国外商品越多，乘数的作用则发生到其他国家去了。

以上对外贸易乘数公式仅仅是简单条件下的情况，如果加入其他条件，则对外贸易乘数不仅仅是边际进口倾向的倒数。因为一国对进口商品的购买，还与本国国民收入水平有极其密切的关系，如果国民收入水平较高，对进口商品的购买会增加，反之，则会减少。

课后测试

复习与练习

一、计算题

1. 假设一经济社会生产五种产品，它们在 2010 年和 2015 年的产量和价格分别如下表。

产品	2010 年产量/件	2010 年价格/元	2015 年产量/件	2015 年价格/元
产品 A	25	1.50	30	1.60
产品 B	50	7.50	60	8.00
产品 C	40	6.00	50	7.00
产品 D	30	5.00	35	5.50

计算：

（1）请计算 2010 年和 2015 年的名义国内生产总值。
（2）如果以 2010 年作为基年，请计算 2015 年的实际国内生产总值。

2. 国民收入为 1 500 亿元，储蓄为 500 亿元，收入增加额为 2 000 亿元，储蓄增加额为 800 亿元，请计算边际储蓄倾向、边际消费倾向和投资乘数。

二、简答题

1. 国民收入核算中的基本总量有几个？它们分别有哪些？这些总量之间的关系如何？
2. 为什么政府转移支付不计入国内生产总值？

技能训练项目

项目 8-1 分析宏观经济形势

【技能目标】

通过关注宏观经济热点问题，培养学生运用宏观经济变量及乘数理论对经济形势做出初步分析判断和经济文献检索能力。

【内容与要求】

学生自愿组成学习小组，每组 5~6 人，每一组同学通过登录中国国家统计局网站（www.stats.gov.cn）以及其他发布我国 GDP 等宏观经济数据的权威性、专业性网站或者通过查询每年出版的《中国统计年鉴》，收集 2015 年以来本省宏观经济变量的有关数据及变动情况，分析讨论 2015—2018 年宏观经济变动的影响因素。

【成果与考核】

1. 针对文献检索撰写一份 2 000 字左右的分析报告。
2. 由教师根据各组同学的调研报告、发言稿和讨论中的表现分别评估打分。

项目 8-2 分析研讨宏观经济变量

【技能目标】

培养学生通过网络等传播媒体查询和初步分析我国相关国民收入核算数据的能力。

【内容与要求】

学生自愿组成学习小组，每组 5~6 人，每组通过报纸、网络等来收集整理我国 1978 年改革开放以来党和国家出台的与 GDP 数据相关的各种经济发展战略和规划目标。在小组讨论会上，完成以下活动：

① 改革开放以来，自党的"十三大"至"十九大"制定过哪些与 GDP 有关的一系列经济发展战略目标？

② 改革开放以来，我国政府制定的各轮国民经济和社会发展五年规划纲要中有哪些与 GDP 有关的规划目标？

③ 全面剖析我国经济发展的演变轨迹和运行特征，进而分析国家制定各种

与 GDP 相关的经济发展战略和规划目标的原因，总结出我国改革开放以来经济发展存在的主要问题，提出经济结构的调整思路和方向。

④ 根据讨论，总结归纳，形成一个"GDP 是我国制定经济发展战略和经济政策的重要依据"的分析报告。

⑤ 班级组织一次交流，每组推荐一名代表作演讲发言，其他小组成员可以对其提问，同一小组成员可以作补充回答。

【成果与考核】

1. 每个小组提交一份"GDP 是我国制定经济发展战略和经济政策的重要依据"的分析报告。

2. 由教师和学生共同根据各组报告、演讲以及提问答辩情况对每组进行评估打分，作为本次实训成绩。

拓展阅读

第九章

通货膨胀与失业

知识目标

通过本章学习,掌握通货膨胀和失业的含义、类型;熟悉通货膨胀的成因,明确菲利普斯曲线的内容与表达方式。

能力要求

通过本章学习,能够运用失业、通货膨胀、菲利普斯曲线等基本概念和通货膨胀与失业的有关理论分析相关经济现象。能够对国内外通货膨胀与失业现象及其原因进行简要解释、分析和判断;初步具备对国家有关通货膨胀与失业宏观调控政策的解读能力,能够分析常见抑制通货膨胀的货币政策和财政政策。

情境导入

小韩失业的困惑

说起过去的一年,刚刚从大学毕业走向社会的小韩感触良多。刚刚毕业,一个月能拿到3 500元左右,本以为自己找到了一份还不错的工作,幻想着能够生活得好一些。可是,身边的东西没有一样是不涨价的,自己感觉手里的钱越来越不值钱了。年初的时候,一个月的工资还能支撑自己领着朋友下几次馆子,能买上一两件上点档次的衣服。可是越到后来,发现这些事情越难实现。房租涨价、蔬菜涨价、出租车涨价……似乎有数不清的涨价声一浪高过一浪。原来300元可以满足整整一个星期的米面、蔬菜和副食开销,现在只能维持5天。自己手里的3 500元越来越不经花了。

福无双至,祸不单行。年底的时候,公司又告知他,因为欧洲经济近两年受到"欧债危机"拖累,公司在欧洲的市场份额不断萎缩,所以需要裁员。不幸的是,这个"灾难"落在了小韩头上。公司也向他做出了解释,不是小韩工作不努力,而是公司现在确实不需要这么多人。小韩刚刚在工作上有点起色,却不得不面临失业的困境。

小韩很困惑,为什么手里的钱会贬值,这就是所谓的"通货膨胀"吗?国家持续出台了一系列市场价格调控的措施,这会不会有效地抑制通货膨胀呢?为什么我工作这么努力,也会失业?失业到底是什么原因造成的……

其实，跟小韩有同样困惑的年轻人还很多。通货膨胀和失业是与我们日常工作生活关系最为紧密的经济现象。有人说物价都涨了，我们手里的钱都不值钱了，所以通货膨胀不好，这种判断对吗？到底什么是通货膨胀？通货膨胀到底会对人们的生活产生什么样的影响呢？是什么原因导致了通货膨胀的发生？政府又该如何应对这种状况的发生？失业是如何形成的？政府是如何衡量失业的，有哪些政策措施可以治理失业？失业与通货膨胀之间有关系吗？存在什么样的关系呢？通过本章的学习，我们将一一揭晓你心中的疑问。

5分钟读懂通货膨胀

第一节　通货膨胀及其治理

一、通货膨胀的含义与衡量

1. 通货膨胀的含义

通货膨胀是指整个物价水平普遍而持续的上升。这一概念包含了三层含义：一是指整个物价水平的普遍上升或显著上升，所有商品与劳务价格总水平呈上升趋势。反映通货膨胀的物价水平是各种物品的平均价格水平，而不是某一种或某几种物品的价格。如果每年的物价水平持续上涨，但是上涨的幅度很小，那就不能说是通货膨胀。这有一个"临界值"的问题，究竟物价上涨多少才算是通货膨胀？这要根据各国的具体情况而定。二是指持续一定时期的物价上升，而不是物价水平一时的上升。这种物价总水平呈持续上涨状态，通常以年为通货膨胀的计量时间单位。如果一年内上半年上升了5%，下半年又下降了4%，则不属于通货膨胀。三是指这种持续上涨状态包括公开的以及各种隐蔽的不同形式。

什么是通货膨胀

通货膨胀问题

通货膨胀与泡沫

> ◆ **相关链接**
>
> **不同经济学流派关于通货膨胀的观点**
>
> 马克思主义经济学家认为：当纸币发行量超过了流通中所需要的金属货币量时，纸币就会贬值，物价就会上涨。发行纸币要以贵金属作后盾，因为纸币本身没有价值，纸币增加并不能代表国家财富的增加。
>
> 资本主义古典经济学家认为：通货膨胀是指用太多的货币追逐较少的商品。
>
> 货币主义者认为货币供应量增加，名义总需求量的增长，并不能自发带动就业量的增长，即国民收入、就业量及总供给量不会因此而变化。现代货币理论还表明，货币供应量的扩大，并不仅仅通过纸币发行的途径，更大程度上是通过信用的扩张与派生存款的创造这一途径来实现的。在信用程度很高的现代经济社会中，由于通过计算机网络来实现"电子货币"的划拨转账，以及各种可开列支票的存款工具所占比重的增多，使得作为现金的纸币在货币流通中所占比重更趋缩小。这样，即便纸币发行过多，也只构成货币供应量增加的一个部分。
>
> （资料来源：百度文库：什么是通货膨胀）

2. 通货膨胀的衡量指标

通货膨胀的主要衡量指标是物价指数，即表明某些商品的物价从一个时期到下一个时期变动程度的指数。物价指数一般不是简单的算术平均数，而是加权平均数，即根据某种商品在总支出中所占的比例来确定其价格的加权平均数的大小。

根据计算物价指数时包括的商品品种的不同，可分为以下三种物价指数。

通胀简介

（1）消费物价指数。消费物价指数（CPI，Consumer Price Index），又称零售物价指数或生活费用指数，是衡量各个时期居民个人消费的商品和劳务零售价格变化的指标。通俗地讲，CPI 就是市场上的货物价格增长的百分比，通常是作为观察通货膨胀水平的重要指标。

什么是CPI

例如，在过去的 12 个月期间，消费物价指数上升 2.3%。这就表示，居民的生活成本比 12 个月前平均上升 2.3%。当生活成本提高，消费者持有货币的价值便随之下降。也就是说，一年前 100 元纸币可以购买到的货品或服务，今日就需要 102.3 元。

如果消费物价指数升幅过大，表明通胀过度，会带来经济不稳定，央行就会有紧缩货币政策和财政政策的风险，从而会造成经济前景不明朗。因此，该指数过高的升幅往往不受欢迎。

需要注意的是，CPI 是一个滞后性的数据，但它往往是市场经济活动与政府货币政策的一个重要参考指标。一般来说当 CPI 的增幅大于 3% 时，称为通货膨胀；而当 CPI 的增幅大于 5% 时，称为严重的通货膨胀。

（2）批发物价指数。批发物价指数是衡量各个时期生产资料（即资本品）与消费资料（即消费品）批发价格变化的指标。批发价格是在商品进入零售、形成零售价格之前，由中间商或批发企业所制定，其水平决定于出厂价格或收购价格，对零售价格有决定性影响。因此有经济学家认为批发物价指数比消费物价指数具有更广泛的物价变动代表性。批发物价指数既可按全部商品综合编制，也可按不同部门或各类商品分别编制，但不包括劳务价格。批发物价指数的优点在于对商品流通比较敏感。其缺陷在于统计范围狭窄，所以许多国家没有将批发物价指数列为测定通货膨胀的代表性指标。美国劳工统计局编制的批发物价指数包括 2 400 多种商品批发价格变动状况，其中有机器、金属、木材、皮革、纸张、轮胎、燃料、服装、化学制品和农产品等。此外，还另为一些主要工业部门和单项产品编制批发物价指数。我国目前尚未公开发布批发物价指数资料。

（3）生产者物价指数。生产者物价指数（PPI），是衡量工业企业产品出厂价格变动趋势和变动程度的指数，是反映某一时期生产领域价格变动情况的重要经济指标，也是制定有关经济政策和国民经济核算的重要依据。根据价格传导规律，PPI 对 CPI 有一定的影响。PPI 反映生产环节的价格水平，CPI 反映消费环节的价格水平。整体价格水平的波动一般首先出现在生产领域，然后通过产业链向下游产业扩散，最后波及消费品。

目前，我国 PPI 的调查产品有 4 000 多种（含规格品 9 500 多种），覆盖全部 39 个工业行业大类，涉及调查种类 186 个。

◆ **相关链接**

CPI 指数同比增长和环比增长

同比指的是与去年同期对比,环比指的是本月与上月对比。例如,今年 4 月消费物价指数(CPI)比 3 月环比增长 0.6%,比去年同期增长 1.4%。通常表述为,今年 4 月消费物价指数(CPI)环比增长 0.6%,同比增长 1.4%。

二、通货膨胀的类型

经济学家们根据不同的标准来对通货膨胀进行分类。按通货膨胀的严重程度,可以将其分为四类。

1. 爬行的通货膨胀

爬行的通货膨胀,又称温和的通货膨胀,其特点是通货膨胀率低而且比较稳定。一般来说,年物价上涨率在 1%~3%(<5%)之间为温和的通货膨胀。在温和的通货膨胀情况下,价格比较长期地以一个稳定的、较低的比率上涨。以瑞典为例,从 1954 年到 1967 年的 13 年间,价格总共上涨 64%,年平均通货膨胀率为 3.9%,每年变化不大,比较稳定,货币的购买力损失不多,人们并不急于把货币抛出去购买商品。由于这种情况的通货膨胀率低且稳定,从而对经济没有多大不利影响,甚至可以作为经济增长的"润滑剂"。但也有经济学家认为,从长期来看,这种通货膨胀的积累也会引起不良后果,尤其是加速通货膨胀。

2. 加速的通货膨胀

加速的通货膨胀,又称奔驰的通货膨胀,其特点是通货膨胀率较高(一般在两位数以上),而且还在加剧。在两位数以上、三位数以下为加速的通货膨胀,这时经济会发生严重的扭曲,货币的购买力迅速下降,货币的真实购买力降到-50%或-100%,人们除了必需品以外不持有货币而是囤积商品。

3. 超速通货膨胀

超速通货膨胀,又称恶性通货膨胀,其特点是通货膨胀率非常高(一般在三位数以上),而且完全失去了控制。物价水平的飞速上升使人们对本国货币完全失去了信任,本国货币完全失去作为价值贮藏的功能,同时也基本丧失了交易功能。不仅严重破坏货币体制与正常经济生活,而且导致经济崩溃,甚及政权更迭。

4. 受抑制的通货膨胀

受抑制的通货膨胀,又称隐蔽的通货膨胀。这种通货膨胀是指经济中存在着通货膨胀的压力,但由于政府实施了严格的价格管制与配给制,通货膨胀并没有发生。一旦解除价格管制及配给制,就会发生较严重的通货膨胀。在隐性通货膨胀情况下,由于政府对价格直接管制,使通货膨胀不能为物价所反映,因而购物排队、配额、黑市交易猖狂。

三、通货膨胀的效应

1. 收入分配和财富分配效应

(1)通货膨胀将有利于债务人而不利于债权人。在通常情况下,借贷的债

通货膨胀的秘密

务契约都是根据签约时的通货膨胀率来确定名义利息率,所以当发生了未预期的通货膨胀之后,债务契约无法更改,从而就使实际利息率下降,债务人受益,而债权人受损。其结果是对贷款,特别是长期贷款带来不利的影响,使债权人不愿意发放贷款。贷款的减少会影响投资,最后使投资减少。

(2) 通货膨胀将有利于雇主而不利于工人。这是因为,在不可预期的通货膨胀下,工资增长率不能迅速地根据通货膨胀率来调整,从而即使在名义工资不变或略有增长的情况下,使实际工资下降。实际工资下降会使利润增加。利润的增加有利于刺激投资,这正是一些经济学家主张以温和的通货膨胀来刺激经济发展的理由。

(3) 通货膨胀将有利于政府而不利于公众。由于在不可预期的通货膨胀下,名义工资总会有所增加(尽管并不一定能保持原有的实际工资水平),随着名义工资的提高,达到纳税起征点的人增加了,有许多人进入了更高的纳税等级,这样就使得政府的税收增加。但公众纳税数额增加,实际收入却减少了。政府由这种通货膨胀中所得到的税收称为"通货膨胀税"。一些经济学家认为,这实际上是政府对公众的掠夺。这种通货膨胀税的存在,既不利于储蓄的增加,也影响了私人与企业投资的积极性。

2. 经济资源配置效应

在通货膨胀中,由于各种商品和生产要素的价格上涨幅度不同,可以改变各种商品和生产要素的相对价格,引起相对价格体系的变动,最终使经济资源配置状况发生改变。

(1) 正效应。在一定时期和条件下,通货膨胀引起的相对价格变化,会使经济资源配置从不合理状态转为合理状态或趋于优化状态。例如,原来某个行业无人就业,现在由于这一行业的货币收入增长率超过了物价上涨率,从而使这一行业得到快速发展,使人力资源配置趋于合理。

(2) 负效应。在一定时期和条件下,通货膨胀引起的相对价格变化,不仅不会改善资源配置,反而使资源配置更加不合理,使社会生产下降。例如,我国近年来结构矛盾突出,"瓶颈"制约严重、流通领域的畸形繁荣等现象在一定程度上与通货膨胀的资源配置负效应有关。正是由于通货膨胀破坏了市场机制,干扰了市场信号的传递并使信号失真,产生了许多错误信息,造成资源配置失调,最终才导致了上述现象的发生。

3. 产量效应

产量效应是指通货膨胀对整个经济领域生产和就业等产生的实际影响。一般来说,在不能预期的通货膨胀条件下,由于物价上涨率高于工资增长率,生产者可以从中获取更多的利润,产量和就业都会增加,从而出现正效应。反之,产量和就业就会减少。

4. 非效率效应

非效率效应是指通货膨胀对经济效率带来的不利影响,主要有以下四个方面。

(1) 使正常的经济秩序、经济活动的原则和经济核算遭到破坏而失去有效性。

（2）使社会储蓄减少，影响资本积累和投资。同时由于物价的频繁变动，会加剧物价的变动。

（3）阻碍技术革新和科技进步。

（4）削弱和破坏市场机制对经济活动的调节功能。因为通货膨胀会影响到市场信息传递的准确性，增加了不确定性和风险，从而使价格机制扭曲或不能正常发挥功能。

5. 对外贸易和国际收支效应

当某国出现通货膨胀时，随着国内物价水平的不断上升，货币的不断贬值，会使得原来的汇率不能维持，不得不降低本国对国外货币的比值，从而影响到对外贸易和国际收支。

四、通货膨胀的成因

1. 需求拉动型通货膨胀

需求拉动型通货膨胀的原因在于总需求过度增长，总供给不足，即"太多的货币追求较少的货物"，或者是"因为物品与劳务的需求超过按现行价格可得到的供给，所以一般物价水平便上涨"。引起总需求过大的原因有以下两种解释。

（1）凯恩斯主义学派的解释。凯恩斯主义学派认为当经济中实现了充分就业时，表明资源已经得到了充分利用。这时，如果总需求仍然增加，就会由于过度总需求的存在而引起通货膨胀。该解释强调实际因素对总需求的影响，通常用膨胀性缺口来加以图解分析。如图 9-1 所示，横轴 OY 代表国民收入，纵轴 OP 代表价格。当总需求曲线为 AD_0 时，国民收入达到了充分就业的水平 Y_0，价格水平为 P_0。当总需求增加到 AD 时，国民收入已无法增加，价格水平上升到 P_1，这样就由于总需求过度而引起了通货膨胀。

（2）货币主义学派的解释。针对凯恩斯主义学派的解释，货币学派提出了不同的看法。货币主义学派认为，实际因素即使对总需求有影响也是不重要的，实际因素的影响也不可能是持久的。通货膨胀主要是由货币因素的影响所造成的，即引起总需求过度的根本原因是货币的过量发行。

2. 成本推动的通货膨胀

成本推动的通货膨胀理论用供给和成本方面的原因来解释通货膨胀。供给就是生产，根据生产函数，生产取决于成本。因此，从总供给的角度看，引起通货膨胀的原因在于成本的增加。成本的增加意味着只有在高于从前的价格水平时，才能达到与以前同样的产量水平，即总供给曲线向左上方移动。在总需求不变的情况下，总供给曲线向左上方移动使国民收入减少，价格水平上升，这种价格上升就是成本推动的通货膨胀。

如图 9-2 所示，横轴 OY 代表国民收入，纵轴 OP 代表价格。当总供给曲线为 AS_1 时，国民收入达到了充分就业的水平 Y_0，价格水平为 P_0。当成本增加，推动总供给曲线向左上方到 AS_2，在总需求不变的情况下，价格水平上升到 P_1，

成本推动型通胀

这样就由于成本上升推动了通货膨胀。

引起成本增加的原因并不相同,因此,成本推动的通货膨胀又可以根据其原因的不同而分为以下三种。

(1) 工资成本推动的通货膨胀。许多经济学家认为,工资是成本中的主要部分。工资的提高会使生产成本增加,从而价格水平上升。在劳动市场存在工会的卖方垄断的情况下,工会利用其垄断地位要求提高工资,雇主迫于压力提高了工资后,就把提高的工资加入成本,提高产品的价格,从而引起通货膨胀。

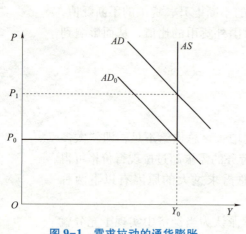

图 9-1 需求拉动的通货膨胀

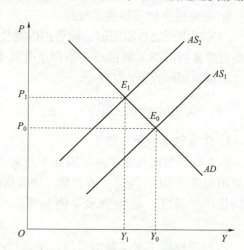

图 9-2 成本推动的通货膨胀

工资的增加往往是从个别部门开始的,但由于各部门之间工资攀比行为,个别部门工资的增加往往会导致整个社会的工资水平上升,从而引起普遍的通货膨胀。而且,这种通货膨胀一旦开始,还会形成"工资—物价螺旋式上升",即工资上升引起物价上升,物价上升又引起工资上升。这样,工资与物价不断互相推动,形成严重的通货膨胀。

(2) 利润推动的通货膨胀,又称价格推动的通货膨胀,指市场上具有垄断地位的厂商为了增加利润而提高价格所引起的通货膨胀。在不完全竞争的市场上,具有垄断地位的厂商控制了产品的销售价格,从而就可以提高价格以增加利润。通货膨胀是由于利润的推动而产生的,尤其是在工资增加时,垄断厂商以工资的增加为借口,更大幅度地提高物价,使物价的上升幅度大于工资的上升幅度,其差额就是利润的增加。这种利润的增加使物价上升,形成通货膨胀。

经济学家认为,工资推动和利润推动实际上都是操纵价格的上升,其根源在于经济中的垄断,即工会的垄断形成工资推动,厂商的垄断引起利润推动。

(3) 进口成本推动的通货膨胀。这是指在开放经济中,由于进口的原材料价格上升而引起的通货膨胀。在这种情况下,一国的通货膨胀通过国际贸易渠道而影响到其他国家。与这种通货膨胀相对应的是出口性通货膨胀,即由于出口迅速增加,以及出口生产部门成本增加,国内产品供给不足,引起通货膨胀。

3. 需求和成本混合推进的通货膨胀

这种理论把总需求与总供给结合起来分析通货膨胀产生的原因,认为通货膨胀的根源不是单一的总需求或总供给，而是这两者共同作用的结果。如果通货膨胀是由需求拉动开始的，即过度需求的存在引起物价上升，这种物价上升又会使工资增加，从而供给成本的增加又引起了成本推动的通货膨胀。如果通货膨胀是由成本推动开始的，即成本增加引起物价上升。这时如果没有总需求的相应增加，工资上升最终会减少生产，增加失业，从而使成本推动引起的通货膨胀停止。只有在成本推动的同时，又有总需求的增加，这种通货膨胀才能持续下去。

五、通货膨胀的治理

1. 需求管理

需求管理政策主要针对总需求过度膨胀引起的通货膨胀，通过紧缩需求能取得明显的效果。减少总需求的途径主要有紧缩财政和紧缩货币两种措施。

紧缩财政方面的措施：一是削减政府支出。二是限制公共事业投资和公共福利支出。三是增加赋税，以抑制私人企业投资和个人消费支出。紧缩的财政政策优点是紧缩较大时，通胀能够得到迅速抑制。但是，财政支出具有很大的刚性；教育、国防、社会福利的削减都是阻力重重；增加赋税更会遭到公众的强烈反对。

紧缩货币有时并不是指货币存量的绝对减少，而只是减缓货币供应量的增长速度，以遏制总需求的急剧膨胀。当然货币当局也可以采用传统的中央银行三大政策工具，限制银行信贷规模，减少绝对货币存量。货币学派更注重货币政策的作用，认为只有将货币增长率最终降到接近经济增长率的水平，物价才可能大体稳定下来。但是紧缩的货币政策的缺点在于货币当局不一定总能完全控制货币总量及其增长速度。

人民币发行方式与通货膨胀

从实施步骤来看，可以分为剧烈紧缩政策和渐进紧缩政策两类。剧烈紧缩政策是指政府以衰退为代价来抑制通货膨胀。这种做法的代价很大，当人们的高通货膨胀预期未被政府扭转时，失业的增加和通货膨胀的下降将是不对称的。渐进紧缩政策要求人们在一定时期内承担通货膨胀持续的后果，小步骤地降低通货膨胀率。这种做法有助于使其改变通货膨胀预期，而且人们为此付出的失业代价也较小。

2. 供给管理

以拉弗为首的供应学派认为，通货膨胀是与供给紧密联系在一起的。而供给不足，需求相对过剩又是引起通货膨胀的主要原因，货币量过多也是相对于商品供给过少而言的。因此，供给政策主要是针对有效供给不足，需求相对过剩造成的通货膨胀。在此情况下，治理通货膨胀的关键是在于增加生产和供给。增加生产意味着经济增长，这样就可以避免单纯依靠紧缩总需求引起衰退的负面效应。

供给管理

要增加生产和供给，最关键的措施就是减税。减税可以提高人们的储蓄和投资的能力与积极性。同时配合其他政策措施：一是削减政府开支增长幅度，争取平衡预算，消灭财政赤字，并缓解对私人部门的挤出效应；二是限制货币增长率，稳定物价，排除对市场机制的干扰，保证人们储蓄与投资的实际效益，增强其信心与预期的乐观性。

供给学说强调了一向被忽视的供给方面因素，认为治理通货膨胀，特别是滞胀，根本的出路在于增加供给，有其积极意义，但过分夸大了减税对增加供给的刺激作用，从实际情况看，效果并不明显。

改善劳动力市场结构的人力资本政策也是供给政策之一，主要包括：对劳动者进行再就业的训练；提供有关劳动力市场的信息，减少对就业和转业的限制，指导和协助失业人员寻找工作；优先发展劳动密集型和技术熟练要求程度较低的部门以扩大就业，由政府直接雇用私人企业不愿意雇用的非熟练工人，使他们得到训练和培养，提高就业能力。

第二节　失业理论及其治理

一、失业与充分就业

1. 失业的定义

失业是最重要的宏观经济变量之一。它不仅反映经济好坏，同时也反映社会贫富。根据国际劳工组织（ILO）的定义，**失业是指人在某个年龄以上，在特定考察期内没有工作而又有工作能力，并且正在寻找工作的状态**。处于此种状态的劳动力被称为失业者。由于对失业概念理解不同，各国对工作年龄和失业的范围有不同的规定。但从目前国际公认的情况来看，判断失业的原则包括以下三点。

失业率简介

（1）没有工作。这是指在相应的时间内完全没有在工作，甚至连 1 小时的工作也没有。那些被临时解雇但与原岗位仍有联系（如仍能得到一定收入或与原用人单位约定在某一天返岗）的人员不是失业人员。自谋职业者如果其企业经营活动仍在继续，也不是失业人员。但季节性生产企业自谋职业的人员，在不工作的季节性间歇期间，则属于失业人员。

部分国家关于失业的规定

（2）目前可以工作，即目前具备劳动能力。这是指劳动者在生理体征和劳动技能方面可以适应目前劳动市场的需求，能够凭借自身的生理条件和自己掌握的劳动技能完成工作。对于大多数国家，"目前"所指的时间段是指劳动者可以在今后 2 周内开始工作。

（3）正在积极寻找工作。这是指一个失业人员必须在调查前一定时间段内（一般为 4 周）采取措施寻找工作。已做出安排，准备在将来某一天工作的人员不必满足此标准，即不管他们求职不求职，都属于失业人员。

2. 失业的统计方法

各国失业的统计方法存在差异，但大致使用以下两种基本方法。

一是抽样调查方法。通过访谈，向有代表性的样本人询问一系列问题，包括是否有工作；如果没有，是否可以工作并采取了何种措施寻找工作。抽样调查数据不仅包括符合国际劳工组织定义的失业，还包括就业和自营就业，以及

失业率计算

大量详细的劳动力数据。例如,美国是通过对 55 000 户居民进行抽样调查来估算失业率,并在每月第一个星期五发表上月的失业估计数字。

二是以政府机构登记为基础的行政登记方法,主要是为政府管理服务。例如,在英国和加拿大,登记人员既包括申请失业救济金的人员,也包括那些在政府职业中心或就业办公室登记求职的人员。登记数字是政府管理制度的反映,它不适用于所有目的。如,不能用登记数字来计算那些想工作但找不到工作的人员数量,也不能用它来衡量社会贫困状况,等等。

不同国家是如何统计失业的

3. 充分就业

充分就业是宏观经济学频繁出现而又容易被误解的一个概念。经济中有些造成失业的原因是难以克服的,劳动力市场也不总是十分完善的,因此,失业总是存在的,并不存在真正意义上的完全就业。消灭了由于需求不足造成的周期性失业时所达到的就业状态就是充分就业。充分就业意味着并非人人都有工作,仍然存在一定失业。这种失业的存在不仅是必然的,而且还是必要的。实现了充分就业时的失业率称为自然失业率,充分就业的失业率,又称为长期均衡的失业率。自然失业率的高低,取决于劳动力市场的完善程度及经济状况等各种因素。自然失业率由各国政府根据实际情况确定,从"二战"后的情况来看,自然失业率有上升的趋势。以美国为例,20 世纪五六十年代的自然失业率为 3.5%~4.5%,70 年代的自然失业率为 4.5%~5.5%,80 年代的自然失业率为 5.5%~6.5%,90 年代的自然失业率为 4.5%~5.5%。

◆ **相关链接**

自然失业率

自然失业率(natural rate of unemployment)是指充分就业下的失业率。一般认为,摩擦性失业、结构性失业和自愿性失业都是难以避免的,它们与经济社会的总需求水平、与经济周期无关。因此,它们也被统称为自然失业。自然失业与总劳动的比率就是自然失业率。自然失业率一般被认为是经济社会所难以消除的,因为摩擦性失业、结构性失业和自愿性失业总是存在的,它与周期性失业、经济运行周期及总需求水平无关,因而是相对稳定的,是一个国家能够长期持续存在的最低失业率。当经济中不存在周期性失业时,所有失业都是摩擦性、结构性、季节性和自愿失业时,便认为经济达到了充分就业,即消除了非自愿性失业或周期性失业以后的社会就业状况。因而又可以说,充分就业时的失业率就是自然失业率。充分就业既意味着一个国家劳动力资源的充分利用,也意味着一个国家所有经济资源的充分利用。当实际失业率等于自然失业率时,一国经济处于长期均衡状态,所有的经济资源都得到了充分利用,即实现了充分就业均衡。

(资料来源:http://baike.baidu.com)

二、失业的类型与原因

1. 自愿失业与非自愿失业

(1)自愿失业。在一个具有完全可伸缩性工资的劳动力市场上,劳动力市场能够及时出清,劳动力供给和需求相等,所有在现行工资下愿意工作的人都找到了工作，只有那些不愿意在现行工资下工作的人才成为失业者。这种不愿意接受现行工资而造成的失业被称为自愿失业。在某些情况下，当一个经济社会允许一定数量的自愿失业存在时，它能以有效率的方式来运行。例如，自愿失业者可能是低生产率者，市场给予其较低工资，而这些低生产率者认为如此低的工资还不如享受闲暇更好，宁愿赋闲也不愿干低工资的工作。这种自愿失业的存在对一个经济社会来说是有效率的，它能使劳动力市场按效率原则给定工资报酬，从而支持整个社会的高效率。

（2）非自愿失业。非自愿失业则出现在非出清市场或存在工资刚性的情况下。假定劳动市场有一个过高的工资率，它高于市场出清时的工资率，而且工资是无弹性的，不能像出清市场那样可以自由下降。这时，愿意工作的工人数要大于厂商愿意雇用的工人数，较少的岗位只能从较多的愿意工作的工人中挑选，一部分人将得不到工作岗位。这部分没有职业但愿意在现行工资率下工作的人就是非自愿失业者。形成工资刚性的原因在于工资的契约形式、工会的作用以及制定工资等级或重新谈判工资合同的成本高昂。可见，人们通常所说的失业，实际上指的是非自愿失业。

2. 摩擦性失业

摩擦性失业是指由于人们在不同的地区、职业或生命周期的不同阶段不停地变动而引起的失业。通常，新加入劳动力队伍正在寻找工作而造成的失业，也归入摩擦性失业的范围之内。由于社会存在着迁徙活动，人们常常从一个城市迁往另一个城市，在迁徙过程中会产生短暂的失业。由于就业者有选择职业的自由，人们通常愿意辞去现有工作，寻找工作环境更好、更适合自己才能的工作或者担任同样工作但工资待遇比较高的工作。在辞去旧工作、尚未找到或已找到尚未办理新的就业手续时也会产生短暂的失业。在这种情况下，产生的失业就是摩擦性失业。这种失业，即使在经济处于充分就业状态时也会存在。劳动市场信息渠道不畅通或组织不完善可以加剧摩擦性失业。当代西方经济学家认为，摩擦性失业是不可避免的。

3. 结构性失业

结构性失业是指由于技术发展、市场需求的永久性变化引起总体经济结构发生变化，使原有的工作岗位消失或原工作岗位数量大大减少而引起的失业。随着科学技术的发展，有些部门萎缩或淘汰消失，而有些新部门则大量出现。这样，旧部门中排挤出来的工人，要经过一段时期的培训，才能适应新的工作，如果不接受培训，就可能找不到工作。此外，人们的生活水平不断提高使消费需求不断发生变化，从而导致市场需求不断变化。为了适应市场需求的变化，企业就必须对生产进行调整，在产业结构、产品结构调整期，必然导致一些行业的劳动者失业。例如，在计算机等技术发展迅速的行业存在着许多就业机会，但那些对计算机知识了解较少的人不能适应这种工作岗位，表现为空缺与失业并存。又如，某些地区经济发展迅速，存在大量的工作机会，某些地区经济发展缓慢，存在大量的失业者。但是由于信息、交通、住房、留恋故土等多种原因，经济发展缓慢地区的剩余劳动力不能充分或迅速地流向经济发展迅速的地区。

4. 周期性失业

周期性失业又称需求不足的失业，由于总需求不足而引起的短期失业，也就是凯恩斯所说的非自愿失业。根据凯恩斯的分析，就业水平取决于国民收入水平，而国民收入又取决于总需求。这类失业一般出现在经济周期的萧条阶段，故称周期性失业。

> ◆ **相关链接**
>
> **季节性失业**
>
> 季节性失业是指某些行业生产的季节性变动所造成的周期性失业。影响产量的两个主要季节性因素是气候及式样的变化。季节性失业虽然不能完全消除，但却是可以预测的。因此可以通过事先进行规划来减少季节性解雇的危险及其后果。而且，虽然雇工在淡季可能丧失收入，但这种失业却是暂时的，一旦旺季来到，他们往往又被重新雇用。对付季节波动影响的措施有：实行固定的年工资制和招收临时工，变换销售政策等。
>
> （资料来源：http://wenku.baidu.com）

5. 隐蔽性失业

隐蔽性失业是指表面上有工作，实际上对生产并没有做出贡献的人，即有"职"无"工"的人。或者说，这些工人的边际生产力为零。这一概念是西方经济学家琼·罗宾逊针对发达国家20世纪30年代经济大萧条时期大批熟练工人不得不从事非熟练工作，其生产率远低于潜在的生产率，因而存在着一个隐蔽的劳动潜力这一现象而首先提出来的。发展经济学家阿马蒂亚·森认为隐蔽性失业的产生，"并不是在生产过程中花费了太多的劳动，而是使用了太多的劳动力。隐蔽性失业通常采取每人工作较短时间的形式"，"是劳动力的边际生产力在一个相当大范围内为零"。当经济单位中减少就业人员而产量仍没有下降时，就存在隐蔽性失业。最明显的表现就是，一个单位里"一个人的活，三个人干"，机构臃肿，人浮于事。例如一个经济单位中有1 000万工人，如果减少20万工人而国内生产总值并不减少，就说明该经济中存在着2%的隐蔽性失业。这种失业在发展中国家存在较多，尤其是农业部门中更为严重。

三、失业的衡量及其影响

1. 失业的衡量

失业是最重要的经济变量之一，它不仅反映经济好坏，也反映社会贫富。如何正确衡量失业是政府统计工作者一项相当重要的任务。衡量失业通常有两个指标，失业人数和失业率。这两项指标不仅是政府用来衡量失业的统计指标，同时也是公众普遍关心的反映社会当前失业状况的重要指标。其中，失业率是主要的衡量指标。失业率一般是指失业人数占就业人数与失业人数之和的比重，具体公式如下：

$$失业率 = \frac{失业人数}{失业人数 + 就业人数}$$

失业率的计算

一直以来，失业率的数字被视为一个反映整体经济状况的指标，而它又是每个月最先发表的经济数据,所以失业率指标被称为所有经济指标的"皇冠上的明珠",它是市场上最为敏感的月度经济指标。一般情况下,失业率下降,代表整体经济健康发展,利于货币升值;失业率上升,代表经济发展放缓衰退,不利于货币升值。若将失业率配以同期的通胀指标来分析,则可知当时经济发展是否过热,是否构成加息的压力,或是否需要通过减息以刺激经济的发展。

2. 失业的影响与奥肯定律

对个人来说,如果是自愿失业,则会给他带来闲暇的享受。但如果是非自愿失业,便会造成个人成本的损失。一方面,会使他的收入减少,从而使其生活水平下降;另一方面,还会使失业者的心理方面产生巨大的冲击。如果失业持续较长的时间,失业者的工作技能也会贬值,人力资本的积累中断,失业持续时间越长,重新工作的可能性越小,劳动技能的贬值就越严重,这些都最终会形成一笔很大的成本。

对社会来说,失业的负面影响扩散到整个社会,会诱发许多社会问题。增加了社会管理的成本。例如,失业增加了社会福利支出,造成财政困难;失业率过高又会影响社会的安定,经济学家和社会学家根据调查认为,在严重的经济衰退中,即失业问题尖锐时,心脏病、酒精中毒、婴儿死亡、精神错乱、虐待儿童以及自杀的比率都会上升。

衡量失业影响的最主要方法是奥肯定律(Okun's Law),这是由美国经济学家奥肯在 20 世纪 60 年代提出的,主要用来说明周期性波动中经济增长率和失业率之间的经验关系,即当实际 GDP 增长相对于潜在 GDP 增长下降 2%时(美国一般将之定义为 3%),失业率上升大约 1%;当实际 GDP 增长相对于潜在 GDP 增长上升 2%时,失业率下降大约 1%。奥肯定律的一个重要结论是:**为防止失业率上升,实际 GDP 增长必须与潜在 GDP 增长同步。如果想要使失业率下降,实际 GDP 增长必须快于潜在 GDP 增长。**在这里,潜在 GDP 也称充分就业的 GDP,它是指在保持价格相对的稳定情况下,一国经济所生产的最大产值。

奥肯定律

需要注意的是,奥肯所提出经济增长与失业率之间的具体数量关系只是对美国经济所做的描述,而且是特定一段历史时期的描述,不仅其他国家未必与之相同,而且今日美国的经济也未必仍然依照原有轨迹继续运行。因此,奥肯定律的意义在于揭示了经济增长与就业增长之间的关系,而不在于其所提供的具体数值。

四、失业的治理措施

1. 最低工资与失业保障制度

建立最低工资制度与失业保障制度是政府治理失业的基本措施。

(1)最低工资制度。最低工资制度是国家通过一定立法程序所规定的、为保障劳动者在履行必要的劳动义务后应获得的维持劳动力再生产的最低工资收入的一种法律形式。

最低工资是指由国家法律明文规定的,当劳动者在法定的工作时间或依法签订的劳动合同约定的工作时间内提供了正常劳动的前提下,用人单位依法在最低限度内应当支付的、足以维持职工及其平均供养人口基本生活需要的工资，即工资的法定最低限额。它不包括加班加点工资，夜班、高温、低温、井下、有毒等特殊条件下的津贴以及法律法规和国家规定的劳动者享受的福利待遇。

最低工资标准，又称最低工资率，它是指国家依法规定的单位劳动时间的最低工资数额。它的确立关系着劳动者最低生活水平的维护，是最低工资立法的核心问题。

最低工资制度最早产生于19世纪末的新西兰、澳大利亚，其后，英、法、美等资本主义国家也结合本国的实际情况，建立了各自的最低工资制度。最低工资的产生是由工人阶级斗争的结果，随着20世纪工人运动的高涨和社会经济的发展，资本主义国家很快普遍实行了最低工资制度。它是商品经济和现代工资发展到一定阶段的必然产物。

目前，在世界各国，最低工资标准的确立方式有两种：一是在立法上直接规定最低工资标准，如美国。二是在立法中不直接规定最低工资标准，而只规定确立最低工资标准的原则和具体规则，并授权有关机构确定具体的最低工资标准。多数国家都是采取了这一方式。我国《劳动法》第五章明确规定，国家实行最低工资保障制度，最低工资的具体标准由省、自治区、直辖市人民政府规定，报国务院备案。可见，我国并不是实行全国统一的最低工资标准，而是授权各省、自治区、直辖市人民政府根据其具体情况确定。因最低工资的确定实行政府、工会、企业三方代表民主协商的原则，主要根据本地区低收入职工收支状况、物价水平、职工赡养人口、平均工资、劳动力供求状况、劳动生产率、地区综合经济效益等确定，当上述因素发生变化时，应适当调整最低工资标准，而我国现阶段经济发展和生活水平地区不平衡，导致难以实行全国统一的最低工资标准。

（2）失业保障制度。就业人员遭遇失业首先是一种人力资源的闲置或浪费，其造成的损失是个人的，也是社会的。要在失业问题上兴利除弊，从根本上解决问题，使之最终体现为对经济运行的积极意义，关键还在于构建一种制度，这种制度，只能是失业保障制度。

失业保障制度的主体是建立失业保险制度。失业保险制度是国家通过立法强制实施，由社会集中建立失业保险基金，对非因本人意愿中断就业失去工资收入的劳动者提供一定时期的物质帮助及再就业服务的一项社会保险制度。它是社会保障体系的重要组成部分，是社会保险的重要项目之一。其主要内容包括：建立专项基金；建立专门管理机构；健全对失业员工的管理和服务；建立转业训练和生产自救实体。

失业保险具有如下三个主要特点：一是普遍性。它主要是为了保障有工资收入的劳动者失业后的基本生活而建立的，其覆盖范围包括劳动力队伍中的大部分成员。因此，在确定适用范围时，参保单位应不分部门和行业，不分所有制性质，其职工应不分用工形式，不分家居城镇、农村，解除或终止劳动关系后，只要本人符合条件，都有享受失业保险待遇的权利。分析我国失业保险适用范围的变化情况，呈逐步扩大的趋势，从国营企业的四种人到国有企业的七类九种人和企业化管理的事业单位职工，再到《失业保险条例》规定的城镇所有企业事业单位及其职工，充分体现了普遍性原则。二是强制性。它是通过国家制定法律、法规来强制实施的。按照规定，在失业保险制度覆盖范围内的单位及其职工必须参加失业保险并履行缴费义务。根据有关规定，不履行缴费义务的单位和个人都应当承担相应的法律责任。三是互济性。失业保险基金主要来源于社会筹集，由单位、个人和国家三方共同负担，缴费比例、缴费方式相对稳定，筹集的失业保险费，不分来源渠道，不分缴费单位的性质，全部并入失业保险基金，在统筹地区内统一调度使用以发挥互济功能。

2. 人力资源培训计划

人力资源培训计划主要是政府为使劳动者适应工作机会要求而采取的治理措施，包括提供职业训练、提供就业信息、颁布各种反歧视立法，以减少和消除歧视带来的失业，增加劳动力的流动性等。在技术不断变革的社会环境下，经济结构的变动会使一些部门出现失业，而当这些失业者的素质不能适应新的工作岗位要求时就会出现结构性失业。为此，政府可以通过制订人力资源培训计划对失业者施以就业援助。具体可以通过建立职业培训体系、完善就业服务网络、颁布就业促进立法等方式实现。另外，在某些情况下，政府需要帮助失业者克服地区流动中出现的具体困难，如政府可以提供经费资助人们在其他地区定居。这一治理措施被认为是缓解我国摩擦性失业、结构性失业的治本之策。

3. 公共就业服务与公共部门就业

除了上述措施之外，对于周期性失业，政府还通过提供公共就业服务或者让失业者在公共部门就业机会等措施治理失业。

公共就业服务，是一种公益性服务活动，主要由政府设立的公共就业服务机构提供，也可以由政府向其他市场服务机构购买。即公共就业服务是政府通过设立公共就业服务机构，为劳动者提供免费的就业服务，为就业困难人员提供就业援助。例如，政府投资修一条高速公路，直接给筑路工人带来就业机会。筑路需要筑路机械，又给机械制造工人带来就业机会。

政府向社会提供公共就业服务的职能机构称作公共就业服务机构，它代表政府向全体劳动者免费提供基本的就业服务、向就业困难人员提供就业援助、向用人单位提供人员招聘等就业服务，并承担着人力资源市场信息的收集发布、劳动力就业相关事务经办等项服务工作，有效地对市场施加积极影响，提高市场信息的透明度，同时，通过实施免费服务和就业援助，贯彻落实各项积极的就业政策，使劳动者可以免费获得基本的就业服务，使长期失业的就业困难人员得到专门的援助，有效地扩大就业、减少失业。

政府提供公共就业服务的主要目标是弥补人力资源市场的缺陷，保障劳动者特别是就业困难人员的合法就业权益，构建更加公平有效的市场，从而促进人力资源合理流动和合理配置。

公共就业服务内容主要包括以下六个方面：一是就业政策法规咨询，即提供有关劳动就业、社会保障、劳动关系等领域的政策和法律法规方面的咨询和说明。二是职业供求信息、市场工资指导价位信息和职业培训信息发布，即提供人力资源市场供求状况信息、市场中主要职业的市场工资指导价位信息，职业培训、创业培训、就业见习等方面的信息。三是职业指导和职业介绍,即提供有关劳动者求职和用人单位招聘用人方面的咨询和指导,传授求职方法、技巧和招聘用人政策、法律信息,对劳动者求职进行登记,提供岗位招聘信息,推荐劳动者求职应聘,以及通过组织劳务输出、举办洽谈会等方式,帮助劳动者实现就业。四是对就业困难人员实施就业援助,即通过落实政策和开发公益性岗位等方式,对就业困难人员提供针对性就业服务和公益性岗位援助。五是办理就业登记、失业登记等事务,即根据劳动行政部门委托,经办劳动者的就业登记和失业登记手续,记录劳动者的就业状况和失业状况,为就业工作宏观决策提供依据。六是其他公共就业服务。

五、通货膨胀与失业的关系——菲利普斯曲线

1. 菲利普斯曲线的内容

失业与通货膨胀存在一种交替关系,人们通常用著名的菲利普斯曲线来反映这种关系。菲利普斯曲线由英国经济学家 W·菲利普斯于 1958 年在《1861—1957 年英国失业和货币工资变动率之间的关系》一文中最先提出。在该文中,菲利普斯根据英国 1867—1957 年间失业率和货币工资变动率的经验统计资料,提出了一条用以表示失业率和货币工资变动率之间交替关系的曲线。此后,经济学家对此进行了大量的理论解释,尤其是萨缪尔森和索罗将原来表示失业率与货币工资率之间交替关系的菲利普斯曲线发展成为用来表示失业率与通货膨胀率之间交替关系的曲线。

菲利普斯曲线

如图 9-3 所示,横轴 U 代表失业率,纵轴 P 代表货币工资增长率,向右下方倾斜的曲线即为菲利普斯曲线。这条曲线表明:当失业率较低时,货币工资增长率较高;反之,当失业率较高时,货币工资增长率较低,甚至是负数。根据成本推动的通货膨胀理论,货币工资可以表示通货膨胀率。因此,这条曲线就可以表示失业率与通货膨胀率之间的交替关系。即失业率高表明经济处于萧条阶段,这时工资与物价水都较低,从而通货膨胀率也就低;反之失业率低,表明经济处于繁荣阶段,这时工资与物价水平都较高,从而通货膨胀率也就高。失业率和通货膨胀率之间存在着反方向变动的关系。

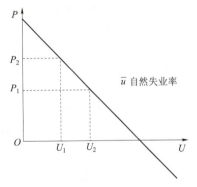

图 9-3 菲利普斯曲线

菲利普斯曲线的主要观点体现在以下四个方面。① 通货膨胀是由于工资成本推动所引起的,这就是成本推动的通货膨胀理论。正是根据这一理论,把货币工资增长率与通货膨胀率联系起来。② 否定了凯恩斯关于失业与通货膨胀不会并存的观点。③ 当失业率为自然失业率时,通货膨胀率为零。因此,也可以把自然失业率定义为通货膨胀率为零时的失业率。④ 为政策选择提供了理论依据。这就是可以运用扩张性宏观经济政策,以较高的通货膨胀率来换取较低的失业率;也可以运用紧缩性宏观经济政策,以较高的失业率来换取较低的通货膨胀率,这也是菲利普斯曲线的政策含义。

失业率与通货膨胀率的这种交替关系会让政策制定者进退两难：如果要控制通货膨胀率，那么必须以较高的失业率作为代价；如果要控制失业率，则又必须以较高的通货膨胀率为代价。因此，如何选择菲利普斯曲线上的一点作为经济活动的政策，就取决于选择主体对失业率与通货膨胀率两者利弊得失的权衡。不同的选择主体会选择不同点，一般来说，人们对失业比较敏感，如果有工作保证，即使有一点通货膨胀，也可以忍受，如果没有工作保证，即使没有通货膨胀也难以忍受。所以，经济学家们一般把菲利普斯曲线上失业率为4%的点称为"临界点"，因为4%的失业率是充分就业与否的临界点，政府可以根据实际情况与"临界点"的差异进行适当的调节。

2. 菲利普斯曲线的三种表达方式

(1) "失业—工资"菲利普斯曲线。"失业—工资"菲利普斯曲线表明的是失业率与货币工资变化率之间的关系。它表明：失业率与货币工资变化率二者呈反向的对应变动关系，即负相关关系。当失业率上升时，货币工资变化率则下降；当失业率下降时，货币工资变化率则上升。在一轮短期的、典型的经济周期波动中，在经济波动的上升期，失业率下降，货币工资变化率上升；在经济波动的回落期，失业率上升，货币工资变化率下降。于是，这条曲线表现为一条先由右下方向左上方移动，然后再由左上方向右下方移动的曲线环。

这条曲线还呈现为略向左上方倾斜、位势较低且较为扁平的形状。"向左上方倾斜"，说明失业率与货币工资变化率为反向变动关系；"位势较低"，说明货币工资变化率处于较低水平；"略"向左上方倾斜和"较为扁平"，说明货币工资变化率的变动幅度不大。

(2) "失业—物价"菲利普斯曲线。"失业—物价"菲利普斯曲线表明的是失业率与物价上涨率之间的关系。这是由美国经济学家萨缪尔森和索洛于1960年提出的。萨缪尔森和索洛以物价上涨率代替了原菲利普斯曲线中的货币工资变化率。这一代替是通过一个假定实现的，这个假定是：产品价格的形成遵循"平均劳动成本固定加值法"，即每单位产品的价格是由平均劳动成本加上一个固定比例的其他成本和利润形成的。这就是说，物价的变动只与货币工资的变动有关。这种菲利普斯曲线的表现形式与上述第一种菲利普斯曲线相同，只不过纵轴改为物价上涨率。这条曲线表明：失业率与物价上涨率二者亦呈反向的对应变动关系。在一轮短期的、典型的经济周期波动中，在经济波动的上升期，失业率下降，物价上涨率上升；在经济波动的回落期，失业率上升，物价上涨率下降。

(3) "产出—物价"菲利普斯曲线。"产出—物价"菲利普斯曲线表明的是经济增长率与物价上涨率之间的关系，这是后来许多经济学家所惯常使用的。这种菲利普斯曲线以经济增长率代替了第二种菲利普斯曲线中的失业率，这一代替是通过"奥肯定律"实现的。

这种菲利普斯曲线的表现形式是：在以现实经济增长率对潜在经济增长率的偏离为横轴、物价上涨率为纵轴的坐标图上，从左下方向右上方倾斜的、具有正斜率的一条曲线。这条曲线的走向与第一、第二种菲利普斯曲线正好相反。

这条曲线表明：现实经济增长率对潜在经济增长率的偏离与物价上涨率二者呈同向的对应变动关系，即正相关关系。当现实经济增长率对潜在经济增长率的偏离上升时，物价上涨率亦上升；当现实经济增长率对潜在经济增长率的偏离下降时，物价上涨率亦下降。在一轮短期的、典型的经济周期波动中，在经济波动的上升期，随着需求的扩张，现实经济增长率对潜在经济增长率的偏离上升，物价上涨率随之上升；在经济波动的回落期，随着需求的收缩，现实经济增长率对潜在经济增长率的偏离下降，物价上涨率随之下降。这样，这条曲线表现为一条先由左下方向右上方移动，然后再由右上方向左下方移动的曲线环。这条曲线还呈现为略向右上方倾斜、位势较低且较为扁平的形状。"向右上方倾斜"，说明现实经济增长率对潜在经济增长率的偏离与物价上涨率为同向变动关系；"位势较低"，说明物价上涨率处于较低水平；"略"向右上方倾斜和"较为扁平"，说明物价上涨率的变动幅度不大。

以上三种形状的菲利普斯曲线，反映了美国、英国等西方一些国家在20世纪五六十年代的情况。它们分别表明了失业率与货币工资变化率之间的反向对应关系、失业率与物价上涨率之间的反向对应关系、经济增长率与物价上涨率之间的同向对应关系。人们将这三种形状的菲利普斯曲线称为基本的菲利普斯曲线，将它们分别表明的两个反向和一个同向的对应变动关系称为基本的菲利普斯曲线关系。

◆ 相关链接

滞　胀

滞胀

滞胀全称停滞性通货膨胀。在宏观经济学中，特指经济停滞与高通货膨胀，失业以及不景气同时存在的经济现象。通俗地说就是指物价上升，但经济停滞不前。它是通货膨胀长期发展的结果。造成滞胀的原因主要包括以下两个方面：第一，预期心理因素，政府为抑制通货膨胀而采取紧缩货币政策，但社会大众已事先预期通货膨胀会持续下去，因此将通货膨胀因素反映在公司未来成本上，而造成物价上扬；第二，供给引发的震动，如石油危机造成石油价格上涨，厂商无法立即反映其成本，在高成本的压力下，难以生存，失业率因此而提高。

与以往传统的周期性生产过剩危机不同，20世纪70年代以来的结构性经济危机，从时间上看比周期性危机要长得多；从表现形式上看，结构性危机往往是生产停滞或低速缓慢增长；从波及面看，结构性危机期间各国不是同步发展，时而伴生美元危机、能源危机，时而伴生贸易失衡、信用危机；从直接导因看，主要由结构失衡而触发的。

20世纪70代的滞胀从表面现象上看是石油危机导致的，但是从深层次看是凯恩斯主义政策所决定的，由于各资本主义国家过度奉行凯恩斯主义政策，过于强调国家干预在经济发展中的作用，国家的管制对于经济的自行发展约束过多，从而忽略了市场的本身作用，结果违背了经济规律促使经济发展不能正常运行，渐渐的，通货膨胀及通货紧缩等资本主义经济危机开始爆发，西方经济滞胀现象也开始出现。与滞胀经济恶化的同时，西方发达国家的社会生产力发展正面临大调整：旧工业、旧技术、旧工艺、旧产品所体现的"夕阳工业"不景气，进行改造需要时间，新工业、新技术、新工艺、新产品所体现的"朝阳工业"取代"夕阳工业"尚需时间；新科学技术革命的发展正面临新的转折期，形成强有力的新的生产力也需时间；劳动力又遇新的调整。以美国为例，1950—1965年进入市场的劳动力增加了9.8%，1965—1980年增加了40.5%，1950—1960年就业人数为690万，1970—1980年增加到1 860万人，但失业人数和失业比例有增无减。与以往不同，出现了地区性、部门性的结构性失业现象，从而使失业问题的解决面临新难题。

（资料来源：http://baike.baidu.com）

复习与练习

1. 温和的通货膨胀对一个国家的经济发展有哪些积极作用？
2. 涨息对抑制通货膨胀有何作用？
3. CPI涨幅不断提升，是不是意味着通货膨胀？CPI与通货膨胀之间有什么样的关系。

课后测试

技能训练项目

项目9-1 分析研讨大学就业现象

【技能目标】

通过资料查阅与班内研讨，使学生认清当前大学生就业形势，找出导致部分大学生失业的原因，积极探寻应对失业的对策，形成对未来就业的正确认知。

【内容与要求】

1. 查阅有关大学生失业的新闻报道和分析报告，以及国家应对大学生失业问题的各项政策内容。
2. 以5~6人为一组，开展组内初步讨论，分析国内大学生失业的类型、原因，提出自己对解决大学生就业的建议。
3. 以班级为单位，召开一次"大学生如何应对失业"的主题班会，各组将自己的讨论结果提出，与全班同学进行交流。
4. 班级交流讨论结束之后，各组撰写一篇"大学生如何应对失业"的研讨报告，要求不少于1 500字。

【成果与考核】

1. 每个小组提交一份修改完善后的分析报告。
2. 由全班同学和教师共同根据各组报告、班级交流发言以及讨论情况对每组进行评估打分，综合评定每组本次活动的成绩。

项目9-2 调研通货膨胀对居民生活的影响

【技能目标】

通过市场调查与研讨，加深通货膨胀对社会经济生活影响的理解，提升运用通货膨胀与失业理论分析经济问题与经济现象的能力。

【内容与要求】

学生自愿组成调研小组，每组 5~6 人，围绕以下问题，以组为单位进行分析研讨。

1. 分组调研当地城镇居民日常生活状况，分析通货膨胀对城市职工与农村农民这两类群体带来的影响。

2. 通过新闻媒体关注当前我国关于物价指数与居民就业、生活方面的热点问题，登录相关网站收集 2002 年以来的数据，讨论通货膨胀与就业状况、收入变动、央行利率调整之间的关系，解释我国当前通货膨胀与失业现象的原因。

3. 各组根据调查情况进行组内研讨，针对研讨活动撰写一份 2 000 字左右的调研报告。

4. 组织一次班级交流研讨，每组推荐一名代表集中作演讲发言，其他小组成员可以对其提问，同一小组成员可以作补充回答。

【成果与考核】

1. 每个小组提交一份修改完善后的调研报告。

2. 由全班同学和教师共同根据各组报告、班级交流发言以及提问答辩情况对每组进行评估打分，综合评定每组本次活动的成绩。

拓展阅读

第十章

经济增长与发展

> **知识目标**
>
> 通过本章学习,掌握经济增长的含义和特征、经济增长的源泉,经济周期的定义和阶段,经济发展的内涵;了解经济增长模型,经济周期类型;明确经济增长和经济发展之间的关系;熟悉可持续发展理论。
>
> **能力要求**
>
> 通过本章学习,能够应用经济增长、经济周期的基本概念、基本理论解释和分析相关经济现象,能够对经济增长和经济发展的相关政策进行解读。
>
> **情境导入**

中国经济何时能赶上美国

有关专家认为:如果中国经济增长长期保持在7%,美国经济增长长期保持2.5%,则中国经济总量将在2046年接近或者超过美国。

经济增长是最古老的经济学主题之一。人类要生存和发展,其前提就是产品和劳务的增加。长期以来,经济增长也是学者们所关心的问题,经济学创始人亚当·斯密的代表作《国民财富的原因与性质的研究》,其主题即是如何增加国民财富,实际就是经济增长问题。本章将主要介绍有关经济增长与发展的相关理论。

第一节 经济增长理论

一、经济增长的含义和特征

1. 经济增长的含义

经济增长是指一个国家或一个地区在一定时期内生产产品和提供劳务总量的增加及能力的提高。英国经济学家西蒙·库兹涅茨曾给经济增长下了这样一个定义:"一个国家的经济增长,可以定义为居民提供种类日益繁多的经济产品

经济增长

的能力长期上升,这种不断增长的能力是建立在先进技术以及所需要的制度和思想意识之相应的调整的基础上的。"

经济增长包含了以下三个方面的含义。

(1) 经济增长集中表现在经济实力的增长上,而这种经济实力的增长就是商品和劳务总量的增加,即国民生产总值的增加。如果考虑到人口的增加和价格的变动,也可以说是人均实际国民生产总值的增加。所以,经济增长最简单的定义就是国民生产总值的增加。这里要注意的是,经济增长仅仅是国民生产总值的增加,而不是其他。例如,经济增长并不等于社会福利的增长或个人幸福的增加,因为国民收入增加当然是社会福利或个人幸福增加的基础,但在某些情况下,经济增长并不一定能增加社会福利或个人幸福。把经济增长严格限于国民收入人均增加,才有可能从不同的角度加以研究。

(2) 技术进步是实现经济增长的必要条件。这也就是说,只有依靠技术进步,经济增长才是可能的。在影响经济增长的各种因素之中,技术进步是第一位的。一部经济增长的历史就是一部技术进步的历史。

(3) 经济增长的充分条件是制度和意识的相应调整。这也就是说,只有社会制度与意识形态适合于经济增长的需要,技术进步才能发挥作用,经济增长才是可能的。社会制度与意识形态的某种变革是经济增长的前提。例如,在历史上私有产权的确定实际上是经济增长的起点。只有在这种前提下,技术、资本等具体因素才能发挥作用。

2. 经济增长的特征

(1) 按人口计算的产量的高增长。这一特征在经济增长过程中是十分明显的。

(2) 生产率本身的增长迅速,包括所有投入生产要素的产出率是快速提高的,经济增长反映了由于技术进步所引起的生产效率的提高。这也是产量高增长率及在人口增长迅速的情况下,人均产量高增长率的原因。

(3) 经济结构的变革速度较快。产业结构从农业转移到非农产业上,以及从工业转移到服务业,还包括生产规模的变化、劳动职业状况的变化和消费结构的变化等。

(4) 社会结构和意识形态的迅速改变,如城市化、传统风俗习惯的改变等。

(5) 增长在世界范围内迅速扩大,经济增长快速的国家要向其他国家争取市场和原料。

(6) 世界各国经济增长不平衡。经济增长慢的国家与经济增长快的国家之间的增长率有差距,不发达国家与发达国家之间的人均产出水平有很大差距,贫富差距在国际范围内拉大。

在这个六个特征中,前两个特征属于数量方面的变化,中间两个特征属于结构方面的变化,后两个特征属于世界范围的变化,这些特征是密切相关的。

二、经济增长的源泉

经济增长问题是人类社会所面临的共同问题,对于像中国这样的发展中国家更为重要，那么究竟是什么因素导致了经济增长呢？纵观人类社会二百多年的经济发展史，人们会发现，经济发达国家并非经由同一条道路，如英国是最早开始工业革命的国家，并早在19世纪时就成了世界经济的领导者，而日本则相反，加入世界经济竞赛的时间较晚，它最初是通过模仿外国技术，限制进口和保护国内工业，然后大力发展自己的制造业和电子业，最终成功的发展了本国经济。

虽然发达国家所走过的经济发展道路不尽相同，但是有一点却是明确的，即可供人们生存和发展所需的产品和劳务是通过某些已知的生产技术利用资源——自然资源、劳动力和资本——生产出来的，也就是说一个社会在一定时期内所能生产出来的最大产出水平，是由技术和资源状况决定的。

无论是发展中国家还是发达国家，其经济增长的源泉都包括以下的因素：资本、劳动和技术进步。

1. 资本

经济增长必然有资本的增加，英国古典经济学家亚当·斯密就曾把资本的增加作为国民财富增加的源泉。现代经济学家认为，在经济增长中，一般的规律是资本的增加要大于人口的增加，即人均资本量是增加的，从而每个劳动力所拥有的资本量（资本—劳动比率）是增加的。只有人均资本量的增加，才有人均产量的提高。根据美国经济学家索洛的研究，美国在1909—1940年间，平均年增长率为2.9%，其中由于资本增加所引起的增长率为0.32%，即资本在经济增长中所做出的贡献占11%左右。应该指出，在经济增长的开始阶段，资本增加所做的贡献还要更大一些。因此，许多经济学家都把资本积累占国民收入的10%～15%作为经济起飞的先决条件，把增加资本作为实现经济增长的首要任务。在以后的增长中，资本的相对作用下降了。但第二次世界大战后西方各国经济增长的事实，仍然说明了储蓄多从而使资本增加大的国家经济增长率仍然是比较高的，例如德国、日本等都是如此。

2. 劳动

劳动是生产要素中能动性的要素，是经济增长的直接推动者，可以分为劳动力数量的增加与劳动力质量的提高。

劳动力数量的增加可以有三个来源：一是人口的增加；二是人口中就业率的提高；三是劳动时间的增加。劳动力质量的提高则是文化技术水平和健康水平的提高。劳动力是数量与质量的统一。一个高质量的劳动力，可以等于若干质量低的劳动力。劳动力数量的不足，可以由质量的提高来弥补。例如，第二次世界大战后美国劳动力数量的增加并不多，但美国发达的教育提高了劳动力的质量，从而使劳动对经济增长做出了重要贡献。发达国家的成功经验表明，所投入的劳动力质量，如劳工的技术、知识和纪律性，是一国经济增长的至关重要的因素。

3. 技术进步

技术进步体现在生产率的提高上，即同样的生产要素可以提供更多的产品。随着经济的发展，技术进步的作用越来越大。马克思曾指出科学技术是生产力，邓小平指出"科学技术是第一生产力"。

提高产出有两条途径：一是增加可供企业使用的资源数量。更具体地说，如果有更多的劳动、资本和自然资源供给的话，产出水平可以得到增加；二是使用更多更好的生产技术，如新技术、新方法等，也可以增加潜在的产出水平。

> ◆ **相关链接**
>
> **克鲁格曼的预言**
>
> 1994年，美国经济学家克鲁格曼在《外交》杂志上撰文，指出东南亚国家的高速经济增长是没有牢固基础的"纸老虎"，迟早要崩溃。历史不幸被克鲁格曼言中，1997年东南亚金融危机的爆发引起这个地区的严重经济衰退。
>
> 克鲁格曼之所以认为东南亚国家的经济增长是"纸老虎"，是因为这些国家的经济增长是由劳动与资本的大量增加带动的，缺乏技术进步。而技术进步在经济增长中的中心地位，早已为当今世界各国的经济学家所公认。克鲁格曼认为，东南亚经济增长中技术进步的作用不明显，没有起到应有的中心作用。这些国家和地区缺乏科技创新能力，仅仅依靠投入实现增长，到一定程度就会引起劳动和资本的边际生产率递减，增长必然放慢，甚至衰退。克鲁格曼甚至认为，即使像日本这样的经济大国，由于其主要技术仍然是引进的，缺乏原创性，即使没有各种复杂因素引发的金融危机，其经济的增长也迟早要出问题。
>
> 尽管经济学家对东南亚金融危机的发生众说纷纭，但有一点已为所有的人所接受：没有技术进步就没有持久而稳定的经济增长。20世纪90年代美国经济连续近十年的稳定增长则从正面证明了这一点。虽然经济学家对个人电脑、互联网对增长的作用还难以做出准确地定量分析，但这些技术进步对美国经济繁荣的贡献是无人否认的。
>
> 克鲁格曼的观点固然冷酷，但它能使人们更加清醒地认识到，21世纪将是技术进步更加迅猛的时代，发展中国家只有确立技术进步在经济增长中的中心地位，才能实现经济长期的快速增长。
>
> （资料来源：http://nhjy.hzau.edu.cn/kech/hgjjx/Article/ShowArticle.asp? ArticleID=158）

需要指出的是，这里所分析的经济增长的源泉是指经济因素，它所假定的前提是相应社会制度和意识形态已经符合了经济增长的要求。一个社会只有在具备了经济增长所要求的基本制度条件，有了一套能促进经济增长的制度之后，这些经济因素才能发挥其作用。

经济增长理论的内容实际上是围绕对这三种决定经济增长因素的分析展开的，经济增长模型是这三种因素之间量的关系的分析。

三、经济增长的模型

宏观经济学对经济增长理论所进行的有影响的研究可以分为三个时期，即20世纪40年代、50年代后期和整个60年代、80年代后期与90年代初期，分别产生了哈罗德—多马经济增长模型、新古典经济增长模型和内生增长理论。

1. 哈罗德—多马经济增长模型

该模型是20世纪40年代分别由英国经济学家R·哈罗德和美国经济学家

E·多马提出的,他们所提出的模型基本相同,故合称哈罗德—多马经济增长模型。

哈罗德—多马经济增长模型是以一些严格的假定条件为前提条件的,这些假设主要包括:第一,整个社会只生产一种产品,这种产品既可以作消费品,也可以作为资本品。第二,生产中只使用两种生产要素:劳动与资本,这两种生产要素为固定技术系数(即它们在生产中的比率是固定的),不能互相替代。第三,规模收益不变,也就是说生产规模扩大时不存在收益递增或递减的情况。第四,技术水平不变。

有了这些基本假定后,可以给出该模型的基本公式:

$$G = \frac{S}{C}$$

在上式中,G 代表国民收入增长率,即经济增长率;S 代表储蓄率,即储蓄量在国民收入中所占的比例;C 代表资本—产量比率,即生产一单位产量所需求的资本量,根据这一模型的假设,资本与劳动的配合比例是固定不变的,从而资本—产量比率也就是不变的。这样,经济增长率实际就取决于储蓄率。从该公式中可知,在资本—产量比率不变的条件下,储蓄率高,则经济增长率高,储蓄率低,则经济增长率低。可见,这一模型强调的是资本增长对经济增长的作用,分析的是资本增加与经济增长之间的关系。

该模型可以解释为,国民收入增长率是储蓄率和资本—产量比率的函数。哈罗德—多马经济增长模型的意义在于:第一,它将凯恩斯的理论动态化、长期化,并重点阐明了投资的双重作用,从而发展了凯恩斯的理论,奠定了现代经济增长的基础;第二,它说明了经济波动的原因和实现经济增长长期、稳定、均衡增长的条件,并将复杂的经济增长理论简单化、模型化,为人们研究经济增长问题提供了新的思路;第三,它强调了资本积累在经济增长中的作用;第四,它阐明了国家干预和实现调控在促进经济增长中的必然性,为政府制定宏观经济政策及经济计划提供了理论依据和方法、手段。

2. 新古典经济增长模型

满足哈罗德—多马经济增长模型关于经济稳定增长的条件十分苛刻,因为实际增长率取决于有效需求,很难和短期及长期稳定增长所要求的增长率相一致。

与哈罗德不同,索洛认为,通过资本主义市场机制的作用,调整生产中资本—劳动的组合比例,充分就业稳定状态的经济增长是可以实现的。由于这种模型强调了"凯恩斯革命"以前的(新)古典经济学充分就业的必然趋势,所以称之为新古典增长模型。

新古典经济增长模型也假设:只生产一种产品,使用两种生产要素(资本与劳动),以及规模收益不变。新古典增长理论代表人物是美国经济学家 R·索洛,用改变资本—产出比率的办法来解决上述难题,他们的理论之所以被称为新古典增长理论,是因为他们像新古典学派一样认为通过市场机制,资本—劳动比率可改变。第一,社会储蓄函数 $S = sY$,其中 s 是作为参数的储蓄率;第二,劳动力按一个不变的比率 n 增长；第三，生产的规模报酬不变。这样，在一个只包括居民户和厂商的两部门经济体系中，经济的均衡是投资等于储蓄（即 $I=S$），也就是说投资或资本存在量的增加等于储蓄。资本存量的变化等于投资减去折旧，当资本存量为 K 时，假定折旧是资本存量 K 的一个固定比率 σK（$0<\sigma<1$），则资本存量的变化 ΔK 为：

$$\Delta K = I - \sigma K$$

根据 $I = S = sY$，上式可写为：

$$\Delta K = sY - \sigma K$$

令 $y = Y/N$，表示人均产出水平，令 $k = K/N$，表示人均资本存量，于是人均资本存量的增长率可以写为：

$$\frac{\Delta k}{k} = \frac{\Delta K}{K} - \frac{\Delta N}{N} = \frac{\Delta K}{K} - n$$

也就是说，人均资本存量的增长率等于资本增长率减去劳动力增长率，再将 $\Delta K = sY - \sigma K$ 代入上式，可得：

$$\Delta k = sy - (n+\sigma)k$$

该模型的含义是：

第一，决定经济增长的因素是资本的增加、劳动的增加和技术进步。

第二，资本—劳动比率是可变的，从而资本—产量比率也就是可变的。这是对哈罗德—多马经济增长模型的重要修正。

第三，资本—劳动比率的改变是通过价格的调节来进行的。如果资本量大于劳动量，则资本的相对价格下降，劳动的相对价格上升，从而在生产中更多地利用资本，更少地利用劳动，通过资本密集型技术来实现经济增长。反之，如果资本量小于劳动量则资本的相对价格上升，劳动的相对价格下降，从而在生产中更多地利用劳动，更少地利用资本，通过劳动密集型技术来实现经济增长。这样，通过价格的调节使资本与劳动都得到充分利用，经济得以稳定增长。因为这一模型强调了价格对资本—劳动比率的调节作用，与新古典经济学的观点相似，故称新古典经济增长模型。

3. 内生增长理论

新古典经济增长理论在 20 世纪 60 年代至 80 年代占据经济增长理论的主流地位，但随着人们对经济问题认识的深入和经济形势的发展，这一模型逐渐暴露出一些问题。如根据该模型的观点，落后国家的经济增长要快于发达国家，因为落后国家的人均资本水平较低，单位资本的回报率比较高。但近些年来，各国经济发展的实际情况告诉人们，有些落后国家的经济增长速度反而低于发达国家的经济增长速度，落后国家与发达国家之间的差距有拉大的趋势。正是在这种情况下，20 世纪 80 年代以来，以罗默和卢卡斯为代表的经济学家在反思新古典经济增长理论的基础上，逐渐形成了一种新的增长理论，即内生增长理论。

以往增长理论中将储蓄率、人口增长和技术进步等经济增长重要因素视作外生变量（即一个给定的量），也就是说这些因素是经济增长的动力而不是经济增长的后果，而现实经济中，储蓄率的变化、人口增长率的变化和技术进步不仅是经济增长的动力，同时也是经济增长的后果，因而不可能是一个外生变量，而是随着经济增长而变化的量。内生增长理论试图避免这一缺陷，将这些重要因素作为内生变量，用规模收益递增和内生技术进步来说明各国经济如何增长，其显著特点是将增长率内生化，故称内生增长理论。

内生增长理论比较集中地讨论了技术进步这一因素在经济增长中的作用，该理论认为一个经济社会的技术进步快慢和路径是由这个经济体系中的家庭、企业在经济增长中的行为决定的。该理论主要代表人物罗默认为企业通过增加投资的行为，提高了知识水平，知识有正的外部性，从而引起物质资本和劳动等其他要素也具有收益递增的特点。另一代表人物卢卡斯认为，发达国家拥有大量人力资本，经济持续增长是人力资本不断积累的结果。还有的学者强调从事生产过程也是获得知识的过程，即所谓的"干中学"，干中学积累起来的经验使劳动力和固定资产的效率在生产过程中不断提高。总之，一句话，技术进步是经济体系的内生变量。

内生增长理论对现实有着较强的指导意义，依据其观点，政府应当通过各种政策，例如对研究和开发提高补贴，对文化教育事业给予支持，用税收等政策鼓励资本积累等，以促进经济增长。

第二节　经济周期理论

经济周期

一、经济周期的定义及阶段

资本主义经济发展的历史表明：经济的增长方式从来就不是按部就班、一成不变的，而是繁荣与萧条、衰退与扩张不断循环往复的过程。一个国家可以享受好几年令人兴奋的经济扩张和繁荣，就像20世纪90年代的美国。在2008年，美国遭遇了金融危机，并由此引发了全世界经济危机。有可能在极少数情况下，出现最不愿看到的长期经济衰退，以及由此而导致的国民产出下降，利润和实际收入减少，大批工人失业等。最后，衰退逐渐落到谷底，然后开始复苏，速度可快可慢，可能恢复不到从前，也可能启动下一轮的经济增长。

1. 经济周期的定义

上面提到的经济扩张与经济紧缩交替更迭、循环往复的经济波动现象被经济学家称为商业周期或经济周期。经济学家萨缪尔森给它定义为：国民总产出、总收入、总就业量的波动。持续时间通常为2~10年，它以大多数经济部门的扩张或收缩为标志。

经济周期是指国民收入及经济活动扩张与收缩交替的波动。对于经济周期有两种不同的理解，古典经济学的经济周期是指实际GDP或总产量绝对量上升和下降的交替过程。但是现代经济发展的实际情况告诉人们，实际GDP或总产量的绝对量下降的情况是很少见的，所以现代宏观经济学中认为经济周期是经济增长率上升或下降的交替过程。根据这一定义，衰退不一定表现为GDP绝对量的下降，而主要是 GDP 增长率的下降，即使其值不是负值，也可以称之为衰退，经济学中称之为增长性衰退。

在理解经济周期内涵时需要注意以下三点：第一，经济周期的中心是国民收入的波动，由于这种波动而引起了失业率、一般物价水平、利率以及对外贸易活动的波动，所以研究经济周期的关键是研究国民收入波动的规律与根源；第二，经济发展的周期性波动是客观存在的经济现象，任何国家的经济发展都无法避免；第三，虽然每次经济周期并不完全相同，但它们却有共同之处，即每个周期都是扩张与收缩的交替。

商业周期

2. 经济周期的阶段

<u>一个完整的经济周期包括两个大的阶段：扩张阶段和收缩阶段。</u>扩张阶段是总需求和经济活动增长的时期，通常伴随着就业、生产、工资、利率和利润的上升；而收缩阶段则是总需求和经济活动下降的时期，通常伴随着就业、生产、工资、利率和利润的下降。这两个阶段可以再细分，扩张阶段可以分为复苏和繁荣两个阶段，收缩阶段可以分为衰退和萧条阶段，其中繁荣和萧条是两个主要的阶段，衰退和复苏是两个过渡性阶段。如图 10-1 所示，向右上方倾斜的直线代表经济的长期稳定增长趋势，曲线部分则用来表示经济活动围绕"长期趋势"上下波动的实际水平，图中 A—E 部分代表了一个完整的经济周期，其中 A—B 为繁荣阶段，B—C 为衰退阶段，C—D 为萧条阶段，D—E 为复苏阶段，B 点为扩张阶段到收缩阶段的转折点，是整个经济周期的峰顶，D 点为收缩阶段到扩张阶段的转折点，是整个经济周期的谷底。

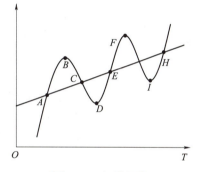

图 10-1　经济周期

从 A 到 B，是繁荣阶段：这个阶段经济形势很好，就业机会充分，工人工作任务饱满，利润丰厚，人们对未来乐观。20 世纪 90 年代美国经济的长期持续扩张，对于消费者来说是一种幸运，股票行情一路攀升，被人们称为由于全球化和信息化而出现的经济新纪元。

从 B 到 C，是衰退阶段：这个阶段是从繁荣到萧条的过渡期，是经济出现停滞或负增长的时期。严重的经济衰退会被定义为经济萧条，毁灭性的经济衰退则被称为经济崩溃。历史上最糟糕的经济衰退出现在 20 世纪 30 年代，当时的失业率大约是 25%，也就是说 4 个人中就有 1 个人失业。这段经济大萧条给人们带来的困难不仅仅是收入的减少，对于某些人来说，它还破坏了正常生活和健康的家庭关系。然而，经济的衰退既有破坏作用，又有"自动调节"作用。在经济衰退中，一些企业破产，退出市场；一些企业亏损，陷入困境，寻求新的出路；一些企业顶住恶劣的环境，在逆境中站稳了脚跟，并求得新的生存和发展。这就是市场经济下"优胜劣汰"的企业生存法则。

从 C 到 D，是萧条阶段：这个阶段生产急剧减少，投资减少，工厂生产能力闲置，工人难以找到工作，利润微薄，人们对未来很悲观。通常这段经济低迷的时期是短暂而温和的。

衰退和萧条虽然都是指经济活动的下降，但在概念上有所区别。衰退阶段经济活动呈下降趋势，但从经济活动的水平看，仍在经济的长期平均增长水平以上，而萧条时期的经济活动水平却远低于长期经济活动的平均水平。

从 D 到 E，是复苏阶段：这个阶段是从萧条到繁荣的过渡期，经济开始从谷底上升。复苏阶段的特征包括被磨损的机器设备开始更新，就业率、收入以及消费开始上升，由于投资增加促进生产和销售的增加，使企业利润有所提高，从而使人们开始对前景寄予希望，由悲观转为乐观，原先不肯进行的风险投资这时也开始出现。随着需求的增加，生产不断扩张，萧条时期闲置的设备及劳动和其他生产资源开始陆续使用。但是，由于萧条阶段的影响，社会经济在各方面都处于调整阶段，因而经济恢复的速度不会太快。随着经济恢复的不断完善，经济上升的速度也不断加快，到一定程度进入下一个高涨时期。至此，整个经济就完成了一个周期的循环，开始下一个周期。

历史上没有两个完全相同的经济周期，也没有任何精确的公式来预测经济周期的发生日期和持续时间，相反，经济周期就像天气一样变化无常。然而，它们通常具有一种家族式的相似性。每一个经济周期都可以分为扩张上升和收缩下降两个阶段，也可以更细分为四个阶段：繁荣、衰退、萧条和复苏。其中繁荣、萧条是两个主要阶段，而衰退和复苏是两个过渡性阶段。

从图10-1中可看出，经济周期波动有三个特点：第一，每一个经济周期都包括了扩张和收缩两个阶段，细分下来是复苏、繁荣、衰退、萧条四个阶段。扩张和收缩是相互交替的，在交替中有两个不同的转折点，如果经济是由扩张阶段转向收缩阶段，则转折点是峰顶；如果经济是从收缩阶段转向扩张阶段，则转折点是谷底。由于扩张和收缩是相互交替的，因此，谷底和峰顶也是相互交替的。第二，虽然经济周期的四个阶段从逻辑上肯定这个顺序排列，但它们在每次经济周期中的长度和实际形态有着很大的差异。例如，一次周期的谷底或峰顶可能仅仅持续几周，也可能持续几个月甚至是几年。第三，在一定时期内，存在着生产能力的增长趋势，所以在某一谷底阶段中，其实际的生产和就业水平有可能出现比以前周期的峰顶时期还要高的状况，这是正常的。

二、经济周期的类型

经济学家们不仅分析了经济周期波动的阶段，而且还分析了经济活动中长短各异的波动现象，并根据经济周期波动的时间把经济周期划分为不同的类型，即短周期（短波）、中周期（中波）和长周期（长波）。

1. 长周期：康德拉季耶夫周期

1925年，苏联经济学家康德拉季耶夫通过研究美国、英国、法国和其他一些国家长期的时间序列资料，认为经济中存在着一个长达50至60年的经济周期，这种周期即是经济中的长周期，又称为康德拉季耶夫周期。

2. 中周期：朱格拉周期

世界上第一个生产过剩的危机于1825年发生于英国，在此以后，经济学者就开始注意并研究了这一问题。法国经济学家朱格拉在1860年时提出，危机或恐慌并不是一种独立现象,而是经济周期性波动的三个连续阶段(繁荣、危机、清算)中的一个,这三个阶段反复出现形成周期现象。他对比较长的工业经济周期进行了研究,并根据生产、就业人数和物价水平等指标,确定了经济中平均每一个周期为9~10年,这就是中周期,也称为朱格拉周期。美国经济学家汉森认为这种经济周期是主要的经济周期,并根据统计资料计算出美国1795—1937年间共有17个这样的周期,其平均长度为8.35年。

3. 短周期:基钦周期

1923年,英国经济学家基钦研究了1890年至1922年间英国与美国的物价、银行结算、利率等指标,认为经济周期实际上有主要周期和次要周期两种。主要周期即是朱格拉周期,次要周期为3至4年一次的短周期,人们把这种周期称为基钦周期。一般认为,一个朱格拉周期包含两个或三个基钦周期。

4. 库兹涅茨周期

美国经济学家库兹涅茨在1930年时提出了一种与房地产建筑业相关的经济周期,这种周期长度在15~25年,平均长度为20年左右。库兹涅茨主要研究了美国、英国等国从19世纪初到20世纪初60种工、农业主要产品的产量和35种工、农业主要产品的价格变动的长期时间序列资料,发现主要国家存在着长度从15~25年不等,平均长度为20年的长周期。这种长周期与人口增长而引起的建筑业增长与衰退相关,是由建筑业的周期性波动引起的,而且,在工业国家中产量增长呈现渐减的趋势。这个周期后又被称为库兹涅茨周期或建筑业周期。

5. 熊彼特周期

奥地利经济学家熊彼特综合了前人的研究成果,认为经济中存在着长、中、短三种不同类型的周期,每个长周期的长度约为48~60年,其中包含了六个中周期;每个中周期的长度为9~10年,其中包含了三个短周期;短周期约为40个月,三个短周期构成一个中周期,十八个短周期构成一个长周期。他以重大创新为标志,划分了三个长周期:第一个长周期从18世纪80年代到1842年,是"产业革命时期";第二个长周期从1842年到1897年,是"蒸汽和钢铁"时期;第三个长周期是1897年以后,是"电气、化学和汽车时期"。在每个长周期中仍有中等创新所引起的波动,这就形成了若干个中周期,每个中周期中还有小创新引起的波动,这就形成了若干个短周期。

三、经济周期产生的原因

经济理论分析的目的不仅存在于对人们经济行为和经济现象的描述,更重要的是对人们的经济行为和经济现象提出合理的解释与说明。对于经济周期这一个近代经济生活中的常见现象,经济学家们提出了多种解释,可以根据他们提出的原因的来源不同,将这些理论分成两大类型:即内生经济周期理论和外生经济周期理论。

1. 内生经济周期理论

内生经济周期理论认为是经济体系的内部因素导致了经济的周期性波动。这类理论并不否认经济体系外部因素对经济的冲击作用,但它强调经济中这种周期性波动是经济体系内的因素引起的。最具有代表性的内生经济周期理论是凯恩斯主义的乘数—加速原理的相互作用理论。此外，比较有名的内生经济周期理论还包括纯货币理论、投资过度理论、消费不足理论、心理周期理论等。

(1) 乘数—加速原理的相互作用原理，是把投资水平和国民收入变化率联系起来解释国民收入周期波动的一种理论，是最具影响的内生经济周期理论。乘数—加速原理相互作用理论是凯恩斯主义者提出的。凯恩斯主义认为引起经济周期的因素是总需求，在总需求中起决定作用的是投资。这种理论正是把乘数原理和加速原理结合起来说明投资如何自发地引起周期性经济波动。具体地讲，乘数—加速原理包含的内容如下。

第一，在经济中投资、国民收入、消费相互影响，相互调节。如果政府支出为既定（即政府不干预经济），只靠经济本身的力量自发调节，那么就会形成经济周期。周期中各阶段的出现，正是乘数与加速原理相互作用的结果。而在这种自发调节中，投资是关键的，经济周期主要是投资引起的。

第二，乘数与加速原理相互作用引起经济周期的具体过程是：投资增加引起产量的更大增加，产量的更大增加又引起投资的更大增加，这样，经济就会出现繁荣。然而，产量达到一定水平后由于社会需求与资源的限制无法再增加，这时就会由于加速原理的作用使投资减少，投资的减少又会由于乘数的作用使产量继续减少，这两者的共同作用又会使经济进入萧条。萧条持续一定时期后由于产量回升又使投资增加、产量再增加，从而经济进入另一次繁荣。正是由于乘数与加速原理的共同作用，经济中就形成了由繁荣到萧条，又由萧条到繁荣的周期性运动过程。

第三，政府可以通过干预经济的政策来影响经济周期的波动。即利用政府的干预（比如政府投资变动）就可以减轻经济周期的破坏性，甚至消除周期，实现国民经济持续稳定的增长。

(2) 纯货币理论认为，经济周期是一种纯粹的货币现象。经济中周期性的波动完全是由于银行体系交替地扩大和紧缩信用所造成的。在发达的市场体系中，流通工具主要是各种银行的信用工具，商人运用的资本主要来自于银行信用。当银行体系降低利率、扩大信用时，商人就会向银行增加借款，从而增加向生产者的订货。这样就引起了生产的扩张和收入的增加，而收入的增加又引起对商品需求的增加和物价上升，经济活动继续扩大，经济进入繁荣阶段。但是银行扩大信用的能力并不是无限的，当银行体系被迫停止信用扩张，转而收缩信用时，商人得不到贷款，就会减少订货，由此出现了生产过剩的危机，经济进入了萧条阶段。在萧条时期，资金逐渐回到银行，银行可以通过某些途径来扩大信用，促进经济复苏。根据这一理论，其他非货币因素也会引起局部的萧条，但只有货币因素才能引起普遍的萧条。

(3) 投资过度理论认为，由于各种原因的存在，导致了投资的增加，这种增加会引起经济的繁荣，繁荣首先表现在对投资品（即生产资料）需求的增加以及投资品价格的上升上。这就更加刺激了对资本品的投资，资本品的生产过度发展引起了消费品生产的减少，从而形成结构的失衡。而资本品生产过多必将引起资本品过剩，于是出现了生产过剩的危机，经济进入了萧条。也就是说，过度增加投资引发了经济的周期性波动。

（4）消费不足理论认为，经济中出现萧条与危机是因为社会对消费品的需求赶不上消费品的增长，而消费需求不足又引起对资本品需求不足，进而使整个经济出现生产过剩危机。消费不足的根源主要是由于国民收入分配不平等所造成的穷困人口购买力不足和富裕人口的过度储蓄。这是一种历史悠久的理论，主要用于解释经济周期中危机阶段的出现以及生产过剩的原因，并没有形成为解释经济周期整个过程的理论。这种理论的早期代表人物是英国的经济学家马尔萨斯和法国经济学家西蒙斯第，近期的代表人物是英国的经济学家霍布森。

（5）心理周期理论强调心理预期对经济周期各个阶段形成的决定作用。这种理论认为，预期对人们的经济行为具有决定性的影响，乐观与悲观预期的交替引起了经济周期中的繁荣与萧条的交替。当任何一种原因刺激了投资活动，引起经济高涨之后，人们对未来预期的乐观程度一般总会超过合理的经济考虑下应有的程度。这就导致过多的投资，形成经济过度繁荣。而当这种过度乐观的情绪所造成的错误被觉察以后，又会变成不合理的过分悲观的预期。由此过度减少投资，引起经济萧条。

2. 外生经济周期理论

与内生经济周期理论不同，外生经济周期理论认为是经济体系外部的因素导致了经济的周期性波动。这种理论并不否认经济中的内在因素（如投资、货币等）的重要性，但它们强调引起这种因素变动的根本原因在经济体系之外。比较有代表性的外生经济周期理论包括创新经济周期理论、太阳黑子理论等。

（1）创新经济周期理论。该理论源于著名经济学家约瑟夫·A·熊彼特，熊彼特认为创新就是建立一种新的生产函数，是企业家实行对生产要素新的组合，即把一种从未有过的关于生产要素和生产条件的"新组合"引入生产流转。那么如何实现生产要素的新的结合呢？有两条途径：一是进行技术创新，导致生产要素比例变化，如机器生产代替手工生产；二是进行制度创新，通过制度创新来激发生产要素更大的生产潜力，如实施员工持股计划或者实行年薪制度等。

这种理论首先用创新来解释繁荣和衰退，是指创新提高了生产效率，为创新者带来了盈利，引起其他企业仿效，形成创新浪潮。创新浪潮使银行信用扩张，对资本品的需求增加，引起经济繁荣。随着创新的普及和盈利机会的消失，银行信用紧缩，对资本品的需求减少，这就引起了经济衰退，直到另一次创新出现，经济再次繁荣。

但经济周期实际上包括繁荣、衰退、萧条和复苏四个阶段，创新理论用创新引起的"第二次浪潮"来解释这一点。在第一次浪潮中，创新引起了对资本品需求的扩大和银行信用的扩张，这就促进了生产资本品的部门扩张，进而又促进了生产消费品的部门扩张。这种扩张引起物价普遍上升，投资机会增加，也出现了投机活动，这就是第二次浪潮。它是第一次浪潮的反应。然而，这两次浪潮有重大的区别,即第二次浪潮中许多投资机会与本部门的创新无关。这样,在第二次浪潮中包含了失误和过度投资行为,这就在衰退之后出现了另一个失衡的阶段——萧条。萧条发生后,第二次浪潮的反应逐渐消除,经济转向复苏,要使经济从复苏进入繁荣还有待于创新的出现。

熊彼特根据这种理论解释了长周期、中周期和短周期,他认为重大的技术创新(如蒸汽机、炼钢和汽车制造等)对经济增长有长期的影响,这些创新引起的繁荣时间长,繁荣之后衰退也长,从而所引起的经济周期就长,形成了长周期。中等创新所引起的经济繁荣及随之而来的衰退则形成了中周期,那些属于不很重要的小创新则只能引起短周期。

(2)太阳黑子理论。该理论是利用太阳黑子的活动来解释经济周期,由英国经济学家杰文斯父子提出并加以论证。该理论认为,太阳黑子的活动对农业生产影响很大,而农业生产的状况又会影响工业生产和整个经济。太阳黑子活动的周期性决定了经济活动的周期性。具体来说,太阳黑子活动频繁就使农业生产减产,农业的减产影响到工业、商业、工资、货币的购买力和投资等诸多方面,从而引起整个经济萧条。相反,当太阳黑子活动减少时,农业会丰收,整个经济会达到繁荣。他们用中长期中太阳黑子活动周期与经济周期基本吻合的资料来证明这种理论,这种理论把经济周期的根本原因归结为太阳黑子的活动,是典型的外生经济周期理论。现代经济学家认为,太阳黑子对农业生产的影响是非常有限的,而农业生产对整个经济的影响更是有限的,因此,在现代社会中,这种理论缺乏足够的说服力。

第三节 经济发展

一、经济发展的内涵

1. 经济发展的内涵

经济发展是指一个国家的社会经济活动或国民经济从低级到高级的演进过程,是改进人们生活质量的过程。一定时点上国民经济演进的状态就是经济发展的水平,其基本目标是满足基本需要、提高人类尊严、扩大选择自由。经济发展不仅包括经济增长的速度、增长的平稳程度和结果,而且还包括国民的平均生活质量,如教育水平、健康卫生标准等,以及整个经济结构、社会结构等的总体进步。

经济发展

2. 经济发展的衡量指标

经济发展涉及经济社会的各个层面的变化,因此,衡量经济发展的指标不是单一的,既有总量指标,又有相对指标。

衡量经济发展的总量指标主要有:国内生产总值和人均国内生产总值;国民收入和人均国民收入。然而,国内生产总值或国民收入只是衡量一个国家或地区经济增长的综合指标,而经济发展是一个国家或地区基于经济增长的经济社会全面改革的过程,因此,国内生产总值或国民收入这样的单一性指标并不足以反映经济社会全面改善的过程，所以，人们一直在设法弥补这些缺陷，建立其他的综合指标体系。

衡量社会经济发展的相对指标主要有：发展速度、工业化率、文盲率等。

（1）发展速度，即按可比价格计算的前后两个时期总量数字的比值。

（2）工业化率，即制造业附加价值与国内生产总值的对比，是衡量一个国家或地区工业发达程度的重要指标之一。一般认为，工业化率达到 20%～40%，为工业化初期，40%～60% 为半工业化国家，60% 以上为工业化国家。

（3）文盲率，即不识字的人数在一国人口总数中所占的比重。联合国第三个十年（1980—1990 年）发展战略明确指出，"发展的最终目的是，在全体人民参与发展过程和公平分配收入的基础上，不断提高他们的福利"，"经济增长、生产性就业和社会平等、健康水平、居住条件、教育水平等都是发展的根本性和不可分割的因素"。

综上所述，经济发展的衡量，涉及经济、政治、社会等许多方面的因素。因此，其衡量指标体系的建立是一项极为复杂的工作。虽然至今还没有统一的指标体系，但是绝不能仅仅用国民生产总值指标体系来衡量经济发展水平。

3. 经济增长和经济发展的关系

在现实生活中，人们一般都把经济增长与经济发展混为一谈，认为经济增长了，就是经济发展了；GDP 高速增长了，就是经济快速发展了，其实这种认识是不正确的。经济增长与经济发展并不是一回事，二者既有一定的联系又有根本区别。

（1）经济发展的关键，要求本国居民是经济发展主要的参与者，由他们带来诸多的结构变化，并分享发展带来的利益。如果增长只使极少数人受益，那将不能表示经济发展。

（2）现代经济增长是经济发展的基础，没有经济增长就不可能有经济发展。

（3）经济发展通常以工业化为标志。发展中国家大部分国家属于农业国，对于农业国来说，要使本国有大的发展，必须经历工业化的过程。

（4）对于某一个具体国家的特定时期，或以增长为主，或以发展为主是可以的，但如果企图将二者截然割裂开来，并认为增长只属于发达国家，而发展只属于发展中国家，则是不可取的。西方著名经济学家金德尔伯格和赫里克在谈到经济增长和经济发展的关系时就曾说过"经济发展在其所有方面关联着所有国家，并非只是穷国而已"，"很难设想没有增长的发展"。

（5）经济增长和经济发展虽然都追求个人所得和国内生产总值的提高，但经济增长关心的重点是物质方面的进步、生活水准的提高。虽然在这种增长过程中也可能伴随结构的变化，但这种变化不是经济增长所追求的主要目标，它的主要目标是数量的增加而非质的变化。经济发展是指一个国家经济、政治、社会文化、自然环境、结构变化等方面的均衡、持续和协调地发展。经济发展不仅关心国民生产总值的增长，更关心经济结构的改变，以及社会制度、经济制度、价值判断、意识形态的变革。

（6）经济发展着眼长期而不是短期。在短期内一个国家的国民生产受自然因素影响很大，例如农业。农业可能因风调雨顺等条件而得以在一年内快速增长，也可能因为突发的自然灾害而造成负增长。因此，短期内生产的上升或下降不能作为测定发展的标准。

（7）经济增长以国内生产总值来测定，但它忽视了国内生产总值所表明的价值是以什么方式在社会成员中进行分配，也不能说明就业状况、职业保障、资源利用、生态环境、升迁机会以及保健、教育等情况。如果某个国家国内生产总值和个人所得增加，但生产成果绝大部分归少数人享用，其结果会造成两极分化，富者越富，贫者越贫，基尼系数增长，收入越加不平等，这样的增长就不是真正意义上的发展。

综上所述，经济增长是经济发展的手段，经济发展是经济增长的目的和结果，国民生活水平的提高、经济结构的改变和社会形态等的进步也都很大程度上依赖于经济增长。离开经济发展这个目的去一味追求经济增长速度，就会导致经济发展中的比例失调、经济大起大落、社会不公平及社会剧烈动荡。

◆ 相关链接

科学发展观

科学发展观，是前中共中央总书记胡锦涛在 2003 年 7 月 28 日的讲话中提出的"坚持以人为本，树立全面、协调、可持续的发展观，促进经济社会和人的全面发展"，按照"统筹城乡发展、统筹区域发展、统筹经济社会发展、统筹人与自然和谐发展、统筹国内发展和对外开放"的要求推进各项事业的改革和发展的一种方法论，也是中国共产党的重大战略思想。科学发展观在中国共产党第十七次全国代表大会上写入党章，成为中国共产党的指导思想之一。

科学发展观的具体内容包括：第一，以人为本的发展观。第二，全面发展观。第三，协调发展观。第四，可持续发展观。

科学发展观，第一要务是发展，核心是以人为本，基本要求是全面协调可持续发展，根本方法是统筹兼顾。

二、经济发展的影响因素

影响经济发展的因素很多，由于经济发展包含经济增长，影响经济增长的因素必然影响经济发展。但经济发展又不同于经济增长，因此，影响经济发展还有另外一些因素。

1. 资源配置

资源配置是影响经济发展的重要因素。在社会经济发展各部门中，生产率有高有低，如果资源从生产率低的部门转移到生产率高的部门，那就会引起整个经济总生产率的提高，由此带来经济增长率的提高，从而促进经济发展。

2. 社会政治环境

社会政治环境优良与否，对社会经济发展至关重要。一个国家只有政局稳定，才能保证社会经济的快速发展。

3. 自然生态环境状况

自然生态环境包括人类赖以生存的土地、水、大气、生物等，它是经济发展的一个重要影响因素。工业革命以后，随着大工业的形成，人口的增加，人类改造利用自然环境和自然资源的规模和程度的扩大，环境问题随之凸显。如今，环境问题已经成为全人类共同面临的全球性问题。特别是许多发展中国家，由于在发展经济的过程中忽视了对环境的保护，加上一些发达国家转嫁环境污染危机，而使生态环境变得非常脆弱，严重制约了这些发展中国家的经济发展。

此外，人口、教育、文化、对外开放水平等，也都是影响经济发展的因素。

三、经济发展模式

1. 传统经济发展模式

所谓经济发展模式，在经济学上是指在一定时期内国民经济发展战略及其生产力要素增长机制、运行原则的特殊类型，它包括经济发展的目标、方式、发展重心、步骤等一系列要素。通常所说的经济发展模式，指在一定地区、一定历史条件下形成的独具特色的经济发展途径，主要包括所有制形式、产业结构和经济发展思路、分配方式等。

经济发展模式是与一定的生产力水平、一定的经济体制和经济发展战略相适应、能反映特定的经济增长动力结构和经济增长目标的一个经济范畴。传统的经济发展模式主要特征有：

（1）它是一种以高速增长为主要目标的赶超型发展模式。

（2）它是一种借助政府的行政力量实施的发展模式。

（3）它是一种经济结构倾斜型的发展模式。这种发展模式实质上是以农业、轻工业等产业部门的缓慢发展为代价的。

（4）它是一种粗放型发展模式。这种发展模式的显著特征是追求外延型扩大再生产方式，通过大量的劳动力和资金的投入来不断增加产品数量。

（5）它是一种封闭式的经济发展模式。

◆相关链接

粗放型经济增长方式与集约型经济增长方式

粗放型经济增长方式是指主要依靠增加资本、资源的投入来增加产品的数量，推动经济增长的方式。集约型经济增长方式则是主要依靠科技进步和提高劳动者的素质来增加产品的数量和提高产品的质量，推动经济增长的方式。

传统的粗放型经济增长方式造成经济效益低下，投入多、产出少，影响国力迅速增长。这种发展模式资源浪费严重，生态环境问题突出。会使投资需求膨胀，经常造成总量失衡。同时粗放型生产方式不能生产出高质量的新产品，旧产品在国内市场上、国际市场上销售越来越困难。

2. 新经济发展模式

新经济发展模式是一种集约型、外向型的经济发展模式，主要是依靠科技进步和提高劳动者的素质来增加产品的数量和提高产品的质量，推动经济增长的方式。新经济发展模式就有以下特征。

（1）以满足人民日益增长的物质文化生活需要，增进人民福利为根本目标，以提高人民的利益为根本的出发点。

（2）以提高经济效益为中心。经济发展的主要途径是科技进步和劳动生产率的提高，实行内涵式扩大再生产。

（3）注重经济发展的平衡性和协调性，以实现平衡协调发展为发展重点。

（4）自力更生和对外开放相统一。在强调自力更生的的基础上实行对外开放。

（5）积极利用外资，引进国外先进技术促进本国经济的发展。

◆相关链接

习近平总书记：创新驱动发展是加快转变经济发展方式必然选择

2016年5月30日，习近平总书记指出，在全国科技创新大会、两院院士大会、中国科协第九次全国代表大会上发表重要讲话。习近平总书记指出，纵观人类发展历史，创新始终是一个国家、一个民族发展的重要力量，也始终是推动人类社会进步的重要力量。不创新不行，创新慢了也不行。如果我们不识变、不应变、不求变，就可能陷入战略被动，错失发展机遇，甚至错过整整一个时代。实施创新驱动发展战略，是应对发展环境变化、把握发展自主权、提高核心竞争力的必然选择，是加快转变经济发展方式、破解经济发展深层次矛盾和问题的必然选择，是更好引领我国经济发展新常态、保持我国经济持续健康发展的必然选择。

四、可持续发展理论

20世纪50年代以来，随着科学技术的飞速进步和社会生产力的进步，人类创造了前所未有的物质财富，加速了人类社会经济的发展进程。然而，正当人类为所取得的物质文明感到欣喜的时候，却出现了资源枯竭、能源危机和生态环境恶化等一系列问题。这些全球性的重大问题，严重地阻碍着人类社会经济的可持续发展，继而威胁着人类未来的生存和发展。20世纪70年代以来，在人类生存和发展总体环境不断恶化的挑战面前，国际社会开始全面反思工业革命以来的工业化发展道路及其经济增长方式，形成了举世瞩目的"未来发展研究思潮"，并由此演变成为一种全新的社会经济发展理论和发展观念，这就是可持续发展思想。可持续发展的含义是指既满足当代人的需要，又不对后代人满足其需要的能力构成危害的发展。

◆相关链接

人类环境会议与可持续发展思想的形成

1972年，联合国在斯德哥尔摩召开的有114个国家代表参加的"人类环境会议"预示着人类环境时代的开始。此次会议的重大意义是产生了与可持续发展概念相近的思想。1987年，联合国环境与发展委员会发表《我们共同的未来》的报告。该报告提出了"可持续发展"的概念，即"既满足当代人的需求，又不危及后代人满足其需求的发展。"这标志着可持续发展思想的成熟。1992年，联合国在里约热内卢召开的环境与发展大会把可持续发展作为未来共同发展的战略，得到了与会各国政府的赞同。大会通过的《关于环境与发展的里约宣言》和《21世纪行动议程》，第一次把可持续发展由理论和概念推向行动。

《21世纪行动议程》的主要内容有：① 把国际援助分配给与减轻贫困和环境良性发展有关且具有较高收益的计划，如提供卫生设施、洁净的水、减少室内空气污染以及满足基本需求等。② 对研究和推广进行投资，以减轻土壤侵蚀和退化，使农业生产可维持人类对食物的需求。③ 为计划生育和小学及中学教育，尤其是对女孩的教育分配更多的资金。④ 对政府在改变各种扭曲现象及宏观经济失衡现象方面的尝试给予支持。⑤ 为保护自然栖息地和生物多样性提供资助。⑥ 投资于非碳能源替代物的研究和开发，以适应气候的变化。⑦ 抵制保护主义的压力，保证国际市场对包括资金与技术在内的货物与服务继续开放。

可持续发展是指既满足现代人的需求又不损害后代人满足需求的能力。换句话说，就是指经济、社会、资源和环境保护协调发展，它们是一个密不可分的系统。既要达到发展经济的目的，又要保护好人类赖以生存的大气、淡水、海洋、土地和森林等自然资源和环境，使子孙后代能够永续发展和安居乐业。可持续发展与环境保护既有联系，又不等同。环境保护是可持续发展的重要方面。可持续发展的核心是发展，但要求在严格控制人口、提高人口素质和保护环境、资源永续利用的前提下进行经济和社会的发展。

可持续发展

1. 可持续发展的概念

自 20 世纪 80 年代中期以来，西方发达国家对可持续发展做出了几十种不同的定义，概括起来主要有五种类型。

（1）从自然属性定义可持续发展。这类观点认为可持续发展是寻求一种最佳的生态系统以支持生态的完整性，即不超越环境系统更新能力的发展，使人类的生存环境得以持续。这是由国际生态联合会和国际生物科学联合会在 1991 年 11 月联合举行的可持续发展专题讨论会的成果。

（2）从社会属性定义可持续发展。1991 年，由世界自然保护同盟、联合国环境规划署和世界野生生物基金会共同发表的《保护地球——可持续生存战略》中给出的定义，认为可持续发展是在生存不超出维持生态系统涵容能力之情况下，改善人类的生活品质，并提出人类可持续生存的九条基本原则，主要强调人类的生产方式与生活方式要与地球承载能力保持平衡，可持续发展的最终落脚点是人类社会，即改善人类的生活质量，创造美好的生活环境。

（3）从经济属性定义可持续发展。这类观点认为可持续发展的核心是经济发展，是在不降低环境质量和不破坏世界自然资源基础上的经济发展。

（4）从科技属性定义可持续发展。这类观点认为可持续发展就是要用更清洁、更有效的技术，尽量做到接近"零排放"或"密闭式"工艺方法，以保护环境质量，尽量减少能源与其他自然资源的消耗。这类观点的着眼点是实施可持续发展，科技进步起着重要作用。

（5）从伦理方面定义可持续发展。这类观点认为可持续发展的核心是目前的决策不应当损害后代人维持和改善其生活标准的能力。

2. 可持续发展的内涵

可持续发展的内涵有两个最基本的方面，即：发展与持续性。发展是前提，是基础，持续性是关键，没有发展，也就没有必要去讨论是否可持续了；没有持续性，发展就行将终止。发展应理解为两方面：首先，它至少应含有人类社会物质财富的增长，因此经济增长是发展的基础。其次，发展作为一个国家或区域内部经济和社会制度的必经过程，它以所有人的利益增进为标准，以追求社会全面进步为最终目标。持续性也有两方面意思：首先，自然资源的存量和环境的承载能力是有限的，这种物质上的稀缺性和在经济上的稀缺性相结合，共同构成经济社会发展的限制条件。其次，在经济发展过程中，当代人不仅要考虑自身的利益，而且应该重视后代人的利益，既要兼顾各代人的利益，又要为后代发展留有余地。

可持续发展是发展与可持续的统一，两者相辅相成，互为因果。放弃发展，则无可持续可言，只顾发展而不考虑可持续，长远发展将丧失根基。可持续发展战略追求的是近期目标与长远目标、近期利益与长远利益的最佳兼顾，经济、社会、人口、资源、环境的全面协调发展。可持续发展涉及人类社会的方方面面。走可持续发展之路，意味着社会的整体变革，包括社会、经济、人口、资源、环境等诸领域在内的整体变革。发展的内涵主要是经济的发展、社会的进步。

可持续发展是一项经济和社会发展的长期战略。其**主要包括资源和生态环境可持续发展、经济可持续发展和社会可持续发展三个方面**。首先，可持续发展以资源的可持续利用和良好的生态环境为基础。其次，可持续发展以经济可持续发展为前提。再次，可持续发展问题的中心是人，以谋求社会的全面进步为目标。

3. 可持续发展的特征

（1）可持续发展鼓励经济增长，因为它体现国家实力和社会财富。可持续发展不仅重视增长数量，更追求改善质量、提高效益、节约能源、减少废弃物，改变传统的生产和消费模式，实施清洁生产和文明消费。

（2）可持续发展要以保护自然为基础，与资源和环境的承载能力相适应。因此，发展的同时必须保护环境，包括控制环境污染，改善环境质量，保护生命支持系统，保护生物多样性，保持地球生态的完整性，保证以持续的方式使用可再生资源，使人类的发展保持在地球承载能力之内。

（3）可持续发展要以改善和提高生活质量为目的，与社会进步相适应。可持续发展的内涵均应包括改善人类生活质量，提高人类健康水平，并创造一个保障人们享有平等、自由、教育、人权和免受暴力的社会环境。

可持续可总结为三个特征：生态持续、经济持续和社会持续，它们之间互相关联而不可侵害。孤立追求经济持续必然导致经济崩溃；孤立追求生态持续不能遏制全球环境的衰退。人类共同追求的应该是自然—经济—社会复合系统的持续、稳定、健康发展。

4. 可持续发展理论的内容

在具体内容方面，可持续发展涉及可持续经济、可持续生态和可持续社会三方面的协调统一，要求人类在发展中讲究经济效率、关注生态和谐和追求社会公平，最终达到人的全面发展。这表明，可持续发展虽然缘起于环境保护问题，但作为一个指导人类走向 21 世纪的发展理论，它已经超越了单纯的环境保护。它将环境问题与发展问题有机地结合起来，已经成为一个有关社会经济发展的全面性战略。

（1）经济可持续发展方面。可持续发展鼓励经济增长而不是以环境保护为名取消经济增长，因为经济发展是国家实力和社会财富的基础。但可持续发展不仅重视经济增长的数量，更追求经济发展的质量。可持续发展要求改变传统的以"高投入、高消耗、高污染"为特征的生产模式和消费模式，实施清洁生产和文明消费，以提高经济活动中的效益、节约资源和减少废物。从某种角度上，可以说集约型的经济增长方式就是可持续发展在经济方面的体现。

（2）生态可持续发展方面。可持续发展要求经济建设和社会发展要与自然承载能力相协调。发展的同时必须保护和改善地球生态环境，保证以可持续的方式使用自然资源和环境成本，使人类的发展控制在地球承载能力之内。因此，可持续发展强调了发展是有限制的，没有限制就没有发展的持续。生态可持续发展同样强调环境保护，但不同于以往将环境保护与社会发展对立的做法，可持续发展要求通过转变发展模式，从人类发展的源头、从根本上解决环境问题。

（3）社会可持续发展方面。可持续发展强调社会公平是环境保护得以实现的机制和目标。可持续发展指出世界各国的发展阶段可以不同，发展的具体目标也各不相同，但发展的本质应包括改善人类生活质量，提高人类健康水平，创造一个保障人们平等、自由、教育、人权和免受暴力的社会环境。这就是说，在人类可持续发展系统中，经济可持续是基础，生态可持续是条件，社会可持续才是目的。

◆ 相关链接

中国经济发展新常态

2014 年 5 月，习近平总书记首次提出中国经济新常态的概念。他指出："我国发展仍处于重要战略机遇期，我们要增强信心，从当前我国经济发展的阶段性特征出发，适应新常态，保持战略上的平常心态。"

中国经济新常态就是经济结构的对称态，在经济结构对称态基础上的经济可持续发展，包括经济可持续稳增长。经济新常态是强调结构稳增长的经济，而不是总量经济；着眼于经济结构的对称态及在对称态基础上的可持续发展，而不仅仅是 GDP、人均 GDP 的增长与经济规模最大化。经济新常态就是用增长促发展，用发展促增长。经济新常态不是不需要GDP，而是不需要 GDP 增长方式；不是不需要增长，而是把 GDP 增长放在发展模式中定位，使 GDP 增长成为再生型增长方式、生产力发展模式的组成部分。

复习与练习

1. 经济增长的源泉是什么？
2. 经济活动产生周期性波动的主要原因是什么？
3. 经济增长和经济发展具有什么样的关系？

课后测试

技能训练项目

项目 10-1　分析经济增长给社会生活带来的影响

【技能目标】

1. 通过开展市场调研活动,使学生了解经济增长对社会经济生活的影响。
2. 通过讨论经济增长与就业之间的关系,进一步培养学生对宏观经济现象的分析能力。

【内容与要求】

1. 分组进行调研,分析经济增长会对工人与农民带来什么样的影响。
2. 登录相关网站收集1978年以来的数据,讨论中国经济增长与就业状况之间的关系。
3. 将搜集的数据和资料进行整理,在班级内进行交流。在讨论的基础上,完成调研报告。

【成果与考核】

1. 每组提交一份修改完善后的调研报告。
2. 由教师根据各学生的调研报告和讨论中的表现分别评估给出成绩。

项目 10-2　分析我国经济增长的影响因素

【技能目标】

培养学生通过查阅资料调查分析宏观经济现象和问题的能力。

【内容与要求】

1. 根据经济增长和经济发展的相关指标,查阅我国近十年来的经济增长和经济发展资料和数据。
2. 将搜集的数据和资料进行整理,分析我国经济增长状况和影响因素。
3. 召开小组研讨会,在分析研讨的基础上形成分析报告。

【成果与考核】

1. 每组提交一份修改完善后的调研报告。
2. 由教师根据各组学生的调研报告和讨论中的表现分别评估给出成绩。

拓展阅读

第十一章

宏观经济政策

知识目标

通过本章学习，掌握宏观经济政策的目标、工具；明确财政政策及货币政策的内容及运用；理解宏观经济政策各目标之间的关系和国家相关经济政策出台的原因。

能力要求

通过本章学习，能够运用相关知识和理论，分析和把握国家的宏观经济政策。

情境导入

供给侧结构性改革与宏观经济政策

改革开放四十年来，中国经济持续高速增长，成功步入中等收入国家行列，已成为名副其实的经济大国。但随着人口红利衰减、"中等收入陷阱"风险累积、国际经济格局深刻调整等一系列内因与外因的作用，中国经济发展出现了新的特征，具体表现在：主要经济指标之间的联动性出现背离，经济增长持续下行与CPI持续低位运行，居民收入有所增加而企业利润率下降，消费上升而投资下降，旧经济疲态显露而以"互联网+"为依托的新经济生机勃勃，等等。对照经典经济学理论，当前我国出现的这种情况既不是传统意义上的滞胀，也非标准形态的通缩。

供给侧结构性改革

面对经济发展的新形势，国家做出了经济发展进入新常态的重大判断，按照稳中求进的工作总基调，形成了以新发展理念为指导、以供给侧结构性改革为主线的政策体系。针对供需结构性矛盾，在适度扩大总需求的同时，去产能、去库存、去杠杆、降成本、补短板，推进结构调整，从生产领域加强优质供给，减少无效供给，扩大有效供给，提高供给结构适应性和灵活性，提高全要素生产率，使供给体系更好地适应需求结构变化。采取积极的财政政策和稳健的货币政策，并且按照宏观政策要稳、产业政策要准、微观政策要活、改革政策要实、社会政策要托底的思路和原则，出台相关配套政策，打好"组合拳"，使各项经济政策综合发力，提高功效。

对于不同的经济形势，国家应该出台怎样的经济政策来刺激经济发展？这就涉及本章宏观经济政策的相关内容。

第一节 宏观经济政策的目标及工具

一、宏观经济政策的形成与发展

宏观经济政策的形成与发展，与凯恩斯主义和宏观经济学的形成和发展相一致。20世纪30年代以来，宏观经济政策的形成发展大致经历了三个阶段。

第一阶段：从20世纪30年代到第二次世界大战前。20世纪30年代的大萧条迫使各国政府走上了国家干预经济的道路。凯恩斯于1936年发表的《就业、利息与货币通论》，正是要为这种干预提供理论依据。这时是宏观经济政策的试验时期，其中最全面而且成功的试验是美国罗斯福总统的"新政"。这一时期，总的趋势是要借助国家的力量克服市场经济本身所固有的缺陷。

第二阶段：第二次世界大战后到20世纪70年代，英美等资本主义国家都把实现充分就业，促进经济繁荣作为政府的基本职责。这标志着国家将全面而系统地干预经济，宏观经济政策的发展进入了一个新时期。这一时期的宏观经济政策是以凯恩斯主义为基础的，主要政策工具是财政政策与货币政策。

第三阶段：20世纪70年代初，西方国家出现了高通货膨胀率与高失业率并存的"滞胀"局面。这就迫使它们对国家干预经济的政策进行反思，于是，宏观经济政策在这个阶段的最重要特征是自由放任思潮，主张减少国家干预，加强市场机制的调节作用。因此，经济政策的自由化和多样化，成为当今宏观经济政策发展的一个新动向。

总的来说，20世纪30年代以后的资本主义国家进入了国家垄断资本主义时期。这一时期总趋势是要借助国家的力量克服市场经济本身所固有的缺陷。当然，资本主义社会的基础是市场经济，利用市场机制来调节经济是最基本的，但国家的宏观调控已是现代市场经济的一个重要组成部分。当今，宏观经济政策的一项重要任务，是如何把市场机制与国家干预更好地结合起来。

二、宏观经济政策的目标

宏观经济政策是指政府有计划地运用一定的政策工具，调节和控制宏观经济的运行，以达到一定的政策目标而设计和推行的各种措施和原则。宏观经济政策的目标主要包括充分就业、物价稳定、经济增长和国际收支平衡四项。

1. 充分就业

充分就业是指包含劳动力在内的一切生产要素都以愿意接受的价格参与生产活动的状态。充分就业包含两种含义：一是指除了摩擦失业和自愿失业之外，所有愿意接受各种现行工资的人都能找到工作的一种经济状态，即消除了非自愿失业就是充分就业。二是指包括劳动在内的各种生产要素，都按其愿意接受的价格，全部用于生产的一种经济状态，即所有资源都得到充分利用。失业意味着稀缺资源的浪费或闲置，从而使经济总产出下降，社会总福利受损。因此，失业的成本是巨大的，降低失业率，实现充分就业就常常成为宏观经济政策的首要目标。

◆ 相关链接

失业不仅是经济问题，而且是重要的社会问题

高失业率不仅是经济问题而且还是个社会问题，相当于潜在GDP、产出减少，资源浪费，经济受损。美国的非劳动力占成年人口的34%，失业率的变动是每个月的头条新闻。大萧条时期美国的平均失业率为18.2%，产出的损失超过了2.4万亿美元，1933年，美国的失业率达到创纪录的25%；进入21世纪美国的非就业人口又增加了250万。

失业是一个社会问题。失业对个人和家庭的影响是可想而知的，心理学研究表明，被解雇所造成的创伤绝不亚于亲友去世或学业失败。失业与政治也关系密切，根据统计，美国在1932年、1960年、1980年、1992年的衰退时期，高失业率都使执政党失去了总统的宝座，而在1964年、1972年、1984年、1996年这样的低失业率的繁荣年份，执政党都曾得以连任。

2. 物价稳定

作为宏观经济政策的第二大目标，这里所说的物价稳定是指一般价格水平，即物价总水平的稳定。也就是说，它既不是指单个商品价格水平的稳定，也不是指物价总水平的固定不变，而是指物价总水平不出现剧烈地、大幅度地上涨，不出现恶性通货膨胀。因此，物价稳定与价格总水平的温和上涨并不矛盾。物价稳定并不是通货膨胀率为零，而是维持一种能为社会所接受的低而稳定的通货膨胀率的经济状态。经济学家们把每年平均为1%~3%或不超过4%的通货膨胀率称作温和的或爬行的通货膨胀，认为通货膨胀率控制在这一变动幅度内就算实现了物价稳定的目标，并认为低而稳定的通货膨胀不会对经济产生不利影响，反而有刺激经济增长的积极作用。

◆ 相关链接

2009年津巴布韦物价飞涨

2009年，非洲南部的津巴布韦共和国成为全世界恶性通胀最严重的国家。在首都哈雷拉，一位大妈抱着总值3万亿津巴布韦元的钞票乘坐公交车，只为了支付约合3.5元人民币的车费。更有意思的是，公交车司机大叔根本懒得清点，收下就对了。

据报道，津巴布韦2008年7月的通胀率达到天文数字：2.31亿%。2009年1月，津巴布韦央行发行100万亿津巴布韦元的大钞，1的后头有14个0，也算是一项世界纪录。为了抑制有如脱缰野马的通胀，津巴布韦政府在2009年4月正式废掉国币，宣布以美元和南非兰特为流通货币，不过旧津巴布韦元还是在民间继续流通。

在津巴布韦，一旦出了大都市，强势货币一文难求。城市里的公交车司机有小额美元金或南非兰特可找零，乡下商店虽然没有，但山不转水转，店家会给顾客糖果、巧克力，或是在收据上注明下次消费可享折扣。

乡间商店的老板娘还说，现在许多乡亲拿羊肉、鸡和一桶桶的玉米来换东西，老祖宗时代的以物易物又回来了。有人甚至连搭车都拎着两只活鸡充当车费，苦中作乐的津巴布韦人开玩笑说，如果鸡在车上下蛋，那就当成司机找的零钱吧。

资料来源：http://www.china.com.cn/international/txt/2009-08/17/content_18350024.htm）

3. 经济增长

"十九大"报告淡化经济增长速度

经济活动的最终目标是消费，而消费最大化以人均产量的最大化即经济增长为前提。因此，经济增长是宏观经济政策的重要目标。这里，经济增长是指一个特定时期内经济社会所生产的人均产量和人均收入持续增长，一般以实际国民生产总值的年平均增长率来衡量。但由于各国所处的经济发展阶段以及资源和技术状况不同，经济增长的速度会有差别。一般来说，经济处于较低发展阶段的增长率较高，而处于较高发展阶段的增长率会较低。因此，很难用具体的增长率数值来规定经济增长。此外，经济增长在带来社会经济福利增加的同时，也要付出代价，如造成环境污染、扭曲经济结构、引起各种社会问题等。所以，经济增长的目的不仅在于提高人均收入水平，而且在于解决贫困问题和收入再分配问题。就某一个国家来说，经济增长的目标应该是实现与本国具体情况相符的适度增长率。

◆ **相关链接**

2012—2017年中央经济工作会议宏观政策基调

十八大以来中央经济工作会议宏观政策总基调：回顾中共十八大以来的会议内容，可以看到中国宏观经济政策的清晰脉络。这五年里，"稳中求进"一直是中国经济工作的总基调，但在如何"稳"，何处"进"上，每年各有侧重。

2017定调2018：坚持稳中求进工作总基调，坚持新发展理念，紧扣中国社会主要矛盾变化。积极的财政政策取向不变，确保对重点领域和项目的支持力度，加强地方政府债务管理；稳健的货币政策保持中性，管住货币供给总闸门，保持货币信贷和社会融资规模合理增长，保持人民币汇率在合理均衡水平上的基本稳定；结构性政策要强化实体经济吸引力和竞争力，优化存量资源配置，强化创新驱动，发挥好消费的基础性作用；社会政策要注重解决突出民生问题，加强基本公共服务和基本民生保障。

2016定调2017：坚持稳中求进工作总基调，牢固树立和贯彻落实新发展理念，适应把握引领经济发展新常态，坚持以提高发展质量和效益为中心，坚持宏观政策要稳、产业政策要准、微观政策要活、改革政策要实、社会政策要托底的政策思路，坚持以推进供给侧结构性改革为主线，适度扩大总需求，加强预期引导，深化创新驱动，全面做好稳增长、促改革、调结构、惠民生、防风险各项工作，促进经济平稳健康发展和社会和谐稳定。

2015定调2016：坚持稳中求进工作总基调，坚持稳增长、调结构、惠民生、防风险，实行宏观政策要稳、产业政策要准、微观政策要活、改革政策要实、社会政策要托底的总体思路。积极稳妥化解产能过剩、帮助企业降低成本、化解房地产库存、扩大有效供给、防范化解金融风险是2016年中国经济工作的五大任务。

2014定调2015：坚持稳中求进工作总基调，坚持以提高经济发展质量和效益为中心，主动适应经济发展新常态。继续实施积极的财政政策和稳健的货币政策。努力保持经济稳定增长、积极发现培育新增长点、加快转变农业发展方式、优化经济发展空间格局、加强保障和改善民生工作被列为2015年经济工作五大任务。

2013定调2014：坚持稳中求进工作总基调，把改革创新贯穿于经济社会发展各个领域各个环节。继续实施积极的财政政策和稳健的货币政策。切实保障国家粮食安全、大力调

> 整产业结构、着力防控债务风险、积极促进区域协调发展、着力做好保障和改善民生工作、不断提高对外开放水平被列为2014年经济工作六大任务。
> 　2012定调2013：继续把握好稳中求进的工作总基调，扎扎实实开好局。继续实施积极的财政政策和稳健的货币政策。加强和改善宏观调控、夯实农业基础、加快调整产业结构、积极稳妥推进城镇化、加强民生保障、全面深化经济体制改革被列为2013年经济工作六大任务。

4. 国际收支平衡

所谓国际收支平衡，是指既无国际收支赤字、又无国际收支盈余的状态。从长期看，无论是国际收支无论是赤字还是盈余都对一国经济有不利影响，会限制和影响其他经济政策目标的实现。具体来说，长期的国际收支盈余是以减少国内消费与投资，从而不利于充分就业和经济增长为代价的，国际收支赤字要由外汇储备或借款来偿还，外汇储备与借款都是有限的，长期国际收支赤字会导致国内通货膨胀。在国际收支平衡中，贸易收支的平衡更为重要。

国际收支平衡

以上四种目标之间既存在着密切的联系，又存在矛盾。如充分就业和物价稳定往往是矛盾的，因为要实现充分就业，就必须运用扩张性的财政政策和货币政策，而这些政策又会由于财政赤字的增加和货币供给量的增加而引起通货膨胀，物价上涨；要控制物价上涨，就要放慢经济增长，必然导致失业率上升。充分就业与经济增长既有一致的一面，也有矛盾的一面。这就是说，经济增长一方面会提供更多的就业机会，有利于充分就业；另一方面经济增长中的技术进步又会引起资本对劳动的替代，相对缩小对劳动的需求，使部分工人，尤其是文化技术水平低的工人失业。此外，物价稳定与经济增长之间也存在矛盾，因为在经济增长过程中，通货膨胀是难以避免的。

经济政策之间的矛盾给制定宏观经济政策带来了一定的困难，但宏观经济政策是为了全面实现这四个宏观经济目标，而不仅仅是要达到其中的部分目标。这样，就需要考虑各种因素以便对各政策目标进行协调，从而成为宏观经济政策的重要内容。

三、宏观经济政策工具

宏观经济政策工具是用来实现宏观政策目标的手段和措施。而如何根据所要达到的经济目标以及各种宏观经济政策工具的性质、作用方式和作用特点来选择与运用各种政策工具，是实施宏观经济政策的关键。常用的宏观经济政策工具有需求管理、供给管理和对外经济政策等。

1. 需求管理

需求管理是指通过调节总需求来达到一定政策目标的政策工具。一些经济学家认为经济波动的根源在于总需求的波动。总需求不足导致失业增加，经济萧条；总需求过大，导致物价上升，通货膨胀。需求管理政策就是要通过对总需求的调节，实现总需求与总供给的均衡，达到既无失业又无通货膨胀和经济稳定增长的目标。需求管理政策包括财政政策和货币政策。

需求管理政策

◆ 相关链接

国家刺激内需的主要举措

西方发达国家刺激内需的主要举措包括：① 提高居民购买力，刺激居民消费需求，包括减免个人税赋、促进和扩大就业、提高低收入者购买力等。② 减轻企业负担，鼓励企业扩大投资需求，主要包括：削减企业税赋、降低利率。③ 保持适度的政府公共投资需求，重视投资者和消费者的信心。④ 积极推动知识和技术创新，为投资和消费需求不断开辟新的热点。

近年来，我国在采取积极的财政与货币政策的前提下，刺激内需的重大措施还包括：① 通过降低利率刺激投资和鼓励利率敏感性商品消费（如汽车和住房）。② 通过实施创新战略来推动新经济发展。③ 通过"一带一路"倡议引领国内外投资发展。④ 通过一系列支持农业和减轻农民负担的政策增加农民消费和农业投资。⑤ 通过"放管服"等制度改革促进企业发展。

推进供给侧改革
要做好供给管理

2. 供给管理

供给管理是指通过对总供给的调节来达到一定的宏观经济目标的政策工具。在短期内，影响供给的主要因素是生产成本，特别是生产成本中的工资成本。因此，供给管理的政策主要有收入政策和人力政策。收入政策是通过控制工资与物价，抑制成本推进的通货膨胀；人力政策是通过改善劳动力市场的结构，建立更多的职业介绍机构，加强劳动力市场的信息交流，或管理劳动力的流动来降低自然失业率。在长期内，影响供给的主要因素是生产能力，即经济潜力的增长。因此，供给管理的政策主要是经济增长政策，即通过增加生产要素的数量，提高生产要素的效率来提高经济的生产潜力，促进经济增长。与需求管理不同，供给管理不受产量与通货膨胀率之间的竞争性关系的困扰，它着眼于增加社会潜在的生产能力，增加供给以消除通货膨胀。

3. 对外经济政策

任何一个国家的经济都是开放的，即一国经济不仅影响其他各国，而且要受其他各国的影响。开放经济中各国是通过物品、资本与劳动力的流动来相互影响的，因此，对外经济政策的内容也就包括对这些方面的管理。这些政策主要包括对外贸易政策、汇率政策、对外投资政策以及国际经济关系的协调等。

◆ 相关链接

占领华尔街 VS 悼念乔布斯：从需求管理到供给管理

2011年国庆长假期间，美国民众有两件事轰动全球：一是占领华尔街，二是悼念乔布斯。不妨将这两件事情上升到经济眼光理解：前者是对"需求管理政策"的抗议（过度刺激后终由民众买单）；后者是对"供给创造需求"的纪念（Jobs字如其名，苹果系列产品创新创造了需求、创造了很多就业）。

面对当时的欧债危机、美国复苏势头放缓，欧美政策取向不再像以往危机时期（20世纪30年代美国萧条、2000年IT泡沫破裂、2008年次贷危机）那样，压倒性的一致选择了"有效需求管理政策"。前几轮政策刺激的后遗症是资产价格上涨、国家高负债，在此背景下，凯恩斯的需求管理理论还有多少操作空间、是否还有效（甚至短期有效），备受质疑。现在"供给管理政策"被理论界广泛重提。然而,在现实中,民众和政府是否能真正忍受经济按其商业周期衰退,并等待下一轮的供给改变(技术创新、制度创新)引发的增长周期?所以现实中,政策取向是两难的,可供选择的方案或许是"短期有节制的需求管理,以过渡到长期的供给推动增长",欧美经济或许在未来几年蹒跚前行,欧美股市的主要扰动源来自各个阶段的政策取向。

回到国内,在全球反思凯恩斯政策有效性、上一轮大规模刺激带来的后遗症,以及中国长期结构性问题未解决的背景下,国内惯用的"有效需求管理"政策可能会继续"点刹车",从这个角度说,我们不认为当前的经济增速放缓、CPI涨势回落,会促使政策放松。

如果中国不启动需求管理政策,那么下一轮经济增长将来自供给面改善(20 世纪 80 年代农村联产承包责任制释放生产力、中国在 WTO 前后成为世界工厂,均可视为供给改善推动经济增长)。然而,我们目前尚看不到大规模的供给改善的经济增长动力(如减税、转移支付,如制度创新、技术创新),因此从这个角度说,目前谈新经济增长周期启动为时尚早。但结构性的供给面改善的机会仍然存在,如淘汰落后产能、节能减排、社会保障的部分改善。

以上是从"需求管理""供给管理"角度对宏观经济的探讨,而中国下一轮经济周期的启动应该是来自"供给管理"的改善,目前这个需要等待观察,下一届政府的政策取向是重要观察内容。

(资料来源:http://www.microbell.com/docdetail_578473.html)

第二节 宏观财政政策

宏观财政政策是国家干预经济的主要政策之一。宏观财政政策的一般定义是:为促进就业水平提高,减轻经济波动,防止通货膨胀,实现经济稳定增长而对政府支出、税收和借债水平所进行的选择。

财政政策

一、宏观财政政策的内容及运用

1. 宏观财政政策的内容

宏观财政政策由政府收入和支出两个方面构成,其中政府支出包括政府购买和转移支付,而政府收入则包含税收和公债两个部分。

(1)政府支出。政府支出按支出方式可分为政府购买和转移支付。政府购买是指政府对商品和劳务的购买,如购买军需品、机关办公用品、政府雇员报酬、公共项目工程所需的支出等。政府转移支付是指政府在社会福利保险、贫困救济和补助等方面的支出,它是政府支出的重要组成部分,这类支出的共同特征是,政府在进行这些支出的同时,并未获得相应的产品和劳务。

财政政策与财政效应

(2)政府收入。在政府的收入中,税收是最主要的部分。经济学家普遍给税收这样定义:税收是个人和企业不能等价交换商品和服务而向政府非自愿的支付。国家财政收入的增长,在很大程度上源自税收收入的增长。税收依据不同的标准可以进行不同的分类。根据课税对象的不同，税收可以分为：财产税、所得税和流转税三类。根据收入中被扣除的比例，税收可分为累退税、累进税和比例税。

公债是政府向公众举借的债务，或者说是公众对政府的债权，它是政府财政收入的另一个组成部分。从公债发行的主体看，有中央政府公债和地方各级政府公债，通常将中央政府发行的内债称为国债，它是指本国公民持有的政府债券。公债分为短期公债、中期公债、长期公债三种形式。短期公债一般指偿还期在1年或1年以内的公债，短期公债最常见的形式是国库券，主要是为了弥补当年财政赤字或解决临时资金周转不灵的问题，利息一般较低。中期公债是指偿还期限在1~5年的公债，主要目的是为了弥补财政赤字或筹措经济建设资金。长期公债则是指偿还期限在5年以上的公债，但一般按预先确定的利率逐年支付利息，主要是为了筹措经济建设资金。

日本审议公债法案

2016政府工作报告

国务院推六大减税举措

2. 宏观财政政策的运用

宏观财政政策的运用是通过政府开支和收入来调节经济，即通过财政支出和税收直接影响消费需求和投资需求，以使总需求和总供给相适应，从而稳定经济，防止经济波动。

（1）在经济萧条时期，总需求小于总供给，经济中存在失业，政府就要运用扩张性财政政策来刺激总需求，以实现充分就业。具体措施包括以下两个方面。

① 减税。通过减税，使居民户留下较多的可支配收入，从而促使消费增加；减税和居民户增加消费的结果使企业增加投资。所以，减税能刺激私人消费与投资需求上升，有助于克服萧条。

◆ **相关链接**

减税刺激经济

1961年当一个记者问肯尼迪总统为什么主张减税时，肯尼迪回答："为了刺激经济"。他的目的是实行减税，减税增加了消费支出，扩大了总需求，并增加了经济的生产和就业。

虽然税收变动会对总需求有潜在的影响，但也有其他影响。特别是，通过改变人们面临的激励，税收还会改变物品与劳务的供给。肯尼迪建议的一部分是投资税减免，它给投资于新资本的企业减税。高投资不仅直接刺激了总需求，而且也增加了经济长期的生产能力。因此，通过较高的需求增加生产的短期目标与通过较高的总供给增加生产的长期目标是相对称的。而且，实际上当肯尼迪提出的减税最终在1964年实施时，它促成了一个经济高增长的时期。

自从1964年减税以来，决策者不时地主张把财政政策作为控制总需求的工具。正如布什总统企图通过减少税收扣除来加快从衰退中复苏。同样，当克林顿总统1993年入主白宫时，他的第一批建议之一就是增加政府支出的"一揽子刺激"。他宣布的目的是帮助美国经济更快地从刚刚经历的衰退中复苏。但是，一揽子刺激最后遭到了失败。许多议员认为克林顿的建议太晚了，以至于对经济没有多大帮助。此外，一般认为减少赤字鼓励长期经济增长比短期总需求扩张更重要。

> 2010年12月16日，美国国会众议院通过了一项涉及总金额高达8 580亿美元的减税法案。这是最近10年来美国国会通过的一项最全面的税改法案。这项法案经美国总统奥巴马签署后即可生效。这项全面税改法案将深入美国的经济生活，影响之大或许会远超预料。法案涉及的资金总额高达8 580亿美元，超过了2009年奥巴马总统为刺激美国经济发展而制订的"美国复苏和再投资计划"。根据这项法案，工薪阶层将获得新的所得税减免，富裕阶层的遗产税税率降低，企业购置新设备将享受重大减税优惠。
>
> （资料来源：http://intl.ce.cn/specials/zxxx/201012/17/t20101217_22060042.shtml）

② 扩大政府财政支出。如增加公共工程开支、增加政府购买和政府转移支付等，以增加居民户的消费和促使企业投资，提高总需求水平。扩大政府财政支出也能刺激私人消费与投资需求上升，亦有助于克服萧条。

（2）在经济繁荣时期，总需求大于总供给，经济中存在通货膨胀，政府则要运用紧缩性财政政策来抑制总需求，以达到控制通货膨胀的目的。具体措施包括以下两个方面。

韩国政府扩大财政支出

① 增税。如增加个人税收，使居民户留下的可支配收入减少，从而使消费减少。增加公司税收，可以减少投资。这两项都可以使总需求水平下降，有助于抑制通货膨胀。

② 减少政府财政支出。如减少公共工程投资、减少政府购买，都可以使政府直接投资和私人间接投资减少。而减少转移支付，可以使个人消费减少。这两项都使总需求水平下降，亦有助于抑制通货膨胀。

财政政策的特点是"逆经济风向行事"，即在经济高涨时期对其进行抑制，使经济不会过度高涨而引起通货膨胀；在经济萧条时期则对其进行刺激，使经济不会严重萧条而引起失业，从而实现既无失业又无通货膨胀的稳定增长。

二、内在稳定器——财政体制本身的自动调节功能

一般认为，现代财政制度具有自动调节国民经济的功能，即通货紧缩时，具有阻止经济进一步衰退的功能；通货膨胀时，具有抑制经济进一步扩张的功能。这种无须改变政府政策就能使政府的财政收入和支出自动变动，从而自动减少国民经济波动，稳定经济的机制被称为内在稳定器。

财政政策如何能更加有效

内在稳定器是经济中一种自动的作用机制，它可以自动地减少由于自发总需求变动而引起的国民收入波动，使经济发展较为平稳。内在稳定器主要包括那些对国民收入水平的变化自动起到缓冲作用的财政调节工具如政府税收、政府转移支付等，它的功能表现为：当经济繁荣时自动抑制通货膨胀，在经济出现萧条时自动减轻萧条，而不需要政府采取任何措施。内在稳定器是通过以下三项制度发挥其作用的。

自动稳定器

1. 政府税收的自动变化

税收特别是个人所得税和公司所得税是重要的稳定器。在经济萧条时期，国民收入水平下降，个人收入减少，在税率不变的条件下，政府税收会自动减少，而人们的可支配收入也会因此自动地减少一些。虽然萧条时期的消费和需

求有一些下降，但会下降得少一些。例如，在累进税制情况下，由于经济萧条会引起收入的降低，使某些原来属于纳税对象的人下降到纳税水平以下；另外一些人也被降到较低的纳税等级。结果，个人缴纳的税因为国民收入水平的降低而减少了，政府税收下降的幅度会超过个人收入下降的幅度，从而起到抑制经济萧条的作用。

税收杠杆

反之，在通货膨胀时期，失业率较低，人们收入会自动增加，税收会因个人收入的增加而自动增加，使个人可支配收入由于税收的增加少增加一些，从而使消费和总需求自动增加得少一些。在实行累进税制情况下，经济的繁荣使人们收入增加，更多的人由于收入的上升自动地进入到较高的纳税等级。政府税收上升的幅度会超过个人收入上升的幅度，从而使得通货膨胀有所收敛。另外，公司所得税也具有同样的作用。

2. 政府转移支付的自动变化

房产税是内在稳定器

这里的政府转移支付主要包括政府的失业救济金和其他的社会福利支出。在经济出现衰退和萧条时期，由于失业人数增加，符合领取失业救济金的人数相应增加，政府转移支付会自动增加，使得人们的可支配收入会增加一些，从而可以起到抑制经济萧条的作用。反之，当经济过热产生通货膨胀时，由于失业率降低，符合领取失业救济金和各种补贴的人数减少，政府的这笔支出会因此自动减少，从而可以自动抑制可支配收入的增加，使消费和总支出减少，内在稳定器在一定程度上可以起到降温和遏制通货膨胀的作用。

3. 农产品价格维持制度

农产品目标价格制度

经济萧条时期，国民收入水平下降导致价格水平降低，农产品价格也将下降，政府为了抑制经济的衰退，依照农产品价格维持制度，按支持价格收购农产品，使农民收入和消费维持在一定水平上，不会因国民收入水平的降低而减少太多，也起到刺激消费和总需求的作用。当经济繁荣时，由于国民收入水平提高使整体价格水平上升，农产品价格也因此上升，这时政府减少对农产品的收购并售出库存的农产品，平抑农产品价格，无形中抑制了农民收入的增加，从而降低了消费和总需求水平，起到抑制通货膨胀的作用。

总之，税收、政府转移支付的自动变动和农产品的价格维持制度在一定程度上对宏观经济运行起到了稳定的作用，成为财政制度的内在稳定器和防止经济大幅度波动的第一道防线。各种内在稳定器一直都在起减轻经济波动的作用，但效果有限。

三、财政赤字政策

赤字与负债

在经济萧条时期，财政政策是增加政府支出，减少政府税收，这样就必然出现财政赤字。凯恩斯认为，赤字财政政策是财政政策的一项重要内容。因为：第一，债务人是国家，债权人是公众。国家与公众的根本利益是一致的。政府的财政赤字是国家欠公众的债务，也就是自己欠自己的债务。第二，政府的政权是稳定的，这就保证了债务的偿还是有保证的，不会引起信用危机。第三，债务用于发展经济，使政府有能力偿还债务，弥补财政赤字。这就是一般所说的"公债哲学"。

政府实行赤字财政政策是通过发行公债来进行的。公债并不是直接卖给公众或厂商，因为这样可能会减少公众与厂商的消费和投资，使赤字财政政策起不到应有的刺激经济作用。公债由政府财政部发行，卖给中央银行，中央银行向财政部支付货币，财政部就可以用这些货币的准备金，也可以在金融市场上卖出。应该看到，财政赤字政策具有"双刃剑"的作用。如果国债发行合理适度，并且能够有效地刺激经济恢复和发展，达到促进经济增长和扩大就业的目的；反之，就会使经济进一步恶化。

2016年度全国财政赤字

◆ 相关链接

近10年中国财政赤字状况

2010年以前，中国的财政赤字预算均低于1万亿元：2006年2 950亿元，2007年2 000亿元，2008年1 800亿元，2009年9 500亿元，2010年财政赤字预算10 500亿元，这是新中国成立60年来财政赤字预算首度破万亿元。

2010年之后，财政赤字预算逐年扩大：2011年7 000亿元，2012年8 000亿元，2013—2017年，全国财政赤字预算规模分别为1.2万亿元、1.35万亿元、1.62万亿元、2.18万亿元、2.38亿元，赤字率从2.1%逐步提高到约3%。

赤字率，是指财政赤字与国内生产总值的比率，是衡量财政风险的一个重要指标。3%的赤字率"撞线"国际警戒线，是否意味着财政风险加大？专家认为，3%的赤字率是20世纪90年代欧盟的警戒线，如今欧美多个国家的赤字率平均水平早已超过3%；判断财政风险不能只依据赤字率，应将一个国家的政府债务率与赤字率等两个指标对比判断较为科学。赤字规模的增加，凸显财政政策更加积极有效。

四、宏观财政政策的局限性

宏观财政政策实施中遇到的困难及局限性主要体现在以下三个方面。

1. 有些财政政策的实施会遇到阻力

如增税一般会遭到公众的普遍反对；减少政府购买可能会引起大垄断资本的反对；削减政府转移支付则会遭到一般平民的反对。

2. 财政政策会存在"时滞"

首先，财政政策的形成过程需要较长的时间。这样，在财政政策最终形成并付诸实践时，经济形势可能已经发生意想不到的变化。因此，就会影响其所要达到的目标。其次，财政政策发挥作用也有时滞。有些财政政策对总需求有即时的作用。如政府购买的变动对增加总需求有直接而迅速的作用，减税对增加个人可支配收入有即时的作用，但对消费支出的影响则要一定时间后才会产生效果。

3. 公众的行为可能会偏离财政政策的目标

如政府采取增支减税政策扩大总需求时，人们并不一定会把增加的收入用于增加支出，也可能转化为储蓄。除此之外，财政政策的实施，还要受到政治因素的影响。

第三节 宏观货币政策

宏观货币政策是宏观经济政策的另一重要组成部分。宏观货币政策的一般定义是：政府根据宏观经济调控目标，通过中央银行对货币供给和信用规模进行管理来调节信贷供给和利息率水平，以影响和调控宏观经济运行状况的方针、政策和措施的总称。

一、宏观货币政策的基本知识

1. 银行制度

现代银行体系主要是由中央银行、商业银行和其他金融机构所组成。中央银行的主要职能是：作为商业银行的银行，接受商业银行的存款，向商业银行发放贷款，并领导与监督商业银行的业务活动；代表国家发行纸币和运用货币政策调节经济。商业银行的基本职能：信贷职能，即吸收存款，发放贷款；结算服务职能和投资理财职能。

货币政策

货币与金融

货币供给

2. 银行创造货币的机制

银行创造货币的机制是指商业银行体系发放贷款，能派生存款，创造货币的机制。商业银行的法定准备金、活期存款，作为贷款发放给客户，往往成为客户在银行的活期存款，是导致产生这一机制的主要因素。

（1）存款创造货币的前提条件。在金融体系中商业银行具有创造货币的功能，原因是在金融体系中只有商业银行才允许接受活期存款，并可以签发支票，从而具有了创造货币的能力。商业银行创造货币应具备两个基本的前提条件。

其一，准备金制度。商业银行的准备金有法定准备金和超额准备金之分。在商业银行的经营过程中，银行除将客户的绝大部分存款贷放出去或购买短期有价证券以获取盈利外，只需留下一小部分的存款作为应付客户提款需要的准备金，这种银行经常保留的为应付客户随时提取存款的现金称为存款准备金。存款准备金占存款的比例叫存款准备金率或准备率。中央银行规定的存款准备金率叫法定存款准备金率。商业银行按照法定存款准备金率对自己所接受的存款而保留的准备金称为法定准备金。法定存款准备金一部分是银行的库存现金，另一部分存放在中央银行的存款账户上。超额准备金指商业银行持有的超过法定存款准备金的部分。

其二，非现金结算制度。在非现金结算制度下，所有经济主体之间的往来均通过银行开具的支票形式或转账的方法进行结算，人们对现金的需要转而变成对存款的需要。只有满足这两个条件，银行才具有创造货币的功能。

（2）货币创造的过程。假定商业银行系统的法定存款准备率为20%，由于某种原因商业银行新增1 000万元的存款，1 000万元新增货币究竟最终会增加多少银行存款呢？这里必须有两个假定：一是无论企业还是个人，都会将一切货币收入全部以活期存款的形式存入银行，不能将一分钱的现金放入自己的口袋中。二是银行接受客户的存款后，除法定准备金外，全部贷放出去，没有超额准备金的存在。在这种情况下，客户甲将 1 000 万元存入 A 银行，银行系统因此增加了 1 000 万元的准备金，A 银行按法定存款准备率保留 200 万元准备金存入自己在中央银行的账户，其余 800 万元全部贷放出去；得到这 800 万元贷款的客户乙将全部贷款存入与自己有业务往来的 B 银行，B 银行得到了 800 万元的存款，在留足 160 万元的法定准备金并将其存入自己在中央银行的账户以后，将剩余的 640 万元再贷放出去；得到这 640 万元的客户丙又将全部贷款存入与其有业务往来的 C 银行，C 银行留下其中的 128 万元作为法定准备金而把其余 512 万元再贷放出去。如此反复，以至无穷，各商业银行的存款总额究竟是多少呢？可以按以下公式计算：

$$1\ 000 + 1\ 000 \times 0.8 + 1\ 000 \times 0.8^2 + 1\ 000 \times 0.8^3 + 1\ 000 \times 0.8^4 + \cdots$$
$$= 1\ 000\ (1 + 0.8 + 0.8^2 + 0.8^3 + 0.8^4 + \cdots)$$
$$= \frac{1\ 000}{1 - 0.8} = 5\ 000\ （万元）$$

从以上的例子可以看出，存款总额（用 D 表示）同原始存款（用 R 表示）及法定准备率（用 r_d 表示）三者之间的关系是：$D = \frac{R}{r_d}$

（3）货币乘数。货币乘数就是表明中央银行发行的货币量所引起的实际货币供应量增加的倍数。中央银行发行的货币称为基础货币或高能货币，这种货币具有创造出更多货币量的能力，用 H 表示。货币供应量，即增加 1 单位高能货币所增加的货币量，用 M 来表示，则货币乘数 mm 的公式为：

$$mm = \frac{M}{H}$$

假如中央银行发行了 1 单位高能货币，社会货币供应量增加了 4 个单位，即货币乘数为 4。同样，根据已知的中央银行发行的高能货币量与货币乘数也可以计算出货币供应量会增加多少。

二、宏观货币政策的内容和传导机制

在凯恩斯主义货币政策中，政策的直接目标是利率，其货币政策机制包括两个相关联的论断：货币供应量能调节利息率；利息率的变动影响总需求。具体地讲，当货币供应量增加时，利率会下降，从而使投资成本降低，持有现金的机会成本也会下降。这样，投资需求和消费需求都会增加，而总需求的增加会带来国民生产总值的增加。反之，则会使总需求减少。所以，调节货币量是手段，调节利率的目的是要调节总需求。

货币政策的机制就是指货币政策发生作用的过程，亦称为货币的传导机制。其作用过程如下：中央银行通过公开市场业务、再贴现率、存款准备金率和其他政策工具等，来调节商业银行的准备金，从而调节社会的货币供应量和利率，最终影响国民收入、通货膨胀率、失业率和国际收支平衡。

三、宏观货币政策工具

中央银行实施货币政策的工具主要包括公开市场业务、调整中央银行对商业银行的再贴现率和改变法定存款准备率等。

1. 公开市场业务

公开市场业务是指中央银行在公开市场上买卖政府债券以调节商业银行的储备金，从而调节货币供给量和利息率的一种政策手段。它是当代西方国家特别是美国实施货币政策的主要工具。中央银行在公开市场上购买政府证券，商业银行的准备金将增加，从而货币供应量增加；中央银行在公开市场上出售政府证券，商业银行的准备金将减少，从而货币供应量减少。

公开市场业务的具体操作是：在经济萧条时期，中央银行在公开市场上买进政府债券，把货币投入市场。商业银行将持有的一部分政府债券卖给中央银行获得货币，使商业银行的储备金增加；厂商和居民户将持有的政府债券卖给中央银行获得货币，并将货币存入商业银行，也会增加商业银行的储备金。通过银行系统的存款创造，会使存款多倍放大，货币供给量增加，导致利息率下降。与此同时，中央银行买进政府债券，使债券价格上升，利息率下降，利息率下降会刺激投资和消费扩张，使总需求扩大，从而带动生产就业和物价的增长，消除经济衰退和失业。

相反，在经济过热和通货膨胀时期，中央银行在公开市场上卖出政府债券，收回货币。商业银行买进政府债券，向中央银行付款，这样就减少了商业银行的储备金；厂商和居民户买进政府债券，减少了自己的活期存款，也会减少商业银行的储备金。商业银行储备金减少，会通过货币创造的乘数效应，使活期存款多倍收缩，货币供给量减少，利息率上升。同时，中央银行卖出政府债券也会导致债券价格下跌，利息率上升。利息率上升会导致投资需求下降，总需求下降，从而抑制总需求扩张，消除通货膨胀。

◆ **相关链接**

央行公开市场操作的内在逻辑

中国公开市场操作包括人民币操作和外汇操作两部分。从交易方式看，中国人民银行公开市场业务债券交易主要包括回购交易、现券交易和发行中央银行票据。随着外汇占款增长速度的阶段性变化，中国人民银行公开市场操作呈现不同特征。① 2003—2008 年：外汇占款增长较快，外汇公开市场业务投放大量基础货币，人民币公开市场业务则通过净回笼基础货币对冲外汇占款增长。② 2008 年至今：外汇占款增长速度放缓，人民币公开市场业务从基础货币净回笼转变为基础货币净投放。2004 年以来，人民银行较少进行现券交易，公开市场操作以央票和回购交易为主，转变为以回购交易为主。

（资料来源 http://money.163.com/15/0401/04/AM3D726J00253B0H.html）

---

2. 调整再贴现率

再贴现率是指商业银行向中央银行借款时的利息率。中央银行调高或调低对商业银行发放贷款的利息率，以限制或鼓励银行借款，从而影响银行系统的存款准备金和利率，进而决定货币存量和利率，以达到宏观调控的目标。在 20 世纪 30 年代大危机以前，贴现率政策曾是中央银行实施货币政策的主要工具，通常是银行将其贴现的商业票据拿到中央银行再贴现，故有"再贴现"之称。20 世纪 30 年代以后，商业银行不再用商业票据而是用政府债券作为担保向中央银行借款，所以现在把中央银行这种贷款的利率称为再贴现率。

在经济衰退时期，中央银行降低再贴现率，扩大贴现数量，以增加商业银行的准备金，鼓励商业银行发放贷款，并通过货币创造的乘数效应增加货币供给、降低利息率，刺激投资需求，扩大总需求，消除经济衰退和失业。相反，在经济高涨或通货膨胀时期，中央银行提高再贴现率，收缩贴现的数量，减少商业银行的储备金，以限制商业银行发放贷款，并通过货币创造的乘数作用减少货币供给量，提高利息率，抑制投资需求，减少总需求，消除通货膨胀。

再贴现率政策和公开市场业务通常是相互配合的。中央银行在公开市场上买进或卖出政府债券使利率降低或提高时，就必须相应地改变再贴现率，使再贴现率与利息率大致相互适应。但与公开市场业务相比，由再贴现率变动引起的银行存款准备金变动的数额通常是比较小的。另外，由于再贴现率通常低于市场利率，中央银行对商业银行和存款机构的这种特权有必要加以限制，只能在确有需要时才能借款。事实上，有些银行为显示其稳健性，也不愿向中央银行借款或推迟使用这种借款特权。

◆ **相关链接**

央行建立动态调整再贴现率的机制

作为推进利率市场化的一个重要步骤，中国人民银行将建立适时动态调整再贴现率等中央银行利率的机制，完善市场利率监测体系，提高利率政策的调控效果。

（资料来源：http：//www.ce.cn/xwzx/gnsz/gdxw/200602/09/t20060209_6035856.shtml）

3. 改变法定存款准备金率

法定存款准备金比率（或银行准备率）是银行储备金对存款的比率。它是中央银行控制货币供给量的重要手段。银行创造货币的多少与法定存款准备金比率成反比，即法定存款准备金比率越高，银行创造的货币越少，从而货币供应量减少；反之，法定存款准备金比率越低，银行创造的货币越多，从而货币供应量增加。其具体操作方法是：在经济衰退时期，中央银行降低法定存款准备金率，使银行能够创造出更多的货币，即商业银行扩张信贷，增加货币供给量，降低利息率，刺激投资需求的扩大，消除经济衰退。相反，在通货膨胀时期，如果调高法定存款准备金率，不仅使原先有着超额准备金的银行在中央银行的超额准备金消失或缩减，还由于它缩小货币乘数。从而缩小银行在原来超额储备金基础上的存款创造，因而能够在很短时期内导致较大幅度缩减货币存量和利率的提高。

在现实经济中，改变法定准备率的效果较猛烈，且经常改变法定存款准备金率会使银行正常信贷业务受到干扰而感到无所适从，因此，中央银行很少使

部分准备金

用改变法定存款准备金率这种强有力的工具,而往往是采用公开市场业务与贴现率政策的配合来调节货币供给量和利息率。

◆ **相关链接**

我国央行应用法定存款准备金率政策工具进行宏观调控

我国央行一直将法定存款准备金工具作为宏观调控的主要工具,从1984年中国人民银行执行中央银行职能以来,非常注重这一工具的使用。其最初的动机是集中资金,作为平衡信贷收支的手段而不是将其作为货币政策的工具。2003年以后央行多次上调法定存款准备金比率;2008年金融危机后,为了应对衰退的经济形势,央行相继调低了存款准备金率。

(资料来源:http://www.timesfinance.net/nbarticle/article.asp?articleid=2925)

4. 其他货币政策手段

除了上述三项主要手段外,西方国家的中央银行(如美联储)还采用以下一些手段。

道义劝告

其一,道义上的劝告。这是指中央银行运用其在金融体系中的特殊地位和威望,通过对商业银行及其金融机构发出口头或书面的谈话或声明,劝说或指导其行动,影响其贷款和投资的方向,使商业银行自动地遵循中央银行所要求的信贷政策。这种劝告虽然不具有行政的强制性和法律上的约束力,但在某些情况下,商业银行和金融机构慑于中央银行的权力,惧怕破坏与中央银行的关系,一般也能听从中央银行的指令,从而使商业银行及金融机构与中央银行不仅在政策上而且在行动上保持一致。

◆ **相关链接**

美联储的道义劝告

道义劝告(Moral Suasion)是美国联邦储备系统管理全国金融事业的一种手段。其含义是联邦储备系统运用其特殊地位通过劝告方式影响银行和其他金融机构的行为,这种劝告往往寓于美联储官员的言谈或其他公开声明中。虽然各金融机构并不负有按美联储当局意图办事的法律责任,但由于美联储的特殊地位,即掌握对商业银行提供贷款的权利,批准有关金融机构业务申请的权利,等等,使得美联储官员的话非常有分量。同时金融机构也认为,联邦储备系统的利益往往和它们自身的长远利益相一致,掌握的信息多,对经济形势及发展趋势的预测要比一般金融机构准确,故而一般情况下乐于听从这种劝告。美联储的劝告不仅有"道义"上的意义,在"道义"背后还藏着行政和法律的威严,是美联储掌握的强有力的工具。美联储官员正在考虑如何改善"道义劝告"并使其尽可能在更大范围内发挥作用。

其二,垫头规定。所谓"垫头"是指有价证券的购买者在交易中必须支付的现款比例。中央银行通过行使对垫头的调节权力控制证券市场的投机,以达到在证券市场上限制信用扩张的目的,而无须涉及其他领域。在证券交易中购买证券的人按照法律的规定必须支付一定比例的现款,其余部分可以向经纪人借款。如果垫头要求越大,证券市场的融通率就越小,相反就越大,后者就会助长证券市场的投机机会，鼓励证券交易中的信用扩张。如中央银行规定垫头为65%，那么证券购买者必须支付65%的款项，其余部分可以向经纪人借款支付，也就是说证券购买者的资金融通率为35%。以股票作为抵押借款时，最多只能作40%的融通。如果提高了垫头规定，证券购买者将付出更多的现款，借款比例受到了限制，证券交易的规模和信用的扩张将因此受到影响。

◆ **相关链接**

美联储的垫头规定

由于1927—1929年间，美国证券市场投机因素激增，但美联储无法直接干预证券市场，即只能通过再贴现率和公开市场业务，逐步削减可提供的贷款，从而限制用借款购买股票。但由于股票价格暴涨时，它可能不得不大幅提高再贴现率，以便有效地影响证券市场的借款。这样一来又将过分地影响正当经济活动的要求。正是根据股票市场过度投机的经验教训，美国国会根据1934年的《证券交易法》授权美联储按情况规定证券经纪人、银行及其他贷款者对股票市场的信用限度，也就是规定股票交易中购买者必须支付的现金比例，有时可以把这一比例提高到100%。

其三，利率上限控制。这是指为保证货币政策实施的效果，控制商业银行和其他金融机构对定期存款和储蓄存款所支付的最高利息率。因为商业银行支付活期存款的利率较定期存款和储蓄存款的利息率低，并且定期和储蓄存款通常也可以较方便支取，所以商业银行中定期和储蓄存款的数量急剧增长，人们对活期存款和债券的兴趣降低。中央银行的法定存款准备金率制度和公开市场政策的效力因此削弱。货币当局规定储蓄和定期存款的利率上限，可使更多的货币转向易于控制的活期存款和债券，从而使货币政策发挥正常作用，同时也限制了各银行利用利率进行激烈竞争。

另外，控制分期付款和抵押贷款的条件也是有时采取的措施。为了刺激需求扩大销售，国家对消费者购买耐用消费品实行了分期付款办法，同时抵押贷款也相当普遍。中央银行通过规定第一次付款额（即最低现付额）和偿还期限，来达到刺激或抑制消费需求的作用。

四、宏观货币政策的运用

在不同的经济形势下，中央银行要运用不同的宏观货币政策来调节经济，或者是采取扩张性的货币政策，或者是紧缩性的货币政策。

所谓扩张性的货币政策，就是通过提高货币供给的增长速度来刺激总需求的增长。在经济萧条时期，由于总需求小于总供给，在经济中存在着失业，经济增长速度减慢。这时就要运用这种政策，包括在公开市场上买进有价证券、降低贴现率并放松贴现条件、降低法定存款准备金率等，以此来增加货币供应量，从而达到降低利息率，刺激消费和投资，达到扩张总需求、扩大就业的目的。

所谓紧缩性的货币政策，就是通过降低货币供给的增长速度来使利息率上

汽车分期付款

升，信用规模紧缩，抑制消费和投资的增长，降低总需求水平。在经济繁荣时期，由于总需求大于总供给，经济中存在通货膨胀，经济增长速度过快。这时就要运用这种政策，包括在公开市场上卖出有价证券、提高贴现率并严格贴现条件、提高法定存款准备金率等从而达到提高实现利息率，抑制消费和投资，达到减少总需求、降低通货膨胀的目的。

◆相关链接

2017年我国采取稳健中性的货币政策

过去，央行一直强调"稳健的货币政策"，2017年来，央行首次采用了"稳健中性的货币政策"的表述方式。央行发布的2017年第二季度中国货币政策执行报告指出，上半年，继续实施稳健中性的货币政策，注重根据形势变化加强预调微调和预期管理，为经济稳定增长和供给侧结构性改革营造了良好的货币金融环境。下一阶段，央行将继续实施稳健中性的货币政策，为供给侧结构性改革营造中性适度的货币金融环境。

货币理论上"中性货币政策"是指使货币利率与自然利率完全相等的货币政策，有两层含义：一是实际利率中性；二是基础货币总量中性，流动性注入只为弥补缺口。总的来说，是让货币因素不对经济运行产生影响，从而保证市场机制可以不受干扰地在资源配置过程中发挥基础性作用。

(http://money.163.com/17/0307/07/CETK0FSA002580S6.html)

五、财政政策与货币政策的搭配

一定时期经济处于萧条状态，政府无论采取扩张性货币政策还是扩张性财政政策以及两种政策的搭配使用都可以用于扩大总需求，增加国民收入。决策者在制定政策时既可选择财政政策，也可选择货币政策，或将两种政策结合起来使用。这样就有一个政策如何选择，并使之配合的问题。

1. 政策的选择

当均衡的国民收入低于充分就业的国民收入时，决策者可以进行多种政策选择，一是采取扩张性财政政策；二是采取扩张性货币政策；三是同时采取扩张性财政政策和扩张性货币政策，即对这两种政策搭配使用。

扩张性财政政策和扩张性货币政策对均衡的国民收入和利率有不同的影响，如表11-1所示。

表11-1 扩张性财政政策和扩张性货币政策的影响

政　　策	均衡的国民收入	均衡利率
扩张性财政政策	增加	上升
扩张性货币政策	增加	下降

从表11-1可以得出这样的结论：尽管这两种政策都可以增加总需求，使国民收入增加，但两者还是有一定的差别。货币政策的实施是通过对利率的影响来影响总需求的，因此，主要是刺激对利率的变动非常敏感的那些投资支出与消费支出——尤其是住房建筑投资。原因住房建筑投资是一种长期投资，利率

的变动对其影响最大。

同样，扩张性财政政策所包括的不同内容对不同的经济变量也会产生不同的影响，如表11-2所示。

表11-2 扩张性财政政策的影响

政　　策	利率	消费	私人投资	国民收入
政府购买支出增加	上升	增加	减少	增加
减少所得税	上升	增加	减少	增加
增加转移支付	上升	增加	减少	增加
投资补贴	上升	增加	增加	增加

采用扩张性财政政策，可以增加产量，但也使利率上升。财政政策如何影响总需求的各组成部分则取决于采取的是何种政策措施。政府购买支出的增加将使总需求与国民收入增加，消费水平也由于国民收入的提高而提高，但由于利率水平的提高会部分地挤占私人投资，私人投资将受到影响；所得税的减少和转移支付的增加，都将使消费水平得以提高，导致总需求和国民收入增加，但由于利率的提高，仍然会影响投资，投资将会因利率的上升而减少；只有对投资进行直接补贴，才会使投资增加，尽管利率也会上升，但它是先有投资增加而后才有利率上升。

由此可见，决策者在进行决策时，如果要刺激总需求就需要考虑究竟要刺激总需求的哪一部分。如果要刺激私人投资，最好使用财政政策中的投资补贴政策；要是刺激投资中的住房建设，就应采取货币政策；若刺激消费，则可通过增加转移支付和减少所得税的财政政策。当然，要治理萧条，就要分析引起萧条的因素是投资不足还是消费不足。无论如何，只有找到了问题的根源，才能对症下药，政策才能取得明显效果。另外，不同政策的选择还会对不同的人群产生不同的影响，社会政治问题也是影响决策的因素。

2. 相机抉择——财政政策和货币政策的搭配使用

如果政府可以有多种政策选择，就要做出权衡取舍，在实现充分就业均衡的同时，兼顾其他政策目标的实现，这就要相机抉择。相机抉择是指政府在运用宏观经济政策来调节经济时，可以根据市场情况和各种调节措施的特点，机动地决定和选择当前究竟应采取哪一种或几种政策措施。

当经济处于萧条状态但不十分严重时，可采用第一种政策组合——扩张性财政政策和紧缩性货币政策。以扩张性财政政策刺激总需求，又以紧缩性货币政策抑制通货膨胀。因为扩张性财政政策尽管会产生"挤出效应"，但对刺激总需求还是有一定的作用的，而紧缩性货币政策通过减少货币的供给量可以抑制由于货币供给量过多而引起的通货膨胀。

◆ 相关链接

挤出效应

挤出效应是指政府支出增加所引起的私人消费或投资降低的效果。在一个相对均衡的市场上，由于供应、需求有新的增加，导致部分资金从原来的预支中挤出，而流入到新的商品中。挤出效应的产生有以下五种情形。

（1）政府通过在公开市场上出售政府债券来为其支出筹资。在这种情况下，由于货币供给不变，政府出售债券相当于收回流通中的部分资金，则市场上资金减少，从而利率升高。利率上升减少了私人投资，引起了挤出效应，而挤出效应的大小取决于投资的利率弹性，投资的利率弹性大，则挤出效应大。

（2）政府通过增加税收来为其支出筹资。在这种情况下，增税减少了私人收入，使私人消费与投资减少，引起了挤出效应。而挤出效应的大小取决于边际消费倾向，边际消费倾向大，则税收引起的私人消费减少多。

（3）在实现了充分就业的情况下，政府支出增加引起了价格水平的上升，这种价格水平的上升也会减少私人消费与投资，引起挤出效应。

（4）政府支出增加对私人预期产生不利的影响，即私人对未来投资的收益率报悲观态度，从而减少投资。

（5）在开放经济中当实行固定汇率制时，政府支出增加引起价格上升削弱了商品在世界市场上的竞争能力，从而出口减少，私人投资减少。

财政政策的乘数效应与挤出效应

当经济发生严重的通货膨胀时，可采用第二种组合——紧缩性财政政策和紧缩性货币政策。通过紧缩货币提高利率，从货币供给方面控制通货膨胀；通过紧缩财政，降低总需求水平，从需求方面抑制通货膨胀，同时防止利率上升过高。

当经济中出现通货膨胀但又不十分严重时，可采用第三种组合——紧缩性财政政策和扩张性货币政策。通过紧缩财政压缩总需求，消除财政赤字，但又通过扩张性货币政策降低利率，刺激总需求，以防止由于财政过度紧缩引起的衰退。

当经济严重萧条时，可采用第四种组合——扩张性财政政策和扩张性货币政策。这样能有力地刺激经济。扩张性财政政策使总需求增加，但提高了利率水平，用扩张性的货币政策可以抑制利率的上升，以克服扩张性财政政策的挤出效应，在保持利率水平不变的情况下，刺激了经济。

财政政策和货币政策的四种组合及其效应如表11-3所示。

表11-3 财政政策和货币政策搭配使用的政策效应

政策搭配	产出	利率
扩张性财政政策和紧缩性货币政策	不确定	上升
紧缩性财政政策和紧缩性货币政策	减少	不确定
紧缩性财政政策和扩张性货币政策	不确定	下降
扩张性财政政策和扩张性货币政策	增加	不确定

在具体考虑两种政策的搭配使用上，不仅要看到当时的经济形势，还要顾及政治上的需要。虽然扩张性财政政策和货币政策都能够增加总需求，但两者的后果对不同的人群会产生不同的影响，也使 GDP 的组成比例发生变化。例如，实行扩张性货币政策，导致利率下降，投资增加，因而对投资部门尤其是住宅建筑部门有利。但是，若实行扩张性财政政策——减税，则有利于个人可支配收入的提高，消费支出将增加；若仍然采取扩张性财政政策——增加政府支出，比如兴办教育、对在职工人进行培训、治理环境等，则受益的人群又将不同。正因为如此，政府在做出政策的抉择时，必须要考虑到各行各业、各个阶层的利益，尽量协调好各种利益关系。

复习与练习

1. 宏观经济政策的目标是什么？它们之间的联系和矛盾分别是什么？
2. 宏观财政政策的基本内容是什么？不同时期应该如何运用？
3. 何谓内在稳定器？说明它们对缓和经济波动的作用？
4. 货币政策工具主要有哪些？不同时期应该如何运用？
5. 什么是公开市场业务？这一货币政策工具有哪些优点？

课后测试

技能训练项目

项目 11-1 分析研讨国家宏观经济政策

【技能目标】

培养学生初步分析现实经济背景下财政政策和货币政策的具体实施及作用过程的能力。

【内容与要求】

学生自愿组成学习小组，每组 5~6 人，每组通过报纸、网络等搜集我国上一年度的经济运行状况以及国家出台的各种经济政策。围绕以下主题和要求，开展活动。

1. 上一年度我国经济运行的整体态势怎么样？
2. 上一年度我国出台了哪些重大的财政政策和货币政策？
3. 分析国家出台以上经济政策的原因及其作用过程。
4. 根据讨论，总结归纳，形成一个"××××年国家经济政策作用效果的分析报告"。
5. 班级组织一次交流，每组推荐一名代表作演讲发言，其他小组成员可以对其提问，同一小组成员可以作补充回答。

【成果与考核】

1. 每组提交一份"××××年我国经济运行状况的分析报告"。
2. 由教师和学生共同根据各组报告、发言以及提问答辩情况对每组进行评估打分，作为本次实训成绩。

项目11-2　分析货币政策案例

【技能目标】

培养学生对于货币政策选择及实施的分析能力。

【内容与要求】

学生自愿组成学习小组，每组5~6人，每组通过报纸、网络等搜集国家上年经济工作会议和当年政府工作报告中对本年度经济形势的分析判断以及确定的经济发展总基调，确定的宏观经济政策等，在研究分析的基础上，融会贯通，形成自己的内容体系，并以"我国宏观经济政策解读"为题，撰写一篇分析报告。

全班组织一次交流研讨，每组推荐一名代表发言，阐述本组的观点，其他小组同学可进行评价、提问或引申阐述、补充观点等，同一小组成员可以作补充回答。

【成果与考核】

1. 每组提交一份分析报告。
2. 由教师和学生共同根据各组报告、演讲以及提问答辩情况对每组进行评估打分，作为本次实训成绩。

拓展阅读

第十二章

国际经济

知识目标

通过本章学习，掌握国际贸易的基本概念，理解国际贸易理论，熟悉国际贸易的基本规则；了解国际金融体系，熟悉汇率的概念，明确汇率制度及其影响；掌握国际收支的概念，明确国际收支失衡的调节机制。

能力要求

通过本章学习，能够运用国际贸易理论分析各国贸易的特点，揭示国际贸易规律，初步具备简单解读、分析和评价贸易政策的能力；能够运用所学知识解释现实中汇率变动的原因，分析汇率变动对经济的影响。能够应用国际收支理论简单解读、分析和评价各国的国际收支状况。

情境导入

"一带一路"倡议与全球化国际合作

"一带一路"（英文：The Belt and Road，缩写 B&R，即"丝绸之路经济带"和"21 世纪海上丝绸之路"的简称）是习近平主席代表中国政府提出的国际合作与发展的倡议。在世界多极化、经济全球化、社会信息化、文化多样化的新阶段，基于各国人民对和平合作、开放包容、共享发展愿望的新背景，以"政策沟通、设施联通、贸易畅通、资金融通、民心相通"（简称"五通"）为主要内容，打造"一带一路"沿线国家政治互信、经济融合、文化互容的利益共同体、责任共同体和命运共同体。

"一带一路"不是一个实体和机制，而是合作发展的理念和倡议，将充分依靠中国与有关国家既有的双边、多边机制，借助既有的、行之有效的区域合作平台，在通路、通航的基础上通商，形成和平与发展的新常态。

"一带一路"合作中，经贸合作是基石。中国与沿线各国在交通基础设施、贸易与投资、能源合作、区域一体化、人民币国际化等领域，迎来共创共享的新时代。

中国将与"一带一路"沿线国家通过"互通互联"，实现工业产能合作以及其他各个方面的更广、更深层面的区域经济合作，从而促进"一带一路"沿线国家产业升级、经济发展和工业化水平的进一步提升，这对世界工业化进程的推进意义巨大。

（资料来源：https://www.wasu.cn/Play/show/id/8828940？refer=sllduan）

"一带一路"倡议
已改变了什么

国际贸易

经济学上常把投资、消费、出口比喻为拉动国民经济增长的"三驾马车"。在经济全球化、一体化的背景下，如何发展对外经济贸易，正是国际经济理论所要研究的问题。

第一节 国际贸易与政策

一、国际贸易的基本概念

国际贸易是指国家与国家之间进行的商品、劳务和技术交换活动。国际贸易是一种世界范围的交易行为，是各国之间分工的表现形式，反映了世界各国在经济上的相互依靠，因此亦被称为世界贸易。

关于国家与国家之间进行的对外贸易还涉及许多相关概念。

1. 国际贸易中常见的基本概念

（1）出口与进口。出口是指将本国生产的商品或劳务卖给别的国家，即将本国生产或加工的商品或劳务输往其他国家的行为；进口是指本国从其他国家购入商品或服务，即从国外输入商品或劳务的行为。

（2）再出口与再进口。再出口是指外国商品进口以后未经加工制造又出口，也称复出口，是出口贸易的变形；再进口是指本国商品输往国外后未经加工又输入国内，也称复进口。

（3）净出口和净进口。就整个对外贸易或某一行业而言，当出口总值大于进口总值时，出现的贸易顺差即是净出口；当进口总值大于出口总值时，出现的贸易赤字即是净进口。

（4）过境贸易。过境贸易，又称为通过贸易，指某种商品从甲国经由乙国向丙国输送销售，对乙国来说，就是过境贸易。

（5）贸易差额。贸易差额是指一定时期内一国出口总额和进口总额之间的差额。贸易差额用以表明一国或地区对外贸易收支情况：当出口额超过进口额时为贸易顺差或称作出超；当进口额超过出口额时称为贸易逆差或入超。

（6）有形贸易和服务贸易。有形贸易，又叫有形商品贸易，是指有具体的实物形态的可以看得见的货物贸易。

服务贸易，又称无形贸易或劳务贸易。据世界贸易组织的定义，服务贸易是指在一成员国境内向任何其他成员国境内提供服务，在一成员国境内向任何其他成员国的服务消费者提供服务，一成员国的服务提供者以自然人的身份在任何其他成员国境内提供服务，一成员国的服务提供者在任何其他成员国境内以商业形式提供服务。服务贸易具体包括：商业性服务、通信服务、建筑服务、销售服务、教育服务、环境服务、金融服务、健康和社会服务、旅游及相关服务、文化、娱乐及体育服务、交通运输服务和其他服务。

有形贸易要经过海关报关手续，其进出口额反映在海关统计上。服务贸易不经过海关报关手续，通常不表现在海关统计上，但显示在一国国际收支表上。但两者的外汇收支都是一国国际收支的重要组成部分。

(7) 直接贸易、间接贸易和转口贸易。直接贸易是指商品生产国与消费国不通过第三者进行货物买卖的贸易。间接贸易是指商品生产国和商品消费国通过第三国进行的贸易。转口贸易是指商品生产国和商品消费国通过第三国进行的贸易，对第三国来说就是转口贸易。即使商品直接从生产国运到消费国，但只要两者之间没有发生直接交易关系而是由第三国转口商分别同生产国与消费国发生交易关系，就称为转口贸易。转口贸易和间接贸易实际上是一笔商品的买卖从不同的角度描述的不同的概念。

(8) 贸易值与贸易量。贸易值是指用货币金额表示的贸易规模，又可分为对外贸易值和国际贸易值。对外贸易值又叫对外贸易额，是指用货币表示的一国或地区在一定时期的进口额和出口额的总和。国际贸易值又叫国际贸易额，是指用统一货币单位表示的世界各国和地区在一定时期的出口总额或进口总额。就国际贸易来看，一国的出口就是另一国的进口，所有国家和地区的进口总额的合计应等于所有国家和地区出口总额的合计。因此国际贸易值是世界各国和地区的出口总额或进口总额。而对外贸易值则是各国或地区各自的进口和出口的总和。由于各国在统计贸易的规模时，出口值一般以离岸价（FOB）进行统计，而进口值按到岸价（CIF）统计，进口统计中包括了运输费用和保险费用，故一般世界出口值小于世界进口值。为此，在世界贸易统计中，世界贸易值为各国和地区的出口值之和。

贸易量。由于用货币表示的贸易值易受价格变动的影响，不能准确反映各国贸易的实际规模，也不能用于不同时期的贸易规模的比较。所以为了剔除价格变动对贸易值的影响，往往用一定年份为基期计算的进口价格或出口价格指数去除当时的进口总值或出口总值，得到相当于按不变价格计算的进口值或出口值，通过这种方法计算出来的单纯反映对外贸易规模的指标，就叫作贸易量。

(9) 贸易条件。贸易条件又称交换比价或贸易比价，即一个国家或地区在一定时期内的出口商品价格指数与进口商品价格指数之间的比率，也就是，一个单位的出口商品可以换回多少进口商品，它是用出口价格指数与进口价格指数来计算的。其计算的公式为：

$$贸易条件 = (出口价格指数 \div 进口价格指数) \times 100\%$$

(10) 对外贸易系数。对外贸易系数，是指进出口总额与其国内生产总值或国民生产总值的比值，又叫对外贸易依存度。对外贸易系数可以分为出口系数和进口系数。它是开放经济的重要指标之一，可以衡量一国或地区对世界经济变动的敏感性，用公式表示为：

$$Z = [(X+M) \div GDP] \times 100\%$$

式中 Z 为对外贸易依存度，X 为出口总值，M 为进口总值。一国的外贸依存度越高，表明该国经济对国际贸易的依赖程度越大，同时也表明对外贸易在该国国民经济中的地位越重要。一般来说，实行开放政策的国家相对于闭关锁国的国家，其外贸依存度会比较高；小国家的外贸依存度会比大国家高一些。比如，新加坡的外贸依存度肯定会比印尼高。为了准确地表示一国经济增长对外贸依赖程度，人们又将对外贸易依存度分为进口依存度和出口依存度。进口依存度反映一国市场对外的开放程度，出口依存度则反映一国经济对外贸的依赖程度。

2. 对外贸易与国际贸易

对外贸易是指一个国家与其他国家进行的商品、劳务和技术交换活动。这种贸易由进口和出口两个部分组成，它反映了一个国家在国际分工中的地位和在经济上对外联系的程度。

对外贸易与国际贸易在内容上并无本质不同，区别在于考察的角度不同。国际贸易与对外贸易是一般与个别的关系。国际贸易是站在整个世界的角度来看贸易活动，而对外贸易只是从一个国家的角度来考虑贸易问题，因此，国际贸易不仅包括本国与外国的贸易，也包括其他国家之间的贸易，而对外贸易仅指本国与其他国家的贸易。

二、国际贸易对经济的影响

国际贸易对国民收入的影响是通过净出口作为总需求的重要组成部分而发生作用的。在开放型经济中，国民收入是由消费、投资、政府购买和出口与进口的净额所决定的，即 $Y=C+I+G+(X-M)$。如果消费、投资和政府购买数量不变，国民收入的增减则由出口与进口的净额决定。出口大于进口表明国际贸易出现盈余，反之，进口大于出口表明国际贸易出现了赤字。两者对国民收入的影响相反，国际贸易盈余致使国民收入增加，国际贸易赤字导致国民收入减少。

对外贸易对经济增长的影响很大，对外贸易是"经济增长的发动机"。具体表现在以下两个方面。

（1）从国内关系上看，对外贸易主要有需求效应、结构效应、规模效应与收入乘数效应。需求效应是指外贸发展带来国内没有的新产品，从而产生新的需求，这种需求成为国内新产业建立和发展的刺激因素，从而推动经济增长。结构效应是指通过对外贸易导致国内生产转移，从而使旧产业衰退，新产业兴起，形成新的生产结构。规模效应是指通过对外贸易扩大市场范围，使生产摆脱国内市场的局限，在资源配置最佳的情况下，生产扩大的产业可以获得规模经济效应。收入乘数效应是指净出口贸易额的增长引起国民收入成倍增长的效应。

（2）从国际关系上看，主要是对外贸易在国际经济中的"传递"作用。"传递"是指一个国家经济的盛衰如何对另一国发生影响。世界各国在经济上互相依靠，各国经济的增长或衰退都会影响其他国家。对外贸易是各国经济活动相互传递的重要渠道，各国经济的发展通过对外贸易"传递"的过程是：世界市场价格变动→国内开放部门（经营对外贸易部门）价格变动→国内非开放部门价格变动；国内价格变动→产量与就业变动；产量与就业变动→整个经济的变动（上升或下降）。

三、国际贸易理论

1. 绝对优势理论

亚当·斯密是英国著名经济学家，也是古典经济学派奠基人之一，国际分

比较优势和绝对优势

工理论的创始者。他的代表著作是 1776 年出版的《国民财富的性质和原因的研究》（简称《国富论》）。在《国富论》一书中他以"看不见的手"的经济学观点，提出了国际贸易的绝对成本学说。斯密认为分工对提高劳动生产率、增加国民财富有着重要的意义，主张在国内实行经济上的自由放任政策，这些奠定了他的自由贸易政策主张的理论基础。斯密认为分工可以提高劳动生产率，原因是：①分工能提高劳动的熟练程度；②分工使每个人专门从事某项作业，节省与生产没有直接关系的时间；③分工有利于发明创造和改进工具。在此基础上，斯密将适用于一国内部不同职业之间、不同工种之间的分工原则推演到各国之间的分工，从而形成其国际分工理论。斯密认为：自由贸易会引起国际分工，国际分工的基础是有利的自然禀赋，或后天的有利生产条件，它们都可以使一国在生产上和对外贸易方面处于比其他国家绝对有利的地位，分工和交换，将会使各国的资源、劳动力和资本得到最有效的利用，将会大大提高劳动生产率和增加物质财富。由于这个学说是按各国绝对有利的生产条件进行国际分工，所以也叫作绝对成本学说。

◆ **相关链接**

贸易与绝对优势

如英国和法国都生产生铁和小麦两种产品。英国生产 1 个单位生铁需耗费 50 劳动小时，生产 1 个单位小麦需 100 劳动小时；而法国生产 1 个单位生铁需 100 劳动小时，生产 1 个单位小麦需 50 劳动小时，如表 12-1 所示。

表 12-1 分工前单位产品的生产成本　　　　　　　　　　　　单位：劳动小时

	1 单位生铁	1 单位小麦
英国	50	100
法国	100	50

根据表 12-2 可知，在两国不发生贸易的条件下，各国均需同时生产生铁和小麦两种产品。则英国和法国都以 150 劳动小时生产 1 个单位生铁和 1 个单位小麦供本国消费。英国在生铁产品的生产率上具有绝对成本优势，而法国在小麦的生产率上具有绝对的成本优势。以斯密的观点，英国应该分工生产生铁，法国应分工生产小麦。假设两国生产两种产品的劳动具有同等素质，且可在两种产品生产部门互相之间进行分工转移，如表 12-2 所示。

表 12-2 分工后单位产量变化　　　　　　　　　　　　单位：劳动小时

	生铁产量/单位	小麦产量/单位
英国	(50+100)/50=3	
法国		(50+100)/50=3

从表 12-3 可知，根据斯密的分工学说，英国将其生产生铁和小麦的劳动全部用来生

产生铁，可以得到 3 个单位的生铁；法国也将其生产生铁和小麦的劳动全部用来生产小麦，可以得到 3 个单位的小麦；这样，在投入的劳动总量没有增加的情况下，两种产品的产量分别从原来的 2 个单位增加到现在的 3 个单位，展现了分工带来的利益。

假定两国间的劳动是同质且无差别的劳动，产品交换完全依成本的差异来进行。这样，两国间生铁和小麦的交换比例是 1∶1。双方按照这一比例向对方换回自己未生产的产品，交换后的利益见表 12-3。

表 12-3 交换后的产量所得（利益）

	生铁所得/单位	小麦所得/单位
英国	3-1=2	1
法国	1	3-1=2

正是两国通过国际分工和国际贸易所节省的劳动时间，增加了产品的产量和消费量，国际贸易使参与国际分工的两国都获得了利益。

2. 比较优势理论

比较优势原理

大卫·李嘉图是英国另一位著名经济学家。在其 1817 年出版的主要著作《政治经济学及赋税原理》中，他提出了以比较成本理论为基础的国际贸易学说。这一学说也是在亚当·斯密绝对成本学说基础上发展来的。

李嘉图在研究斯密绝对成本学说之后，发现绝对成本学说存在一个重大缺陷，即通过对两个国家商品成本的比较，如果其中一国在所有各种商品的生产方面都占有绝对成本优势，而另一国则在所有各种商品的生产方面都处于绝对劣势，按绝对成本学说两国间不会发生贸易关系。实际上，不具有成本优势的国家也能参加国际贸易，解释和说明这种现象的理论就是比较优势理论。亚当·斯密认为国际分工应按由于地域、自然条件不同而形成的商品成本绝对差异进行分工，即一个国家输出的商品生产成本绝对低于他国的商品。李嘉图发展了这个观点，他认为每个国家不一定要生产各种商品，而应集中力量生产那些利益较大或不利较小的商品，然后通过对外贸易交换，在资本和劳动力不变的情况下，生产总量将增加。如此形成的国际分工对贸易各国都有利。

◆ **相关链接**

贸易与比较优势

比如葡萄牙生产 1 个单位毛呢需 90 成本单位，生产 1 个单位葡萄酒需 80 成本单位，英国生产 1 个单位毛呢需耗费 100 成本单位，生产 1 个单位葡萄酒需 120 成本单位，如表 12-4 所示。

表 12-4 英、葡两国分工前生产商品的劳动成本

	1 个单位毛呢/成本单位	1 个单位葡萄酒/成本单位
葡萄牙	90	80
英国	100	120

从表 12-4 中可以看出，葡萄牙无论在生产毛呢或葡萄酒方面所消耗的成本单位都比英国低，在两种商品的生产上均具有绝对优势，而英国在两种商品生产的成本单位上都不具有绝对优势。按照斯密绝对成本学说的观点，英、葡两国根本不可能进行互利贸易，因为英国没有什么便宜的毛呢或葡萄酒卖给葡萄牙，而葡萄牙也不会用本国便宜的商品去换取英国昂贵的商品。

李嘉图在运用比较成本分析法考察了这一情况后，发现葡萄牙在生产毛呢或葡萄酒方面均具有绝对优势，但优势的程度也就是比较成本不一样；同样，英国在两种商品生产上虽都处于劣势，但劣势的程度也就是比较成本也不一样。

按照表 12-4 的数字，可分别计算出葡萄牙和英国生产毛呢与葡萄酒的比较成本。葡萄牙生产毛呢和葡萄酒的比较成本为：

葡萄牙生产毛呢的成本/英国生产毛呢的成本 = 90/100 = 0.9

葡萄牙生产酒的成本/英国生产酒的成本 = 80/120 = 0.67

葡萄牙生产毛呢的成本是英国的 90%，生产葡萄酒的成本是英国的 67%，说明葡萄牙在生产这两种商品时的劳动生产率虽然均高于英国，但生产两种商品的相对劳动效率却有差别，葡萄牙生产葡萄酒的效率比生产毛呢的效率相对来说更高些。所以，葡萄牙在生产酒方面具有相对优势，而在生产毛呢方面则具有相对劣势。

英国生产毛呢与葡萄酒的比较成本是：

英国生产毛呢的成本/葡萄牙生产毛呢的成本 = 100/90 = 1.1

英国生产酒的成本/葡萄牙生产酒的成本 = 120/80 = 1.5

这表明，英国生产毛呢的成本是葡萄牙的 1.1 倍，而生产葡萄酒的成本是葡萄牙的 1.5 倍。虽然英国在生产这两种商品方面处于绝对劣势，但比较起来，英国生产葡萄酒的劣势甚于生产毛呢的劣势。两者相比，英国在生产毛呢方面就具有相对优势，生产葡萄酒方面具有相对劣势。

很明显，葡萄牙生产葡萄酒时的成本优势较大，英国生产毛呢成本劣势较小。李嘉图提出了"两优取最，两劣取轻"的原则。按此原则，英国分工生产毛呢，葡萄牙则专业生产葡萄酒，两国生产的产品总量就可能增加，如表 12-5 所示。

表 12-5　分工生产后的产量变化

	毛呢	葡萄酒
葡萄牙		(80+90)/80 = 2.125
英国	(100+120)/100 = 2.2	

从表 12-5 不难发现，英、葡两国只要将本国具有成本比较劣势产品的投入要素，转移到具有比较优势的产品的生产上，就可以增加两国的生产总量。这样两国就有可能实现完全的国际分工，并进行互利的国际贸易。与国际分工前相比，两国虽然生产毛呢和葡萄酒的单位成本没有增加，但由于资源要素实现了优化配置，提高了生产效率，两国消费的使用价值量都有了增加，因而也节约了成本耗费。

如果双方都以本国所增加的产量的部分产品来交换回自己国内所需的商品（李嘉图假定双方按 1∶1 的比例进行交换），就能形成双方有利的贸易格局，如表 12-6 所示。

表 12-6 交换后的利益变化或产品所得

	毛呢	葡萄酒
葡萄牙	1.1	2.125-1.1=1.025
英国	2.2-1.1=1.1	1.1

从12-6表中可看出，英国与其用原120个单位成本去生产1个单位的葡萄酒，不如将这些单位成本用于生产毛呢，可多产毛呢1.2个单位，并将其中的1.1个单位毛呢出口，向葡萄牙换取1.1单位的葡萄酒。葡萄牙也会发现，与其用90单位成本生产1单位的毛呢，还不如将其用于生产2.125单位的葡萄酒，并向英国出口其中的1.1个单位葡萄酒，可换得1.1单位毛呢，这显然对双方都是有利的。

上述两个理论属于自由贸易理论，除此之外，还有其他一些自由贸易理论，如：战略贸易理论（也称新贸易理论）、竞争优势理论、对外直接投资理论、新增长理论的国际贸易观等。

3. 近代贸易理论的发展

（1）要素禀赋理论。要素禀赋理论又称要素比例说、赫克歇尔—俄林模型，由瑞典经济学家赫克歇尔和他的学生俄林提出。1919年瑞典赫克歇尔发表为《对外贸易对收入分配的影响》的论文中，认为在两个国家各个生产部门技术水平相同时，两个国家生产要素禀赋的差异也会形成不同的比较优势，只要生产不同产品所使用的要素比例不同，仍然存在分工和贸易的基础。这一观点经其学生、瑞典经济学家伯蒂尔·俄林在1933年发表的经典著作《地区间贸易与国际贸易》一书中阐释和发展，创立了生产要素禀赋理论，理论学界称其为赫克歇尔—俄林（H—O）定理。

比较优势专业化和贸易利得

要素禀赋理论

该理论的主要观点包括以下六个方面：第一，两国生产同样产品，价格的绝对差是导致国际贸易产生的直接原因，差价高于运输费才能有利可图。第二，价格的绝对差是由成本的绝对差决定的。第三，成本的绝对差是由于成本的比例不同，生产要素的配合比例不同而表现出来的。第四，商品价格不同是由于生产要素价格不同而引起的。第五，生产要素的供给和需求，对价格比例产生影响。第六，要素禀赋是国际贸易中各国具有比较优势的决定因素。

以上六个方面相互联系，相互补充。每一个国家商品价格构成不同，因此各国会根据比较利益组织生产。国际分工和国际贸易的结果，使得各国都能更有效地利用各种生产要素。

因此，可得出赫克歇尔—俄林定理：每个国家在国际分工——国际贸易体系中应生产和出口较密集的使用其富裕的生产要素的产品，进口较密集的使用其稀缺的生产要素的产品。也就是说，资本丰裕的国家将出口资本密集型产品，进口劳动密集型产品；反之，劳动力丰裕的国家将出口劳动密集型产品，进口资本密集型产品。

（2）产业内贸易理论。传统的国际贸易理论，主要是针对国与国、劳动生产率差别较大的和不同产业之间的贸易，但自20世纪60年代以来，随着科学技

产业内贸易理论

术的不断发展，国际贸易实践中又出现了一种和传统贸易理论的结论相悖的新现象，即国际贸易大多发生在发达国家之间，而不是发达国家与发展中国家之间；而发达国家间的贸易，又出现了既进口又出口同类产品的现象。为了解释这种现象，国际经济学界产生了一种新的理论——产业内贸易理论。

所谓产业内贸易是相对于产业间贸易而言的，它是指国际贸易中，一国同一时期内既进口又出口同类产品的现象。该理论综合产品差异论、需求偏好相似论和规模经济三个理论来解释产业内贸易产生的原因。

从产品差异论来说，产品差异是指产品的质量、性能、规格、牌号、设计、包装等不同，甚至每种产品在其中每一方面都有细微的差别而形成无数样产品组成的系列产品，这些产品产自不同的国家，而每样产品在各国都有需求，所以各国对同种产品产生相互需求，从而产生贸易。

产品差异化

从需求偏好相似论来说，不同国家的需求偏好越相似，则它们之间产业内贸易的可能性也越大。比如，美国生产的电冰箱、汽车等产品主要是用于满足美国的市场需要，在设计产品的规格时考虑了美国的收入水平、家庭结构和消费习惯，所以美国产品将出口到那些需求偏好和美国相似的国家。

需求偏好相似论

从规模经济来说，追求规模经济效益的动机使产业内贸易得以进行。同类产品因产品差别与消费者偏好的差异而相互出口，可以扩大生产规模进而扩大市场。这样，就使研制新产品的费用和设备投资分摊在更多的产品上，可以节约研发费用，进而降低单位产品成本。产业内贸易是以产业内的国际分工为前提的。产业内的国际专业化分工越精细、越多样化，不同国家的生产厂家就越有条件减少产品品种和产品规格型号，在生产上就越专业化。这种生产上的专业化不仅有助于企业采用更好的生产设备，提高生产效率，降低成本，而且有助于降低生产企业之间的市场竞争程度，有利于厂商扩大生产规模和市场规模，从而充分体现企业生产的内部规模经济效应。因为生产和市场的细分化虽然减少了国内消费者数量，但企业可以面对同类型的更大规模的国际消费者群体进行生产和销售，使从事国际生产和国际贸易的微观企业具有经济上的合理性和可行性。

规模经济

当代产业内贸易的发展呈现出许多特点：首先，产业内贸易在发达国家的对外贸易中，特别是工业制成品贸易中，占据了主导地位；其次，产业内贸易在发展中国家的对外贸易中也占有很重要的地位；再次，产业内贸易与主导产业、高新技术产业的发展密切相关。

四、贸易保护主义与自由贸易

1. 贸易壁垒

在国际贸易中，影响和制约着商品自由流通的各种手段和措施，称之为贸易障碍或贸易壁垒。这种壁垒一般可分为关税壁垒和非关税壁垒两种。所谓关税壁垒，是指进出口商品经过一国关境时，由政府设置海关向进出口商征收关税所形成的一种贸易障碍。按征收关税的目的来划分，关税有两种：一是财政关税，其主要目的是增加国家财政收入；二是保护关税，其主要目的是保护本

贸易壁垒

国经济发展而对外国商品的进口征收高额关税。保护关税愈高，保护的作用就愈大，甚至实际上等于禁止进口。非关税壁垒，是指除关税以外的一切限制进口措施所形成的贸易障碍，又可分为直接限制和间接限制两类。直接限制是指进口国采取某些措施，直接限制进口商品的数量或金额，如进口配额制、进口许可证制、外汇管制、进口最低限价等。间接限制是通过对进口商品制定严格的条例、法规等间接地限制商品进口，如歧视性的政府采购政策，苛刻的技术标准、卫生安全法规，检查和包装、标签规定以及其他各种强制性的技术法规。

2. 关税与配额

（1）关税的概念和特点。关税是进出口商品进出一国关境时由该国政府所设置的海关向进出口商征收的一种税收。关税很少对出口产品征收，因而关税在大多数情况下是指进口关税。关税与其他税收相比，既有同一性，又有区别性。

关税

同一性表现在：具有强制性、无偿性和固定性的特征。

关税与其他国内税收相比其区别表现在：第一，关税的征收客体是进出口货物；第二，关税的课征主体是进出口商或进出口物品所有者；第三，关税具有涉外性质，是政府对外经济贸易政策的重要手段。

（2）关税分类。

① 按征税对象划分，关税可分为进口关税、出口关税和过境税。

② 按征收目的划分，关税可分为财政关税、保护关税和收入再分配关税。

③ 按征税方法划分，关税可分为从量税、从价税、复合关税和选择关税。

④ 按关税的特定作用划分（特别关税），关税可分为进口附加税、反倾销税、反补贴税、报复关税、滑动税、差价税、季节税和优惠关税。

（3）配额。配额是对进出口的商品按其价值量或实物量，在一定时期内限定的绝对数额。配额可以对进口或出口实施，这里只分析进口配额。配额可以分为绝对配额和关税配额两大类。

配额

① 绝对配额。绝对配额是指在一定时期内某种商品允许进口的绝对数额，超过此数额不得进口。

② 关税配额。关税配额是与关税相结合的配额，并不限制某种商品在一定时期内的进口总量，但规定一数额，在此数额内予以低税或免税进口，超过此配额则征收较高关税以至惩罚性关税。

3. 贸易保护的原因

贸易保护的原因主要源于以下理论。

（1）重商主义。重商主义是社会出现分工和国家产生以后，经长期对外贸易的实践，于15世纪初形成的经济思想和政策体系。重商主义分为两个阶段，第一阶段为早期重商主义或货币差额论，即重金主义。第二阶段为晚期重商主义或贸易差额论。

重商主义

早期的重商主义又称"重金主义"，盛行于15世纪至16世纪中叶，主要观点是：把货币与商品绝对地对立起来，要求在对外贸易中绝对地多卖少买，让金银流入国内，并千方百计把出口得到的货币保存在国内。晚期的重商主义产生于 16 世纪下半叶。当时工场手工业已开始产生，信贷事业开始发展，重商主义者开始用资本家眼光来看待货币。晚期重商主义的理论核心是贸易差额论，主要观点有三：一是认为货币与商品具有统一性，开始重视以货币形态出现的作为商业资本用的财富；二是用动态的眼光看待货币，认为只有货币作为资本投入流通，才能获取更多的货币；三是应当用贸易差额来确定一国的财富和国力，主张资本输出以获取大量贸易盈余，该观点还认为在对外贸易中，不必每笔贸易或对每一国的贸易都是顺差，只要对外贸易总额保持顺差，就足以使更多的货币流入，国家就会富强。

（2）保护幼稚工业理论。弗里德里希·李斯特在 1841 年出版了《政治经济学的国民体系》一书，系统地提出了他的保护幼稚工业的学说。他关于实行有节制的、多样化的、适度的保护税率的想法及强调对处于发展初期阶段的幼稚工业尤其是在国民经济中居于重要地位的部门实行保护的理论，成为当今发展经济学贸易理论中的关税结构理论和保护幼稚工业理论的重要思想来源。李斯特倡导实施保护政策的本意，是要建立起制造业部门和工商业优势，一旦这一目的达到了，就应当转而采取自由贸易政策。他认为，保护政策具有历史性，其实行和撤销都是合理的。他无疑是把促进制造业成长当作实行保护政策的最主要理由，而且把保护政策仅仅看作将来在国际范围内实现自由贸易的一种手段，而不是目的。正是这一点，使之既区别传统的重商主义，又不同于英法古典经济学，而是两者的一种结合。

保护幼稚工业理论

（3）超保护贸易政策理论。凯恩斯的贸易保护主义理论又称超保护贸易理论、新保护主义。凯恩斯主义的核心是有效需求理论，认为危机和失业是由于有效需求不足引起的，除了研究决定有效需求的国内因素及提出相应的处方之外，凯恩斯主义对贸易与有效需求的关系进行的分析，主要是从投资和就业两个角度展开。

20 世纪 90 年代以来，随着国际贸易的扩大和经济全球化的发展，各国在贸易领域的竞争日趋激烈。在这种形势下，各种形式的保护主义纷纷出现。目前较具代表性的新保护贸易理论包括：战略性贸易政策、地区经济主义新贸易保护论、国际劳动力价格均等化新贸易保护论以及环境优先新贸易保护论。

超保护贸易理论

除上述理论之外，还有其他的一些贸易保护的理论，如关税可能改善国际收支的论点、"保护公平竞争"论、关税的反倾销论等。还有其他一些贸易保护的原因，如：通过增加关税增加财政收入、为维护民族自尊而保护民族工业、通过限制贸易来调节收入分配以便有利于社会公平、为了维护国家安全或国家的政治需要等。

4. 反倾销

反倾销是指对外国商品在本国市场上的倾销所采取的抵制措施。一般是对倾销的外国商品除征收一般进口税外，再增收附加税，使其不能廉价出售，此种附加税称为"反倾销税"。反倾销案发起国如果认定被调查商品的出口国为"市场经济"国家，那么在进行反倾销调查时，就必须根据该产品在生产国的实

反倾销

际成本和价格来计算其正常价格;如果认定被调查商品的出口国为"非市场经济"国家,将引用与出口国经济发展水平大致相当的市场经济国家(即替代国)的成本数据来计算所谓的正常价值,并进而确定倾销幅度,而不使用出口国的原始数据。

> ◆相关链接
>
> ### 世界贸易组织(WTO)简介
>
> 世界贸易组织是当代最重要的国际经济组织之一,拥有160个成员国,成员国贸易总额达到全球的97%,有"经济联合国"之称。其基本职能是:制定监督,管理和执行共同构成世贸组织的多边及诸边贸易协定;作为多边贸易谈判的讲坛;寻求解决贸易争端;监督各成员国贸易政策,并与其他制订全球经济政策有关的国际机构进行合作。中国于2001年12月正式加入WTO。
>
> (资料来源:https://baike.so.com/doc/5374043-5610056.html)

第二节　国际金融与政策

一、汇率与国际金融体系

1. 汇率

(1)汇率及其标价法。汇率又称汇价或兑换率,是一个国家的货币折算成另一个国家货币的比率,即两种不同货币之间的折算比率。也就是在两国货币之间,用一国货币表示另一国货币的相对价格。外汇银行对外公布的汇率称为外汇牌价,外汇市场上不断变化的汇率走势,一般称为外汇行市或外汇行情。这些词语尽管说法不同,但均属于汇率的范畴。

汇率

汇率的标价方法,也称汇率的挂牌方式,两种货币相互兑换与折算要确定以哪种货币为标准,由于确定的标准不同,便产生了不同的汇率标价方法。

① 直接标价法。直接标价法,又称应付标价法、价格标价法,是以一定单位(如1,100,10 000)的外国货币为标准来折算应付若干单位的本国货币的汇率标价方法。即以外国货币为单位货币,本国货币为计价货币。

在直接标价法下,如果一定单位的外币折合本币数量增加,则称为外币汇率上升(上涨)或外币升值,本币汇率下降(下跌)或本币贬值。反之,如果一定单位的外币折合本币数量减少,则称为外币汇率下降(下跌)或外币贬值,本币汇率上升(上涨)或本币升值。世界上大多数国家采取直接标价法来公布汇率,我国一直采用直接标价法。

② 间接标价法。间接标价法,又称应收标价法、数量标价法,是以一定单位(如1,100,10 000)的本国货币为标准来折算应收若干单位的外国货币的汇率标价方法。即以本国货币为单位货币,外国货币为计价货币。目前只有极少数国家采用该标价法。

在间接标价法下,如果一定单位的本币折合外币的数额增加,则称为本币汇率上升(上涨)或本币升值,外币汇率下降(下跌)或外币贬值。反之,如果一定单位的本币折合外币数量减少,则称为本币汇率下降(下跌)或本币贬值,外币汇率上升(上涨)或外币升值。

目前,世界上采用间接标价法的国家主要有英国、英联邦国家(爱尔兰、澳大利亚、新西兰等国)、美国和后来的欧元区国家。英国是资本主义发展最早的国家,英镑曾充当世界贸易计价结算的中心货币,因此,长期以来伦敦外汇市场上英镑采用间接标价法。"二战"后,美国经济实力迅速扩大,美元逐渐成为国际结算、国际储备的主要货币。为了便于计价结算,从1978年9月1日开始,纽约市场也改用间接标价法,即以美元为标准公布美元与其他货币之间的汇率,但美元对英镑、欧元和澳大利亚元仍沿用直接标价法。

③ 美元标价法。是以一定单位的美元为标准来表示各国货币价格的方法,美元是基准货币,其他货币是报价货币。此方法是适应"二战"后,特别是20世纪60年代欧洲货币市场迅速发展的要求而产生的。在外汇市场上,交易量最大的货币是美元,特别是在欧洲货币市场上,不涉及本币,主要进行以美元为主的境外货币的兑换。在外汇交易中涉及的两种货币都是外币,很难用直接标价法或间接标价法来判断。因此,传统的直接和间接标价法已很难适应全球化的外汇市场的发展,逐渐形成了各种货币都对美元公布外汇汇率的市场习惯,即美元标价法。美元标价法的特点是,美元的单位始终不变,美元与其他货币的比值是通过其他货币量的变化体现出来的。

由于这种方法便于国际外汇交易的进行,因此,近年来世界各大金融中心的国际银行都采用美元标价法来表示其外汇牌价。而非美元货币之间的汇率则通过各自对美元的汇率套算得出。

◆ 相关链接

货币购买力和汇率

常常听到不少人抱怨:"不是说人民币升值了吗?那么钱应该更'值钱'了吧?但我为啥感觉钱越来越不值钱呢?"这里我们举一个例子,来解开大家的困惑。

李大妈在市场上买大米时,发现此时大米已经是3.30元/斤了,她记得这种大米在8年前为1.90元/斤,因此,可算出该大米的物价指数为1.74,8年期间年平均上涨9.2%。就购买大米的能力而言,与8年前的1000元相比,如今的1000元已缩水至576元,即人民币对内贬值了。

但当李大妈去中国银行购买外汇时,她又看到当前汇率已是6.17元人民币兑换1美元,她用1000元可购入162.07美元。她记得8年前8.28元人民币兑换1美元,当时1000元人民币只能购得120.77美元。8年来,人民币对美元累计升值超过34%。今天,她手中的人民币可换更多的美元,就交换美元而言,汇率上升使人民币越来越值钱了。这就是物价上升带来的人民币对内贬值和汇率上升带来的人民币对外升值。

这个例子说明货币购买力和汇率是两个不同的概念。货币购买力指单位货币在某一价格水平下能购买商品及支付服务费用的能力。汇率则指两种货币的兑换比率。

(资料来源:兰纪平,《中国青年报》,2013年11月4日)

(2) 汇率影响因素。影响汇率波动的因素归根到底决定于供求关系。在国际外汇市场中，当某种货币的需求大于供给时，汇价必然上升；反之，当货币供给大于需求时，则汇价必然下跌。总之，汇率的影响因素不外乎以下七种。

① 国际收支状况。当一国国际收支顺差，即出口额大于进口额，资金流入时，意味着国际市场对该国货币的需求增加，从而对外汇的需求相对减少，导致本币汇率上升，外汇汇率下跌。反之，当一国国际收支逆差，即出口额小于进口额，资金流出时，意味着国际市场对该国货币的需求下降，从而对外汇的需求相对增加，导致本币汇率下跌，外汇汇率上升。

② 通货膨胀。通货膨胀使该国货币所代表的价值量减少、国内物价总水平上升、实际购买力降低，削弱了本国商品在国际市场上的竞争能力，引起出口的减少、进口的增加，从而对外汇市场上的供求关系产生影响，导致该国货币汇率下跌，外汇汇率上涨；若一国通货膨胀率高于他国，该国出口竞争力减弱，而外国商品在该国市场上的竞争力增强，这会引起该国贸易收支逆差，造成外汇供求缺口，从而导致本币汇率下降；通货膨胀会使一国实际利率下降，推动资本外逃，引起资本项目逆差和本币汇率下降；由于通货膨胀是一个持续的物价上涨过程，人们的通货膨胀预期会演变成本币汇率下降预期。在这种预期心理下，为了避免本币贬值可能带来的损失，人们会在外汇市场上抛售本币抢购外汇，而这种投机行为会引起本币汇率的进一步下降。

③ 利率政策。从短期来看，利率对汇率的影响作用非常明显。利率作为金融市场上的"价格"，其变动会直接影响一国的资金流入和流出。如果一国的利率水平相对于他国提高，就会刺激国外资金流入增加，本国资金流出减少，从而改善国际收支，提高本国货币的汇率；反之，如果一国的利率水平相对于他国下降，就会引起本国货币汇率的下跌。

④ 经济增长。首先，一国经济的增长会带来国民收入的增加，由此扩大了对进口产品的需求，继而扩大了对外汇的需求，导致本币贬值；其次，一国经济的增长会引起社会投资和消费支出的增加，有利于促进生产的发展，提高产品的国际竞争力，刺激出口，抑制进口，推动本币升值；再次，经济增长态势好，意味着投资利润高，由此吸引国外资金流入本国，进行直接投资，从而改善国际收支。由此可以看出，一国经济持续稳定增长将有利于本币汇率的稳定，甚至保持坚挺。

⑤ 货币当局对外汇市场的干预。各国货币当局为保持汇率稳定，都会采取一定的政策对外汇市场进行干预。在浮动汇率制下，各国央行都尽力协调各国间的货币政策和汇率政策，力图通过影响外汇市场中的供求关系来达到维持本国货币稳定的目的，中央银行影响外汇市场的主要手段是：调整本国的货币政策，通过利率变动影响汇率；直接干预外汇市场；对资本流动实行外汇管制。中央银行通过在外汇市场上买卖外汇，改变外汇供求关系，从而影响外汇汇率或本币汇率。如果难以实现稳定本币汇率的目标，中央银行还会借助于外汇管制来干预汇率。

◆ **相关链接**

央银行对外汇市场的干预

中央银行对外汇市场的干预，虽无法从根本上改变汇率的长期变化趋势，但短期内有利于汇率的稳定。例如，1987年年底，美元持续贬值，为了维持美元汇率的基本稳定，西方七国财长和中央银行总裁发表联合声明，并于1988年1月4日开始在外汇市场实施大规模的联合干预行动，大量抛售日元和德国马克，购进美元，从而使美元汇率回升，维持了美元汇率的基本稳定。

⑥ 心理预期和投机因素。人们对各种价格信号的心理预期都会影响汇率。在国际金融市场上，短期性资金（即游资）的数额十分庞大。这些巨额资金对世界各国的经济、政治、军事等都具有高度的敏感性，一旦出现风吹草动，就会因为保值或攫取高额利润而到处流窜，这就给外汇市场带来巨大的冲击，造成各国汇率的频繁动荡。当市场上预期某种货币汇率不久会下跌时，交易者就会立即大量抛售该货币，造成该货币汇率下跌的事实；反之，当人们预期某种货币趋于坚挺时，又会大量买进该种货币，使其汇率上涨。由于公众预期具有投机性和分散性的特点，因而加剧了汇率的短期波动。

◆ **相关链接**

外汇投机

外汇投机，指在汇率预期基础上，以赚取汇率变动差额为目的并承担外汇风险的外汇交易行为。在当代国际金融市场上，存在着规模庞大的国际游资。其中，一部分国际游资隶属于国际垄断资本集团。它们在外汇市场上，并非是单纯的市场价格信号接收者，而往往充当价格制定者的角色。投机者常常利用市场趋势对某一货币发动强势攻击，过度的投机活动加剧了外汇市场的动荡，阻碍了正常的外汇交易，歪曲了外汇供求关系。例如，国际金融投机大鳄索罗斯诱发并加剧的"英镑危机"和东南亚金融危机。当索罗斯从英国赚取了近10亿美元后，他的话仿佛成了金科玉律。1997年6月下旬，他发现泰国经济泡沫及短期债务很重，并预言：泰国铢将可能贬值20%甚至更多。全世界的投机家认为，这是索罗斯向他们发出"卖掉泰铢，卖掉泰国股票"的号召令。泰国政府无能为力，1997年7月2日只得放开泰铢同美元挂钩的汇率，泰铢的汇率由1美元兑换25泰铢一下子贬值到1美元兑换40泰铢。

⑦ 政治与突发因素。政治及突发性因素包括政治冲突、军事冲突、选举和政权更迭、经济制裁和自然灾害等。如果全球形势趋于紧张，则会导致外汇市场的不稳定，汇率可能大幅地波动。通常意义上，一国的政治形势越稳定，该国的货币就越稳定。

◆ **相关链接**

政治与战争因素

例如，1990年伊拉克占领科威特后，立即宣布科威特这个国家不复存在，成为自己的第19个省，科威特货币作废，导致大多数科威特富人一夜之间变成了穷人。在美国总统里根当政时，里根突然遭到刺杀，生死未卜，市场上的投机客听到这个消息，立即大量抛售美元，买入瑞士法郎和德国马克，令美元大幅下跌。美国和伊拉克战争前夕，美元一直都受到压力，这使避险货币瑞士法郎的汇率节节上升。

除了上述基本因素之外,许多其他因素也能直接或间接地影响汇率,如自然环境和自然灾害、经济结构、各种金融资产的价格、经济周期、信息传递、政治局势和意识形态,等等。

这些因素和上述基本因素相互交织、相互制约或相互抵消,形成了一个复杂的影响外汇市场供求关系的系统。在不同的时期,对汇率变动起主导作用的因素可能不同。各种因素影响汇率变动所需要的时间也有所不同。一般说来,根据各项基本因素预测汇率较适合于中长期预测,在短期预测上有较明显的局限性。

2. 国际金融体系

(1) 布雷顿森林体系。布雷顿森林会议是联合国货币及金融会议的别称。1944年7月在美国新罕布什尔州布雷顿森林的华盛顿山大旅社举行。45个国家通过了在以后28年内控制世界贸易和货币体系的一项综合性协定。

1944年7月1日至20日,布雷顿森林会议举行,会上通过了美国的提案,达成了《国际货币基金协定》。参加会议的国家同意建立一个国际货币制度,由新成立的国际货币基金组织及其辅助机构国际复兴开发银行来加以管理。根据协定,确定了一盎司黄金等于35美元的官价。成员国货币的平价按一定数量的黄金和美元表示,美国承担接受各国政府或中央银行向美国兑换黄金的义务,由此建立起美元与其他成员国货币间的固定比价,确立了以美元为中心的固定汇率体系。

布雷顿森林体系

布雷顿森林会议第一次以世界性的协定形式明确规定了国际货币制度的规则以及执行和维护其原则的手段。在以后的几十年中,促进了国际贸易和收入的增长。但是,以美元为中心的货币体系也存在相应的危机。第二次世界大战后各国经济发展不平衡,欧洲、日本等的经济实力增强,而美国经济地位相对下降。20世纪60年代以后,多次发生美元危机,西方主要货币相继实行浮动,开始与美元脱钩。1973年,布雷顿森林会议所建立的体系解体。

牙买加体系

(2) 牙买加体系(现行国际货币体系)。牙买加体系是指布雷顿森林体系崩溃后逐渐形成的新的国际货币体系,其实行的重要标志是1976年1月国际货币基金组织在牙买加首都金斯敦达成的《牙买加协定》。牙买加体系是以美元为主、国际储备货币多元化的浮动汇率体系,主要内容包括以下五个方面。

一是浮动汇率制合法性。取消了原来关于金平价的规定,国际货币基金组织的成员国可以自由选择汇率制度,国际货币基金组织承认固定汇率制和浮动汇率制并存,但会员国的汇率政策必须受基金组织的监督。

二是实行黄金非货币化。它取消了国际货币基金组织原有的关于黄金的各种规定,废除黄金官价,取消黄金份额。各会员国的中央银行可按市价从事黄金交易,允许黄金价格随市场供求关系自由波动。取消会员国之间,或会员国与国际货币基金组织之间必须用黄金清偿债权的义务,各成员国原来须以黄金缴纳的基金份额改用外汇缴纳,降低黄金的货币作用。同时,国际货币基金组织按市场拍卖部分黄金,所得利润主要用于援助低收入的国际收支逆差国家。

三是提高特别提款权在储备资产中的地位。修订特别提款权的有关条款,促使特别提款权逐步取代黄金和美元成为国际货币制度的主要储备资产。协议规定各会员国不必征得国际货币基金组织的同意,就可以自由的进行特别提款权交易。国际货币基金组织与会员国之间的交易以特别提款权代替黄金进行,国际货币基金组织一般账户中所有资产一律用特别提款权计值，同时进一步扩大特别提款权的使用范围。它设想在未来的货币体系中以特别提款权为主要的储备资产，即把美元本位改为特别提款权本位。

> ◆ 相关链接
>
> **特别提款权**
>
> 特别提款权（Special Drawing Right, SDR），是国际货币基金组织创设的一种储备资产和记账单位，亦称"纸黄金（Paper Gold）"。它是国际货币基金组织分配给会员国的一种使用资金的权利。会员国在发生国际收支逆差时，可用它向基金组织指定的其他会员国换取外汇，以偿付国际收支逆差或偿还基金组织的贷款，还可与黄金、自由兑换货币一样充当国际储备。但由于其只是一种记账单位，不是真正货币，使用时必须先换成其他货币，不能直接用于贸易或非贸易的支付。因为它是国际货币基金组织原有的普通提款权以外的一种补充，所以称为特别提款权。
>
>
> 特别提款权

四是扩大对发展中国家的资金融通。国际货币基金组织用出售黄金所得为发展中国家建立了信托基金，以优惠的条件向发展中国家提供贷款，以此来解决国际收支平衡。各成员国从国际货币基金组织获得贷款的最大额度由100%扩大到145%，将出口波动补偿贷款的限额由占份额的50%提高到75%。

五是修订份额。1944年，国际货币基金组织成立时，基金总额为76亿美元。"牙买加协定"决定将各会员国所缴纳的基金份额由1976年的292亿特别提款权单位增加到390亿特别提款权单位，增加了33.6%。各成员国应缴纳份额所占比重也有所改变，西方国家除德国、日本略有增加外，主要资本主义国家不同程度的有所降低，石油输出国组织的分摊份额提高了一倍。其他发展中国家基本不变，某些发达国家如英国的份额有所减少。

牙买加体系是一种灵活性很强的国际货币制度。由于它在许多方面都缺乏硬性的统一规定，有人认为，目前的国际货币体系处于无制度状态。这种比较灵活的国际货币制度对环境有较强的适应性，它更多地依靠市场机制来调节汇率和国际收支，也给予各国自主选择经济政策的权力。

二、汇率制度

汇率制度，又称汇率安排，是指各国货币当局对本国汇率的确定及其变动的基本方式所作的一系列安排或规定。

汇率制度的内容包括以下四个方面：一是确定汇率的原则和依据。例如，以货币本身的价值为依据，还是以法定代表的价值为依据等。二是确定维持与调整汇率的办法。例如，采用公开法定升值或贬值的办法，还是采取任其浮动或官方有限度干预的办法。三是制定汇率的法令、体制和政策等。例如，各国外汇管制中有关汇率及其适用范围的规定。四是制定、维持与管理汇率的机构。例如，外汇管理局、外汇平准基金委员会等。

传统上，按照汇率变动的幅度，汇率制度被分为两大类型：固定汇率制和浮动汇率制。

1. 固定汇率制度

固定汇率制度是指以本位货币本身或法定含金量为确定汇率的基准，汇率比较稳定的一种汇率制度。在固定汇率制度下，两国货币的比价基本固定，现实汇率只能围绕平价在很小的范围内上下波动。如在外汇市场上两国汇率的波动超过规定的幅度时，有关国家的货币当局有义务进行干预。在不同的货币制度下具有不同的固定汇率制度。

固定汇率制度

◆ 相关链接

本位货币

本位货币是一国货币制度规定的标准货币，是指在国际经济活动中，用法律的形式将本国货币与之固定地联系起来，作为衡量价值的标准，以及国际交易的最终清偿手段。本位货币的特点是具有无限法偿的能力，即用它作为流通手段和支付手段，债权人不得拒绝接受。非本位货币不具有这种能力。

人民币是我国的法定货币，在我国境内具有广泛的流通性。《会计法》以法律形式明确规定我国境内各单位的会计核算以人民币为记账本位币，单位的一切经济业务事项一律通过人民币进行会计核算反映。

（资料来源：http://baike.baidu.com）

（1）金本位制度下的固定汇率制度。其基本内容包括：黄金成为两国汇率决定的实在的物质基础。汇率仅在铸币平价（两种货币的含金量之比称为铸币平价）的上下各6‰左右波动，幅度很小。汇率的稳定是自动而非依赖人为的措施来维持。其特点是以美元为中心的国际货币体系。该体系的汇率制度安排，是钉住型的汇率制度。

（2）布雷顿森林体系下的固定汇率制度。其基本内容包括：实行"双挂钩"，即美元与黄金挂钩，其他各国货币与美元挂钩。在"双挂钩"的基础上，《国际货币基金协会》规定，各国货币对美元的汇率一般只能在汇率平价±1%的范围内波动，各国必须同国际货币基金组织（IMF）合作，并采取适当的措施保证汇率的波动不超过该界限。由于这种汇率制度实行"双挂钩"，波动幅度很小，且可适当调整，因此该制度也称以美元为中心的固定汇率制度，或可调整的钉住汇率制度。

该汇率制度的特点表现在以下方面：一是汇率的决定基础是黄金平价（单位货币所代表的金量与黄金报价持平的现象），但货币的发行与黄金无关。二是波动幅度小，但仍超过了黄金输送点所规定的上下限。三是汇率不具备自动稳定机制，汇率的波动与波动幅度需要人为的政策来维持。四是央行通过间接手段而非直接管制方式来稳定汇率。五是只要有必要，汇率平价和汇率波动的界限可以改变，但变动幅度有限。

◆ 相关链接

黄金输送点

黄金输送点是指汇价波动而引起黄金从一国输出或输入的界限。汇率波动的最高界限是铸币平价加运金费用，即黄金输出点；汇率波动的最低界限是铸币平价减运金费用，即黄金输入点。黄金输送点的计算公式为：黄金输送点=铸币平价±1个单位黄金运送费用。

2. 浮动汇率制度

浮动汇率制度是指一国不规定本币对外币的黄金平价和汇率上下波动的幅度，货币当局也不再承担维持汇率波动界限的义务，汇率由外汇市场的供求状况决定并上下浮动的汇率制度。1973 年布雷顿森林体系崩溃后，西方主要工业国家普遍实行浮动汇率制度。根据汇率浮动形式不同，浮动汇率制度表现为不同的类型。

浮动汇率制度

（1）自由浮动汇率制度。自由浮动汇率制度，又称不干预浮动汇率制度，是指货币当局对汇率上下浮动不采取任何干预措施，完全听任外汇市场的供求变化自由涨落的一种浮动汇率制度。与受官方管制的管理浮动汇率制度或钉住汇率制度不同。

（2）管理浮动汇率制度。管理浮动汇率制又称干预浮动汇率制度，是指一国货币当局按照本国经济利益的需要，对外汇市场进行直接或间接的干预，以使本国货币汇率向有利于本国方向浮动的汇率制度。

管理浮动汇率制是政府用以保持有序汇率变动的汇率体系，其目的是消除过度波动。货币当局确定汇率的波动区间，当汇率在区间内浮动时有助于消除短期因素的影响。当区间内的汇率波动仍无法消除短期因素对汇率的影响时，中央银行再进行外汇市场干预以消除短期因素的影响。

（3）钉住汇率制度。钉住汇率制度，是指一国货币当局将本国货币同其他某一外国货币或一篮子货币保持固定比价，即钉住所选择的货币，本币汇率随钉住货币的汇率波动而同向波动的汇率体系。目前，大部分发展中国家实行这种汇率制度。

钉住汇率制度

实行钉住汇率制度的国家，其货币与被钉住货币之间仍有规定的平价，并且汇率对平价的波动幅度一般不能超过±1%。被钉住的一般是主要工业国家的货币或国际货币基金组织（IMF）的特别提款权。值得注意的是，这种钉住不同于布雷顿森林体系下钉住美元的做法，因为那时美元是与黄金挂钩的，而美元的金平价又是固定的。而布雷顿森林体系瓦解后，一些国家所钉住的货币本身的汇率却是浮动的。因此这种汇率制度本质上应该是浮动汇率制度。

◆ 相关链接

中国的汇率制度

中华人民共和国成立以来到目前为止，人民币汇率制度大体上经历了由官方汇率到市场决定、从固定汇率到有管理的浮动汇率的转变。

第一阶段：1949—1952 年，我国实行具有爬行钉住汇率制特点的汇率制度。

第二阶段：1953—1973 年年初，我国实行钉住美元的钉住汇率制。

第三阶段：1973—1980 年，我国实行钉住一篮子货币的可调整的钉住汇率制。

第四阶段：1981—1984 年，我国实行官方汇率和外汇调剂市场汇率并存的双重汇率制。

第五阶段：1985—1993 年，我国实行官方汇率与市场汇率并存的双轨汇率制。自 1985 年起，我国停止使用贸易外汇内部结算价，执行单一的官方汇率。与此同时，我国又允许外汇调剂市场出现高于官方汇率的外汇调剂价格。

第六阶段：从1994年至今：我国实行以市场供求为基型的、单一的、有管理的浮动汇率制。中国人民银行根据前一日银行间外汇交易价格，每日公布人民币汇率加权平均价，作为交易基准汇价。银行与客户间的外汇交易可在基准价±0.25%的范围内浮动，银行间外汇交易可在基准价±0.3%的范围内浮动。同时，实现汇率并轨，实行单一汇率制。其汇率的变化经历了以下阶段。

（1）自1994年1月1日起，人民币官方汇率与（外汇调剂）市场汇率并轨，实行银行结、售汇制，建立全国统一的银行间外汇市场，实行以市场供求为基础的单一汇率。这是人民币汇率的第二次并轨。

（2）1997年，东南亚爆发金融风暴，中国为维护地区经济与金融稳定，以大国负责任的姿态，保持人民币汇率坚挺，从而也使中国的汇率实质上形成了钉住美元的固定汇率，人民币汇率为1美元折合8.7元人民币。

（3）2005年7月21日，我国开始实行以市场供求为基础、参考一篮子货币进行调节、有管理的浮动汇率制度。人民币汇率不再钉住单一美元，形成了更富弹性的人民币汇率机制。由于中国一篮子的货币种类中，美元的权重就占到95%以上，因此，短期内人民币汇率制度仍将会是一种"参考美元为主的软钉住的汇率制度"。

三、汇率变动对经济的影响

汇率是联结国内外商品市场和金融市场的一条重要纽带。一方面，汇率的变动受制约于一系列经济因素；另一方面，汇率的变动又会对其他经济因素产生广泛的影响。了解汇率变动的经济影响，不论对于一国当局制定汇率政策，还是对于涉外经济主体进行汇率风险管理都是极其重要的。

汇率变动对进出口的影响

1. 汇率变动对一国国际收支的影响

一是汇率变动对贸易收支的影响。这种影响有着微观和宏观的两个方面：从微观上讲，汇率变动会改变进出口企业成本、利润的核算；从宏观上讲，汇率变化因对商品进出口产生影响而使贸易收支差额以至国际收支差额发生变化。对贸易收支产生的影响一般表现为：一国货币对外贬值，有利于扩大出口，抑制进口，改善其贸易收支状况；一国货币对外升值，则刺激进口，抑制出口，使贸易收支状况恶化。

日元下跌影响东亚贸易

二是汇率变动对非贸易收支的影响。从非贸易收支来看，本币贬值可以增加非贸易收入，抑制非贸易支出。在国内物价水平和其他条件不变的情况下，本币贬值，单位外币折合更多的本币，外国货币的购买力相对增强，该国的商品、劳务、交通和旅游等费用就变得相对便宜。这就增加了本国对旅游者的吸引力，促进了本国旅游业及其有关部门的发展，增加了旅游和其他非贸易外汇收入。同时，贬值使国外的旅游和其他劳务开支对该国居民来说相对提高，从而抑制了该国的非贸易外汇支出。这里需要注意的是，贬值对非贸易收支的影响存在弹性和时滞问题。

汇率变动对老百姓影响

三是汇率变动对资本流动的影响。资本在国家之间流动的原因是追逐利润和规避风险，因而汇率变动会影响资本流动，特别是短期资本流动。

四是汇率变动对外汇储备的影响。外汇储备是一国国际储备的主要内容，由本国对外贸易及结算中的主要货币组成。在以美元为主要储备货币时期,外汇储备的稳定性和价值高低完全在于美元汇率的变化。美元升值,一国外汇储备相应升值;美元贬值,一国外汇储备也相应贬值。20世纪70年代初期,美元在国际市场上的一再贬值曾给许多国家尤其是发展中国家的外汇储备造成了不同程度的损失。在多元化外汇储备时期,汇率变化的影响较为复杂,使外汇储备管理的难度加大,各国货币当局因而都随时注意外汇市场行情的变化,相应地进行储备货币的调整,以避免汇率波动给外汇储备造成损失。

2. 汇率变动对国内经济的影响

汇率变动不仅影响一国的对外经济,而且还影响其国内经济。汇率变动对一国国内经济的影响与该国的开放程度有关,其开放程度越高,影响越大。一般来说,它会影响到以下三个方面。

一是汇率变动对国内物价水平的影响。本币贬值对物价的影响是两方面的:一方面,通过贸易收支改善的乘数效应,引起需求拉动的物价上升。本币贬值,扩大了出口,抑制了进口,这意味着本国商品市场上的商品供应相对减少;本币贬值后,出口增加,进口减少,外汇供给增加而外汇需求减少,致使本国货币投放量增加,由此可能造成国内商品需求大于商品供应,拉动物价水平上升。另一方面,通过提高国内生产成本推动物价上升。本币贬值后,进口商品以本币表示的价格会立即上涨,其中进口消费品的价格上升会直接引起国内消费物价某种程度的上升,但进口原材料、中间品和机器设备等的价格上升,则会造成国内在生产使用这些进口投入品的商品时生产成本提高,推动这类商品的价格上升。另外,贬值后,进口品和进口替代品价格上升,也会造成使用这些产品作为投入品的非贸易品生产成本上升,也推动了非贸易品的价格上升。这样,贬值对物价的影响就会逐渐扩展到所有商品。以上两个方面,有可能导致国内物价全面上升。现实生活中,一国发生通货膨胀会导致本币对外贬值,本币贬值又会产生物价上涨的压力。如果政府当局不能有效地加以控制,则会陷入"贬值—通货膨胀—贬值"的恶性循环之中。

二是汇率变动对经济增长和就业的影响。本币贬值可以扩大本国出口商品和进口替代商品在国内外市场的份额,出口商品和进口替代商品生产的扩大,又通过产业递推作用直接或间接地推动整个国民经济的发展。本币贬值还可以增加本国的外汇积累,加大投资,还可能吸引外来的直接投资,使本国生产能力大大提高。总之,本币贬值后,贸易收支的改善通过乘数效应会扩大总需求,带动投资、增加消费,使社会总产量倍数扩张,从而推动经济增长,扩大就业。因此,各国都把汇率作为十分重要的经济杠杆,通过汇率调整达到奖出限入、实现充分就业、经济增长的宏观经济目标。但这种作用的前提条件是国内尚未达到充分就业,还有闲置资源可供利用,本币贬值才有利于经济增长;否则,对经济增长作用不大,而且还会造成通货膨胀的压力。

三是汇率变动对国内资源配置的影响。本币贬值后,出口商品本币价格由于出口数量的扩大而上涨,进口商品本币价格上升带动进口替代品价格上涨,从而使整个贸易品部门的价格相对于非贸易品部门的价格上升,引发生产资源

人民币汇率波动案例

汇率变动对海淘族的影响

汇率改革有利经济增长

汇率变动对经济影响

汇率战危及世界贸易

从非贸易品部门转移到贸易品部门。这样，一国的产业结构就导向贸易品部门，整个经济体系中贸易品部门所占的比重就会扩大，从而提高本国的对外开放程度，即有更多的本国产品与外国产品竞争。在发展中国家，贬值往往还有助于资源配置效率的提高：本币贬值后，一国就可以相应地取消原先因本币高估而设置的进口关税、配额等保护措施，有利于进口替代行业的生产效率提高；贬值后原先因本币高估而受到歧视性损害的农业部门（往往是发展中国家的出口部门）获得正常发展；与国外相竞争的贸易品部门扩大往往有助于效率的提高，因为贸易品部门一般是发展中国家效率较高的部门。

3. 汇率变动对国际经济关系的影响

浮动汇率制下，国际外汇市场各种货币频繁的、不规则的波动，不仅给各国对外经济、国内经济造成深刻的影响，而且也影响着各国之间的经济关系，乃至整个国际货币体系。某些国家以促进出口、改善贸易逆差为主要目的的货币贬值，会使顺差国的货币相对升值。这必然引起顺差国和其他利益相关国家的反对与报复。特别是主要发达国家的货币贬值，不利于其他国家的贸易收支，由此可能引起贸易战和汇率战，并影响世界经济的发展。货币竞相贬值以促进各自国家的商品出口是国际上普遍的现象，由此造成的不同利益国家之间的分歧和矛盾层出不穷，加深了国际经济关系的复杂化。主要货币的汇率不稳定还会给国际货币体系带来巨大的影响与变化，目前的国际货币多样化正是其结果之一。历史上英镑、美元的不断贬值致使其原有的国际货币地位严重削弱，继而出现了日元、德国马克等货币与其共同充当国际计价、支付和储备手段的局面。1999年1月启动的欧洲单一货币——欧元又使国际货币体系的发展向前迈进了一步。

> ◆ **相关链接**
>
> #### 人民币汇率升值对中国经济的影响
>
> 汇率变动对经济产生的影响是多方面的。人民币汇率升值的有利影响主要表现在三个方面：一是刺激进口增加。人民币汇率升值，国外消费品和生产资料的价格比以前便宜，有利于降低进口成本。二是有利于改善吸引外资环境。人民币汇率升值，可使在华投资的外资企业利润增加，增强他们在华的投资信心，使其愿意追加投资和再投资；人民币汇率升值可以吸引大量国外资本进入中国市场，间接投资规模和比重进一步扩大。三是有利于减轻外债还本付息压力。人民币汇率的上升，未偿还外债还本付息需要的人民币数量相应减少，在一定程度上减轻了外债负担。
>
> 人民币汇率升值对中国经济的不利影响表现在以下方面：一是抑制出口增长。人民币汇率升值将使出口企业成本增加，不仅利润下降，而且影响到企业的竞争力，出口规模相对会减少，国际市场占有率会下降。二是外债规模进一步扩大。人民币汇率升值导致的大量外国资本流入到我国市场，加大了我国的外债规模。三是影响金融市场的稳定。资本市场最活跃的多为国际游资，这些游资规模大、流动性快、趋利性强，是造成金融市场动荡的关键的潜在因素，在我国金融监管体系有待进一步健全、金融市场发展相对滞后的情况下，国际游资通过各种渠道，流入资本市场的逐利行为易引发货币和金融动荡，对我国政治局势和经济持续健康发展产生不利影响。四是影响货币政策的有效性。为了保持人民币

的汇率稳定，面对人民币的升值压力，货币当局不得不在外汇市场上大量买入外汇，从而使以外汇占款的形式投放的基础货币相应增加。五是导致就业压力加大。出口企业和外资企业是我国减轻就业压力的稳定器，人民币升值抑制和打击了出口，最终将使就业形势更加恶化。

（资料来源：摘自《人民币汇率升值对中国经济的影响与对策》，作者吕超，中华会计网 http://www.chinaacc.com/new/287_296/2009_4_9_wa656037371619490027733.shtml）

第三节　国际收支均衡

一、国际收支

1. 国际收支的概念

国际收支是指一定时期内（通常是一年）一个经济体（通常指一个国家或者地区）与世界其他经济体之间发生的各项经济活动的货币价值之和。它有狭义与广义两个层面的含义。狭义的国际收支是指一个国家或者地区在一定时期内，由于经济、文化等各种对外经济交往而发生的，必须立即结清的外汇收入与支出。广义的国际收支是指一个国家或者地区在一定时期内（通常是一年）一国居民与非居民同另一国居民与非居民之间发生的所有经济活动的货币价值之和。要正确把握这个概念，可以从下面三点来理解：一是它强调的是对外经济交易，即一国居民和非居民同另一国居民与非居民之间的经济交易。二是经济交易的内容不仅包括商品、劳务、金融资产在国与国之间等价交换，还包括商品、劳务、金融资产在国与国之间的无偿转移。三是国际收支是一个流量概念，反映一定时期内的对外经济交易情况。

国际收支

对外经济交易的类型包括四种：一是交换。即一国居民向另一国居民提供了经济价值并从对方得到价值相等的回报，这里的经济价值是实际资源和金融资产的统称。二是转移。即一国居民向另一国居民提供了经济价值，但并未得到任何补偿。三是移居。即一国居民将住所搬迁到另一国，成为另一国的居民。移居后，该个人的原有的资产负债关系发生转移，使得两国的资产、负债关系均发生变化，这一变化也体现在国际收支中。四是其他根据推论而存在的交易。在某些情况下，实际流动并未发生，但可以推定交易存在，这也需要反映在国际收支中。比如将国外直接投资收益进行再投资，这一行为并不涉及两国的资金与服务的流动，但必须反映在国际收支中。

随着国际经济交易的日益发展，国际收支状况成为观察一国对外支付能力，衡量一国经济发展状况的重要指标。

2. 国际收支平衡表

一国的国际收支状况，集中反映在该国的国际收支平衡表上。国际收支平衡表（Balance of International Payments）是一个国家在一定时期内（一年、半年、一个季度或一个月）所有对外进行经济技术交流过程中所发生的贸易、非贸易、资本往来以及储备资产的实际动态所做的系统记录，是国际收支核算的

国际收支平衡表

重要工具。它应用会计原则，按照会计核算的借贷平衡方式编制，经过调整最终达到账面上收付平衡的统计报表。通过国际收支平衡表，可综合反映一国的国际收支平衡状况、收支结构及储备资产的增减变动情况，为制定对外经济政策，分析影响国际收支平衡的基本经济因素，采取相应的调控措施提供依据，并为其他核算表中有关国外部分提供基础性资料。

观察一国国际收支状况，需要采用综合性的收支差额指标。最常用的差额指标是国际收支总差额，它是将经常项目、资本和金融项目及误差与遗漏合称线上项目而求得的借贷差额，正差额表示国际收支顺差，负差额表示国际收支逆差。这时，储备资产增减额作为线下项目，其借贷差额与国际收支总差额数额相等，但符号相反，表现了线下项目对线上项目借贷差额的弥补调节作用。除此之外，还可将经常项目作为线上项目计算经常项目收入差额。

二、国际收支均衡

1. 国际收支均衡的概念

国际收支均衡意味着国际收入等于国际支出，也就是国际收支均衡表中经常项目及资本项目的借方总值等于贷方总值。在实际中，国际收支平衡是偶然的、相对的，而国际收支不平衡的现象却是经常的、绝对的，因此，国际收支的调节是无时不在进行着。为了顺利而有效地调节国际收支，首先必须分析国际收支不平衡的原因，然后才能采取与之相适应的措施来进行调节。

国际收支均衡

2. 国际收支失衡的原因及其影响因素

国际收支失衡，是指国际收支出现顺差或赤字的情况。一般来讲，国际收支平衡表是根据复式记账原理编制的，全部项目的借方总额与贷方总额相等，其净差额为零，但这只是账面上的平衡，而且是被动意义上的。因此，在判断一国的国际收支是否平衡时，需要做更为深入地分析。造成国际收支不平衡的原因从其形成的主要方面来看，大致可以分为以下五种类型。

（1）结构性失衡。结构性失衡是指一国经济、产业结构不适应世界市场变化而出现的国际收支不平衡。在国际分工和贸易格局以及国际市场发生变化的情况下，若一国国内的进出口商品结构未能做及时地调整，则可能出现进口增加和出口减少或者进口减少和出口增加的情况，从而会直接导致国际贸易收支的失衡。

（2）收入性失衡。收入性失衡是指一国国民收入变化而引起的国际收支失衡。经济周期的更替或经济增长率的变化会引起国民收入的变化，从而影响国际收支。国民收入增加时会引起对外需求扩大，贸易、非贸易性支出增加；反之，国民收入时减少会引起贸易和非贸易性支出减少。

（3）货币性失衡。货币性失衡是指货币供应量的相应变动所引起的国际收支失衡。在一国的货币增长速度相对快于其他国家的时候，该国的商品成本与物价水平会高于其他国家，使出口商品的成本增加及其国际竞争力减弱，而进口商品的竞争力增强，从而容易导致国际贸易逆差，引起国际收支失衡。相反，当一国货币增长速度相对慢于其他国家时，该国商品成本与物价水平会低于其他国家,使其增加出口,而减少进口,从而容易导致国际贸易顺差,引起国际收支失衡。

(4) 周期性失衡。周期性失衡是指一国经济周期波动所引起的国际收支不平衡。一国经济处于衰退时期,社会总需求下降,进口需求也随之下降,在长期内该国国际收支会出现收入大于支出,处于顺差状态。反之,当一国经济处于扩张和繁荣时期,国内投资和消费需求旺盛,对进口的需求也相应增加,在短期内国际收支出现逆差。当将整个生产周期作为一个整体进行考察时,国际收支状况总体应该是平衡的。

(5) 外汇投机和资本外逃因素。国际巨额游资利用利率差额和预期汇率的变动来追逐高额利润,频繁移动,造成一国短期内资本大起大落,从而引起投机失衡。当一个国家面临货币贬值、外汇管制、政治动荡或战争威胁时,在这个国家拥有资产的居民和非居民就会把其资产转移到他们认为稳定的国家,造成该国资本大量外流,引起资本外逃。这种不稳定的外汇投机和资本外逃因素具有突发性、规模大的特点,在国际资本迅速移动的今天,这已成为一国国际收支失衡的一个重要原因。

除了上述因素之外,还有许多因素也会引起国际收支的失衡,比如生产消费的季节性变化,一国国内政局变动、国际政治关系、自然条件、心理预期等因素,经济政策和经济战略的推行,等等。在这些因素中,经济结构性因素和经济增长率的变化所引起的国际收支失衡,具有长期性和持久性,称为持久性失衡;其他因素引起的国际收支失衡,具有暂时性,称为暂时性失衡。

由于经济交易的连续性和扩张性,反映经济交易综合状况的国际收支也处于经常地变化和发展中。一般来说,国际收支失衡总是不可避免的。在某种意义上,一定限度内的国际收支失衡也许是有益的,通常,一定的顺差会使一国国际储备适度增加,增强对外支付能力,提升货币的国际地位;一定的逆差可使一国适度地利用外资,加快国内经济发展。但是,一国国际收支如果出现持续的大量的不平衡而又得不到改善,无论是顺差还是逆差,都会对经济产生十分不利的影响。

国际收支持续顺差对一国经济的影响主要体现在以下方面:① 会导致一国货币升值,出口竞争能力削弱;② 加重一国的通货膨胀;③ 会使一国丧失获取 IMF 优惠贷款的权力;④ 容易增加国际贸易摩擦,不利于国际经济关系的发展。

国际收支持续逆差对一国经济发展的影响主要体现在以下方面:① 会导致一国外汇储备的大量流失,影响本国的国际清偿力;② 会导致一国货币贬值;③ 会引发一国的通货紧缩,不利于该国经济的稳定发展;④ 可能使一国陷入债务危机。

无论是国际收支顺差还是逆差,都将对一个国家的经济产生影响。因此,当国际收支出现持续失衡时,就需要进行调节。

2013 我国国际收支双顺差

◆ 相关链接

国际收支"大账单"如何平衡

适度的顺差有利于拉动一国经济增长、提高国民生活水平,但是过高或是过长时间持续顺差,则意味着该国经济增长对外部需求的依赖度比较高。

近年来,我国国际收支长期呈"双顺差"的格局。这一方面反映了我国外向型经济和对外贸易快速发展的现状,另一方面也增加了贸易纠纷和摩擦,加大了人民币升值的压力。

我国怎样在目前的"双顺差"情况下,进一步走向国际收支平衡?

"首先应在资本项目上,加大对外投资力度。一方面制定优惠政策,推动企业'走出去';另一方面,转变外汇管理方式,藏汇于民,降低外汇储备过大积聚的风险。"中国国际经济交流中心专家王天龙表示。

国家外汇管理局也表示,要通过结构调整,扩大内需,加快实施"走出去"战略。目前我国已采取的放宽居民境外投资限制、鼓励对外直接投资的措施,反映了这一政策导向。

"在经常项目上,则应启动内需,降低对海外市场的依赖程度。一方面,需要政策支持,提高居民收入、社会福利保障等,来促进居民消费能力的提升;另一方面,需要适度降低关税,更多地发挥进口在转变经济发展方式中的作用。"王天龙表示,可以更多地将国外优质的商品引进中国,满足国内需求。

此外,我国还应探索学习借鉴其他国家实现国际收支平衡的"技巧",比如德国的"顺差+逆差"模式具有一定的借鉴意义。

2002年至2004年,德国每年的贸易顺差额都突破1 000亿美元,是同期我国贸易顺差的两到三倍,2005年更是创纪录地达到1 892亿美元。但德国大量对外投资,包括直接投资、证券投资等,形成资本和金融账户逆差,而大量的对外投资收益流回本国,又形成经常项目的顺差。从而使得经常项目和资本金融项目良性互动,让经常账户顺差与资本和金融账户逆差实现平衡。

再如日本。从1965年到2011年,日本的国际收支有40年是顺差,6年为逆差。在解决"顺差"问题上,日本并没有限制出口,而是通过调整进口税制、完善进口信贷等政策,把重点放在扩大进口方面。此外,日本倡导"藏汇于民",放开了居民和企业使用外汇的一些限制。数据显示,2007年,日本对外证券投资中,官方净流入3.5亿美元,而银行和其他机构净流出高达470亿美元。

此外,汇率机制的改革也是促进国际收支平衡的重要方式。4月16日,央行扩大人民币对美元汇率浮动幅度,让市场供求在汇率形成中发挥更大作用,促进人民币汇率趋近合理均衡水平。央行行长周小川表示,人民币浮动机制更趋灵活,当美元、欧元、日元等主要货币波动较大时,也有利于更好地应对其变化。

3. 国际收支失衡的调节

国际收支失衡的调节主要有自动调节和政策调节两种机制。

(1) 自动调节机制。所谓国际收支自动调节机制,是指由国际收支失衡所引起的国内经济变量的变动对国际收支的反作用机制。这种机制能使国际收支失衡得到自动恢复,或者至少使失衡在一定程度上得到缓和。当然,国际收支的自动调节机制有其自身严格的作用背景,即只有在纯粹的自由经济中才能产生自动调节的效果,才能使国际收支自发地由失衡走向平衡。

在纸币流通条件下，虽然黄金流动对于国际收支的平衡发挥的作用已经不复存在，但国际收支的自动调节机制仍然可以通过价格、汇率、利率、收入等经济变量发挥作用。

其一，价格机制。当一国的国际收支出现顺差时，导致国内货币市场货币供给增多，容易引起国内信用膨胀、利率下降、投资与消费相应上升、国内需求量增加，使本国物价与出口商品价格随之上升，从而减弱了本国出口商品的国际竞争能力，出口减少、进口增加，国际收支顺差逐步减少直至平衡。当出现国际收支逆差时，导致国内市场货币供给量的下降，从而会引起社会总需求萎缩，必会带来物价水平的回落，使本国出口产品具有相对价格优势，促使出口增加和进口减少，有利于国际收支逆差的消除。

其二，利率机制。当一国国际收支发生逆差时，为了稳定汇率，必然减少外汇储备量，使货币供给量下降，该国货币市场货币存量减少，银根趋紧，利率上升。利率的上升表明本国金融资产收益率的上升，从而对本国金融资产的需求相对上升，对外国金融资产的需求随之下降。这些均导致本国资本停止外流，同时外国资本流入本国以谋求较高利润。因此，国际收支逆差由于金融项目的日趋好转从而走向平衡，即改善了资本账户收支，使国际收支逆差得以调整。当一国国际收支发生顺差时，该国货币市场货币存量增加，银根松动，利率水平逐渐下降。利率水平的下降导致资本外流增加，从而使得顺差逐渐减少，国际收支趋于平衡。

其三，汇率机制。当一国国际收支出现顺差时，本国货币市场上外汇供给大于外汇需求，外汇供大于求导致外币贬值（即本币升值），本国出口商品的以外币表示的国际市场价格上涨，进口商品价格下降，因此出口减少、进口增加，贸易顺差改善，国际收支趋向平衡。当一国国际收支出现逆差时，本国货币市场上外汇供给小于外汇需求，外币升值本币贬值，出口商品的外币表示价格下降，进口商品价格上升，出口增加，进口减少，贸易逆差得到改善，国际收支状况趋向平衡。

汇率政策

其四，收入机制。收入机制是指国际收支逆差时，一方面，国民收入水平会下降，国民收入下降会引起社会总需求的下降，进口需求下降，贸易收支得到改善。国民收入下降也会使对外劳务和金融资产的需求都有不同程度的下降，改善经常项目收入和资本与金融账户收支，从而使国际收支状况得到改善。另一方面，当一国出现国际收支逆差时，政府必须动用外汇储备来予以弥补，从而使得本国货币供给量减少，引起社会总需求的萎缩，其中包括对进口产品的需求，从而进口的外汇支出就会下降，有利于国际收支逆差的消除。

自动调节机制在浮动汇率制下主要是汇率调节，即通过汇率的自动升降来调节进出口数量，从而减少一个国家的国际收支逆差。浮动汇率制度下的自动调节机制的调节过程是：一个国家国际收支出现逆差→外汇市场上本外币供求发生变化→本币汇率下浮→有利扩大出口、减少进口→国际收支状况趋于好转。

（2）政策调节机制。在纸币流通制度下，国际收支自动调节机制因为要受到许多因素的影响和制约，其正常运作具有很大的局限性，其效应往往难以正常体现，所以各国都在不同程度上运用政策调节。政策调节包括以下五项内容。

① 外汇缓冲政策。外汇缓冲政策是指运用官方储备的变动或临时向外筹措资金，来消除国际收支的短期性失衡。外汇缓冲政策一般的做法是建立外汇平准基金，该基金保持一定数量的黄金、外汇储备和本国货币。具体操作如下：当一国国际收支逆差时，外汇供给不足，中央银行动用本国外汇储备，在外汇市场上用外币购买本币，使外汇供给加大，目的是消除国际收支不平衡所形成的外汇供求缺口；反之，当一国国际收支顺差时，外汇供给过大，中央银行在外汇市场上用本币购买外币，使外汇供给减少，目的是消除国际收支不平衡所形成的超额的外汇供求。通过这一政策来融通一次性或季节性的国际收支赤字，是一种既简便又有益的做法。它能使本币汇率免受暂时性失衡所造成的无谓波动，有利于本国经济的内部均衡和外部平衡。实施外汇缓冲政策仅能解决国际收支的短期性逆差，并不能解决那些巨额的、长期的国际收支逆差。这是因为一国的官方储备毕竟是有限的，如果完全依靠外汇缓冲政策，将可能使该国外汇储备枯竭。如果该国向国外借款来填补外汇储备的不足，又会大量增加外债，反而加剧国际收支的逆差。

② 支出变更政策。这是指通过改变社会总需求或经济中支出的总水平，进而改变对外国商品、劳务和金融资产的需求，以此来调节国际收支失衡的一种政策，它主要包括财政政策和货币政策。

当一国出现国际收支逆差或顺差时，要有针对性地采取不同的财政政策。财政政策的调节手段主要有支出政策与税收政策两种，是指通过财政开支的增减和税率的高低来实现国际收支调节。

一国政府在平衡国际收支失衡时，不仅要考虑国际收支状况，同时还需考虑国内的经济情况，否则，国际收支得以改善，却造成国内经济的混乱而得不偿失。一国国际收支逆差时，应采取紧缩性的财政政策，即减少财政支出或提高税率，具体表现为政府抑制公共支出和私人支出及社会总需求，使进口减少，国际收支趋于平衡；一国国际收支顺差时，应采取扩张性的财政政策，即扩大政府支出或降低税率，具体表现为增加公共支出和私人支出及社会总需求，使进口增加，国际收支趋于平衡。但此时国内经济可能出现通货膨胀，这时扩张性的财政政策会因货币供给加大从而加剧通货膨胀。因此，务必对国内外经济加以综合考虑。

货币政策（金融政策）是西方国家最普遍、最频繁采用的间接调节国际收支的政策措施。调节国际收支的货币政策主要手段是调节再贴现率、调节存款准备金率以及公开市场业务的操作等。当国际收支产生逆差时，政府可以采取紧缩的货币政策，即中央银行可以用提高再贴现率、提高法定存款准备金率或在公开市场卖出政府债券等手段减少国内货币供应，提高利率，抑制国内总需求，从而增加出口、减少进口，以达到消除逆差、恢复国际收支平衡的目的。

③ 汇率政策。这是指一个国家通过调整汇率改变外汇的供求关系，由此影响进出口商品的价格和资本流出流入的实际收益，进而达到调节国际收支失衡的一种政策。汇率政策的运用受到一些条件的约束，比如进出口商品供给和需

求的弹性。

在固定汇率制度下，当国际收支出现严重逆差时，实行货币法定贬值。本币贬值，以外币表示的本国出口商品价格降低，提高了本国出口商品的竞争力，增加出口。同时，以本币表示的进口商品价格升高，进口减少，从而改善国际收支。当国际收支出现巨额顺差时，则在他国"压力"下实行货币法定升值，以减少和消除国际收支顺差。值得注意的是，这里的汇率调整政策，是指一国官方公开宣布的法定升值与法定贬值，不包括国际金融市场上一般性的汇率变动。

④ 直接管制政策。直接管制是指一国政府以行政命令的办法，直接干预外汇自由买卖和对外贸易的自由输入输出，包括外汇管制和贸易管制。外汇管制是指通过对外汇的买卖、国际结算、资本流动和外汇汇率等方面直接加以管制，以控制外汇供给和需求，维持本国货币对外汇率的稳定，从而调节一个国家的国际收支。贸易管制是指一个国家通过实行"奖出限入"政策，鼓励出口，限制进口，以此改善贸易收支。

⑤ 加强国际经济合作。对一个国家来说，虽然为解决国际收支失衡可以采取多种手段，但是一国的逆差常为其他国家的顺差；反之，亦然。每个国家都会基于自身利益，采取一定的对策，必然引起其他国家为保卫自身利益而采取相应的反对政策。这就可能扰乱国际经济合作的秩序，使各国都蒙受损失。因此，各国应该加强国际经济合作，从而在一定程度上消除自由贸易障碍，促使生产要素自由流动、协调各国的经济政策，更好地改善一国的国际收支。

总之，调节国际收支失衡的政策是多样化的，每一种政策都有其各自的特色与调节功效，一个国家可根据具体情况予以取舍。取舍的基本原则有：第一，应根据国际收支失衡的具体原因选择调节政策。第二，应多通过政策搭配方式来调节国际收支。第三，选择调节国际收支失衡的政策，应尽量不与国内经济发生冲突或尽量减少来自其他国家的压力，以免影响国际正常的经济关系。

复习与练习

1. 产业内贸易理论形成的原因和发展的特点有哪些？
2. 试述亚当·斯密绝对成本理论的主要内容。
3. 试述大卫·李嘉图的比较优势理论的主要内容。
4. 为什么说对外贸易是"经济增长的发动机"？
5. 试述美元标价法的特点。
6. 汇率变动对经济有何影响？
7. 造成国际收支不平衡的原因有哪些？
8. 国际收支平衡表有哪些特点？包括哪些内容？
9. 国际收支顺差、逆差对一国的经济有何影响？
10. 国际收支失衡的政策性调节方法有哪些？

课后测试

技能训练项目

项目 12-1　分析研讨国际贸易问题

【技能目标】

培养学生对国际贸易问题的分析能力，提高其对国际贸易现象的关注度。

【内容与要求】

全班同学自愿组合，5~6人一组，以组为单位通过网络、报纸、电视、广播等新闻媒体搜集一个关于国际贸易问题的典型现象或案例，进行多角度分析研讨。

要求先在组内讨论，形成分析报告。然后，组织一次班级交流研讨，每组推荐一人发言，其他小组同学可以就此进行评价、提问或辩论，发表自己的观点，发言人及本组人员针对提问进行答辩，展开全班讨论。班级交流后，各组根据研讨情况进一步修改分析报告，把其作为本次活动的成果上交。

【成果与考核】

1. 每个小组提交一份修改完善后的分析报告。
2. 由全班同学和教师共同根据各组的报告、班级交流发言以及提问答辩情况对每组进行评估打分，综合评定每组本次活动的成绩。

项目 12-2　分析研讨人民币汇率升值问题

【技能目标】

培养学生对汇率问题的分析能力，提高其对国际金融现象的关注度。

【内容与要求】

全班同学自愿组合，5~6人组成一个研究小组，然后通过各种方式搜集关于人民币汇率升值问题的最新报道，进行多角度分析研讨。

要求先在组内讨论，形成分析报告。然后，组织一次班级交流研讨，每组推荐一人发言，其他小组同学可以就此进行评价、提问或辩论，发表自己的观点，发言人及本组人员针对提问进行答辩，展开全班讨论。班级交流后，各组根据研讨情况进一步修改分析报告，把其作为本次活动的成果上交。

【成果与考核】

1. 每个小组提交一份修改完善后的分析报告。
2. 由全班同学和教师共同根据各组的报告、班级交流发言以及提问答辩情况对每组进行评估打分，综合评定每组本次活动的成绩。

拓展阅读

参 考 文 献

[1] 王瑞泽，魏秀丽. 经济学是个什么玩意［M］. 北京：机械工业出版社，2011.
[2] 张永良. 经济学基础［M］. 西安：西北大学出版社，2009.
[3] 连有，王瑞芬. 西方经济学［M］. 北京：清华大学出版社，2008.
[4] 茅于轼. 大家的经济学［M］. 广州：南方日报出版社，2005.
[5] 梁小民. 经济学纵横谈［M］. 北京：三联书店，2005.
[6] 张世贤. 经济学演义［M］. 北京：华夏出版社，2004.
[7] 范一青. 经济学基础［M］. 北京：北京理工大学出版社，2010.
[8] 张笑恒. 咖啡奶茶经济学［M］. 北京：北京工业大学出版社，2011.
[9] 侯锡林. 经济学原理［M］. 北京：中国经济出版社，2011.
[10] 梁小民. 为官经学纵横谈［M］. 北京：三联书店，2006.
[11] 唐树伶，张启富. 经济学［M］. 大连：东北财经大学出版社，2006.
[12] 卢峰. 商业世界的经济学观察：管理经济学案例及点评［M］. 北京：北京大学出版社，2006.
[13] 张成武. 西方经济学［M］. 上海：上海财经大学出版社，2007.
[14] 张淑云. 经济学——从理论到实践［M］. 北京：化学工业出版社，2007.
[15] 梁小民. 经济学［M］. 北京：中央广播电视大学出版社，2004.
[16] 张亚丽. 经济学教程［M］. 广州：中山大学出版社，2005.
[17] 亓同进. 西方经济学［M］. 北京：北京大学出版社，2007.
[18] 何正斌. 经济学 300 年［M］. 长沙：湖南科学技术出版社，2000.
[19] 章昌裕，韩琪. 西方经济学原理［M］. 北京：中国对外经济贸易出版社，2003.
[20] 李翀. 现代西方经济学原理［M］. 4 版. 广州：中山大学出版社，2003.
[21] 李军，王瑞杰. 经济学基础教程［M］. 北京：北京交通大学出版社，清华大学出版社，2009.
[22] 胡田田. 经济学基础与应用［M］. 上海：复旦大学出版社，2010.
[23] 张雪. 我的第一本经济学教科书［M］. 北京：民主与建设出版社，2009.
[24] 董典波，黄晓林. 一口气读懂经济学：经济学的 100 个关键词［M］. 北京：新世界出版社，2010.
[25] 赵文锴. 每天学点经济学［M］. 北京：金城出版社，2010.
[26] 高鸿业. 西方经济学［M］. 6 版. 北京：中国人民大学出版社，2014.
[27] 梁小民. 西方经济学教程［M］. 北京：中国统计出版社，1998.
[28] ［美］萨缪尔森，诺德豪斯. 宏观经济学［M］. 17 版. 北京：中国人民邮电出版社，2004.
[29] ［美］曼斯菲尔德. 宏观经济学［M］. 9 版. 北京：中国人民大学出版社，1999.
[30] ［美］曼昆. 经济学原理［M］. 北京：北京大学出版社，2000.
[31] 陈玉清. 经济学基础［M］. 北京：中国人民大学出版社，2009.
[32] ［美］保罗·萨缪尔森，威廉·诺德豪斯. 经济学［M］. 北京：华夏出版社，1999.
[33] ［美］斯蒂格利茨. 经济学［M］. 北京：中国人民大学出版社，2000.
[34] ［美］奥利维尔·布兰查德，斯坦利·费希尔. 宏观经济学［M］. 北京：经济科学出版社，1998.
[35] ［美］雷诺兹. 微观经济学. 宏观经济学［M］. 北京：商务印书馆，1994.
[36] 厉以宁. 西方经济学［M］. 北京：高等教育出版社，2000.